Andreas Venzke

Johannes Gutenberg · Der Erfinder des Buchdrucks

Andreas Venzke

Johannes Gutenberg

Der Erfinder des Buchdrucks

Benziger

Umschlaggestaltung: H+C Waldvogel
Verwendete Abbildungen:
Apokryphes Porträt von Johannes Gutenberg
Frankreich, 1584. Ausschnitte (vgl. S. 303)
Schrift: Ausschnitt aus einem siebenundzwanzigzeiligen Donat
(*Bibliothèque nationale,* Paris)
Titel: DK-Type Alphabet, 1902

Nachweis der Abbildungen
am Schluß des Bandes

Gesetzt aus der Trump Mediäval mit Kursiver
Typographisch gestaltet von Gerd Gücker

ISBN 3-545-34099-6

Inhalt

Vorbemerkung

Johannes Gutenberg, ein Name, der gleichsam symbolisch für den Buchdruck steht. Im Unterschied zu früheren Generationen, als sich an dem »Buchdruck-Erfinder« wahrlich einmal die Geister schieden, mißt der Person und Persönlichkeit hinter diesem Namen heute kaum noch jemand besondere Bedeutung zu. Auch mein eigenes Interesse am Leben des Johannes Gutenberg war kaum »allgemein« zu nennen, ehe ich dann beim Verfassen meiner vorausgegangenen Biographie über Christoph Kolumbus[1] Verweise auf den Mainzer und seine berühmte Erfindung nicht übersehen konnte. Denn so man nur will, lassen sich in mannigfaltiger Weise Brücken zwischen diesen beiden weltgeschichtlich so bedeutenden Persönlichkeiten schlagen: »Die beiden folgenschwersten Ereignisse des ganzen Mittelalters, ja vielleicht der Weltgeschichte, waren die Erfindung der Buchdruckerkunst durch den Mainzer Johannes Gutenberg und die Entdeckung Amerikas durch den Genuesen Christoph Columbus.«[2] Formulierungen dieser Art – in diesem Fall vorgebracht von dem Frühdruckforscher Aloys Ruppel –, noch ergänzt durch einen weiteren, bezeichnenden Satz, »Ihr Verdienst und ihr Ruhm werden nun nicht mehr herabgezogen und verunglimpft werden können«[3] – Formulierungen dieser Art weckten in mir auch einen Willen zum Widerstand. Wenn noch Kolumbus »mittelalterlich« dachte und er »Amerika« nur aufgrund seiner gedanklichen Befangenheit entdeckte, gepaart mit seinen Ansprüchen, bis an die gesellschaftliche Spitze seiner Zeit aufzusteigen, hat dann wirklich der ein halbes Jahrhundert früher geborene Gutenberg »die mittelalterliche Welt«, so Ruppel, »aus ihren verrosteten Angeln heben«[4]

wollen? Meine Beschäftigung mit dem Leben jenes Mannes, der als der Erfinders des Buchdrucks gilt, hat mich nun erheblich differenziertere Schlüsse ziehen lassen. So will ich im weiteren zu zeigen versuchen, daß der Mainzer Gutenberg – wie der Genuese Kolumbus auch – die »verrosteten« Angeln seiner Welt nicht überprüfte, daß er sie nicht einmal quietschen hörte, auch nicht leise, und daß diese Angeln von ihm, hätte er sie wirklich quietschen gehört, geölt worden wären.

Auch eine zweite persönliche Bemerkung will ich mit einem Zitat von Aloys Ruppel einleiten, der als Primus unter den Gutenberg-Schülern im Jahre 1947 schrieb: »Wohin würde es führen, wenn ich allen Unsinn, der je über Gutenberg geschrieben wurde, aufzählen und widerlegen wollte! [...] Die Gutenbergforschung ist zur Zeit an einem vorläufigen Abschlußpunkt angekommen. Gewiß fehlen uns noch viele Einzelzüge, die wir gern in das Bild Gutenbergs einmalen möchten. Aber die phantasiebegabten Kombinationskünstler sollen die Hände davon lassen; sie mögen ihre Pinsel an anderen Objekten versuchen, die weniger ehrwürdig sind.«[5] Trefflich drückt eine solche Gelehrtenmeinung aus, wie man das »Bild Gutenbergs« in der gewünschten Manier gezeichnet hatte und wie man dieses entsprechend ausgestellt hat. Um also nicht nur als »phantasiebegabter Kombinationskünstler« beurteilt zu werden, konnte ich nicht umhin, manchmal sehr ins Konkrete oder sehr ins Abstrakte zu gehen. Immerhin habe ich meinen Pinsel bewußt an einem Objekt versucht, dessen Ehrwürdigkeit es mit dem Mittel schlichter Realistik zu übermalen gilt und das dadurch trotzdem an Glanz gewinnen kann. Jedenfalls hoffe ich, diese so schwierige Materie verständlich dargestellt zu haben.

Da man sich im Geschäft des Bücherschreibens gleichwohl nie gegen drucktechnische Fehler, leider auch nicht – trotz bester Absichten – gegen Fehler in seiner eigenen Darstellung schützen kann, sei zu guter Letzt an das Ende dieser Bemerkungen und an den Beginn des eigentlichen Werks die »Entschuldigung des Dichters« gestellt, geschrieben von Sebastian Brant in seinem »Narrenschiff«, dessen moralisierend klappernde Verse an einigen Stellen diese Biographie begleiten werden:

Das Titelbild der Erstausgabe von Brants »Narrenschiff« von 1494 zeigt im oberen Teil, wie die Narren in einem Karren »hin ins Narrenland« fahren (»*Ad Narragoniam*«), während im unteren Teil das eigentliche Narrenschiff absegelt, wo der gelehrte Narr *doctor griff* die Flagge führt und die Narren ihre Brüder zum Mitfahren *(»har noch«)* auffordern.

»*Und weiß doch, das ich nit mag bliben*
Gantz vngestrofft jn mynem schriben.
Den gueten will ichs lossen noch [zulassen, zugestehen],
Ir stroff, inred [Einrede, Einwand], *vff naemen ouch;*
Dann ich mich des gen gott bezüg:
Ist ettwas hye dar an ich lüg,
Oder das syg wider gotts lere,
Der selen heil, vernunfft und ere,
Des stroff nym ich vff mit gedult.
Ich will am glouben nit han schuldt
Und bitten hye mit yederman,
Das man von mir für guet well han
Und nit zue argem messen vß,
Noch aergerniß, schand nemen druß;
Dann ich habs dar vmb nit gedicht.«[6]

Einleitendes und Grundsätzliches

Ohne daß in einschlägigen Werken lange gesucht werden müßte, lassen sich zu Johannes Gutenberg Hunderte von Aussagen versammeln, die etwa wie folgt lauten: »Hier tut sich uns ein Blick auf in die fast übermenschliche Größe des großen Erfinders, vor der wir uns alle in Ehrfurcht verbeugen müssen.«[1] Abermals stammt dieses Zitat von dem erwähnten Aloys Ruppel, einer der wichtigsten Persönlichkeiten in der langen Reihe derer, die sich in der Erforschung der Biographie des Johannes Gutenberg hervorgetan haben und dabei kräftig mithalfen, den Erfinder nicht allein als »groß« zu stilisieren, sondern als »fast übermenschlich« groß, als so gottesgleich bedeutend also, daß vor diesem Ewigen nur die ehrfurchtsvolle Verbeugung verbleibe.

Einen solchermaßen Erhöhten wird man schwerlich mit kritischem Blick betrachten, so daß bis heute ein Bild des Johannes Gutenberg überliefert worden ist, das vor Licht und Farbe erstrahlt und keine dunklen Seiten aufweist. Sein Lebenslauf wurde auf einige formelgleiche Aussprüche reduziert, so wie sich dies mit den stellvertretenden Worten eines früheren Gutenberg-Experten liest: »Sein Geburtsjahr ist nicht genau bekannt [...] Er entstammte einem alten, weitverbreiteten Mainzer Patriziergeschlecht. Seine Eltern waren Friele Gensfleisch ›zur Laden‹ und Else Wirich ›zum steinen Krame‹. Das Geburtshaus des Erfinders hieß ›Hof zum Gutenberg‹. [...] Johannes Gutenberg verließ Mainz im September 1428. Aus der sogenannten ›Rachtung‹, einer Urkunde über die Versöhnung, ersehen wir aber, daß Gutenberg mit den anderen verbannten Mainzer Patriziern 1430 die Erlaubnis zur Rückkehr erhielt. An sofortiger Heimkehr behinderte ihn die Arbeit an seinem Werk. Er lebte damals in Straßburg. Dort hatte er mit dem Schnitt, Guß, Satz und Abdruck von Einzellettern begonnen. Es blieben erste Versuche. Er kehrte nach Mainz zurück und hier vollendete er seine beispiellose Erfindung und gleichzeitig führte er sie zu hoher Kunst. Am 3. Februar 1468 starb er in Mainz, völlig verarmt. Alles hatte er der großen Idee geopfert. Keiner der damaligen Kurfürsten war ernstlich Helfer geworden. In Mainz liegt er begraben. Wenige Schritte von seinem Monument entfernt ist seine letzte Ruhestätte, für uns ein heiliger Boden. Denn Gutenberg und sein Werk verkörpern leuchtend den deutschen Genius.«[2] Abgesehen von der Tatsache, daß fast alle »Fakten« in dieser Darstellung unhaltbar sind, ist an dieser Schilderung nichts so typisch wie das unvermeidliche Zusteuern auf den verarmten Helden, einen Deutschen, der alles in den Dienst seiner genialen Idee gestellt haben und dem doch dafür schlecht gedankt worden sein soll: Keinem »wurde im Leben und nach dem Tode mit so großem Undank gelohnt wie ihm«[3], heißt es in diesem Sinne bei Aloys Ruppel, der die bis dahin überlieferte heroische Geschichtsschreibung komprimierte und »neutral« wiedergab, eine Geschichtsschreibung, wie sie zuvor ein anderer Bibliothekar etwa in folgende Worte gefaßt hatte: »Aus dem sichern Kreise, auf den ihn seine adelige Geburt hinwies, trieb ihn sein über das Alltägliche und Gegenwärtige weit hinaus blickender Geist empor zu höheren Zielen. Aber diesen hohen Flug seines Geistes bezahlte er mit dem Verlust seiner Familie, seiner Heimat und seines Vermögens. Von seinen Mitbürgern unschuldig verbannt, lebte er fast drei Jahrzehnte ein Fremdling unter Fremden, in klösterlicher Abgeschiedenheit mit seinen Gedanken und Erfindungen beschäftigt. Als er endlich von allen Mitteln entblößt in seine Vaterstadt Mainz zurückkehrte, wurde ihm seine Erfindung und der Lohn so vieler Mühen und Opfer von wucherischen Händen entrissen. Er starb in Dürftigkeit, indeß die Schar seiner Jünger, hochgeehrt und bewundert, die göttliche Kunst des Meisters auf einem glänzenden Siegeszuge durch Deutschland und in fremde Länder hinausführte.«[4]

Gewiß, seit den späten sechziger Jahren des zwanzigsten Jahrhunderts sind die Akzente in der Lebensdarstellung des Buchdruck-

Erfinders anders gesetzt worden, hat die Gutenberg-Forschung ansatzweise danach getrachtet, »sich um die zu sehr vernachlässigte Einordnung des Erfinders in die geistes- und wirtschaftsgeschichtliche Entwicklung seines Jahrhunderts zu bemühen«[5]; nur ist dieses Bemühen allzusehr auf die Forschung beschränkt geblieben, ohne daß es zu einer großangelegten biographischen Richtigstellung gekommen wäre, einen engagierten Versuch des Leipziger Buchdruck-Experten Albert Kapr ausgenommen[6]. Leider kann sich aber auch Kapr in seiner Biographie des Spekulierens nicht enthalten, des Spekulierens über die vielen unbekannten Wegstrecken, die Gutenberg in seinem Lebenslauf möglicherweise einschlug – oder auch nicht. Denn der Versuch einer umfangreichen Biographie wird dadurch sehr erschwert, daß Quellen zu dem berühmten Mainzer kaum überliefert sind, Quellen, die im übertragenen Sinne kaum je zu sprudeln vermögen und die immer wieder versiegen. Neben aller Heroisierung seiner Person ist dies der weitere Grund dafür, warum Gutenbergs Bildnis lange Zeit so entstellt gezeichnet werden konnte. (Tatsächlich existiert auch kein zu seinen Lebzeiten gemaltes Porträt.) Darüber hinaus liegt eine beträchtliche Zahl der Dokumente zu Gutenberg nicht im Original vor, sind doch etliche unter diesen durch barbarische Akte kriegerischer Zerstörung zugrunde gegangen. So kann der Hinweis nicht ausbleiben, daß sich der Leser auch in dieser Biographie auf das häufige Vorkommen gewisser Modaladverbien und des Konjunktivs einstellen muß, wie dies denn lautet, »vielleicht« und »wahrscheinlich« oder »es könnte gewesen sein« und »es ließe sich annehmen«. Zuviel zum Leben des ersten (europäischen) Buchdruckers mit beweglichen Lettern (und einer Presse!) basiert schlichtweg auf Hypothesen, die im weiteren daher stets als solche zu erkennen sein sollen; denn nichts als Hypothese ist allzuoft, was in der vorliegenden Literatur zu Gutenberg als Tatsache ausgegeben wird, auch wenn die Widersprüche offen zutage treten.

Im übrigen kann auch diese Lebensbeschreibung keinen Anspruch auf Vollständigkeit erheben. Denn die nach Ovid alles zernagende Zeit macht auch vor scheinbar gesicherten Forschungsergebnissen nicht halt, die zumal zur Biographie des Johannes Gutenberg nicht selten genug drastisch korrigiert werden mußten. So harren etwa im Mainzer Stadtarchiv noch Tausende Urkunden, Dokumente und Schriftstücke jeder Art der Bearbeitung, aus denen sich neue Erkenntnisse zu Gutenbergs Herkunft und Lebenslauf ergeben dürften.[7] Gewiß werden in Zukunft Forscher vor den stählernen Aktenschränken stehen, die diese riesigen, kaum geordneten Haufen an Archivalien nicht resigniert betrachten, sondern als Herausforderung begreifen, um darin einige weitere Puzzlesteine im löcherigen Mosaik der Biographie des Johannes Gutenberg zu finden.

Ein »technischer« Hinweis soll nicht fehlen. Es sind alle Zitate aus den Dokumenten und Urkunden zu Gutenbergs Leben in ihrer eigenen, frühneuhochdeutschen und mundartlichen Ausdrucksweise belassen, um ein weitgehend originales Verständnis zu ermöglichen und nicht die vielfach geübte Praxis zu wiederholen, den Leser durch eine wörtliche Übertragung in das moderne Deutsch zu verärgern. (So daß Ausdrucksweisen entstehen wie: »Und es soll Hans Gutenberg fürbaß sein des Werks und der Gemeinschaft mit Andreas Dritzehn.«[8]) Um die jahrhundertealten Texte an jeder Stelle verständlich werden zu lassen, sind die notwendigen Worterläuterungen in Klammern eingefügt, wie auch die Zeichensetzung und gewisse orthographische Eigenheiten dem modernen Stand angepaßt sind.

Eine unbekannte Kindheit und Jugend in Mainz

Heiliges Römisches Reich nannte sich das deutsche Kaiserreich bis zu seiner Auflösung im Jahre 1806. Der Titel rührte daher, daß sich die mittelalterlichen Herrscher in Deutschland als Nachfolger des antiken Römischen Reiches sahen, dessen Hauptstadt Rom als golden bezeichnet worden war. Golden wurde – in Anlehnung an diese Bezeichnung – auch eine deutsche Stadt genannt, Mainz, das heute seine Bedeutung nur noch aus der Funktion als Landeshauptstadt von Rheinland-Pfalz gewinnt und aus dem Karneval. Im hohen Mittelalter hingegen wurde die Stadt derart gerühmt, daß sie nicht nur als *Aurea Maguncia*, als Goldenes Mainz, firmierte, sondern auch mit Attributen wie »Metropole der Städte«, »Haupt Galliens und Germaniens«, »Herrin der Völker« oder »Diadem des Reiches« belegt wurde.[1] Mit über zwanzigtausend Einwohnern gehörte sie zu den bevölkerungsreichsten Städten Deutschlands, wenngleich ihre Bewohner zu den Zeiten des Johannes Gutenberg nur noch zu einigen Tausend zählten; Schuld daran trug die Pest, aber besonders der wirtschaftliche Niedergang der Stadt. Noch der redselige Enea Silvio Piccolomini, der spätere Papst Pius II., äußerte sich in seinem Traktat *»Germania«* über »die alte Stadt Mainz«, die »geschmückt ist mit herrlichen Kirchen und privaten und öffentlichen Gebäuden« und an der nichts zu tadeln sei, »außer der Enge der Gassen«.[2]

An einem der wichtigsten mittelalterlichen Verkehrswege gelegen, dem breiten Fluß Rhein, auf dem ein großer Teil der Handelswaren nicht nur zwischen den Herzogtümern und Grafschaften des Deutschen Reiches, sondern zwischen dem Süden und Norden Europas verschifft wurde – an dieser zentralen Handelsroute gelegen, erlebte Mainz seit der Jahrtausendwende seine Blütezeit. Selbst Köln und Frankfurt am Main standen lange im Schatten der stets erzbischöflichen Stadt, bis durch das Aufkommen neuer Wirtschaftszentren, wie sie in Flandern und im Oberrheingebiet entstanden, der Glanz der Handelsstadt Mainz nach und nach verblassen mußte. Die wirtschaftliche Dynamik, wie sie mit dem Verfall der hemmenden feudalistischen Strukturen in Europa entfesselt wurde, ließ manche der Städte so sehr erstarken, daß sie sich keiner der lokalen Herrschaftsgewalten mehr unterordneten – sei es in der Person eines Burggrafen oder Bischofs –, sondern sich direkt dem Kaiser unterstellten. Einige dieser Reichsstädte gewannen weiterhin an Bedeutung, derart, daß ihnen schon im vierzehnten Jahrhundert auf den Reichstagen ein eigenes Stimmrecht zugebilligt werden mußte. Im Jahre 1489 konnten sie gar neben den einzelnen Fürsten als eigener Stand auftreten. Zu diesen Städten zählten etwa Hamburg und Frankfurt am Main, Aachen und Regensburg, auch Gutenbergs zweite nachgewiesene Lebensstation, Straßburg, nicht jedoch Mainz, wie man meinen sollte. Stand auch die rheinische Metropole *de jure* nach wie vor unter erzbischöflicher Herrschaft, so hatte man immerhin die meisten der stadtherrlichen Rechte, wie das des Gerichts, der Münze und des Marktes, an sich bringen können. So konnte sich Mainz faktisch zu den »freien« Städten rechnen, zu den »Freistädten« wie Köln und Worms oder das entfernte Basel. Gleichwohl hatte Mainz nie den freien Stand der Reichsstädte erreicht, auch nicht wirklich die Herrschaft des Bischofs gebrochen, was sich dann in der späteren Stadtgeschichte verhängnisvoll auswirken sollte.

Wegen der Zerstörung der Stadt am Ende des Zweiten Weltkriegs müssen heute alte Photographien, Stiche und Zeichnungen dazu herhalten, sich ein Bild von der einst prächtigen Altstadt zu verschaffen, die freilich schon zur beginnenden Neuzeit ihr ursprüngliches Aussehen stark verändert hatte. So geben die Worte des Bischofs Otto von Freising eine schöne Vorstellung über das Mainz des zwölften Jahrhunderts: »Die genannte große und mächtige Stadt liegt am Rhein und ist auf der Seite, mit der sie ihn berührt, dicht bebaut und bevölkert, auf der anderen Seite aber leer, hat dort nur wenige Bewohner, hat lediglich die starke, mit nicht wenigen Türmen bewehrte Mauer, die sie umgibt. Die Stadt ist ungeheuer in die Länge gestreckt und nicht sehr breit. Diese Gestalt ist ihr von der Örtlichkeit aufgezwungen, denn auf der nach Gallien zu gelegenen Seite beengt sie eine mäßige Anhöhe, auf der anderen, nach Germanien schauenden Seite der Rhein. Daher ist sie in der Nähe des Rheines von feinen Gotteshäusern und weltlichen Bauwerken bedeckt und bietet sich nach dem Berge zu dem Weinbau und anderen Nutzungen an.«[3]

Von den »feinen Gotteshäusern« hebt sich noch heute der Umriß des Mainzer Doms von der Silhouette des (modernen) Häusergetümmels ab, eines klassischen Bauwerks der romanischen Kunstepoche, das als wahre »Gottesburg« schwer in sich ruht. Im Jahre 1239 war die Arbeit am Dom weitgehend abgeschlossen, zu einer Zeit, als das goldene Mainz auf dem Höhepunkt seiner Macht stand. Gleichwohl wurde an dem Dom auch in den folgenden Jahrzehnten fleißig weitergebaut, dann allerdings längst im modernen Stil der Gotik. Nachdem schon die Seitenkapellen der neuen Bauweise Rechnung getragen hatten, wurde noch zu Gutenbergs Kindheit der Kreuzgang des Doms vollendet, der sich in seinem Maßwerk von Bogen zu Bogen zu übertreffen sucht. Unaufhaltsam hatte die Gotik in Mainz den Raum erobert, in einem Maße sogar, daß man sich das Stadtbild zur Zeit der Geburt Gutenbergs insgesamt »gotisch« vorzustellen hat, als eine von steilen und spitzen Wehrtürmen, Giebeltürmen und herausragenden Kirchtürmen gezackte Linie.

Diese Konturen prägte insbesondere auch der fein gegliederte Turm der Liebfrauenkirche (Mariengreden), westlich neben dem Dom gelegen und ganz und gar gotisch errichtet, ein bedeutendes Bauwerk, das fünf Jahrhunderte nach seiner Erbauung die napoleonische Besetzung der Stadt nicht überdauern sollte. Abgesehen von einigen anderen mittelalterlichen Kirchenbauten ist jedoch auch von allem übrigen nichts bewahrt geblieben. Nur wenige Kleinode haben die Zeiten überdauert, wie der »Hof zum Korb« etwa, ein (wiedererrichtetes) spätgotisch-steiles Haus mit Treppengiebel, dessen Portal Gutenberg wohl viele Male durchschritten hatte, um zur

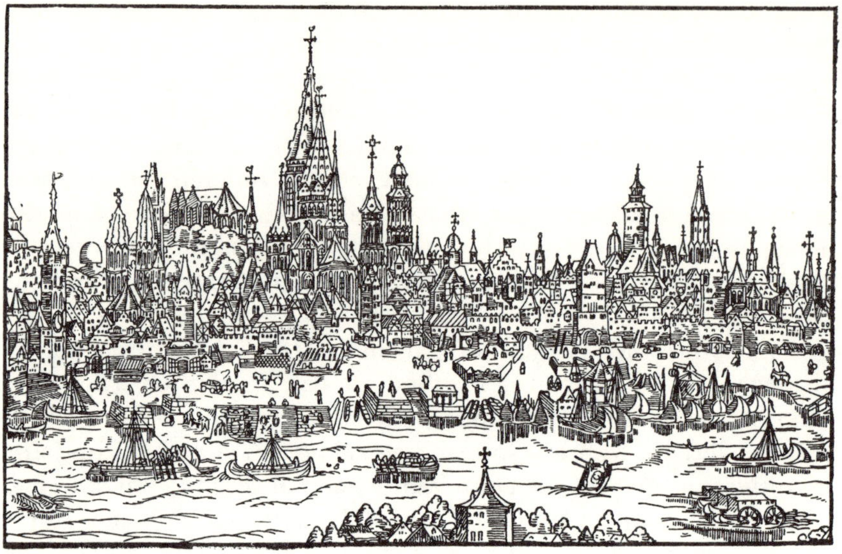

Ein Holzschnitt aus dem »Meyntzischen Almanach auff das Jar nach der Geburt Christi 1565« zeigt die erste genaue Darstellung der Mainzer Stadtsilhouette.

angrenzenden Druckerwerkstatt im »Schöfferhof« zu gelangen, dem damaligen »Hof zum Humbrecht«.

Wenn auch der Glanz des goldenen Mainz vor allem auf seiner Wirtschaftskraft beruhte, hatte die Stadt gleichwohl ihre Stellung als mittelalterliche Metropole weniger durch die Erzeugung von Gütern erlangt als durch deren Handel, vor allem durch den Fernhandel, den wiederum der Versand von Stoffen und Tüchern beherrschte. In diesem wichtigen Fernhandel konnte jedoch im Laufe der Zeit die große Konkurrentin Frankfurt am Main die Oberhand gewinnen, zumal es den Mainzern nicht gelingen wollte, die wichtige Institution der Messe in ihren eigenen Mauern unterzubringen. An zentralen Verkehrswegen gelegen, versuchte man daher verstärkt, von dem lebhaften Warenverkehr des mittelrheinischen Raumes zu profitieren. Dazu hatte schon im Jahre 1317 der deutsche König Ludwig der Bayer der Stadt das sogenannte Stapelrecht verliehen, wonach fremde Kaufleute gegen eine gewisse Gebühr ihre Waren in Mainz ausladen und zum Verkauf anbieten mußten. Konnten davon auch viele städtische Geschäftsleute profitieren, so zählten doch zu den wichtigsten Berufszweigen in dieser bedeutenden rheinischen Weingegend seit je die Winzer und all jene, die als Faßbinder, Fuhrmänner und Wirte vom Weinanbau profitierten. Daneben übte die Textilherstellung – verknüpft mit dem so wichtigen Fernhandel – einen bedeutenden wirtschaftlichen Einfluß aus, so wie auch das Handwerk der Goldschmiede in der erzbischöflichen Metropole ein reiches Auskommen sicherte.

Vor allem auf dem Fernhandel, darunter an erster Stelle dem Handel mit Tüchern, gründete sich der hohe soziale Stand der Gutenbergschen Patrizierfamilie. Diesen Kaufmannskreisen mit ihren weitreichenden geschäftlichen Verbindungen lag die damals bekannte Welt zu Füßen, eine ständische Welt, in der sie durch ihre Zahlungskraft entscheidend bestimmen konnten. So streckten die Vorfahren Gutenbergs im Jahre 1382 der Reichsstadt Wetzlar allein ein Drittel eines dringend benötigten Darlehens vor, eine Summe, die etwa dem Wert von dreißig Stadthäusern gleichkam. Als »soziale Aufsteiger« suchten sie sich dabei den hohen Adelsherren anzugleichen. Sie sicherten sich das Hof-, Lehns- und Schwertrecht zu, übten sich ebenfalls in der Waffe, der Literatur und der Minne und übernahmen auch den ritterlichen Ethos; dieser manifestierte sich noch immer in Begriffen wie *mâze* und *zuht,* was »Maß« im Sinne von Angemessenheit, »Zucht« im Sinne von Selbstzucht meinte, in Begriffen wie *vröide, hoher muot* und *stæte,* in »Freude«, »Hochherzigkeit« und »Beständigkeit«, wie *milte,* »Milde« im Sinne von Freigebigkeit, und natürlich wie *êre,* »Ehre« im Sinne eines ehrenhaften Ansehens und Auftretens.

So ist der erste nachweisbare Ahnherr der Gutenberg-Familie[4], der sicherlich noch lange vor der Wende zum vierzehnten Jahrhundert geboren wurde und der sich auf seinem Siegel als »Frielo, genannt Rafit, Bürger von Mainz«[5] bezeichnete, in den Urkunden als Eigner mehrerer Lehen ausgewiesen, auch als Mitglied des Stadtrates. In zwei Dokumenten steht sein Name an erster Stelle hinter den Rittern geschrieben. Dieser Ururgroßvater des Johannes Gutenberg begründete vor dem Jahre 1130 durch den Kauf des entsprechend genannten Anwesens nicht nur den Stammnamen der Familie – Gensfleisch –, sondern durch eine zweite Heirat stiftete er zudem eine Nebenlinie, Sorgenloch genannt. Wenn auch bald jede Besitzgemeinschaft zwischen diesen beiden Familienzweigen erlosch, behielt man doch dasselbe Wappen bei.

Petermann zum Gensfleisch hieß der Urgroßvater des ersten Buchdruckers, der in den überlieferten Urkunden ebenfalls als einflußreicher, seine Rechte energisch verteidigender Patrizier, als Ratsherr, Schöffe und Lehnsherr ausgewiesen ist. Wie sein Vater wurde Petermann sehr alt, und wie dieser verheiratete er sich ein zweites Mal, mit einer gleicherweise verwitweten Nesa zum Eselweck, die Gutenbergs Großvater zur Welt brachte. Dieser Großvater Frielo, »genannt zu dem Eselweck«[6], der – wohl vor dem Jahre 1372 – noch recht jung starb, ist wie seine Vorfahren als Besitzer von Lehen und Stadthäusern ausgewiesen, wobei er selbst einen Hof »zur Laden« bewohnte. Wie seine männlichen Vorfahren väterlicherseits scheint auch er zweimal geheiratet zu haben; nach einer wohl nur kurzen ersten Ehe gebar ihm seine Ehefrau Grede einen Friele genannten Stammhalter, Vater des Johannes Gutenberg. Die Großeltern des Buchdruck-Erfinders von der Mutterseite, Werner Wirich und Ennechen zum Fürstenberg, verdienen besondere Beachtung. Denn während die Großmutter aus einem angesehenen Junker-Geschlecht stammte, gehörte jener Werner Wirich dem Berufsstand der Krämer an. Deshalb mußte er, obwohl durchaus wohlhabend, aus der Klasse der Patrizier ausgesperrt bleiben. Diese Tatsache sollte möglicherweise großen Einfluß auf das Selbstverständnis des Johannes Gutenberg haben.

Aus der Ehe dieser Junker-Krämer-Vereinigung entsproß die nichtpatrizische Else Wirich, die jener Friele im Jahre 1386 – ganz der Familientradition folgend – zu seiner zweiten Frau nahm. All die erneuten Eheschließungen rührten meist daher, daß die Mütter noch im Kindbett starben. Dieses Schicksal ereilte wohl auch Friele Gensfleischs erste Ehefrau, die ihm eine Patze genannte Tochter geboren hatte. Seine zweite Frau aber brachte wenigstens drei Kinder zur Welt: den ältesten Sohn Friele und Johannes und Else, die man nicht einmal nach ihrem Alter scheiden kann. Von keinem der Kinder ist das Geburtsdatum überliefert. Auch läßt sich einzig bei dem späteren Buchdruckermeister der Todestag (3. Februar 1468) angeben, während sich zum Bruder Friele nur feststellen läßt, daß er im August 1447 verstorben sein muß, und zur Schwester Else nur, daß sie urkundlich bis zum Jahre 1443 erwähnt wird. Auch die Todestage der Eltern bleiben ungewiß. Immerhin läßt sich ausmachen, daß Friele Gensfleisch als alter Mann im Jahre 1419, Else Wirich im Jahre 1433, nicht minder alt, aus dem Leben schieden. Des weiteren überrascht es nicht, Gutenbergs Vater wegen verschiedener Geldgeschäfte verzeichnet zu finden, einmal auch als einer der städtischen Rechenmeister.

Angesichts der allgemein recht aussagekräftigen, im besonderen aber doch dürftigen Quellenlage zur Ahnengeschichte Gutenbergs scheint vor allem das Familienwappen noch Geheimnisse zu bergen. In einer aus dem Jahre 1461 überlieferten Abbildung zeigt das Schild dieses Wappens einen barfüßigen, tief gebückten, auf einen Stock gestützten und im übrigen bartlosen Mann, der mit einer den Kopf umschließenden Zipfelmütze und einem weiten Mantel bekleidet ist und der auf dem Rücken, bedeckt mit einem Umhang, ein hochaufragendes Etwas trägt; auf den Fingerspitzen seiner rechten Hand streckt er weit eine Schale vor. Über dem obligatorischen Ritterhelm wird in der sogenann-

Im Lehenbuch des Kurfürsten und Pfalzgrafen Friedrich I. bei Rhein von 1461 findet sich die bekannteste Form des Gutenbergschen Wappens.

ten Helmzier der Kopf des Mannes vergrößert wiederholt, eines Mannes, der mit trüben Augen und weinerlichem Mund aus seiner so charakteristischen Mütze herausschaut.

»Immer wieder versuchten Genealogen und Heraldiker unter den Gutenberg-Forschern der letzten Jahrzehnte, das Wappen des Mainzer Geschlechts Gutenberg [...] zu deuten – ein Wappen, das ein Rätsel aufzugeben schien.«[7] Mit diesen einleitenden Worten hat auch der Kunsthistoriker Albert Haemmerle versucht, das Wappen Gutenbergs zu entschlüsseln, um damit neue Erkenntnisse zur Herkunft des Mainzers zu gewinnen. Wenn sich die Forscher »mit viel – vielleicht zu viel – Gelehrsamkeit um die Wappendeutung bemühten«, greift Haemmerle schlicht auf das überlieferte Quellenmaterial zurück und zieht zum Vergleich zwei weitere Siegel der Gutenberg-Ahnen heran. Insbesondere bezieht er sich auf das Siegel des Frielo Rafit, Gutenbergs Ururgroßvater, auf dem sich die »Zipfelmütze« der Wappenfigur eindeutig »als sogenannter Judenhut« erweise. Da Haemmerle auf dem Siegel zudem acht Kreuze zählt, deutet er das Gutenberg-Wappen als ein »redendes« und kommt zu dem Schluß, es zeige »symbolisch den Exodus eines Juden in gelbem Judenhut und gelber Gewandung, der dem ›Kreuze‹ weicht«. Frielo Rafit sei also ein zum Christentum konvertierter Jude gewesen. Wie sein Name ausweise, wonach Rafit nach arabischem Ursprung »Streitroß« bedeute, stamme Gutenbergs Urahn aus dem arabischen Spanien, »der, offenbar sehr begütert, im Rheinland eine neue Heimat gesucht und gefunden hatte«. Da Frielo Rafit im übrigen zweimal verheiratet war und sechs Kinder zeugte, symbolisierten die acht Kreuze den Übertritt Frielos, seiner zweiten Frau und der sechs Kinder zum Christentum.

Soweit wäre in der Beweisführung Haemmerles eigentlich alles stimmig – nur daß nichts davon stimmt, wie der »Oberregierungsbibliotheksrat« Hellmut Rosenfeld nachgewiesen hat. Wissenschaftlich korrekt und distanziert zerpflückt er dessen Argumentationsreihe Punkt für Punkt.[8] Nebenbei bemerkt, soll hier nicht die Wissenschaftlichkeit eines Albert Haemmerle angeprangert werden, sondern nur ein Fall dargestellt sein, wie er sich in der Gutenberg-Forschung schon oft wiederholt hat. Derart ungenügend oder derart spezifisch erscheinen die Informationen zur Biographie Gutenbergs, daß sie stets dazu verlockt haben, auch dann noch aus den überlieferten Quellen schöpfen zu wollen, wenn diese längst versiegt sind. Daß sich dabei einige Forscher in ihrem Erkenntnisdurst auf unsicheres Terrain vorwagen, auf dem sie sich nicht auskennen und in Not geraten müssen, läßt sich ja auch in vielen anderen Lebensbereichen beobachten, nur daß die entsprechenden Aussagen meist nicht schriftlich fixiert werden. Die Forschung aber nimmt sich selbst genau, natürlich auch die Gutenberg-Forschung, die in ihrer Geschichte gleichwohl eine ganze Reihe von trügerischen Schlüssen hervorgebracht hat, vorgebracht mit einer Entschiedenheit, als ginge es um Sein oder Nichtsein.

Die oft gewundenen Wege der Forschung führt anschaulich eine weitere Deutung der Gutenbergschen Wappenfigur vor Augen. Im Anklang an eine »biologische Nische«, die Lebewesen zu einer bestimmten Anpassung zwingt, geht der Familiengeschichtsforscher Heinz G. Friederichs' von einer »ökonomischen Nische« aus. Danach brächten ähnliche Gesellschaftsformen auch ähnliche Tätigkeiten hervor.[9] So erinnert ihn die Wappenfigur, von ihm als buckeliger Handelsmann gedeutet, an »die Pochteca, reisende Kaufleute der Azteken«, unter denen sich in der bildlichen Darstellung Gestalten fänden, »die leicht gebückt einen Rucksack tragen und einen Stab und ein schalenartiges Gebilde in den Händen haben«[10]. Über diese »merkwürdige Parallelität« findet Friederichs weitere gesellschaftliche Übereinstimmungen zwischen der amerikanisch-aztekischen und der europäisch-»nachstaufischen« Kultur, um damit seine Interpretation des reisenden Kaufmanns zu stützen (und einen Beitrag »zur vergleichenden Ikonologie und Soziologie des Mittelalters zu bieten«[11]).

Um wieder auf die Argumentation über Gutenbergs jüdische Vorfahren zu kommen, so sprechen nach Rosenfeld (der Friederichs' These als »reine Phantasie« abtut) zunächst die historischen Verhältnisse gegen den Übertritt des Frielo Rafit und seiner Familie zum Christentum. Im Falle der christlichen Taufe hätten die Rufnamen der Konvertiten einen deutlich christlichen Bezug aufweisen müssen und sicher keine Kosenamen wie Frielo für Friedrich sein können. So entstamme auch der Name Rafit, ein gebräuchliches deutsches Lehnwort, nicht dem Arabischen, sondern dem Altfranzösischen und letztlich dem Lateinischen, wobei Rosenfeld außerdem zwei weitere Rafits aufgespürt hat, die chronologisch vor Frielo Rafit einzuordnen seien. Insbesondere hätte ein Jude in dem seltenen Fall des Übertritts unter keinen Umständen sein Vermögen behalten können, geschweige denn, daß er in die Schicht der Patrizier aufgenommen worden wäre. Sodann geht Rosenfeld auf die Deutung des Gutenbergschen Wappens ein. Mit den Worten, Dilettanten wollten immer in Wappenbilder eine tiefsinnige Symbolik hineinlegen, wendet er sich entschieden gegen die Argumentation des symbolisch »redenden« Wappens. Vielmehr könne man höchstens von einer »rebusartigen« Deutung ausgehen, etwa »eine Henne auf einem Berge als Hinweis auf das Geschlecht der Henneberg«. Polemisch fährt Rosenfeld fort: »So wenig ein Mohr oder ein Pferd im Wappen beweist, daß der Träger des Wappens von einem Neger oder einem Pferd abstammt, so wenig würde ein Jude im Wappen etwas über jüdische Abstammung aussagen.«[12] Dienten mithin auch die falsch gezählten Kreuze (deren sieben) womöglich nur der Unterscheidung des gleichen Wappens eines anderen Familienzweigs, so zeige das Bildnis vor allem keinen Juden, der unbedingt mit einem Vollbart und langen Schläfenhaaren dargestellt worden wäre; auch entspreche die charakteristische Kopfbedeckung in keiner Weise dem typischen Judenhut.

In seiner eigenen Deutung führt Rosenfeld dann aus, daß die Wappenfigur eindeutig einen Bettler darstelle, wie dieser durch seine Kopfbedeckung, die »Spitzgugel«, und durch den Stab, Napf und verdeckten Rückensack des Bettlers gekennzeichnet sei. Die Frage nach dem Sinn eines Bettlers in einem adeligen Wappenschild sucht er über das »indirekt redende Wappen« zu beantworten. Danach müßte die Bettlerfigur irgendeinen Namen kennzeichnen, auf den sich ein Attribut des Bettelns übertragen ließe. Tatsächlich läßt sich dazu in jener Gutenbergschen Seitenlinie leicht der Name *Sorgen*loch ausmachen, eine Übertragung, die sich zwar »mangels genauerer Nachrichten« nicht beweisen lasse, aber als höchst wahrscheinlich gelten dürfe. Nach seiner überzeugenden Beweisführung kann sich jedoch Rosenfeld eine pathetische Wendung zum Schluß nicht ersparen, so daß es heißt: »Wir möchten den von Sorge getriebenen Bettler im Wappenbilde Gutenbergs nicht missen, denn vor unserem geistigen Auge verwandelt er sich aus dem friedlosen und von der Sorge um die Existenz Getriebenen um in den vom Augenblick unbefriedigten faustischen Menschen, der sich nicht von der Aussicht auf ökonomische Sicherheit und Wohlstand abhalten läßt, nach neuen Erkenntnissen und unbekannten Gefilden zu suchen!« Dieser traditionelle Blick auf die Person Gutenbergs, den »faustischen Menschen«, der in seinem Erkenntnisdrang seine »ökonomische Sicherheit« hintangestellt habe, der auch die »Aussicht auf Wohlstand« habe fahrenlassen – dieser Blick soll im weiteren einmal in eine andere Richtung gelenkt werden.

Als »Johannes Gutenberg« firmiert der berühmte Mainzer Patrizier in der Geschichtsschreibung, obgleich er doch unter diesem Namen sicherlich nicht zur Welt kam. Schon der Name seines Vaters lautet meist auf Friele zur Laden oder Friele Gensfleisch, nie jedoch auf »Gutenberg«, und mit *»Frile zv. Gensefleisch«*[13] siegelte er selbst. Noch nach dem Tod des Vaters wurden Johannes und sein Bruder Friele nur als »zur Laden« bezeichnet.[14] Auch der Buchdruck-Erfinder hätte daher in seinem (fiktiven) Geburts- oder Taufregister als »Johannes Gensfleisch zur Laden« verzeichnet sein müssen. Sein »Familienname« lautete also eigentlich Gensfleisch, ein Name, der seinen Ursprung noch deutlicher werden läßt, wenn er einmal in neuhochdeutscher Schreibweise, Gänsefleisch, aufgeführt wird. Im Mittelalter hatte man um die Namengebung keinen Aufruhr gemacht, mußte man doch zunächst nur dafür sorgen, die vielköpfige Stadtbevölkerung voneinander zu unterscheiden. So konnte ein nebensächliches Attribut plötzlich zur Kennzeichnung dienen und folglich zum Namen werden, wie dies auch bei jenem Gensfleisch der Fall war, wohl jemandem, der sich gern an Gänsebraten vergnügte.

Während die Namengebung im Mittelalter im allgemeinen großer Willkür unterworfen war, hielten sich später die meisten adeligen Geschlechter in Mainz an die Tradition, ihre Familien nach den von ihnen bewohnten Häusern zu benennen. So spiegelt sich der Einfluß der Gutenberg-Familie allein im Wechsel der Namen wider, der jeweils mit dem Erwerb eines anderen Hofes – oft durch die Heirat mit dessen Besitzerin – verbunden war: zur Laden, zum Eselweck, zur jungen Aben, zum steinernen Krame, zum Fürstenberg und so weiter und natürlich auch zum Gensfleisch und zum Gutenberg. Keiner der Namen muß daher in irgendeiner Weise mit der Gutenbergschen Herkunft in Einklang stehen; sie stammen meist nur von den Bezeichnungen bestimmter Häuser ab, die sich jeweils im Besitz der Vorfahren befanden.

Von einem geborenen Johannes Gutenberg kann somit keine Rede sein. Erst in einer Urkunde aus dem Jahre 1427 oder 1428 taucht – auf den Vater bezogen – die Bezeichnung *»zu Gudenberg«* auf, wie sie sich dann auch in einem hochoffiziellen Mainzer Schriftstück (der Rachtung von 1430) findet, als *»Henchin zu Gudenberg«*[15]. Die Schlußfolgerung muß daher lauten, daß der entsprechende Hof zum Gutenberg zur Geburt des Johannes nicht zur Namengebung taugte, vielleicht weil die Eigentumsverhältnisse daran nicht geklärt waren, wenn etwa der Hof zu einem Teil nicht mehr im Besitz der Familie lag. Immerhin hatte schon ein Urahn des späteren Erfinders den Hof zum Gutenberg erworben, gekauft von den Kämmerern des Mainzer Erzbischofs, die sich *»de Gudenberg«* nannten – und die somit wohl zu den Namengebern des ersten Buchdruckers wurden.[16] In den folgenden Generationen wurde dann ein Anteil am Hof vergeben, wie dies durch Erbteilungen an der Tagesordnung war.[17] In jedem Falle ging der Gutenberg-Hof irgendwann in den Jahren vor 1428 wieder ganz in den Besitz der Familie über, als der Name »zum Gutenberg« offiziell gebraucht wurde. Angesichts dieser unsicheren Überlieferung fehlt auch der Beweis – wenngleich die Wahrscheinlichkeit hoch ist –, daß tatsächlich in jenem Gebäude das Kind Johannes geboren wurde, dort zumindest aufwuchs. Denn wenn der Name des verstorbenen Vaters als *»zu Gudenberg«* verzeichnet ist, so wird sich dieses Attribut sicherlich auf dessen Wohnsitz bezogen haben. Nun ist für das Jahr 1425 bezeugt, daß sich die Mutter Gutenbergs von einem »Haus zu der kleinen hohen Stegen« trennte und daß sie im selben Jahr ein Anwesen von einem

Contz Franckenstein und einem Georg Walthertheymer erwarb.[18] Nichts spricht dagegen, daß es sich dabei um ihren jeweiligen Wohnsitz handelte, den mithin auch ihr Sohn Johannes mit ihr geteilt haben könnte. Die Frage würde dahin lauten, warum und wann die Mutter Else den Gutenberg-Hof verließ.

Es ließe sich also mit allem Vorbehalt behaupten, daß der spätere Buchdruck-Erfinder im Hof zum Gutenberg aufwuchs und dort vielleicht auch geboren worden war. Als Heranwachsender bewohnte er dann über kürzere und längere Zeit verschiedene Häuser, wie dies die wechselhafte Mainzer Stadtgeschichte nahelegt.

Die Aussagen über die Herkunft des Johannes Gutenberg leiten zu der Frage über, wann der heutzutage so berühmte Mainzer eigentlich zur Welt kam und wann er sie wieder verließ. Herrscht auch (urkundlich gesicherte) Einmütigkeit über seinen Todestag, den 3. Februar 1468, so kann nach den bisherigen Feststellungen nicht überraschen, daß der Tag seiner Geburt ganz und gar ungewiß bleibt. Das Schweigen aller Urkunden zu Gutenbergs Alter scheint allerdings den Wunsch nur verstärkt zu haben, sein Geburtsjahr zu bestimmen. Es sind schließlich mathematische Berechnungen entstanden, die zu dem Resultat führen, der Urahn aller Buchdrucker sei zwischen den Jahren 1394 und 1399 zur Welt gekommen. Die Ergebnisse dieser Berechnungen finden sich exemplarisch bei Aloys Ruppel zusammengefaßt[19], einem der entschiedensten »Gutenbergianer«, der die Ausführungen früherer Forscher aufgegriffen hat. Deduktiv ließe sich danach aus bestimmten Dokumenten das Alter Gutenbergs herleiten. Um den frühestmöglichen Termin seiner Geburt festlegen zu können, eignen sich scheinbar zwei Urkunden aus dem Jahre 1434, die beide denselben Vorgang verzeichnen. Es heißt darin, daß der ältere Bruder Friele an seinen jüngeren Bruder »Hengin« eine Leibrente abtrat, *»also das man demselben Hengin Gudenberg nu forter alle jare, so lange er lebet, 12 gulden geben sall«*[20]. Diese Rentenzahlung hatte aber nicht zwölf, sondern vierzehn Gulden betragen, als sie noch auf den Namen des Friele Gutenberg lautete; sie wurde also im Zuge der Überschreibung um zwei Gulden gekürzt. Dazu heißt es nun bei Ruppel: »Da wegen der voraussichtlich längeren Lebensdauer des jüngeren Bruders die Zahlungen der Stadt Mainz verlängert wurden, mußte Johannes in eine Kürzung des Jahresbetrages von 14 auf 12 Gulden einwilligen. Da beide Teile in ihrem eigenen Interesse ziemlich genau gerechnet haben dürften, können wir aus dem Unterschied des Rentenbetrages den Altersunterschied der Brüder Friele und Johannes annähernd berechnen. Es verhält sich nämlich das Alter des Friele zu dem des Johannes wie 14 zu 12. Da nun Friele als ältester Sohn der 1386 geschlossenen Ehe der Eltern frühestens 1387 geboren sein kann, so war er am 30. Mai 1434 höchstens 47 Jahre alt. Setzen wir dieses höchstmögliche Alter Frieles ein und bezeichnen das damalige Alter des Johannes mit $\times$, so erhalten wir die Gleichung: $47 : \times = 14 : 12$ oder $\times =$ rund 40,3. Also wäre Johannes Gutenberg am 30. Mai 1434 höchstens etwas über 40 Jahre alt gewesen; er konnte also frühestens im Jahre 1394 geboren sein.«[21]

Dieser mathematischen Hangelei liegt allerdings ein logischer Denkfehler zugrunde, der die ganze Berechnung abstürzen lassen muß. Denn erst im Jahre 1481 hätte die verminderte Rentenzahlung des jüngeren Bruders den höheren Betrag des älteren Bruders ausgeglichen. Man hätte damit dem vierzigjährigen Johannes Gutenberg eine fast neunzigjährige Lebenserwartung zugetraut.[22] Daher muß die ganze Zahlenspekulation einfach in Bausch und Bogen verworfen werden. Einmal davon abgesehen, daß eine solche Berechnung nur auf einem System hätte basieren können, das ausgefeilte wirtschaftliche und statistische Daten einschloß, die den Rahmen spätmittelalterlicher Ökonomie gesprengt hätten, zumal in Mainz, wo im Jahre 1413 überhaupt erst Finanzregister eingeführt wurden[23] – abgesehen davon reicht allein ein Blick auf die finanzielle Situation der Stadt zur Zeit jener Rentenüberschreibung, um zu weitaus weniger gewagten Schlußfolgerungen zu gelangen. Bereits der Bibliotheksdirektor Severin Corsten hat vermutet, »daß die Stadt es gar nicht so genau nahm, als sie die Rente neu festsetzte. Ihr ging es vielleicht nur darum, die *hic et nunc* zu zahlende Summe herabzusetzen.«[24] Tatsächlich konnte es der Stadt Mainz mit großer Sicherheit nur darum gehen, auch eine Leibrente wie die eines Johannes Gutenberg unter allen Umständen herabzusetzen. Denn das einst goldene Haupt des Reiches befand sich längst vor dem Jahre 1434 in einer so desolaten wirtschaftlichen Lage, daß dem regierenden Rat kein anderes Mittel bleiben sollte, als alle finanziellen Forderungen entweder aufzuschieben, zu reduzieren oder sogar gänzlich einzustellen. Diese Methode bot sich natürlich bei jenen Gläubigern besonders an, die – wie Gutenberg – die Stadt aufgrund der internen gesellschaftlichen Konflikte verlassen hatten. In einem Fall wie der Gutenbergschen Rentenüberschreibung verzeichnete die Schreibfeder des Rechenmeisters daher gewiß keine komplizierte Lebenserwartungsberechnung, sondern einen festen Satz (ein Siebtel), um den die Zahlung herabgesetzt wurde.

Auch hat man auf ähnliche Weise versucht, seinen spätestmöglichen Geburtstermin zu konstruieren, indem man auf ein Dokument zurückgriff, das als erstes von der Existenz des Johannes Gutenberg zeugt. Der Textauszug aus dieser im Original verlorenen Urkunde lautet im Deutsch des siebzehnten Jahrhunderts: »Ao. 1420. Ist ein Instrument auffgerichtet worden wegen ettlicher Gespänn und Irrthumb antreffend Friele zur Laden, Henchen seinen Bruder, und Clas Vitzthumb ihren Schwager an einem, sodann Patzen, Peter Blashoffs Witwe, an dem andern theil.«[25] Das Exzerpt erbringt also die spärliche Information, daß die Nachkommen des im Jahre 1419 verstorbenen Vaters wohl darüber in Streit geraten waren, wie dessen Nachlaß aufzuteilen sei. Möglicherweise erachteten sich als rechtmäßige Erben einzig die drei Kinder aus der zweiten Ehe des Friele Gensfleisch zur Laden, die Brüder Friele und Johannes sowie die durch ihren Schwager vertretene Schwester Else. Demnach hätten sie die Ansprüche ihrer Stiefschwester Patze – Tochter aus der ersten Ehe des Vaters, deren Mutter und auch Ehemann[26] längst verstorben waren und die allein auftrat – nicht anerkannt oder doch wenigstens niedrig zu halten versucht.

Die aus diesem Dokument entnommene Information zu Gutenbergs Alter liest sich bei Ruppel dann so, »daß Gutenberg bei der Teilung seines väterlichen Nachlasses im Jahre 1420 großjährig war, da kein Vormund mehr für ihn handelte; er muß also damals mindestens 21 Jahre gezählt haben. Folglich kann er nicht mehr nach dem Jahre 1399 zur Welt gekommen sein«[27]. Leichtfertig hatte der Direktor des Mainzer Gutenberg-Museums die gesetzliche Regelung über das Volljährigkeitsalter seiner eigenen Zeit, des frühen zwanzigsten Jahrhunderts und der Jahrzehnte zuvor, auf die spätmittelalterliche Zeit übertragen. Tatsächlich wurde man im Europa vor fünf Jahrhunderten weit eher mündig, als eine »Jugendzeit« im heutigen Sinne, ein gemächliches Hinübergleiten ins Erwachsensein, noch nicht existierte und man schon im Alter von vierzehn oder fünfzehn Jahren, wenn nicht noch früher, ins eigenverantwortliche Leben gestoßen wurde. So konnte im Jahre 1469 in Schonderfeld bei Gemünden am Main »ein Sohn seinen Vater beerben, wenn er mindestens zwölf Jahre alt war«; und in Mellrichstadt in Unterfranken »konnte ein Sohn mit zwölf Jahren für seinen Vater als Gerichtsmann eintreten«.[28] Geht man daher von einer möglichen Rechtsmündigkeit im Alter von zwölf Jahren aus, ließe sich bestenfalls behaupten, daß Gutenberg sicher nicht nach dem Jahre 1408 geboren wurde. Nimmt man allerdings die angegebenen Fälle als Extreme, bezogen auf besondere Situationen, muß man dennoch von einer Volljährigkeitsgrenze ausgehen, die spätestens für das sechzehnte Lebensjahr zu ziehen ist. Wenn als Ausdruck des Erwachsenseins die Geschlechtsreife galt, wenn man nach Kirchenrecht mit deren Eintritt heiraten durfte und wenn die Schwertleihe der ritterlichen Knappen vom vierzehnten Lebensjahr an vollzogen wurde, dann galt der junge Mensch spätestens mit fünfzehn Jahren als volljährig.[29]

All diese Versuche – wie reizvoll sie auch sein mögen –, der spärlichen Quellenlage zum Leben des Buchdruck-Erfinders doch die Information seines Geburtsjahres abgewinnen zu können, führen nur zu der Feststellung, daß Gutenberg – in Abwandlung der Worte Ruppels – folglich nicht mehr nach dem Jahre 1408 zur Welt gekommen sein kann (wenigstens nicht mehr nach 1405, wenn die Geschäftsfähigkeit erst mit fünfzehn Jahren angenommen wird). Diese Aussage aber ist völlig belanglos, da sich schon aus Gutenbergs weiteren Lebensdaten ergibt, daß er nicht nach 1408 geboren sein kann.

Zu einer weiteren hypothetischen Annahme über das Geburtsjahr des »Henchen« ist allerdings der schon erwähnte Severin Corsten gelangt, der mit detektivischem Spürsinn folgende Schlüsse gezogen hat: Da über Generationen der wichtige väterliche Vorname stets an den Erstgeborenen weitergegeben wurde (in der Familie Gutenbergs der Name Friele), konnte es geschehen, daß dessen Name »verlorengehen« mußte, wenn dieser älteste Sohn eine geistliche Laufbahn einschlug oder aus anderen Gründen kinderlos starb. In diesem Fall tauften die übrigen Söhne eines ihrer eigenen Kinder auf den entsprechenden Namen, der somit bewahrt blieb. Verstarb jemand hingegen kinderlos, so konnte auch in diesem Fall der Name »gerettet« werden; der Bruder des Verstorbenen übertrug dann dessen Namen auf eines seiner eigenen Kinder. Eben diesen Fall meint Corsten auf Johannes Gutenbergs Namengebung anwenden zu können und letztlich auf dessen Geburtsjahr. Er verweist auf einen Onkel väterlicherseits, Henne zur Laden, der mit großer Sicherheit im Jahre 1399 starb, da eine auf ihn verschriebene Leibrente bis dahin ausgezahlt worden war. Dieser Onkel war offenbar kinderlos geblieben. Nach Corsten habe nun der Bruder des Verstorbenen, Gutenbergs Vater Friele zur Laden, dessen Namen tradiert, indem er einen seiner eigenen Söhne nach ihm benannte: Johannes. Daraus folgt dann auch, daß Gutenberg nach 1399 geboren sein müsse. Mit dieser schlüssigen wie gleichwohl hypothetischen Annahme ließe sich seine Geburt demnach auf die Jahre zwischen 1399 und 1408 festlegen.

Wäre somit eine durchaus zwingende Erklärung auch für Gutenbergs Vornamen gegeben, so sei beiseite auf die Tradition der Buchdrucker verwiesen, den Geburtstag ihres Urmeisters am 24. Juni zu feiern. Der 24. Juni ist nämlich der *Johannis*tag. Wie man auch über die Schrulligkeit von Gedenkveranstaltungen denken möge, so wurzeln sie doch meist in Traditionen, die als sakrosankt gelten, Traditionen, die oft fester gegründet sind als so manche Idee, Herrschaft oder – Grenze, und die im Falle der Druckkunst Jahrhunderte zurückreichen. Wenn die Feste nicht fallen wollen, wie man sie gern feiern möchte, dann greift das Mittel der Tradition, die mithin auch das Geburtsjahr des Buchdruck-Erfinders definiert hat, nämlich für das Jahr 1400.[30] Natürlich lag dieser Festlegung, wie sie endgültig erst im neunzehnten Jahrhundert erfolgte, in der Hauptsache das schnöde Kalkül zugrunde, dem »genialen Erfinder« allein durch eine »runde« Jahreszahl eine herausragende Plattform zu verschaffen. Da ja die »Tradition« nicht gerade in dem Rufe steht, sich selbst zu hinterfragen, soll sie auch an dieser Stelle unangetastet bleiben und der offizielle »Geburtstag« des Johannes Gutenberg, der 24. Juni 1400, noch einmal verzeichnet sein. Wenn im übrigen Methodiker und Systematiker gleichwohl den Nachweis über die Stunde seiner Geburt vermissen, so reicht doch eigentlich die Vorstellung aus, daß Gutenberg, der im Jahre 1468 starb, wenigstens sechzig Jahre alt wurde, ein für seine Zeit durchaus passables Alter, und daß, wie dies Corsten wohl mit einem Augenzwinkern formuliert hat, ihm die Erfindung des Buchdrucks gelang, »als er in den Vierzigern stand, in einer Zeit seines Lebens, die man gemeinhin als die besten Jahre eines Mannes ansieht«[31].

Als Patrizier stolz und kämpferisch

Abhängig davon, daß jeder Mensch durch seine Umwelt geprägt wird, läßt sich auch die Persönlichkeit des Johannes Gutenberg nur vor dem Hintergrund seiner Zeit verstehen. Wenn auch seine spätere Erfindung über Jahrhunderte nichts von ihrer Modernität einbüßte, wenn man deswegen auch so oft auf die »moderne« Geisteshaltung des Buchdruck-Erfinders geschlossen hat, so war er doch in die spätmittelalterliche Gesellschaft eingebunden. Diese Gesellschaft war ständisch organisiert, eingeteilt in deutlich abgegrenzte Bevölkerungsgruppen, wie Könige und Bettler, Ritter und Bauern, Patrizier und Zünftler, deutlich geschieden auch in Stadt und Land.

Jede Stadt besaß ursprünglich einen Grundherrn, zumeist, wie in Mainz, einen Bischof, der seine Rechte auf das Gericht, auf den Markt, auf die Münze und auf den Zoll schon bald an die Klasse derer abtreten mußte, die an führender Stelle das Wirtschaftsleben der Stadt prägten. Diese Patrizier, zu denen sich auch Gutenberg zählte, nannten sich selbst »Geschlechter« oder – wie in Mainz – »Alte«. Sie waren aus zwei Klassen hervorgegangen, aus den Ministerialen, die den mittelalterlichen Herrscherhäusern als Beamte gedient hatten, und aus den Kaufleuten, die über den Fernhandel den Wohlstand der Städte erst ermöglichten. Diese beiden gesellschaftlichen Gruppen, die ihre Familienbande miteinander verschränkten, hatten schließlich ihren Einfluß und ihre Macht gegen den Grundherrn der Stadt gewandt, der nicht selten gewaltsam vertrieben wurde. Wenn noch die Vorfahren der Patrizier meist Hörige gewesen waren, so hatten sie sich bald, im Zusammenschluß mit dem alteingesessenen Adel, selbst zur herrschenden Klasse aufgeschwungen, so daß sie in allen wichtigen städtischen Institutionen die Macht ausübten. Sie herrschten als Münzer, die das Geld prägten, als Walpoden, die als »Polizei« für Ordnung sorgten, als Kämmerer, die den Etat der Stadt verwalteten, und sie beherrschten das Gericht und vor allem den Rat. In jeder dieser gesellschaftlichen Rangstufen läßt sich in Gutenbergs Ahnenreihe ein Mitglied finden, in den fernen Generationen meist als einflußreiche Ministerialen, in den näheren Generationen als bedeutende Kaufleute, die im goldenen Mainz die Ämter nicht mehr nur verwalteten, sondern sie in den Dienst ihrer Interessen stellten.

Durch ständische Verhaltensweisen, besondere Steuervorteile, rigide Heiratsordnungen und auch über Mittel wie eine strenge Kleiderordnung grenzten sich die Patrizier strikt nach außen ab oder, wie es besser heißen sollte, nach »unten«, nämlich gegenüber den niederen Volksklassen. Zwar hatte schon der römische Schriftsteller Petronius das Verdikt formuliert, *»Qui in pergula natus est, aedes non somniatur«*, daß der nicht von einem Palast träumen sollte, der in einer Hütte geboren wurde; aber im Laufe des vierzehnten Jahrhunderts wurde unter den Nachfahren der in den »Hütten« Geborenen und unter diesen besonders den Handwerkern und einfachen Kaufleuten, die immer größeres wirtschaftliches Gewicht gewannen, der Ruf nach Änderungen der bestehenden Verhältnisse lauter. Um ihre Interessen vertreten und schützen zu können, hatten sie sich – unter der Bezeichnung »Gemeinde« – schon früh zu Zünften zusammengeschlossen. Bald forderten diese gut organisierten Berufsverbände auch in den städtischen Angelegenheiten ihre Mitsprache ein. Immerhin war in den Städten zu Zeiten Gutenbergs das Kräfteverhältnis so verteilt, daß jedem Patrizier bis zu fünfzig Handwerker entgegenstehen konnten. Es kam zu oft erbitterten innerstädtischen Auseinandersetzungen, in denen die Zünfte danach trachteten, ihren wirtschaftlichen Einfluß endlich auch politisch durchzusetzen. Je nach Stadt waren sie damit unterschiedlich erfolgreich. So wurden die Geschlechter etwa in Augsburg mit den Zünftlern in einen Ausgleich verwickelt, in Köln hingegen in blutigen Kämpfen angegangen und in Ulm gar aus der Stadt gejagt. Hier interessieren indes nur zwei Städte, in deren Mauern sich Gutenberg nach den überlieferten Dokumenten aufhielt: Straßburg und Mainz. Auch in diesen beiden bedeutenden mittelalterlichen Metropolen rangen Patrizier und Zünftler heftig um die Macht. Das Ergebnis dieses Ringens lautete allerdings ganz unterschiedlich, nämlich auf Ruhm und Freiheit für die eine Stadt, Straßburg, und für die andere, Mainz, auf Schmach und Unterdrückung.

Nachdem die Mainzer Patrizier ihrem Erzbischof schon im Jahre 1244 die Stadtverwaltung *de facto* entwunden hatten, konnten sie die Stadtgeschäfte nahezu über ein Jahrhundert lang erfolgreich leiten. Der wirtschaftliche Fortschritt brachte das Erstarken der Händler und Handwerker mit sich, bis diese bald selbst die Wirtschaft in weiten Bereichen beherrschten, als Zünftler, die sich in ihren Berufsbereichen zusammengeschlossen hatten. Mit steigendem Mißmut mußten sie auf den Rat der Stadt schauen, wie er von den Patriziern beherrscht wurde und wie sie davon ausgeschlossen waren. Immer deutlicher trat das Mißverhältnis zwischen denen zutage, die als Minderheit nur konsumierten, die gleichwohl die Gesetze und Verordnungen erließen und zudem über eigene Rechte verfügten, und denen, die immer nur die Zeche bezahlen mußten, ohne daß sie in die städtischen Angelegenheiten eingreifen durften. So entlud sich am Ende der 1320er Jahre die Spannung in heftigen Kämpfen. Mit der Zerstörung dreier Klöster richtete sich der Angriff der Zünftler zunächst gegen die Geistlichkeit, dann gegen die Geschlechter. In der Folge verließen die Patrizier die Stadt; sie »fuhren aus«, wie es hieß, um von außerhalb gegen die aufruhrerische Gemeinde vorzugehen. Erst im Oktober 1333 konnten sich die verfeindeten Gruppen versöhnen, »rachten«, wie man sagte, als die »Ausgefahrenen« eine neue Verfassung akzeptierten (vom 24. November 1332). Danach billigten die adeligen Herren der Zunftschaft die Hälfte aller Sitze im Rat zu sowie auch von den Ratsämtern jedes zweite. Zwar gewährte dieses politische Zugeständnis den Mainzern eine lange Zeit des Friedens; jedoch war damit dem Kessel des gesellschaftlichen Konflikts nur der Druck genommen, während das Feuer weiter loderte. Denn nach wie vor ging in der Stadt nichts gegen die Patrizier.

Angesichts der Abkunft der Gutenbergschen Familie kann es nicht überraschen, in den Auseinandersetzungen zwischen den Jahren 1329 und 1333 auch einen ihrer Stammväter, Frielo Rafit, an vorderster Stelle auf seiten der Patrizier streiten zu sehen. Als im November 1332 die Einführung der neuen Verfassung anstand, schlossen sich mehr als hundert heißspornige, junge Herren – Junker im ursprünglichen Wortsinn – zur Wahrung ihrer Rechte zusammen. Dieses Vorgehen mußte die Gemeinde in höchste Alarmbereitschaft versetzen, die den Zusammenschluß der Geschlechter als Vorbereitung zum Kampf verstand. Man vermutete Bewaffnete in den patrizischen Höfen, wähnte heimliche Waffenlager im Gensfleisch-Hof und nahm sogar an, vor der Stadt versammelten sich Reisige zum militärischen Beistand. Als daraufhin die Sturmglocke wider die Patrizier dröhnte, flüchteten sich diese in den Dom, wo man sie schließlich zur Rede stellte. Dazu ist überliefert, daß man auf Frielo Rafit in seinem Hof zum Gensfleisch traf. Dort hatte er sich mit seinen Söhnen, seinen Hausgenossen und einem Steinmetz bewaffnet, er selbst im angelegten Harnisch, den Helm vor sich stehend.[1] Im Unterschied zu zweien seiner Söhne zählte Frielo Rafit aber nicht zu den hundertneunundzwanzig rebellischen Patriziern, die dann ihre Waffen an die Zünftler ausliefern mußten und aus der Stadt ausfuhren. Trotzdem lassen sich bei diesem frühen Vorfahren Gutenbergs deutlich die ritterlichen Tugenden der adeligen Kreise ausmachen, die vor einem energischen Vorgehen, auch mit dem Schwert in der Hand, nicht zurückschreckten.

Auch den späteren Buchdruck-Erfinder zeichnete der entschiedene Wille aus, auf seine adelige Abkunft zu pochen und seine Rechte durchzusetzen, so daß er einen Widerwillen besonders gegen die Zünftler gehegt zu haben scheint. Es könnte in diesem Verhalten einer der Schlüssel zur Erklärung seiner Persönlichkeit liegen. Wenn auch der junge Johannes Gensfleisch zur Laden auf eine bedeutende Ahnenreihe verweisen konnte, so war diese doch in einem Zweig nicht »astrein«, um diesen hier so treffenden Ausdruck zu gebrauchen. Denn in der väterlichen Linie seiner Mutter zählten ja seine Vorfahren *nicht* zu den Patriziern, sondern zu den Zünftlern. Dies war vermutlich der Grund, weshalb die beiden Brüder Gutenberg in einem Verzeichnis über die Münzer-Hausgenossen aus dem Jahre 1421 unerwähnt blieben[2]. Die Münzer-Hausgenossenschaft besaß das Monopol über den Tausch von Edelmetallen und Münzen; sie stand aber als gesellschaftlicher Ausdruck insbesondere dafür, daß sie den standesbewußten Zusammenschluß der Mainzer Patrizier bildete. In diesen einflußreichen Verband wurde nur aufgenommen, wer bis zu den Großeltern nachweisen konnte, *»daz sie von iren vieer anen of de monze gehoren«*[3].

Diese Tatsache könnte als wichtige Erklärung herangezogen werden, um Gutenbergs Persönlichkeit zu verstehen. Vor dem Hintergrund moderner psychologischer Erkenntnisse hat dies der »Oberregierungsbibliotheksrat« Ferdinand Geldner mit folgenden Worten formuliert (die allerdings stark das heutige Menschenbild widerspiegeln und mit einiger Skepsis zu lesen sind): »Als der geistig geweckte, ahnenstolze Knabe zum ersten Mal sich dessen bewußt wurde, daß er unter seinen Stammesgenossen nicht als ebenbürtig galt, hat er wohl einen seelischen Schock erlitten, dessen Auswirkungen ihn sein ganzes Leben lang begleiteten. [...] Die soziale Minderstellung hat sicher bei einem so impulsiven, selbstbewußten Manne, als den wir Gutenberg später kennenlernen, eine Trotzreaktion hervorgerufen, die ihn dazu veranlaßte, sich selbst und der Mitwelt zu beweisen, daß er trotzdem die Mainzer ›Münzer-Hausgenossen‹ in seinem Ingenium turmhoch überragte.« Der daraus notwendig folgende Schluß, Gutenbergs Buchdruck-Erfindung sei ursächlich aus dieser »Trotzreaktion« zu erklären, erscheint dann doch ein wenig zu weit gegriffen. Sicherlich aber identifizierte er sich unbedingt als Patrizier, weit stärker, als dies ein »vollwertiger« Geschlechtersohn für nötig halten mußte. Als mögliches Resultat prägte sich daher in Gutenberg ein resoluter und durchsetzungswilliger, aber auch zanksüchtiger und herrischer Charakter aus.

Die meisten der drei Dutzend Dokumente über den streitbaren Johannes Gutenberg drehen sich um die gerichtliche Klärung bestimmter Finanzangelegenheiten. So erscheint es nur bezeichnend, daß die erwähnte erste Urkunde zu seinem Leben von einem

Rechtsstreit kündet. Leider kann aus deren Text nicht das mindeste über Inhalt und Ablauf des Verfahrens entnommen werden, auch nichts über das Leben des »Henchen zur Laden«, wie dies ja wenigstens zur Bestimmung seines Alters versucht wurde.

Man hat sich bemüht, mit Hilfe der Frage, wie und wo Gutenberg schulisch ausgebildet worden sein könnte, etwas Licht in seinen bis dahin kaum zu erhellenden Lebenslauf zu bringen. Da er als Kind einer patrizischen Familie in jedem Fall eine solide schulische Ausbildung erfahren haben mußte, haben sich die Forscher schon früh auch über die Matrikeln einer Vielzahl der möglichen Städte gebeugt, die einmal den späteren Buchdruck-Erfinder als Studenten in ihren Mauern beherbergt haben könnten. Immerhin war es für die Klasse der Patrizier zu einem dankbaren Mittel geworden, ihren Kindern die rechte »Artistik« an einer der Universitäten angedeihen zu lassen, wie sie sich seit dem Jahre 1348 (Prag) auch im Deutschen Reich gründeten. (Das Erzbistum Mainz sollte erst von 1476 an eine Universität sein eigen nennen können, die der darbenden, zu dieser Zeit entrechteten Stadt als eine weitere ihrer wenigen verbliebenen Attraktionen gestiftet wurde.) Zur Zeit des jugendlichen Johannes Gutenberg galt die Universität von Erfurt – im Jahre 1392 erst als fünfte des Reiches gegründet – als nährende Mutter der Mainzer Studenten, deren Matrikeln die Forscher mithin begierig durchforsteten. Zwar konnte man nicht erwarten, auf einen »Johannes Gutenberg« zu stoßen, der ja unter diesem Namen erst später firmierte; jedoch auch auf einen »Johannes zur Laden« oder einen »Johannes Gensfleisch« stieß man nicht – und auch nicht auf einen »Johannes von Mainz«. Im Hinblick auf diese letzte Möglichkeit, daß sich nämlich die Studenten oft nach ihrem Heimatort benannten, konnte man zwar einige Johannes auflisten, darunter auch einen gewissen *»Johannes de Altavilla«*, aber man schenkte dieser Matrikel keine weitere Beachtung.[4]

Als aber Ferdinand Geldner anklingen ließ, bei *Johannes de Altavilla* könne es sich um Johannes Gutenberg gehandelt haben, immatrikuliert als »Johannes von Eltville«[5], hat der Schriftmeister Albert Kapr diese These nicht an sich vorübergehen lassen. Immerhin verfügte ja die Gutenberg-Familie in Eltville am Rhein über umfangreichen Besitz. Daher fuhren die Eltern des jungen Johannes während der Mainzer Zunftkämpfe sicherlich in diese kleine Mainzer Nachbarstadt aus, die möglicherweise auch später den alternden Buchdruckermeister für kürzer oder länger aufnehmen sollte. In typischer »Gutenberg-Spekulation« hat sich nun Kapr, um seine Erkenntnisse einzupflanzen, sogleich weit auf unbekannten, so nährstoffarmen Boden vorgewagt. Wegen der Modalität der Immatrikulation erklärt er nicht nur, der Junker Gutenberg habe sein Studium ein Jahr lang unterbrochen, sondern er meint deswegen auch schließen zu können, dies sei aus Erschütterung über das absehbare Ende des zu jener Zeit todkranken Vaters geschehen. Deshalb habe er sich wahrscheinlich in ein Erfurter Skriptorium zurückgezogen, wo er wiederum die Kunst des Bücherschreibens erlernt habe. Überhaupt habe der herannahende Tod des Vaters die Frage aufgeworfen, »ob er sich dem geistlichen Beruf zuwenden oder als Goldschmied beziehungsweise als Kalligraph seinen Unterhalt verdienen« sollte.[6] Kurz und knapp urteilt dazu der erwähnte Hellmut Rosenfeld: »Alles das ist abwegig und entbehrt jeder Grundlage.«[7]

Die entsprechenden Einwände müssen dahin lauten[8], daß jener *Johannes de Altavilla* sein artistisches Studium gewiß nicht unterbrochen hatte. Vielmehr wurde dieser Student nach nur vier Semestern Studium zum Bakkalaureus promoviert. Was bleibt, wäre nach wie vor die These, Gutenberg habe in Erfurt studiert und er habe sich vor allem nicht zu seiner Heimatstadt Mainz, sondern zu dem Ort seiner patrizischen »Ausfahrt« bekannt, Eltville am Rhein; deshalb sei er ebensowohl in dieser Stadt wie in Mainz selbst anzusiedeln. Zwar ist dazu die Frage aufgeworfen worden, ob man wirklich glauben solle, daß sich der Bürger einer großen und bedeutenden Stadt ohne einen gravierenden akuten Grund nach einer benachbarten Kleinstadt benannt haben könnte.[9] Wenn jedoch der Grund darin läge, daß Gutenberg seine Kindheit und Jugend eher in Eltville als in Mainz verbrachte, wenn er die Ausfahrten der Eltern nicht jedesmal mitmachte, weil diese ihn für seine Kindheit gut aufgehoben wissen wollten, dann wäre sehr wohl zu glauben, daß sich der junge Gutenberg eher mit Eltville als mit Mainz identifizierte; und es wäre obendrein die Biographie zu seinen ersten Lebensabschnitten umzuschreiben. Wieder muß an dieser Stelle alles zur Spekulation geraten, da sich auf der Waage der Ungewißheit zwar die Wahrscheinlichkeiten wägen lassen, ein scheinbar gewichtsloser neuer Hinweis den Ausschlag aber sogleich in die andere Richtung lenken kann.

Um Gesichertes über Gutenbergs Leben festhalten zu können, sind besser als alle Spekulationen die Fakten geeignet. Die (schon erwähnte) zweite Urkunde, die den Namen des ersten Buchdruckers trägt, erscheint dazu ergiebiger, wenngleich sie Jahre später zu datieren ist und somit eine große Zeitspanne in Gutenbergs Biographie einfach übersprungen wird. Sie stammt aus dem Jahre 1427 oder 1428 und führt in die Mainzer Stadtgeschichte und ihre Besonderheiten zurück. Ein gewisser Hans Gutlichter bestimmte darin, daß ein *lipgedings,* eine Leibrente von zwanzig Gulden, die auf die Brüder Friele und Hengin, Söhne des seligen Friele *»zu Gudenberg«,* verschrieben war, nach deren Tod auf einen Johannes Imgrase falle. Zur vertraglichen Bestätigung der Überschreibung *»post mortem«* erhielt er als »Unterpfand« von Gutlichter einen Silberriemen und drei Becher.[10] Trotz der Vielzahl an Informationen in dem Schriftstück hat sich die wichtige Frage nicht klären lassen, wie jener Hans Gutlichter überhaupt dazu kam, über eine Leibrente der Gutenberg-Brüder verfügen zu können und diese dem Johannes Imgrase so sicher zuzusagen, daß er sich bei diesem dafür nach altgermanischem Recht verpfändete. Jedenfalls wird Johannes Gutenberg zum ersten Mal im Zusammenhang mit Rentenverschreibungen genannt, was auf die gute finanzielle Ausstattung des Geschlechtersohns schließen läßt.

Diese »Leibgedinge« stellten zu jener Zeit – als man ein Unterpfand verlangte, weil das Zinsgeschäft oft noch mit einem Tabu behaftet war – die gebräuchliche Form dar, überschüssiges Vermögen anzulegen und damit für die eigenen Kinder oder weitere Verwandte vorzusorgen. Allgemein überließ man der Stadt eine bestimmte Geldsumme als Leib-, also als »Lebens«-Rente. Darauf verpflichtete sich die Stadt, dem Gläubigen in regelmäßigem Turnus einen bestimmten Geldbetrag als »Zins« auszuzahlen. Für den

Stadtsäckel ergab sich dabei ein Gewinn oder Verlust, je nachdem, wann der Gläubiger von seinem Herrgott abgerufen wurde. War etwa, wie üblich, eine jährliche Rente von fünf Prozent des eingezahlten Kapitals auszuzahlen, kam die Stadt nach dem Ablauf von zwanzig Lebensjahren in die »Verlustzone«, um diesen modernen und an dieser Stelle etwas indiskreten Ausdruck zu gebrauchen.

Vor allem die Einrichtung der Leibrenten hatte in Mainz dazu geführt, daß mit der Zeit ein immer höherer Schuldenberg aufgehäuft worden war, dessen Last die Stadt am Ende nicht mehr zu tragen vermochte. Denn der Stadtrat verzeichnete in der Haushaltsbilanz das für die Leibrenten geliehene Geld als Aktivposten, als Einnahme, obgleich die aufgenommenen Schulden anschließend über die jahrelangen Rentenzahlungen wieder beglichen werden mußten. Aufgrund der oft relativ langen Lebensdauer der Gläubiger oder auch aufgrund von Pfründenverteilung durch den Rat mußte zudem weit mehr Geld für die Rentenzahlungen aufgewendet werden, als zuvor eingenommen worden war. Weiter wurden auch sogenannte Wiederverkaufsgülten, kurzfristige »Kredite«, über lange Zeit hinweg nicht abgelöst, so daß der zu zahlende »Zins« das ursprünglich aufgenommene Kapital allzuoft überstieg. Und zu all diesen Kosten kam noch hinzu, daß in Mainz der geistige Stand in keiner Weise dazu gebracht werden konnte, auf seine umfangreichen Privilegien zu verzichten, die sich auf alle möglichen Bereiche erstreckten, sich jedoch in dem Vorrecht der völligen Steuerfreiheit am einschneidendsten auswirkten. In der Folge stieg die Verschuldung der Stadt von Jahr zu Jahr an. Schließlich war ein solches Ausmaß erreicht, daß sich das Schreckgespenst des völligen finanziellen Ruins immer deutlicher abzeichnete. Mußte schon im Jahre 1410 die Hälfte aller städtischen Einnahmen für die Zinsverpflichtungen der Stadt herhalten, hatte sich dieser Anteil bis 1436 auf drei Viertel aller Einnahmen erhöht.[11]

Angesichts dieser Tatsachen konnte es nicht ausbleiben, daß sich in der »Metropole des Reiches« die gesellschaftlichen Konflikte enorm zuspitzten. Bis dahin freilich, bis in die ersten Jahre des fünfzehnten Jahrhunderts, war in Mainz die Rachtung aus dem Jahre 1332 respektiert worden, jenes Vertragswerk, das der Versöhnung zwischen Patriziern und Zünftlern diente und den politischen Einfluß beider Klassen festschrieb. Konnte so der Burgfrieden zwar über die weiteren Jahrzehnte gewahrt werden, so dauerte bei der Mehrzahl der Mainzer Bürger die Unzufriedenheit an. Wenn auch alle Posten der Stadt, sowohl im Rat wie auch in den Stadtämtern, paritätisch besetzt waren, hatten doch die Patrizier von ihrer Macht nichts eingebüßt. Sie hatten nur die Zünfte auf ihre Seite gezogen und somit ihren überragenden Einfluß auf die Stadtpolitik gewahrt. Als Ergebnis hatte sich ein Kungeln von Geschlechtern wie Zünftlern entwickelt, die sich ihre Pfründe sicherten und nach außen verteidigten. Mit der steigenden Verschuldung der Stadt mußte sich daher irgendwann das Feuer des Aufruhrs entzünden. Dies geschah im Jahre 1411, als die Zunftschaft darauf drang, dem Rat in seinen Machenschaften auf die Finger zu schauen. Fortan flammte der Brand immer aufs neue auf, der auf dem morschen Untergrund der finanziellen und wirtschaftlichen Nöte nicht mehr zu löschen war; im Gegenteil, er mußte sich noch weiter entfachen und so am Ende die Stadt verzehren.

Die Zünftler betrachteten ihre Stellung im Rat bald als eine Art Eigentum. Gegenüber ihrer eigenen Klientel wollten sie sich absichern, indem sie eine »Aufnahmegebühr« von fünfzig Gulden festlegten, wenn ein gewählter Vertreter der Gemeinde seinen Sitz im Rat einnehmen wollte. Treffend hat dazu ein Historiker formuliert: »Leicht gewöhnt sich die Volksmasse an den Verlust der Freiheit, soll sie hierüber aber eine förmliche Quittung ausstellen, so bäumt sie sich auf.«[12] Dieses Aufbäumen führte dazu, daß vom Stadtrat grundlegende Änderungen gefordert wurden, so in der Amtsbesetzung, im Steuerrecht und in der Allmendenutzung. Diese Änderungen konnten auch die Patrizier in ihren Rechten und Vorrechten nicht unbescholten lassen. Sie griffen daher auf ein altbewährtes Mittel ihrer Politik zurück, nämlich die Stadt zu verlassen und sich auf ihre auswärtigen Güter zurückzuziehen. Durch eine solche Ausfahrt der Geschlechter, die ja über beträchtlichen wirtschaftlichen Einfluß verfügten, war die Stadt finanziell meist stark bedrängt und mußte Kompromisse eingehen. Gleichwohl kam es auf seiten der Patrizier auch in den folgenden Jahren immer wieder zum

Einsatz dieser schärfsten Waffe, der Ausfahrt aus der Stadt, gegen die sich die Gemeinde zu wehren versuchte, indem sie alle Rentenzahlungen an die Ausgefahrenen einstellte und deren Grundbesitz beschlagnahmte.

Vor dem Hintergrund dieser Konflikte erscheint es bemerkenswert, daß der Vater des späteren Buchdruckers, Friele Gensfleisch zur Laden, in der Stadtrechnung für die Jahre 1410 und 1411 unter den vier Rechenmeistern[13] aufgeführt ist. Ohne daß weitere Hinweise vorlägen, läßt sich doch feststellen, daß Gutenbergs Vater höchstpersönlich am verhängnisvollen Finanzgebaren der Stadt mitwirkte. Allerdings kann diese Tatsache nicht überraschen, zählten doch die Gensfleischs seit jeher zu den bedeutenden Persönlichkeiten von Mainz, deren Einfluß sich immer auch auf den städtischen Etat erstreckt hatte. So läßt sich mit einiger Sicherheit behaupten, daß auch der junge Johannes Gutenberg nicht nur ein Mal zu den Ausgefahrenen zählte, zu denen, *»die nit liep und leib mit der stad liden* [›erleiden‹] *wollent«*[14]. Immerhin kam es in den Jahren zwischen 1411 und 1422 zu mehreren Ausfahrten der Geschlechter, in deren Folge auch zu mehreren Rachtungen, deren eine von 1414 der Vater Friele nachweislich siegelte.[15] So mußte sich das politische Verständnis des heranwachsenden Johannes Gutenberg früh polarisieren, der wohl, um sich gegen sein erbliches Manko zu wappnen, in seinen Adern kein durch und durch patrizisches Blut fließen zu wissen, entschiedener als andere die Sache der Geschlechter verteidigte. Es ließe sich denken, daß sich Gutenbergs patrizischer Geist noch weiter verhärtete, als nach dem Tod des Vaters im Jahre 1419 seinen beiden Söhnen eine große Verantwortung für dic Familie zufiel, für deren Besitz, deren Ruf und Einfluß. Jedenfalls war Gutenberg von Kindheit an geprägt, seine herrschaftliche Position notfalls auch rabiat zu verteidigen.

Immerhin hatten die Auseinandersetzungen zwischen Patriziat und Zunftschaft den Staub auf den überkommenen Verfassungen der Stadt aufgewirbelt, und es waren in mehreren Rachtungen alte Bedingungen aufpoliert und neue Rechte eingeführt worden. Trotzdem blieb das Grundübel der Mainzer Stadtpolitik bestehen, das nach wie vor darin lag, das Verschuldungsproblem nicht gelöst zu haben. Man hatte weder die Patrizier noch die Geistlichen dazu bringen können, das Gemeinwesen finanziell angemessen mitzutragen. Im Gegenteil hatte man sich in seiner Not sogar bereit erklärt, die Geistlichkeit abermals vom Weinungeld zu befreien, obwohl dieses alte Vorrecht zuvor von König Sigismund aufgehoben worden war. Zwar ließ sich dies der Klerus achttausend Gulden kosten, womit die finanziellen Sorgen der Stadt vorübergehend gelöst waren, jedoch hatte man nur den Teufel mit Beelzebub ausgetrieben. So rissen fortan die Klagen nicht mehr ab über das ruinöse Weingeschäft der Pfarrer, die den Wein – steuerfrei – in aller Öffentlichkeit »verzapften«, darüber, daß sich gewisse Pfarrhäuser gar in Schankstätten verwandelten. Nach wie vor flossen der Stadt von dieser Seite jedenfalls keinerlei Einnahmen zu.

Spätestens im Sommer 1428 ließ sich das Schreckgespenst des Bankrotts nicht mehr ungesehen machen, so daß sich der Mainzer Rat nicht anders zu helfen wußte, als ein besonderes Gremium zur Schuldenabwicklung gewähren zu lassen. Dieses Gremium war eindringlich von der Zunftschaft eingefordert worden, und ausschließlich aus zehn Zünftlern setzte es sich auch zusammen. Es lag auf der Hand, daß die Stadt nur entschuldet werden konnte, wenn vor allem eine neue Finanzpolitik betrieben würde. So kam es als erstes zu Steuererhöhungen und zum Umverteilen städtischer Zahlungen. Insbesondere mußten die Geschlechter endlich konsequent in die Steuerpflicht genommen werden, der sie sich durch Rückzug auf ihre auswärtigen Güter nur zu leicht entziehen konnten. Das Gremium der »Zehner« erließ daher eine Verordnung, wonach die Geschlechter verpflichtet werden sollten, zehn Jahre lang nicht aus Mainz auszuziehen und somit ihre Steuern in ihrer Heimatstadt zu entrichten. So scharf angegangen, kam es unter den hohen Herren zum Aufruhr, und etliche von ihnen zogen einmal mehr aus der Stadt aus. Gleichwohl stimmte die Mehrzahl unter ihnen bald einem Kompromißvorschlag zu, wonach sie für den Fall der Auswanderung eine Steuer von fünfzehn Turnosen [wichtige rheinische Handelsmünzen] auf einhundert Gulden ihres Einkommens zu entrichten hätten.

Forsch trieben die »Zehner« ihre Untersuchungen voran. Folglich mußten sie unweigerlich auf den Grund der städtischen Finanzprobleme stoßen, wie sie vor allem die kungelnde Praxis der Rentenverkäufe hervorgerufen hatte. Der Rat wurde zu diesen Vorgängen zur Rede gestellt, und es heißt dazu in einem Gedicht jener Zeit:

»*Si frageten und gar balde mit eide,*
Daß er iglicher [der Ratsherren] *seide,*
Ob es beßer wesen mochte,
Odir ob is nit endochte,
Daß man den rat entsetzet gar
Und einen andern setzet dar,
Der zu ewigen ziden blibe
Und solich dinge nit me endribe,
Als dise biß her han getan.«[16]

Tatsächlich blieb dem kompromittierten alten Rat keine andere Wahl, als zurückzutreten, zumal auch die Gesandten der großen Nachbarstädte Frankfurt, Worms und Speyer, die man zur Vermittlung hinzugezogen hatte, die »Zehner« in ihrem Vorgehen unterstützten. Die Zünfte ergriffen daraufhin die Gelegenheit beim Schopf und sicherten sich im neugewählten Rat die Mehrheit. Dieses Vorgehen wurde von den meisten der Patrizier sogar ohne viel Widerstand hingenommen. Immerhin waren sie sich darüber im klaren, daß die Macht des neuen Rates nur soweit reichte, selbst unpopuläre Maßnahmen wie die Erhöhung der Steuern durchzusetzen, die in erster Linie die Bevölkerung *allgemein* traf und die auch vom alten Rat längst geplant war; sie selbst hatten nämlich ihre althergebrachten Rechte sehr wohl sichern können. Trotzdem war ein Teil der ausgezogenen Geschlechter, die um keinen Deut von ihrer früheren Macht lassen wollten, nicht nach Mainz zurückgekehrt – darunter auch Johannes Gutenberg.

Über ein Jahr zogen sich die Auseinandersetzungen zwischen den Ausgefahrenen und dem neuen Rat hin. Abermals wurden die Nachbarstädte eingeschaltet, und selbst König Sigismund nahm sich auf dem Preßburger Reichstag des Konflikts an. (Nebenbei sei bemerkt, daß sich dort unter den Vertretern der Patrizier Arnolt Gelthus befand und unter denen der Zünftler Nicolaus von Werstad, zwei einflußreiche Personen, die in Gutenbergs weiterem Leben eine Rolle spielen sollten.) Unter der Vermittlung des Mainzer Erzbischofs Konrad III. konnte schließlich ein Kompromiß gefunden werden, in Form der Rachtung vom 28. März 1430.

Den Patriziern wurde ihr bedeutender Einfluß auf das Schicksal der Stadt von neuem garantiert (so daß die Konflikte in der Mainzer Bürgerschaft fortbestehen mußten). Gestand man ihnen ein Drittel der Ratssitze zu sowie ein Drittel aller Amtsstellen, hatten sie anscheinend auch »ihr Vorrecht der Steuerfreiheit behalten«[17]. Die Ausgefahrenen konnten somit der Aufforderung beruhigt nachkommen, zurückzukehren, Frieden zu schließen und den Friedensschluß schriftlich zu besiegeln.

Daß auch Gutenberg zu den Ausgefahrenen zählte, wird durch die Rachtung von 1430 eindeutig belegt. Zu folgenden Personen heißt es in diesem umfangreichen Sühnevertrag ausdrücklich: *»Herman Furstenberg, wie wole der inlendig ist, und auch Hennen Hirczen, Henchin zu Gudenberg, Ort Rudolffs selgen sone zur Eych, Heincz Reyse, die yezunt nit inlendig sint, Peter Gensefleisch, die by den alden zu dirre zijt nit gewest sint, nit mechtig sint, ist gerette* [›geredet‹ = versprochen]*: weresz, das derselben einer odir mee odir sie alle in diser süne und rachtunge sin und sich der gebruchen wolt,* [...]*: also das der odir dieselben des ir offen versigelten briefe dem rade geben vor sich und ire erben, dise süne und rachtunge zuhalden.«* Diese Passage besagt demnach, daß die namentlich Genannten, die zum harten Kern der ausgezogenen Geschlechter zählten, *in persona* aufgefordert wurden, sich den Bestimmungen der Rachtung zu unterwerfen und dies schriftlich vor dem Rat zu bezeugen. Wenn Gutenberg darin als »nicht inländig« bezeichnet wird, so beweist dies mit Sicherheit, daß er zu jener Zeit nicht in Mainz, sondern »im Ausland« lebte.

So wenig ist über den frühen Lebensverlauf des späteren Buchdruckers Gutenberg bekannt, daß allein die Aussage über ihn, *»yezunt nit inlendig«* zu sein, zu weitreichenden Schlußfolgerungen herreichen muß. Wenn sich die Mainzer Geschlechter in Gemäßig-

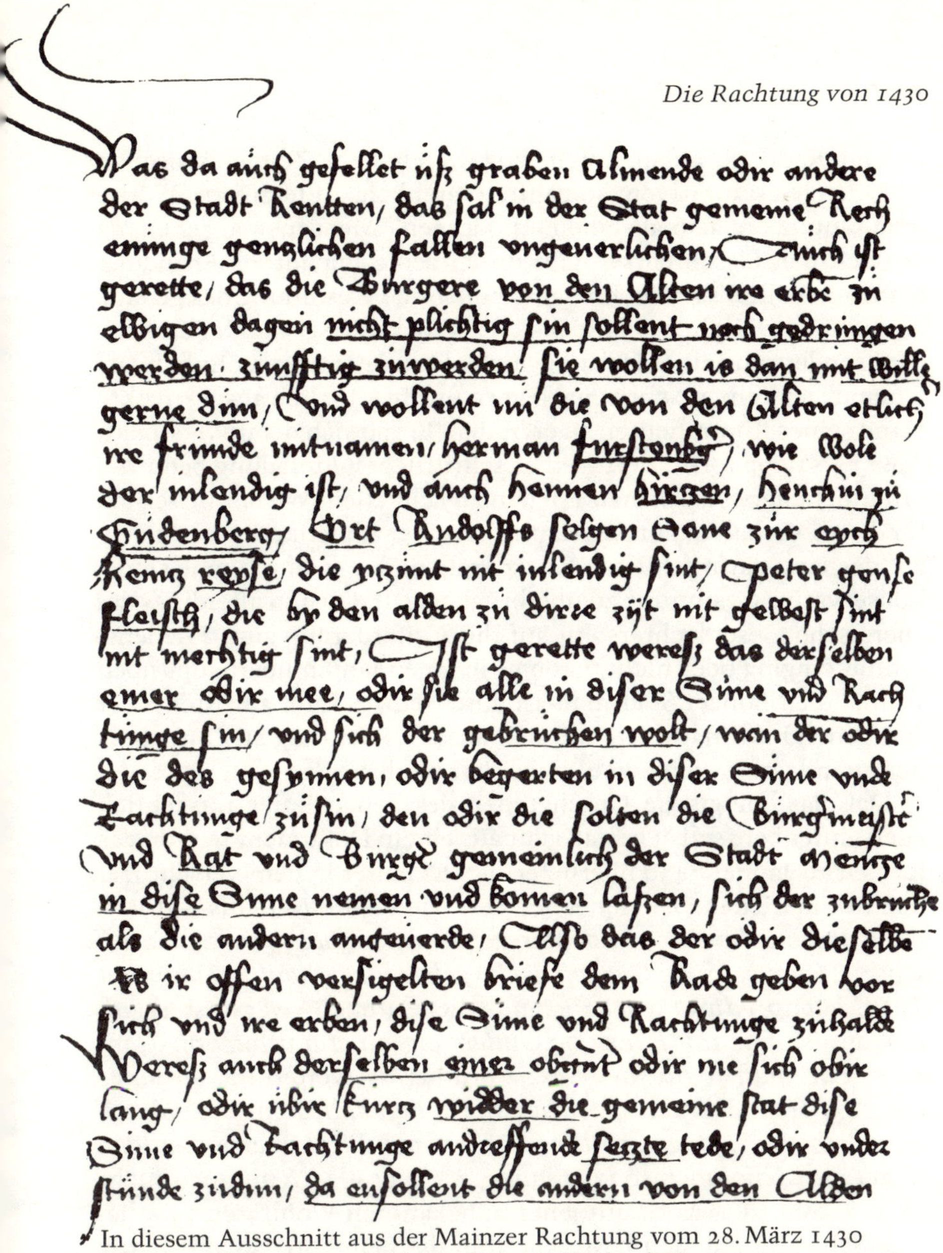

Was da auch gesellet vß graben Almende odir andere
der Stadt Renten, das sal in der Stat gemeine Rech
einunge genglichen fallen ungeuerlichen, Auch ist
gerette, das die Burgere von den Alten ire erbe zu
elbigen dagen nicht plichtig sin sollent noch gedrungen
werden zunfftig zu werden, sie wollen is dan mit Wille
gerne dun, Und wollent im die von den Alten etlich
ire frunde intnamen, herman furstenbg, wie Wole
der inlendig ist, und auch hennen hirczen, henchin zu
Gudenberg, Ort Rudolffs selgen sone zur eych
heincz reyse, die yezunt nit inlendig sint, Peter gonse
fleisch, die by den alden zu dirre zyt nit selbest sint
nit mechtig sint, Ist gerette weres das derselben
einer odir mee, odir sie alle in diser Sune und Rach
tunge sin, und sich der gebruchen wolt, wan der odir
die des gesynnen, odir begerten in diser Sune und
Rachtunge zu sin, den odir die solten die Burgermeist
und Rat und Burger gemeinlich der Stadt Mentze
in dise Sune nemen und komen lassen, sich der zugebruche
als die andern antreuerde, Also das der odir dieselbe
ir offen versigelten briefe dem Rade geben vor
sich und ire erben, dise Sune und Rachtunge zuhalde
Weres auch derselben einer obeint odir nie sich obir
lang, odir ubir kurcz widder die gemeine stat dise
Sune und Rachtunge andreffende sezte tede, odir under
stunde zudun, da ensollent die andern von den Alden

In diesem Ausschnitt aus der Mainzer Rachtung vom 28. März 1430 lautet von der neunten Zeile an die entscheidende Passage:
*»und auch hennen hirczen, henchin zu
Gudenberg, Ort Rudolffs selgen sone zur eych [,]
heincz reyse, die yezunt nit inlendig sint«.*

te und Radikale aufspalteten, zugewandt dem Zeitgenössischen oder dem Restaurativen, so zählte Gutenberg zu letzteren. Wollte man Gutenberg also als einen »modernen« Menschen ansehen, da er doch den Geschichtsverlauf durch seine Buchdruck-Erfindung beflügeln sollte, so träfe für seine politische Gesinnung das genaue Gegenteil zu. Nicht nur läßt er sich als rückwärtsgewandt beschreiben, sondern in seiner Haltung auch als äußerst unversöhnlich, als jemand, der keinen Schritt nach vorn machte, um die ausgestreckte Hand seines Kontrahenten zu ergreifen. Er gab sich derart verstockt, daß er – salopp formuliert – einer schriftlichen Einladung bedurfte, um möglicherweise *seinen* Frieden zu schließen. Wieder ließe sich für dieses Verhalten auf das Manko in seiner Ahnenkette verweisen, auf das eine darin fehlende Patrizierglied, das es durch eine treue, konservative Gesinnung zu überbrücken galt. Ob nun allerdings der energische Geschlechtersohn auf die Aufforderung zum Friedensschluß einging oder nicht, ja ob er in jenen Jahren überhaupt noch einmal die Mainzer Stadtmauern durchschritt, muß angesichts der spärlichen Informationen, die sich aus der Rachtung zu Gutenberg herleiten lassen, gleichwohl ungeklärt bleiben.

Daß das energische Durchgreifen des neuen Rates tatsächlich auch Gutenberg selbst betraf, geht aus einem Dokument hervor, das für den 16. Januar 1430 überliefert ist. Es lautet in dem verschrobenen urkundlichen Deutsch jener Zeit wie folgt: »*Item als Katherine, Cuntze Schwartzen dochter van Delckelnheim, vorzyden uff lebtage Henne, Friele Gensefleische seligen son, kaufft gehabt hat 13 gulden lipgedings wuchelicher* [›wucherischer‹ = verzinster] *gulten, des ist man mit Elfen von Gudenberg, siner mutter, obir kommen, daz man ir nu fuer baszir* [›fürbaß‹ = weiterhin], *so lange derselbe Henne in leben ist, nit me geben sall dann 6½ gulden, nemelich alle 14 dag 6 schillinge heller, und die obirgen 6½ gulden leszet sie stene nach tode Hennen, irs sons.*«[18] Wenn auch nicht aufzuklären ist, was es mit jener unbekannten Wohltäterin Katharine Schwartz auf sich hatte, die ihm die Leibrente gekauft hatte, besagt also das Dokument, daß man ein Leibgedinge Gutenbergs, das sich auf dreizehn Gulden belief, auf zwei »Ziele« verteilt hatte. Die eine Hälfte von sechseinhalb Gulden sollte seiner Mutter alle vierzehn Tage in Raten zu sechs Schillingen ausgezahlt werden; die andere Hälfte hingegen sollte erst nach seinem Tod fällig sein.

Die merkwürdige Abmachung, daß ein Teil der persönlichen Leibrente erst nach dem Tod des Gläubigers ausgezahlt werden sollte, läßt sich nur vor dem Hintergrund der gesellschaftlichen, insbesondere der finanziellen Entwicklung in Mainz erklären. Denn schon für das Jahr 1430 galt die erzbischöfliche Stadt als bankrott. Zur Konsolidierung der Finanzen hatte man daher – wie erwähnt – auf das Mittel zurückgegriffen, die Rentenzahlungen auf irgendeine Weise umzulegen oder zeitlich in die Länge zu ziehen, um auf diese Weise den Etat für den Moment zu entlasten. Auch suchte der neue Rat über die Güter der Ausgefahrenen zu bestimmen, um dem hohl klingenden Stadtsäckel wenigstens einige Gelder zu belassen, die für das Funktionieren der öffentlichen Aufgaben unerläßlich waren. Im Falle von Gutenbergs Leibgedinge hatte man eine Möglichkeit ersonnen, die aktuellen Zahlungen um die Hälfte kürzen zu können, ein Verfahren, das sicherlich den Widerspruch des Mainzer Geschlechtersohns hervorrief, das dieser jedoch von außerhalb nicht angreifen konnte. (Auf seine Weise sollte er die Stadt später sehr wohl »angreifen«!) Auch aus dem Inhalt dieses Schriftstücks geht im übrigen deutlich hervor, daß sich Gutenberg den Ausgewanderten angeschlossen hatte, da er sich in jenem Januar 1430 nicht mehr in Mainz befand. Denn nicht er selbst, sondern seine Mutter schloß ja den Vertrag mit der Stadt ab, und die vierzehntägige Zahlung von sechs Schillingen wurde nicht ihm, sondern seiner Mutter zugesprochen.

Ausfahrt in die freie Reichsstadt Straßburg

Nach der erwiesenen Ausfahrt des Johannes Gutenberg aus Mainz läßt sich der weitere Lebensverlauf des jungen Patriziers erst wieder für die Zeit vom Jahre 1434 an rekonstruieren, als er seinen Wohnsitz nach Straßburg verlegt hatte. Sein Name taucht bis dahin nur noch ein einziges Mal auf. Für das Jahr 1433 ist aus einer (wie vielfach verlorenen) Urkunde immerhin ein recht bedeutender Auszug überliefert, der sich folgendermaßen liest: »Ao. 1433. Sontags nach Vincula Petri [2. August] theilen Claus Vitzthumb und Elsge seine Hfr. [Hausfrau] mit Frielen und Hennen Gensfleisch Gebrudern all dz. Guth, so ihre Schwieger [Schwiegermutter] und Mutter selige Elsge verlassen. Testes Johan Leyhemer, Rudolf Humbrecht, Reinhard Weydenhoff und Peter Gelthauss.«[1] Demnach war Gutenbergs Mutter Else Wirich zum steinen Krame vor dem 2. August 1433 gestorben, und ihr Erbe wurde, bezeugt von vier Verwandten, unter ihren Kindern aufgeteilt. Mehr allerdings gibt die Abschrift an gesicherten Informationen nicht her, so daß man von neuem nur auf das Mittel der Deduktion oder bestenfalls der Spekulation zurückgreifen kann. Nichts ist über Art, Umfang und Aufteilung des Erbes bekannt, das ja einige Grundstücke einschloß, wie den Gutenberg-Hof und das Haus der Franckenstein und Waltherheymer in Mainz, dazu in Eltville am Rhein wohl ebenfalls ein Haus, an den Ringmauern, »neben Gretgen Schwalbach gelegen«[2], wo der Bruder Friele seit dem Jahre 1434 lebte.

Nichts läßt sich auch eindeutig zu der Frage anführen, ob Gutenberg am frischen Grab seiner Mutter gestanden hatte und ob ihm also sein Erbanteil persönlich überschrieben wurde. Allerdings hat sich die einschlägige Literatur sehr wohl auf eine Antwort festgelegt. Schreibt noch der hervorragende Gutenberg-Spezialist Karl Schorbach, daß »aus dem kurzen Excerpt« nicht entnommen werden könne, »ob bei der Erbschaftsteilung Gutenberg persönlich in Mainz anwesend war oder durch einen seiner Angehörigen oder Verwandten dabei vertreten wurde«[3], folgert der Altmeister Aloys Ruppel aus der Tatsache, daß Gutenberg in den Jahren von 1434 bis 1444 in Straßburg nachgewiesen ist, es sei »deshalb [!] auch anzunehmen«, daß er »nicht selbst in Mainz anwesend war«[4]; der Schriftexperte Albert Kapr führt daher konsequent aus, es sei unwahrscheinlich, »daß Henne zum Begräbnis der Mutter oder zur Erbteilung in seine Vaterstadt reiste«[5]. Läßt man allerdings nur die Fakten gelten, so spräche der Text der verlorenen Urkunde eher dafür, daß Johannes Gutenberg bei der Erbschaftsteilung anwesend war. Sicherlich waren sein Bruder und seine Schwester gekommen, so daß in der einen oder anderen Form der fehlende »Henne« erwähnt worden wäre. So ließe sich aufgrund dieser Annahme behaupten, daß Gutenberg tatsächlich erst nach dem August 1433 nach Straßburg übersiedelte. Damit wäre auch das »ungesicherte Jahrfünft« für die Zeit von 1429 bis 1434 gefüllt, dessen Leere zu so vielen Spekulationen reizt.[6]

Allein durch die Tatsache, daß Johannes Gutenberg jedenfalls bis zur Niederschrift der Rachtung nicht »inländig« war, um den patrizischen Privilegien wieder uneingeschränkt Geltung zu verschaffen, gewinnt ein weiterer Urkundeneintrag stark an Brisanz. Fryle zu Gudenberg ist für »den Anfang der 1430 Jahre« als Mitglied des Mainzer Stadtrates ausgewiesen[7], so daß der Bruder also der Seite des politischen »Gegners« zuzurechnen ist. Die beiden Geschwister hätten demnach zwei getrennte Lebenswege eingeschlagen, wonach der eine, Johannes, um seine Rechte als Patrizier zu kämpfen bereit war und der andere, Friele, in der notorischen Auseinandersetzung zwischen Geschlechtern und Zünftlern dreingegeben und einen Ausgleich gesucht hatte. Möglicherweise sah der Bruder mittlerweile ein, daß die Stadt Mainz nur noch durch drastische Eingriffe in das gesellschaftliche Gefüge zu retten war, daß sowohl die Klerikalen wie auch die Patrizier von ihren Vorrechten lassen mußten, daß nicht alle Last auf die niedere Bürgerschaft abgewälzt werden konnte und daß auch die von Geburt Privilegierten zur Rechenschaft gezogen werden mußten, vor allem finanziell. Oder aber der Bruder folgte schlichtweg der Devise, daß er seine patrizischen Vorrechte besser durch das Mittel der Diplomatie als der Konfrontation behaupten konnte, wie sich dies im Kompromiß der Rachtung von 1430 ja auch zeigte. In jedem Fall ließen sich erbitterte Auseinandersetzungen zwischen den zwei Brüdern denken, hitzköpfig und auf sich selbst bedacht der eine, Johannes, besonnener und weniger selbstsüchtig der andere, Friele. So könnten die beiden gar (spätestens nach der Erbschaftsteilung der Mutter) in Feindschaft auseinandergegangen sein. Denn ihre Wege scheinen sich danach nicht mehr gekreuzt zu haben. Spätestens im Jahre 1434 bezog Friele Gutenberg seinen Wohnsitz in Eltville, wie dies aus der zu Beginn erwähnten Urkunde vom 30. Mai 1434 hervorgeht.

In diesem Schriftstück heißt es vollständig: »*Item ist man oberkommen mit Hengin Gudenberg, Frielen Genssefleische seligen sone, als von der xiij gulden wegin, die da stent off Frielen, sinen bruder, wonhafftig zu Eltvil, die dann dem obgenanten Hengin zu deylunge worden sint. Also das man demselben Hengin Gudenberg nu forter alle jare, so lange er lebet, xij gulden geben sall, die halb fallen sollent off Katherine* [25. Nov.], *und halber Urbani* [25. Mai].«[8] Der Grund der Rentenübertragung wird nicht genannt; jedoch ließe sich folgern, daß sie im Zusammenhang mit der Teilung des mütterlichen Erbes stand. So könnte der Bruder Friele, der in der Übereinkunft als »*wonhafftig zu Eltvil*« genannt wird, in dieser Mainz benachbarten Stadt das Haus an der Ringmauer geerbt haben, an dem auch der jüngere Bruder Johannes seinen Anteil hatte. Abermals läßt sich so auf die Zerstrittenheit der beiden Gutenberg-Brüder abzielen. Demnach kam es zur Klärung dieser Erbschaftsangelegenheit, als der nach Eltville Gezogene im Haus an der Ringmauer wohnen blieb und sich der bis dahin in Straßburg Weilende »auszahlen« und also jene Leibrente überschreiben ließ.

Im Streit der beiden Brüder kam es wahrscheinlich auch zu keiner Versöhnung mehr. Denn ohne daß sich Johannes Gutenberg bis dahin in Eltville oder in der benachbarten Region nachweisen ließe, taucht er urkundlich erst wieder im Jahre 1448 in Mainz auf[9], nachdem sein Bruder Friele zur Mitte August 1447 in Eltville verstorben war[10]. Ein Indiz für diese entschiedene Zerstrittenheit der Brüder wäre auch darin zu sehen, wie die Vormundschaft über die verbliebenen Kinder des Verstorbenen geregelt wurde. Obgleich sich in dem überlieferten Dokument[11] (in dem die letzten Seiten allerdings fehlen) etliche Verwandte der Gutenberg-Familie finden, hätte doch der Bruder an herausragender Stelle genannt werden müssen. Aber dieser nach dem Tod der Eltern und der Schwester wichtigste Blutsverwandte blieb unerwähnt. Diese angenommene Entfremdung der beiden Brüder wiegt um so schwerer, wenn man davon ausgeht, daß Johannes Gutenberg nicht erst kurz vor seiner ersten urkundlichen Erwähnung nach Mainz zurückgekehrt war und er sich bereits seit Monaten wieder in seiner Heimatstadt aufhielt. Wenn auch diese Frage im Raum stehenbleiben muß, läßt sich doch von neuem auf die Unerbittlichkeit in Gutenbergs Charakter verweisen, die ihn an seinen Entschlüssen festhalten ließ – auch festhalten ließ an überkommenen Gesellschaftsstrukturen und bald an einem Ziel, das sich nur über Unerbittlichkeit erreichen lassen sollte.

Da Gutenberg für den März des Jahres 1430 in Mainz als »ausländig« ausgewiesen und erst im März 1434 mit Sicherheit in Straßburg nachgewiesen ist, erhebt sich zwangsläufig die Frage nach seinem Verbleib zu jener Zeit. Auch wenn im Grunde über den Buchdruck-Erfinder in all seinen Jahren als Kind, Jugendlicher und – wie es im Neudeutschen hieße – »Twen« nichts Definitives bekannt ist, läßt sich – wie erwähnt – während jener Jahre erst recht eine Lücke in seinem Lebenslauf feststellen. Getreu dem mittelalterlichen physikalischen Prinzip des *Horror vacui,* der Angst vor dem Leeren, drängt diese »Leere« gleichsam danach, gefüllt zu werden. Entsprechend hat sich dieser Aufgabe in jüngster Zeit Albert Kapr angenommen.[12]

Nach der Feststellung, »die Gutenbergforschung überspringt diese fünf Jahre«, macht sich Kapr zu einem beispielhaften Parforceritt über das weite Feld der Spekulation auf. Folgendermaßen läßt sich sein Argumentationsweg nachvollziehen: Auf der Suche nach Gutenbergs möglichem Aufenthaltsort müsse man »historische Überlagerungen abgraben und im 15. Jahrhundert forschen«, eine Feststellung, die Kapr nach Basel führt, dem »politischen und geistigen Angelpunkt jener Jahre«[13]. Basel bereitete sich zu eben der Zeit, als in Mainz »die innerstädtischen Wirren ihren Höhepunkt erreichten«[14], auf die erneute Ausrichtung eines kirchlichen Konzils vor, das insbesondere die Reform wie die Festigung der geistlichen und weltlichen Herrschaft zum Ziel haben sollte. Da nun in Basel auch »Goldschmiede und Schreiber« benötigt wurden und überdies der Betrieb einer »Reichsmünzstätte« geplant war, stellt Kapr die Frage, ob Gutenberg, »der Mainz ohnehin verlassen wollte, nachdem die Zünfte wieder Steuern von den Patriziern forderten«[15], dies nicht als »Chance« begriffen haben könnte. Zwar konnte Kapr in den entsprechenden Basler Dokumenten Gutenbergs Namen nicht aufspüren. Dies führt ihn aber nur zu der Annahme, der Mainzer Junker könnte sich einer bestimmten Zunft von Malern und Kunsthandwerkern, der »Zunft des Himmels«, angeschlossen haben, der zum Beispiel auch der schwäbische Maler Konrad Witz angehörte. (Diese Vermutung bringt den Leipziger Forscher dann gar zu der Frage, ob nicht Witzens Basler Heilsspiegelaltar »wenigstens indirekte Beziehungen zu Gutenbergs späterer Spiegelproduktion in Straßburg haben könnte«[16].)

Da sich Kapr wohl auf diesem schwankenden Boden seiner Argumentation reichlich unsicher gefühlt hat, sucht er sich auf seinem weiteren Weg auf die Person des Nikolaus von Kues zu stützen. Der sich Cusanus nennende Priester und spätere Kardinal und Bischof, der eine Kontrolle der päpstlichen und kaiserlichen Macht forderte, der auf dem Basler Konzil zunächst die Positionen der Kirchenkritiker vertreten, sich dann aber auf die päpstliche Seite stellen sollte und der sich im übrigen mit mathematischen und physikalischen Fragen beschäftigte – dieser engagierte Gottesgelehrte sprach sich auch für eine Reform der Messe und in diesem Zusammenhang der Meßbücher aus, die durch das fortwährende Abschreiben keine einheitliche Form aufwiesen. Nun ist von der Forschung verschiedentlich die These aufgestellt worden, zu Gutenbergs hehrsten Zielen habe der Druck dieses *Missale* genannten Meßbuchs gehört, des wichtigsten kirchlichen Gebrauchsbuchs. Über diese wackelige Hilfskonstruktion führt nun Kaprs weiterer Argumentationsweg, nämlich »neben manch anderem zu der Vermutung, daß sich Gutenberg und Nikolaus von Kues gekannt haben könnten«[17]. Somit hätten sich – in der so typischen Betrachtungsweise, ein Resultat von seiner Auflösung her zu betrachten – beide »schon 1424 in Mainz begegnet sein« können, »wo Nikolaus als Doktor des kanonischen Rechts [...] seine juristische Arbeit aufnahm«[18]. Weiter geht es auf schmalen, unübersichtlichen Pfaden zu der Annahme, »Cusanus könnte durchaus der Anreger des Bibeldrucks [der ›Gutenberg-Bibel‹] gewesen sein«[19], bis hin zu dem Postulat, es könne »demnach als gesichert [!] gelten«[20], daß Nikolaus von Kues den späteren Buchdrucker persönlich gekannt haben müsse. Nach diesen Ausführungen gelangt Kapr an den Beginn seiner Hypothese zurück, wonach also Gutenberg möglicherweise »in den Jahren von 1429 bis 1434 in Basel wirkte«, wobei er einschränkend fortfährt: »Vermutlich waren es für ihn Lehr- und Wanderjahre, die seinen Gesichtskreis weiteten und ihm neue Erfahrungen einbrachten.«[21] (Diese These von Gutenbergs »Lehr- und Wanderjahren« war schon im letzten Jahrhundert ins Spiel gebracht worden – so von dem notorischen und noch zu erwähnenden Antonius van der Linde –, ohne daß seitdem neue Erkenntnisse gewonnen worden wären.)

Derart spekulativ bleibt das Vorgehen Kaprs, derart konstruiert erscheint es (der aus Mainz ausgezogene Patrizier tritt in Basel einer Zunft bei!), daß mit ebensolcher Berechtigung auf die Regeln der Wahrscheinlichkeit zu verweisen und der ausgewanderte Geschlechtersohn eher in Eltville oder Straßburg zu vermuten wäre – wenn er nicht, wie zuvor geschildert, doch nach Mainz zurückgekehrt war und die Stadt erst im Jahre 1434 verließ.

Um nun in der Frage zum Lebensweg des jungen Johannes Gutenberg weitere Verwirrung zu stiften, darf der Hinweis nicht fehlen, daß schon der Bibliothekar Karl Schorbach ein Dokument[22] erwähnt hat, das in die standardisierte Gutenberg-Literatur keinen Einzug halten konnte und das doch Brisantes verkündet. Wie in Mainz war es auch in Straßburg zwischen den Patriziern und Zunftgenossen zu erbitterten Auseinandersetzungen gekommen, die im

Jahre 1419 entscheidend kulminierten. Denn als in jenem Jahr die Patrizier aus der Stadt auszogen und sich Bischof Wilhelm von Dienst daraufhin auf deren Seite schlug, kam es zwischen den beiden Parteien zum sogenannten Dachsteiner Krieg, der dann in einem wackeligen Kompromißfrieden endete. In diesem Konflikt hatte im Jahre 1421 die Stadt Straßburg ein Verzeichnis der ihr feindlich gesinnten Ausgezogenen zusammengestellt, die *»der statt Straßburg widderseit hant von des bischoffs wegen«*, die also der Stadt ihr Bürgerrecht aufgesagt und die Fehde angesagt hatten. Nun zählt »das Verzeichnis außer elsässischen Geschlechtern auch auswärtige Feinde der Stadt (darunter Städte) auf«[23], und unter diesen Verzeichneten findet sich auch ein gewisser »Henn Gensefleisch«. Dessen Name dürfte dem Schreiber der Auflistung nicht bekannt gewesen sein, da er zuerst eine Straßburger Namensform eintrug *(»Gensefuoß«)*, diese dann aber korrigierte.

Trotz all der Willkürlichkeit um die dokumentarische Überlieferung zum Leben Gutenbergs und trotz der deswegen bestehenden Vielzahl an Hypothesen über den so berühmten Buchdruck-Erfinder gab sich in Hinsicht auf jenen Henn Gensefleisch bereits Karl Schorbach mit der Behauptung zufrieden, »schon die Zeit spreche gegen die Identifizierung mit Gutenberg«, um weiter auszuführen: »Sodann wäre es auffällig, diesen unter den Feinden Straßburgs zu finden, der Stadt, welcher er kurz darauf Zuflucht und Schutz verdankte.«[24] Schorbachs biographische Arbeit zu Gutenberg scheint in diesem Fall wie ein Verdikt gewirkt zu haben. Denn auch in der heutigen Literatur ist über den »1421-Gensefleisch« der Mantel des Schweigens gebreitet. Wenn sich aber allgemein die Behauptung findet, Gutenberg habe irgendwann vom Jahre 1429 an Mainz endgültig verlassen, so ließe sich mit ebensolchem Recht behaupten, daß er sich schon einmal zu Beginn der zwanziger Jahre in Straßburg aufgehalten hatte, ja sogar, daß er schon seit jener Zeit in Straßburg lebte. Weder widerspräche der Zeitraum des Dachsteiner Krieges den geschichtlichen Vorgängen in Mainz, als Gutenbergs Vater bis dahin gestorben war und sich in seiner Heimatstadt Alte und Zünftler weiterhin zwischen Vereinbarung und Konflikt aufrieben, noch würde die Feststellung, daß sich unter den Straßburger Ausgezogenen nicht nur »elsässische Geschlechter« befanden, gegen einen Johannes Gutenberg im Dachsteiner Krieg sprechen. Vor allem aber verblüfft die Identität der Namen, die an sich schon auffällig genug ist.

Die Tatsache aber, daß die Namensform »Henne« in Straßburg nicht anzutreffen, in Mainz aber überaus gebräuchlich war, daß nach allen überlieferten Dokumenten Gutenbergs Vorname in Straßburg immer auf »Hans«, »Johann« oder »Johannes«, dagegen nur in Mainz oft auf »Henchen«, »Hengin«, »Henne« oder »Henn« lautete – diese Tatsache kann eigentlich nur *für* eine Identität der Personen des »Henn Gensefleisch« und »Johannes Gutenberg« sprechen. Doch hat auch diese Interpretation einen Pferdefuß, da sich in der zweiten Gensfleisch-Linie, der erwähnten Sorgenloch-Linie, ein weiterer Johannes Gensfleisch findet, »der Alte« genannt, wohl in Abgrenzung zu Johannes Gutenberg, von dem sich wiederum der Namenszusatz »der Junge« findet. Jener Johannes Gensfleisch der Alte wird allerdings schon im Jahre 1423 als Münzmeister zu Mainz erwähnt[25], so daß er also einen zivilen Lebensweg beschritt. Dies spräche gewiß gegen einen kämpferischen Henn Gensefleisch den Alten in Straßburg. Aber auch diese Feststellungen verfangen sich zu sehr in dem Geflecht von Hypothesen zum Leben des ersten Buchdruckers. So kann nur erneut darauf verwiesen werden, daß ebenfalls die Möglichkeit besteht, daß Gutenberg nicht erst um das Jahr 1429 oder 1433 (zum ersten Mal) nach Straßburg übersiedelte.

Was im übrigen die Aussage angeht, wonach sich Gutenberg doch nicht gegen die Stadt gewendet hätte, der er »kurz darauf Zuflucht und Schutz verdankte«, so ließe sich auch dieses Argument leicht widerlegen. Denn von dem logischen Fehlschluß abgesehen, daß Gutenberg nicht schon im Jahre 1421 daran denken konnte, in der Stadt zehn Jahre später »Asyl« zu finden, wird durch die Personifizierung Straßburgs insgeheim unterstellt, die Einwohner der Ill-Metropole hätten den ausgezogenen Junker bereitwillig aufgenommen, wie sich dies auch in anderen Aussagen findet: »Daß Straßburg dem aus Mainz vertriebenen Gutenberg Zuflucht gewährte und seiner Schwarzen Kunst den Weg hat bereiten helfen, ist ein Ruhmesblatt seiner Geschichte.«[26] Vielmehr wird es sich so verhalten haben, daß der aus Mainz Ausgefahrene als ehrenhafte Persönlichkeit Einlaß in den Ring der mächtigen Stadtbefestigung gefunden hatte. Dort war er als Geschlechtersohn von der einflußreichsten Bewohnerschaft, den Zünftlern, sicherlich nicht gelitten; dort konnte er aber leicht zu seinesgleichen finden, zu Patrizierkreisen, die ihm sein Bleiberecht garantierten.

Daß Gutenberg in Straßburg nicht mit offenen Armen empfangen wurde, dafür sprechen die gesellschaftlichen Entwicklungen in der Stadt eine deutliche Sprache. Denn als der Mainzer spätestens bis zum Jahre 1434 seinen Weg nach Straßburg gefunden hatte, war es dort ja zu dieser Zeit zu einer Klärung der gesellschaftlichen Auseinandersetzungen gekommen, als die Patrizier inzwischen ihre absolute Führungsrolle mit den Zünftlern teilen mußten. Daher war Straßburg für den standesbewußten Gutenberg eigentlich nicht der rechte Ort, um sich eine zweite Heimat zu schaffen. Immerhin galt auch in der großen Reichsstadt im Elsaß der ritterliche Ausweis einer adeligen Herkunft längst nicht mehr so viel wie ehedem. Trotz aller Mutmaßungen wird nicht sicher zu klären sein, warum sich der spätere Erfinder des künstlichen Schreibens ausgerechnet nach Straßburg wandte.

In jedem Fall läßt sich festhalten, daß Mainz und Straßburg in wirtschaftlicher Hinsicht eng miteinander verknüpft waren. Dies zeigt sich allein an der bedeutenden Tatsache, daß nach einem Straßburger Verzeichnis von der Mitte des fünfzehnten Jahrhunderts zwei Drittel aller Leibrenten auf Gläubiger aus Mainz entfielen.[27] Straßburg hatte sich also in außerordentlichem Maße der Geburtsstadt Gutenbergs verschuldet. Vor diesem Hintergrund fällt daher ein besonderes Licht auf das genannte Dokument aus dem Jahre 1429, worin »Friele Gensefleisch von Mentze« in Straßburg den Empfang einer Leibrente von sechsundzwanzig Gulden bestätigte.[28] Darin verlautet zwar nichts über seinen Bruder Johannes, aber im Verein mit jenem Schriftstück von 1430, wonach Gutenberg ein Jahr später in Mainz *nit inlendig* war, ließe sich doch annehmen, daß Johannes und Friele Gensfleisch sich *gemeinsam* nach Straßburg gewandt hatten, daß dieser dann in seine Heimatstadt zurückkehrte, während der streitbare jüngere Bruder das Angebot der Rachtung ausschlug und in Straßburg ausharrte.

Straßburg als alte Römerstadt beherrscht seit je jenes Gebiet am Oberrhein, wie es sich mit seinen fruchtbaren Feldern und Fluren zwischen den hochaufsteigenden Bergen der Vogesen und des Schwarzwalds dahinzieht und sich im Norden bis in das Herz des alten deutschen Reichslandes ausbreitet. Der klimatisch so begünstigte Oberrheingraben, gleichermaßen geschützt vor den kalten Ost- wie den regenreichen Westwinden, diente mit der breiten Wasserstraße des alten Vaters Rhein gleichsam als Einfallstor in das nördliche und mittlere Europa. Der in seinem Lauf noch ungebändigte Fluß bildete das Rückgrat des Straßburger Wirtschaftslebens, das sich auf dem Handel mit Tuch und vor allem mit Wein gründete. So steuerten die Straßburger Schiffer ihre Handelskähne von der Ill, dem Flüßchen ihrer Heimatstadt, hinunter zum Rhein, auf dem sie mit Vorliebe nach Norden schifften, nach Frankfurt am Main, natürlich auch nach Mainz, nach Köln und weiter in die Niederlande, wo sie ihre Erzeugnisse, allen voran den elsässischen Wein, bis nach England und Skandinavien verkauften. In der anderen Richtung verkehrten die Kaufleute der elsässischen Kapitale mit den reichen Städten Oberitaliens, mit Venedig und besonders mit Mailand, wo etwa ein – noch zu erwähnender – Fridel von Seckingen mit Baumwollstoffen einen schwungvollen Handel trieb. Auch bildete Straßburg einen der Stützpunkte für den Ost-West-Handel, über Städte wie Augsburg, Nürnberg und Prag in östlicher, Brügge, Paris und Avignon in westlicher Richtung. Wenn auch das »Bruttosozialprodukt«, wie es heute heißen müßte, von den Handwerkern, den Bäckern, Schustern und Küfern, von den Viehhändlern und den Webern und Fischern erwirtschaftet wurde, ging doch der Impetus zu umwälzenden gesellschaftlichen Veränderungen von den Groß- und Fernhändlern aus. Diese begannen enormen Reichtum aufzuhäufen, Kapital, das sich wundersamerweise vermehren ließ. Ohne daß in der Stadt selbst hervorstechende Handelsprodukte hergestellt worden wären, profitierte man schlichtweg vom Anstieg des internationalen Handelsverkehrs, der über die Oberrheinebene seine Wege nahm, wo an dem Kreuzungspunkt Straßburg die Güter gestapelt oder umgeschlagen werden konnten.

Die Münsterstadt am Ill erlebte somit seit dem zwölften Jahrhundert einen enormen wirtschaftlichen Aufschwung, der am Ende auch die morschen Fesseln der überkommenen städtischen Ord-

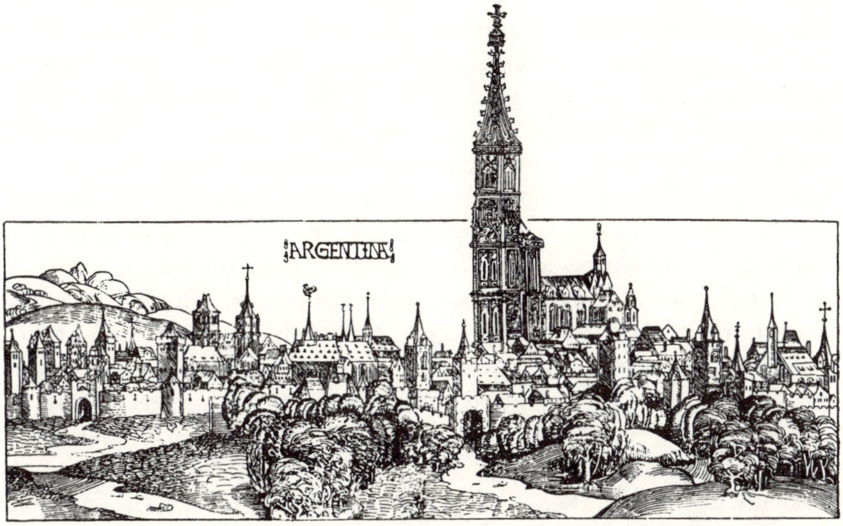

Die älteste Ansicht von Straßburg stammt aus der »Schedelschen Weltchronik« von 1493, wo die elsässische Kapitale vor allem durch ihr alle Maßstäbe überragendes Münster ausgezeichnet ist.

nung sprengen mußte. Anfangs noch ganz im Besitz des Bischofs, drängte die prosperierende Stadt dessen Einfluß nach und nach zurück, indem sie ein Hoheitsrecht nach dem anderen an sich zog. Insbesondere hatte sich schon seit dem Beginn des dreizehnten Jahrhunderts ein Stadtrat konstituiert, dem zwar noch die bischöfliche Beamtenschaft, die Ministerialität angehörte, der aber mit den Jahren zu großer Selbständigkeit fand. Als daher im Jahre 1260 der junge und energische Bischof Walter von Hohengeroldseck, auf seine ursprünglichen Rechte pochend, das Rad der Geschichte zurückdrehen wollte, boten ihm die selbstbewußten Patrizier die Stirn. In der blutigen Schlacht von Oberhausbergen rangen sie im Jahre 1262 die Truppen des Bischofs nieder. Damit war der Grund für Straßburgs Jahrhunderte währende Reichsfreiheit gelegt. Im darauffolgenden Jahr wurden der Stadt ihre freiheitlichen Rechte zugesichert, und es sollte ihr folglich ein ähnliches Los wie der spätere Fall von Mainz erspart bleiben. Gleichwohl war damit die endgültige Entscheidung um die Freiheit der Stadt noch längst nicht gefallen, sagte doch noch Bischof Wilhelm von Dienst im erwähnten Dachsteiner Krieg dem Rat den Kampf an. Zu dieser Zeit allerdings, in den Jahren von 1419 bis 1422, stand er auf seiten der Patrizier, was deutlich den Wandel in der Gesellschaftsentwicklung ausdrückt. Denn wie in Mainz und andernorts bestimmte sich im weiteren auch in Straßburg das Schicksal der Stadt vor allem in der Auseinandersetzung zwischen dem Adel und dem aufsteigenden Bürgertum. Aber wie anders als in Mainz endete die Zwietracht!

Mit der wachsenden Bedeutung der niederen Handwerker und Kaufleute konnte deren Ruf nach Mitbestimmung in den städtischen Angelegenheiten – wie dieser dann und wann auch kriegerisch erschallte – auf Dauer nicht unerhört bleiben. Nach blutig ausgetragenen Konflikten, die jene in Mainz an Schärfe noch übertrafen, konnten die Zünfte den Einfluß von Patriziat (und Bistum) so weit zurückdrängen, daß der Stadtrat mit dem Jahre 1433 in einem weiteren sogenannten »Schwörbrief« eine Verfassung besiegeln konnte, die das institutionelle Gerüst für die zukünftige Straßburger Stadtpolitik bildete. Während den Patriziern ein Drittel aller Stimmen zugesprochen wurde, sicherten sich die Zünftler, die ihre Vertreter aus den eigenen Reihen wählten, zwei Drittel der Stimmen. Somit dominierten sie im Rat. Über weitere Herrschaftsteilungen in »kleinen« Räten der sogenannten »Dreizehner«, »Fünfzehner« und »Einundzwanziger« konnten weitere Machtbefugnisse delegiert werden. Hatten sich die beiden herrschenden gesellschaftlichen Klassen derart zusammengerauft, konnte in Straßburg fortan eine durchaus konservative, also den *Status quo* bewahrende, und dabei stabile Politik betrieben werden.

Wie hoch die freie Reichsstadt in ihrem Stand bald angesehen sein sollte, bezeugen die überschwenglichen Worte eines Erasmus von Rotterdam, die dieser energische Humanist im Jahre 1514 in einem Brief an den *Praeceptor Germaniae* genannten Jakob Wimpfeling richtete: »Ich sah eine Monarchie ohne Tyrannei, eine Aristokratie ohne Parteiungen, eine Demokratie ohne Unordnung, Reichtum ohne Luxus, Glück ohne Übermut. Kann man sich ein größeres Glück denken als diese Harmonie? O, wenn dir doch, göttlicher Plato, das Los zuteil geworden wäre, solch ein Staatswesen kennen zu lernen; hier wahrlich, hier wäre es möglich gewesen, deinen wahrhaft glücklichen Staat einzurichten.«[29]

Der wirtschaftliche Aufstieg der Stadt ging einher mit einem kontinuierlichen Anstieg ihrer Einwohnerzahl, die im fünfzehnten Jahrhundert auf annähernd zwanzigtausend Menschen anwuchs, eine für mittelalterliche Verhältnisse hohe Zahl, die Straßburg unter die Großstädte einreihte. Tatsächlich sprengte der Bevölkerungsanstieg die Mauern dieser Metropole, und nicht nur ein Mal, sondern ganze fünf Male mußte das Stadtgebiet nach außen erweitert werden. Aber auch nach »innen« dehnte sich die Stadt aus. Noch immer lebten etliche der Städter von Ackerbau und Viehzucht, und so glichen viele Anwesen bäuerlichen Höfen, mit Gärten, Ställen und vor der Tür einem Misthaufen. Diese agrarischen Strukturen mußten mehr und mehr weichen, wenn die einfachen, einstöckigen Gebäude niedergerissen und an ihrer Stelle stolze Fachwerkhäuser errichtet wurden, oft mit Erkern und hohen Giebeln versehen. So entstand das Bild einer mächtig bewehrten mittelalterlichen Großstadt, die sich nach außen einen Panzer von breiten Wassergräben und dicken Festungswällen umgelegt hatte, um ihr kostbares Inneres zu schützen, bestehend aus den reichen Kaufmannshäusern, den wichtigen kirchlichen Bauwerken und den städtischen Institutionen wie Rathaus und Gericht, Münze und Kaufhaus und nicht zuletzt dem Wahrzeichen ihrer Größe, dem gotischen Münster als damals höchstem Bauwerk der Welt.

Eigenmächtigkeit und Adelsstolz

Nachdem Johannes Gutenberg nach Straßburg ausgefahren war, zählte er in der mächtigen elsässischen Reichsstadt weder zu denen, die ihr herrschaftliches Auftreten und ihr ritterliches Ehrgefühl ohne weiteres fahrengelassen hätten, auch nicht an fremdem Ort; noch zeigte er jene Qualitäten von *mâze* und *zuht,* von *hohem muot* und *milte,* wie sie ihm in das Erziehungsheft der Tugendbegriffe geschrieben worden waren. So kündet die erste Urkunde[1], die ihn in den Mauern von Straßburg ausweist, von einem dreisten, gar rücksichtslosen, sicherlich keineswegs maßvoll-standesgemäßen Verhalten Gutenbergs. Sinngemäß bezeugte der Mainzer Geschlechtersohn unter dem Datum des 14. März 1434 folgenden Vorgang: Die Stadt Mainz war ihm Zinsen schuldig geblieben, die ihm aus gewissen Rentenverschreibungen zustanden. Aus »*berlicher* [offensichtlicher] *notdurfft*« heraus hatte er daher kurzerhand den Stadtschreiber Nicolaus von Werstad ergriffen, der sich gerade in Straßburg aufhielt, und diesen Mainzer Herrn gefangensetzen lassen. Anhand seiner Schuldbriefe konnte er nämlich nachweisen, daß er die Stadt Mainz persönlich »*angriffen, bekümbern und pfenden*« könne, wenn sie ihm seine Zinsen nicht bezahlte. Der solcherart drangsalierte Werstad gelobte und schwor ihm daraufhin, dreihundertzehn gute Rheinische Gulden bis Pfingsten zu seinem Vetter Ort Gelthus nach Oppenheim bringen zu lassen. Am Ende der Urkunde findet sich allerdings die überraschende Wendung, daß der Straßburger Rat den Mainzer Junker anhielt[2], den Stadtschreiber in die Freiheit zu entlassen. Den Ratsherren »*zu eren und zu liebe*« sprach er daraufhin den Nicolaus von Werstad aus der Gefangenschaft frei, und ausdrücklich vermeldet die Urkunde, daß ihn Gutenberg der geforderten Schuldsumme von dreihundertzehn Gulden »*willeclich ledig geseit*« habe.

Wenn es nun um die Deutung dieses Falles von – wie es heute heißen müßte – »Selbstjustiz« geht, so kann es nicht überraschen, wenn in der Gutenberg-Literatur der Vorfall um die Festsetzung des Mainzer Stadtschreibers argumentativ so zurechtgerückt wird, daß der angehende Buchdruck-Erfinder am Ende als edler und jedenfalls entschlossen auftretender Heros erscheint. So schreibt schon Karl Schorbach, der in wahrer Detektivarbeit viele der Originaldokumente zu Gutenbergs Leben zusammengestellt oder erst aufgefunden hat, das Verhalten des Geschlechtersohns in dieser Angelegenheit zeuge von »Entschlossenheit und Thatkraft«, aber ebensowohl von »Umsicht und kluger Berechnung«[3]. Für den Altmeister Aloys Ruppel läßt der Vorfall die »männliche Persönlichkeit Gutenbergs, seine entschlossene Tatkraft und seine kluge Einstellung zu den Notwendigkeiten des Lebens«[4] erkennen. Nach dem Bibliotheksrat Helmut Presser wiederum zeuge seine Haltung von – wie gehabt – »kluger Berechnung«; darüber hinaus versteigt sich Presser gar zu der Behauptung, Gutenberg habe sich damit den mächtigen Stadtschreiber gewogen gemacht und in Mainz neue Freunde für sich gewonnen[5]. Auch der engagierte Druckforscher Albert Kapr ändert nichts am hergebrachten Gutenberg-Bild, wenn er, wie schon Schorbach, den Mainzer wegen dieses Vorganges als »tatkräftig«, »umsichtig« und »diplomatisch geschickt«[6] herausstellt.

Unvoreingenommen betrachtet, waren Gutenberg von seiner Heimatstadt bestimmte Renten nicht ausgezahlt worden, wohl weil er sich auch nach der Rachtung von 1430 nicht zur Versöhnung mit dem neuen Rat bereit erklärt hatte und nicht nach Mainz zurückkehrte. Dies entsprach der Politik des neuen Rates ab dem Jahre 1429, der das so einfache wie heikle Mittel einsetzte, die Auszahlung der städtischen Renten an die »Nicht-Inländigen« zu verweigern. Als nun einmal wieder ein offizieller Vertreter der Stadt in Straßburg erschien, machte Gutenberg diesen Nicolaus von Werstad für die ausstehenden Zahlungen persönlich haftbar. Dabei mußte ihm der Mainzer Stadtschreiber überaus verhaßt gewesen sein, hatte sich dieser doch an führender Stelle im Kampf gegen die Patrizier hervorgetan. Als Rechtfertigung für sein rabiates, eigensinniges Verhalten verwies er auf die schriftliche Abmachung über seine Leibrente. Danach sei ihm ausdrücklich die Möglichkeit eingeräumt, die Stadt zu *bekümbern und pfenden*, wobei dieser Ausdruck als feststehende Redewendung meinte, »eine Sache mit Arrest zu belegen«[7]. Dieses Recht der »Pfändung« bezog sich zu seiner Zeit allerdings längst auf das materielle Ding, nicht mehr auf eine haftbar zu machende und folglich zu verhaftende Person, die mit den eigenen Forderungen nichts gemein hatte. Gutenbergs Verhalten entsprang einer längst vergangenen und überwundenen Zeit, als man auf fremdem Gebiet Gefahr gelaufen war, wegen der Schulden oder Verfehlungen anderer, die aus derselben Stadt stammen mochten, verfolgt zu werden. Gegen diese willkürliche Praxis waren schon im dreizehnten Jahrhundert Vereinbarungen zwischen den Städten, später auch zwischen Städten, Fürsten und dem Kaiser, getroffen worden. Niemand durfte wegen fremder Schulden festgehalten werden. Ausdrücklich mußte der Rechtsweg beschritten werden, um einen Schuldner haftbar zu machen. Gleichwohl berief sich Gutenberg, ganz rückwärtsgewandt, auf seine *berliche notdurfft*. Wie man nach dem heutigen Gebrauch des Wortes »Notdurft« meinen könnte, bezog sich dieser Ausdruck nicht auf ein »dringendes Bedürfnis«, sondern meinte in rechtlichen Dingen – wie es im Grimmschen Wörterbuch heißt – »die einem zustehende rechtsbefugnis«, das, »was zur vertheidigung einer rechtssache erforderlich ist«[8].

Tatsächlich hätte Gutenberg *selbst* für sein eigenmächtiges Verhalten zur Rechenschaft gezogen werden können. Mithin läßt sich aus dem wohlgefälligen Verhalten des Straßburger Rates gewiß von Gutenbergs Seite das Anknüpfen einflußreicher Beziehungen ablesen, wie darüber hinaus eine angesehene Stellung des Mainzer Patriziers hergeleitet werden kann. In jedem Fall liegt aber »keine Spur von Großmut und Ritterlichkeit darin, daß er einen Mann, der ihm von Gott und Rechtswegen nicht einen Heller verschuldete und dem er das eidliche Gelöbnis der Zahlung einer fremden Schuld abpreßte, aus der widerrechtlichen Verhaftung entließ«[9]. Gutenberg erscheint also auch in der ersten urkundlichen Straßburger Erwähnung weiterhin als (adeliges) Kind seiner Zeit, der sich sein Recht rücksichtslos zu verschaffen suchte und nicht davor zurückschreckte, die »modernen« rechtlichen Übereinkünfte beiseite zu schieben.

Im übrigen scheint der Begriff der »Notdurft« in seiner eigentlichen Bedeutung Gutenbergs Lage zu jener Zeit auszudrücken; danach ließe sein extremes Verhalten erkennen, daß er in finanziellen Schwierigkeiten steckte, die ihn zu seiner drastischen Handlung gegenüber dem Mainzer Stadtschreiber verleitet hatten.[10] Bestimmt mußte schon in jenen frühen Straßburger Jahren bei Gutenberg die Notwendigkeit bestanden haben, sich auf die eine oder andere Weise Einkünfte zu verschaffen, und ging es auch nur darum, sich als Junker angemessener Lebensformen zu befleißigen. Die Suche nach sprudelnden Geldquellen wird demnach schon in den ersten »Exiljahren« begonnen haben. So ließ er sich zunächst darauf ein, seine handwerklichen Künste zu verkaufen, wobei nichts darüber bekannt ist, wie, wann und wo er diese (welche?) erlernt hatte. In jedem Falle unterrichtete er den Straßburger Patrizier Andres Dritzehen im Edelsteinschleifen. Bald sollte er sich allerdings in neuartigen Arbeiten versuchen, wie dies frühestens für das Jahr 1435 oder 1436 dokumentiert ist, als er angefangen hatte, sich mit dem »Drucken« zu beschäftigen.[11]

Zwar flossen dem forschen Geschlechtersohn in den nächsten Jahren einige Geldmengen zu, die jedoch nur seinen gesellschaftlichen Stand zu halten vermochten und die kaum ausreichen konnten, auf anderen Unternehmensfeldern zu bauen. So wurde ihm zunächst am 30. Mai 1434 die erwähnte jährliche Leibrente seines Bruders Friele zugeschrieben, reduziert von vierzehn auf zwölf Gulden, eine erkleckliche Summe Geldes, die ihm in jedem Jahr in zwei Raten zu sechs Gulden gezahlt werden sollte. Auch haben sich aus dem Jahre 1436 im Mainzer Rechnungsbuch einige Einträge über »Gudenberg« gefunden.[12] Danach erhielt er zunächst fünfunddreißig *»gulden an golde«, »von aller vesessener gülten wegin«,* wie es in dem Dokument heißt, also wegen aller rückständigen Zinszahlungen, deren Erhalt sein Schwager Claus Vitzthum gegenzeichnete. Es handelte sich demnach um einen pauschalen Abschlag auf alle noch bestehenden finanziellen Verpflichtungen der Stadt Mainz gegenüber Gutenberg. Immerhin könnte diese Formulierung ausdrücken, daß es zuvor zu *keinen* Zinszahlungen an den »Ausgefahrenen« gekommen war, eine Annahme, die sich leider nicht weiter begründen läßt, da das Mainzer Rechnungsbuch von 1435 verloren ist. Dieser Hinweis erfolgt deswegen, weil in der einschlägigen Literatur meist davon ausgegangen wird, diese Zahlung stehe im Zusammenhang mit Gutenbergs erpresserischem Festhalten des Mainzer Stadtschreibers, eine Konstruktion, die auf Karl Schorbach zurückgeht: »Gutenbergs Nachgiebigkeit gegen den Rat der Stadt Straßburg blieb also nicht ohne Erfolg. Dessen Fürsprache wird er es zu verdanken haben, daß seine Vaterstadt Mainz nunmehr ihren Verpflichtungen nachzukommen suchte und die schuldigen Renten ihm nicht mehr vorenthielt.«[13] Eher müßte man davon ausgehen, daß Gutenberg seine Rentenzahlungen nicht wegen, sondern *trotz* seiner Behandlung des Nicolaus von Werstad erhielt, daß die Stadt aber *wegen* seines Verhaltens die ausstehenden Gelder weitere zwei Jahre zurückbehalten hatte.

Aus demselben Mainzer Rechnungsbuch ist ebenfalls für das Jahr 1436 der Eintrag verzeichnet – abermals quittiert von Claus Vitzthum –, daß ein verstorbener Verwandter, der Richter Johannes Leheymer, dem *»Henne Genssefleisse gnant Gudenberg«* eine Leibrente von zehn Goldgulden vererbt hatte. (Diese Rentenverschreibung sollte Gutenberg später in Straßburg zugute kommen, als er sie als Pfand einsetzen konnte, um darauf einen Kredit zu erhalten.) Als dritter Eintrag in jenem Rechnungsbuch findet sich eine vierzehntägige Zahlung von sechzehn Schillingen, die insgesamt vierundzwanzig Mal *»zu Gudenberg«* geleistet wurde, so daß sich daraus eine Gesamtsumme von sechzehn Gulden errechnen läßt. Allerdings bleibt fraglich, ob es sich dabei um den späteren Erfinder des Buchdrucks handelte oder ob nicht etwa sein Bruder Friele gemeint war. Es läßt sich jedoch festhalten, daß »Johannes Gensfleisch, genannt Gutenberg« zu einer Zeit, als er in Straßburg auf dem Gebiet der »Mechanik« bereits neue Künste zu ersinnen begann, wieder über Geldmittel verfügen konnte, die ihn sicherlich

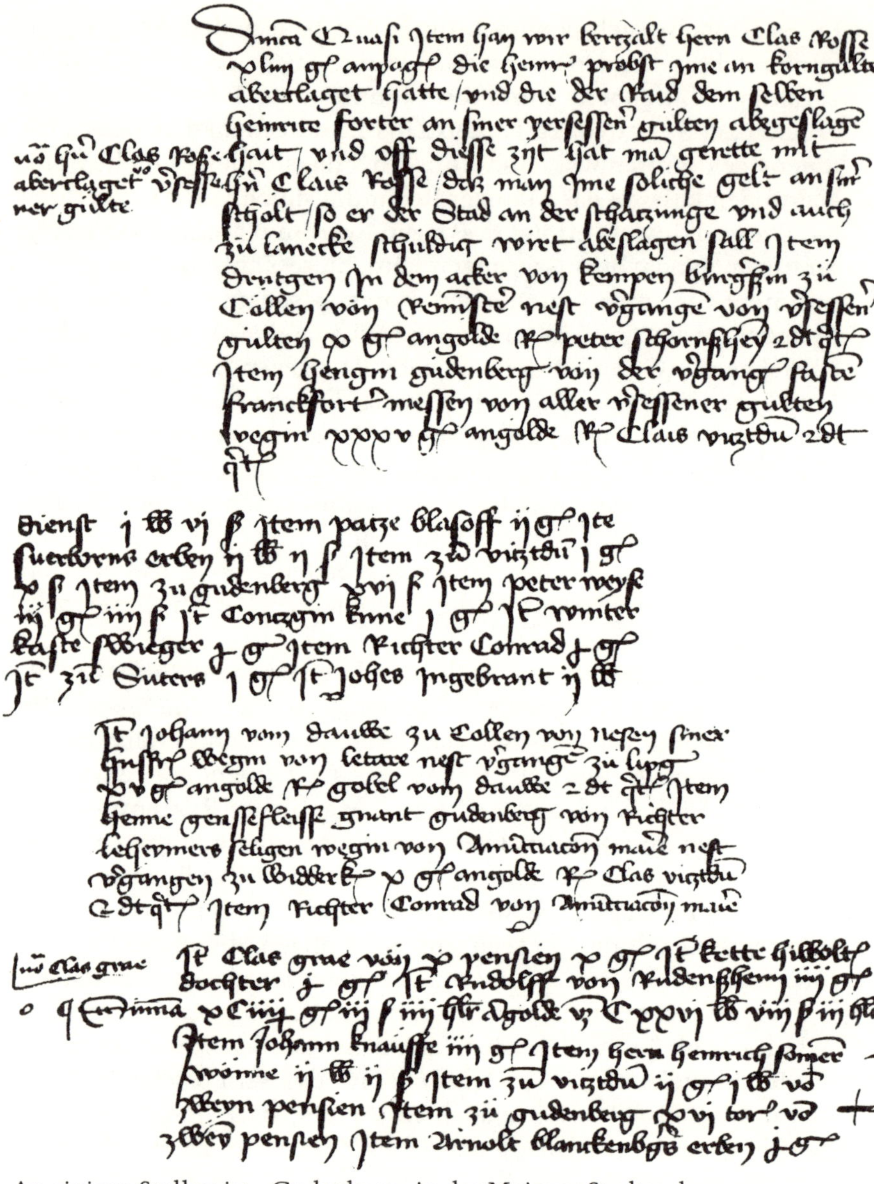

An einigen Stellen ist »Gudenberg« in der Mainzer Stadtrechnung von 1436 nachgewiesen.

seiner finanziellen »Notdurft« enthoben und ihm halfen, sich in den rechten Stand zu setzen.

In jedem Fall ging Gutenberg bedingungslos *seinen* Weg. Daß er dabei ohne besondere Rücksicht auf seine Umwelt und seine Mitmenschen voranschritt, bezeugen auch die nächsten Unterlagen, die für die Jahre von 1436 an überliefert sind. Schon in der ersten Hälfte des achtzehnten Jahrhunderts hatte Jakob Wencker, als Vorsteher des Straßburger Stadtarchivs einer der ersten Gutenberg-Forscher, zwei Abschriften oder Zusammenfassungen aus (heute verlorenen) Originaldokumenten verfertigt. Die kürzere der beiden lautet folgendermaßen: »Es hat sich auch Johann Genßfleisch von Meintz, den man nennet Gutemberg, mit Ennelin zu der Iserin Tür, einer Burgerin zu Straßburg, in Eheverspruch im Jahr 1437 eingelassen. Seind aber darüber streittig worden und haben die Sach vor das geistliche Gericht gelangen lassen. Da dann ein Schuhemacher nahmens Schotten Lawel und Burger Kuntschaft und Zeugniß wider ihn gesagt, welchs Gutemberg verworffen, widersprochen und viel Schmähwortt außgestoßen, die dießer nicht dulden wollen. Sich nun damit vergnügt, daß Gutemberg wegen der Scheltwortt vorgestreckt 15 Rheinische Gulden dem Schuhemacher biß zu außtrag der Haubtsach vor dem geistlichen Richter.«[14]

Gutenberg war demnach in einer Nebenklage von dem Schuhmacher Claus Schott vor dem weltlichen Gericht des Straßburger Rates verklagt worden, weil er diesen »Schottenlawel« Genannten mit beleidigenden Schmähreden bedacht hatte. Das eigentliche Verfahren hingegen, das vor dem erzbischöflichen Gericht abgehalten wurde, hatte über ein gebrochenes Eheversprechen zu urteilen, das Gutenberg der Patriziertochter Ennel zu der Iserin Türe gegeben hatte. Dieses Hauptverfahren, über das sich keine urkundlichen Quellen erhalten haben, muß spätestens 1436 begonnen haben, brachte doch Claus Schott in jenem Jahr seine Anklage gegen den exilierten Mainzer vor.[15] Als der Schuhmacher in diesem Prozeß für die Klägerin zeugte, hatte sich der stolze Junker derart in seinem Ansehen und seiner Ehre verletzt gefühlt, daß er den verhaßten Zunftgenossen in aller Öffentlichkeit mit schlimmen Beschimpfungen überzog. Er sprach dem Handwerker alle Glaubwürdigkeit ab, weil dieser, wie es in dem längeren Aktenauszug heißt, ein »arm notdürfftig mensch« sei, der ein »arm schnöd leben mit luegen und triegen« führe[16]. Allerdings wird Gutenberg seine Schmährede auch deswegen geführt haben, um die Glaubwürdigkeit des Zeugen zu erschüttern, ein zwar gern gebrauchtes Mittel – neben dem generellen Leugnen der Anschuldigung –, das der adelige Mainzer jedoch viel zu unbeherrscht anwandte. Denn die Schmähungen Gutenbergs wurden als so schwerwiegend angesehen, daß ihn der Straßburger Rat dazu verurteilte, dem Schuhmacher Claus Schott zunächst fünfzehn Gulden als Entschädigung zu zahlen, bis der Streitfall im Zusammenhang mit dem Eheverspruchsverfahren vor dem geistlichen Gericht entschieden werde. Die erhebliche Summe von fünfzehn Gulden, die nahe an das Jahresgehalt eines Handwerksmeisters heranreichte, führt übrigens abermals zu dem Schluß, daß Gutenberg bis zu jenem Jahre 1437 nicht nur seinen finanziellen Sorgen entronnen war, sondern daß er über ein derart solides Einkommen verfügte, daß ihm die Zahlung eines solchen Betrages abverlangt werden konnte.

Dies also ist der Inhalt der Nebenklage jenes Claus Schott, aus der nunmehr das eigentliche Vergehen hergeleitet werden kann, dessen Gutenberg vor dem geistlichen Gericht angeklagt war. Einleitend läßt sich dazu die Feststellung treffen, daß das Mittelalter von einem äußerst ambivalenten Umgang zwischen den Geschlechtern bestimmt war, wobei sich der Bogen spannte von der Verehrung der Frau an sich, wie sie sich in der Minne stilisierte, zur absoluten Geringschätzung des weiblichen Wesens, wie sie die christliche Kirche propagierte, von einem Grundübel Weib zur Verherrlichung Marias, von der Verdammnis der Fleischeslust zur selbstverständlichen Institution von Bordellen. Entgegen einer offiziellen Moralordnung (die durch die Androhung drakonischer Strafen rechtlich untermauert war) herrschte ein freizügiger Umgang zwischen den Geschlechtern, dies in einer Weise, daß auch zur Lebenszeit des Buchdruck-Erfinders der Verstoß gegen das siebte Gebot, wie noch zu allen Zeiten, zu den alltäglichen Sünden zählte. So konnte auch ein moralisierender Sebastian Brant nicht umhin, seinem »Narrenschiff« ein eigenes Kapitel »Vom Ehebruch« zu widmen. In seiner oft derben, typisch mittelalterlichen Ausdrucksweise führt Brant darin etwa den berüchtigten altrömischen Ehebrecher Clodius an, und so heißt es in bezug auf die Sittenlosigkeit seiner Zeit: *»Des ist der eebruch yetz so groß: / Clodius beschisßt all weg und stroß.«*[17]

Nun hatte sich Gutenberg allerdings nicht des Ehebruchs schuldig gemacht, sondern des Bruchs eines Eheversprechens. Als am Ende des Mittelalters das Recht des Familienvaters, seine Tochter nach Gutdünken zu verheiraten, zurückgedrängt und von der Braut wenigstens die Zustimmung zur Ehe verlangt wurde, erhielt für das begehrte »Fräulein« das Eheversprechen des Werbenden eine besondere Bedeutung. Auch wenn die Ehe faktisch noch nicht vollzogen war, konnte doch das Paar bereits die Lebensgemeinschaft eingehen, ehe es zur umfangreichen Zeremonie der Heirat kam. Ein solches »Eheversprechen« hing dabei durchaus nicht von der Kraft des Wortes ab. Vielmehr reichte der bezeugte Umgang miteinander, wobei die Zeugenschaft in der »offenen«, nicht in Öffentlichkeit und Privatheit getrennten mittelalterlichen Gesellschaft jeder Hausnachbar abgeben konnte, der durch sein Wissen die Verbindung quasi legitimierte. Gleichwohl kam es nicht selten zu »heimlich« genannten Eheschließungen, wenn tatsächlich die aufmerksame Nachbarschaft unwissend gehalten wurde und die Liebenden nur unter sich verweilten.[18]

Diese merkwürdige Rechtslage der heimlichen Eheschließung findet ihre Erklärung vor allem in dem schlichten Tatbestand, daß sich Mann und Frau auf das Vergnügen des Geschlechtsverkehrs eingelassen hatten. Diese Handlung, die sich nach kirchlicher Auffassung nur im Rahmen der Familie gesittet vollziehen konnte, erlangte durch die theologisch respektierte freie Willensentscheidung der Partner sogleich rechtliche Gültigkeit. Mit einiger Wahrscheinlichkeit läßt sich demnach folgern, daß jene Ennel zu der Iserin Türe den ritterlichen Verführungskünsten des Johannes Gutenberg erlegen war, dieser allerdings sein Vergnügen nicht mit dem Bund der Ehe quittiert sehen wollte. So blieb der brüskierten Patriziertochter schließlich kein anderer Weg, als den leidigen Gang zum erzbischöflichen Gericht anzutreten, um auf eine amtliche Feststellung ihrer »heimlichen« Ehe zu dringen. Unterstützung fand sie in der Aussage eines Zeugen, des denunzierten Schottenlawel, der wohl für die Liaison der beiden bürgen konnte. Die voreheliche Jungfernschaft galt nämlich derart entschieden als Ausdruck eines rechten Lebenswandels, daß eine entjungferte *jungfer* »in höheren Kreisen *eo ipso* als Heiratsobjekt nicht mehr in Frage« kam[19].

Ließe sich in dieser Weise der Hintergrund des Prozesses beleuchten, so darf auch die Feststellung nicht fehlen, daß im späten Mittelalter die meisten Ehen noch immer unter profanen ökonomischen Gesichtspunkten geschlossen wurden. Das Begehren des Bräutigams richtete sich eher auf eine wohlgestaltete Mitgift als auf sonstige Tugenden der Ehefrau. Auch vermögende Männer schoben »häufig ihre Eheschließung auf der Suche nach der passendsten Verbindung auf, um ihre Wirtschaftslage durch eine ansehnliche Mitgift noch weiter zu verbessern«[20]. So lag das Heiratsalter der adeligen Männer meist weit über zwanzig Jahre. Selbst ein viel höheres Alter, das sich im Falle Gutenbergs auf weit über dreißig Jahre berechnen ließe, zählte durchaus nicht zu den Besonderheiten der mittelalterlichen Heiratsgewohnheiten. Spräche zwar die Möglichkeit, daß sich Gutenberg unter einem rein ökonomischen Kalkül zu jenem Eheversprechen hatte hinreißen lassen, eher gegen alle Wahrscheinlichkeit des Lebens *in praxi,* ist doch auch diese Erklärung nicht von der Hand zu weisen. Immerhin zeichnen die weiteren Dokumente zum Leben des Mainzers das Bild eines ehrgeizigen, entschlossenen und geltungssüchtigen Mannes, der danach strebte, sich neue, reiche Geldquellen zu erschließen.

War jedenfalls das Eheversprechen auf die eine oder andere Weise gegeben, konnte dieses nach dem kanonischen Recht der Kirche durchaus eingefordert werden – wenn auch die Frau nur schwer ihr Recht erkämpfen konnte, solange der Beklagte eine »heimliche« Ehe rundweg leugnete. Da sich das Verfahren im Falle der Ennel zu der Iserin Türe über viele Monate erstreckte, muß sich Gutenberg gegen eine verordnete Verheiratung strikt zur Wehr gesetzt haben. Trotzdem ist die entscheidende Frage, ob Gutenberg die Patriziertochter habe ehelichen müssen, nicht befriedigend zu beantworten. Zwar spricht die gängige Praxis, widerwillige Freier nicht unter die eheliche Haube kommen zu lassen, eher gegen einen zwangsweise verheirateten Gutenberg; jedoch konnte bei klarer Beweislage ohne weiteres die Ehe verordnet werden, möglicherweise bei Trennung von Tisch und Bett. In der Gutenberg-Literatur wird im allgemeinen davon ausgegangen, daß der angehende Buchdruck-Erfinder ledig geblieben sei. Als Grund sind viele verschiedene Interpretationen vorgebracht worden, die mit der bekannten Methode, das Pferd beim Schwanz aufzuzäumen und also den Beginn von seinem Ende her zu sehen, bis zu der Vermutung führten, »daß der aus allen anderen Nachrichten als offenherzig und rechtschaffen [!] bekannte Junker sein Eheversprechen nicht einlösen konnte, weil er sein Vermögen und alle erreichbaren Gelder nur immer für seine Erfindung hingeben mußte«. Dies läßt den Verfasser dieser Zeilen dann geradewegs in den Ausspruch münden, daß Gutenberg »also seinem Werke seine Liebe opferte«[21].

Unter den seriösen Interpretationen wird in den beiden wichtigsten Argumenten davon ausgegangen, daß der Mainzer Geschlechtersohn auch später nicht über das Straßburger Bürgerrecht verfügte und daß in einem Verzeichnis über Kriegssteuern – die sich auf den noch darzustellenden Einfall der Armagnaken im Jahre 1444 bezogen – eine Zeile der verzeichneten Personen auf *»Ellewibel zur yserin ture und Ennel ir dohter am winmerckte«*[22] lautet, wobei die entsprechende Rubrik »Witwen und Jungfrauen« betitelt ist. Letzterer Nachweis wird gegen den Tatbestand ins Feld geführt, daß man für die Jahre ab 1442 überraschend auf eine alleinstehende »Ennel Gutenberg« stößt. Deren Name findet sich zwei Mal, nämlich in dem sogenannten Helbeling-Zollbuch (einem Register, das die bezahlte oder noch zu zahlende Weinsteuer aufführte) unter der Rubrik der »Stifter und Klöster«, und darin in der Spalte derer, »die mit niemand dienen«[23]; außerdem in einem weiteren Verzeichnis über die bezahlte Weinsteuer, wiederum unter »Stifter und Klöster« und wiederum unter denen, die *»mit niemans dienent«*[24]. Auch spricht für die unbedingte Gottestreue dieser Ennel Gutenberg, daß sie dem Frauenwerk, der Bauhütte des Straßburger Münsters, zwei Schenkungen machte, die jedoch ohne Jahresangabe verzeichnet wurden. Daher bleibt offen, ob die als *»frow«* Bezeichnete das Geld für drei teure kirchliche Gewänder aufbrachte, als sie ihr Leben bereits dem klösterlichen Dienst Gottes überantwortet hatte.[25]

Wie sich nun dieses Faktum einer klösterlichen Straßburger Ennel Gutenberg in die Argumentationskette gegen einen verheirateten Buchdruck-Erfinder einfügt, liest sich mit den Worten eines Aloys Ruppel wie folgt: »Aus dem Vorkommen dieses Namens [Ennel Gutenberg] braucht man aber nicht den kühnen Schluß zu ziehen, das geistliche Gericht habe Gutenberg verurteilt, die Ennelin zur eisernen Türe zu heiraten und sie so zur Ennel Gutenberg zu machen, habe aber bei der Abneigung Gutenbergs gegen die erzwungene Eheschließung sofort die Trennung zwischen Tisch und Bett ausgesprochen (die Gutenberg zwar von dem Zusammenleben mit einer unerwünschten Gattin befreite, ihm aber auch, da er ja unauflöslich verheiratet gewesen wäre, das Eingehen einer anderen Ehe vor dem Tode der Ennel unmöglich gemacht hätte); darauf habe sich Ennel, die ja jetzt Gutenberg hieß, dem frommen Leben einer Begine gewidmet, während Gutenberg die Stadt, in der er so viele Enttäuschungen [?] erlebte, für immer verlassen habe. Diesen Schluß könnte man allenfalls einem Romandichter, nicht aber einem Historiker gestatten. Der Historiker wird eher vermuten [!], daß Ennel Gutenbergen eine unverheiratete Person war, die aus dem Elsaß stammte, wo der Name Gutenberg ebenfalls heimatberechtigt war. Im Jahre 1428 wird im Kloster Murbach ein Mantzo de Gutenberg genannt; 1458 lebte in Straßburg ein Bürger Jakob vom Vogelsang genannt Gutenberg. Beide dürften [!] keinerlei verwandtschaftliche Beziehungen zu dem Mainzer Johannes Gutenberg, eher [!] aber zu der Ennel Gutenbergen in Straßburg gehabt haben. Somit dürfen wir als gesichert [!] betrachten, daß der Erfinder der Buchdruckerkunst unverheiratet blieb und als letzter Träger des Namens Gensfleisch zum Gutenberg starb.«[26]

Warum allerdings eine *tatsächlich* romanhafte Vorlage, wonach sich Gutenberg auf eine Patriziertochter eingelassen und ihr entweder *qua verbum* oder *qua factum* die Ehe versprochen hatte, nur um dann nicht zu seinem Versprechen zu stehen – warum eine solche »Romanvorlage« wissenschaftlich wirkt, weil ihr am Ende die Spitze abgebrochen wird und sie daher »seriöser« erscheint, sei als Frage dahingestellt. Wenn auch die Wissenschaft übereingekommen ist, Gutenberg unverheiratet bleiben zu lassen und jene Ennel Gutenberg zu einer verwandten oder namensgleichen Person zu erklären, so kann doch der Umkehrschluß nicht ausbleiben. Die Annahme würde dahin lauten, daß Gutenberg in der Tat von dem geistlichen Gerichtshof verurteilt wurde, jene Ennel zu der Iserin Türe aufgrund seines Eheversprechens zur Frau zu nehmen, und daß, da das Eheleben danach nicht vollzogen wurde, seine Ehefrau Schutz bei der Kirche suchte. Bedenkt man, daß die Wahrscheinlichkeit nicht sehr groß ist, daß beide Ennel zufällig denselben Vornamen führen sollten, so scheint dies ebensowohl ein starker Hinweis *für* eine Verheiratung des Mainzer Geschlechtersohns zu sein. Daß er weiterhin in den Straßburger Urkunden nicht als Bürger der Stadt auftaucht, ließe sich ohne weiteres über seine Ansprüche als Patrizier an seine Heimatstadt Mainz erklären. Schwierig wäre sicherlich das Aktenverzeichnis über die Tochter Ennel in der Rubrik der »Witwen und Jungfrauen« zu erklären. Nur ließen sich wohl in derselben Manier, wie eine Ennel Gutenberg nicht zur Ehefrau des Johannes Gutenberg erklärt wird, in dieser Sache entsprechende Argumente vorbringen (so wenn sich etwa das Kriegssteuerverzeichnis auf den ersten Einfall der Armagnaken ins Elsaß im Jahre 1439 bezöge, wenn dann dem Verzeichnis eine ältere Ausstellung zugrunde gelegen hätte oder wenn die Rubrik »Witwen und Jungfrauen« nur auf den Status der Mutter verwiese).

Nebenbei und um der Kuriosität willen sei hier ein weiteres Zitat angeführt, das da lautet: »Und es gewinnt fast den Anschein, als ob man es dem genialen Erfinder nicht zu verzeihen vermöchte, daß er wirklich von seiner Höhe so weit herabgestiegen sein könnte, sich zu verheiraten.«[27] Bedenkt man die Ernsthaftigkeit dieses Ausspruchs, der im Jahre 1900 sogar auf einem Festvortrag zur Sprache kam, läßt sich leicht die Skurrilität vieler Altmeister der Gutenberg-Forschung veranschaulichen; in ihrer einsamen Arbeit und in ihrem romantisch-pathetischen Empfinden fühlten sie sich dem Heros Gutenberg – allem fleischlichen Begehren erhaben und ganz auf das ewig Geistige ausgerichtet – oft ganz nah. So postuliert man ja auch keine neue Erkenntnis, daß sich in so vielen Ergebnissen der

Forschung hintergründig auch immer die Vorstellungswelt des jeweiligen Forschers widerspiegelt, wie etwa auch in der Auseinandersetzung um den verheirateten oder ledig gebliebenen Buchdruck-Erfinder.

Dem Fall eines möglicherweise in Straßburg verheirateten Gutenberg kommt eigentlich nur in der Hinsicht eine Bedeutung zu, ob das Idealbild des Buchdruck-Erfinders entscheidend befleckt würde, ob er nämlich jene Ennel nach seiner Abreise aus Straßburg schnöde zurückgelassen hätte oder nicht. Denn kein Zweifel besteht daran, daß für sein weiteres Leben keine Ehefrau genannt wird. Ganz sachlich sei immerhin behauptet, daß es Gutenbergs Charakter ja nicht notwendig widersprochen hätte, wenn er sich mit seinem Weggang aus Straßburg auch den Verpflichtungen gegen eine aufgenötigte Ehe entzogen hätte, eine Ehe, der er sich doch in einem langwierigen Gerichtsverfahren zu widersetzen versucht hatte. Sowieso geschah es im allgemeinen nicht selten, daß sich Männer ihrer Ehepflicht durch Flucht in eine andere Stadt entwanden; dort fielen sie dann unter eine andere Gerichtsbarkeit, entgingen somit der angedrohten Strafe, und oftmals heirateten sie sogar wieder. Daß nämlich Gutenbergs charakterliche Eigenschaften durchaus kritisch zu betrachten sind, zeigen die bisher erwähnten Dokumente ja deutlich. Denn selbst wenn der heißspornige Junker vor Gericht seinen Kopf aus der gefürchteten ehelichen Schlinge ziehen konnte, hätte er doch mit einiger Gewißheit eine »Tochter aus gutem Hause« entehrt sitzenlassen, ein sicherlich nicht weniger ehrloses Verhalten.

An dieser Stelle kann gewiß keine neue Hypothese über einen verheirateten oder unverheirateten Straßburger Gutenberg aufgestellt werden. Aber ein weiteres Mal ist immerhin zu erkennen, wie die Quellen zum Leben des ersten Buchdruckers sowohl in die eine wie in die andere Richtung gedeutet werden können, wie aber in einigen Fällen – über eine gewisse Tradierung der »Fakten« – der Blick stets nur in *eine* Richtung gelenkt wird.

Weitere drei Jahre schweigen die Urkunden über Gutenbergs Fortkommen in Straßburg, bis dann aus dem Jahre 1439 zwei Vorgänge dokumentiert sind, von denen einer furios zu nennen ist. Denn Gutenberg wurde in ein umfangreiches Gerichtsverfahren verwickelt, dessen Protokolle wesentlich seine Biographie erhellen. Während dieser »Dritzehen-Prozeß« ein eigenes Kapitel für sich beansprucht, lautet das zweite überlieferte Dokument auf einen recht banalen Vorgang, der dennoch gewisse Rückschlüsse erlaubt. In dem bereits erwähnten Helbeling-Zollbuch ist für den 9. Juli 1439 aufgeführt[28], daß Gutenberg die Steuer für eineinhalb Fuder und sechs Ohm Wein entrichtet hatte, eine Menge, die annähernd zweitausend Litern entspricht. Weiter heißt es, daß er zwölf Schillinge schuldig geblieben sei, die er aber noch *»uff denselben tag«*[29] bezahlt habe. Zu jener Zeit plagten demnach den Mainzer keine finanziellen Sorgen mehr, da es ihm doch möglich war, eine solch große Menge Wein einzulagern. Daß er nicht mit dem Pfennig rechnen mußte, geht auch aus seinem Verhalten hervor, sich noch am selben Tag die ausstehende Summe von zwölf Schillingen zu verschaffen und nachzuzahlen. Gutenberg hatte also Dinge unter den Händen, die viel Kapital und menschlichen Arbeitseinsatz verlangten. In diesem Sinne erklärt sich auch die riesige Menge von zweitausend Litern Wein, die ja nur über eine beständige Verköstigung anderer aufzubrauchen war[30] – wenn man einmal davon absieht, daß die Sitte oder, je nachdem, die Unsitte des Trinkens im Mittelalter zu den allzeit gesuchten Lebensfreuden gehörte.

Über diese Feststellungen hinaus erscheint als weiteres wichtiges Detail, daß nach den Auszügen aus dem Helbeling-Zollbuch »Hans Gutenberg von Mentz« zunächst unter den »Nachconstofelern« eingetragen worden war. Dieser Eintrag wurde dann aber ausgestrichen und sein Name unter die Rubrik derer gesetzt, *»die mit niemand dienent«*[31]. Die Constofeler zählten in Straßburg im allgemeinen zu den Adeligen, wobei der Begriff nicht recht zu fassen ist. Leitete sich die Bezeichnung auch von *»con-stabularii«* her, von den Benutzern eines gemeinsamen Stalles, die Pferde hielten und bereitstellten, so galten sie später als Mitglieder eines der Straßburger »Constofeln«. Dieses System der Straßburger Quartiereinteilung (die im fünfzehnten Jahrhundert auf acht Constofeln festgesetzt war) diente dem Adel zur Identifikation und zum Zusammenhalt, der Stadt hingegen dazu, über diese Gliederung die adeligen Kreise verwalten und regieren zu können, so wie dies in den Zunftverbänden seine Entsprechung hatte.[32] In gewisser Weise wurde der Begriff »Constofeler« deckungsgleich mit »Adeliger« verwendet; so führte das Helbeling-Zollbuch in den ersten Rubriken die geistlichen Herren auf, danach die Constofeler in einer weiteren Rubrik, dann die Zünftler und schließlich jene, »die mit niemandem dienen«, die also keiner der gesellschaftlich ausgezeichneten Klassen angehörten.[33]

Gutenberg hingegen zählte zu den »Hintersassen«, den Einwohnern ohne Bürgerrecht, weswegen er keiner der festgefügten gesellschaftlichen Klassen angehören konnte. Gleichwohl fühlte er sich als Patrizier natürlich den adeligen Constofelern zugerechnet. Diesem seinem gesellschaftlichen Anspruch war scheinbar zunächst Rechnung getragen worden, als sein Name unter die Nachconstofeler aufgenommen wurde, also unter jene Gruppe, die keine volle Mitgliedschaft erhielt, die aber zu den adeligen Kreisen gezählt wurde. Wenn daher sein Name im nachhinein aus der Adelsliste gestrichen wurde, könnte eine gewisse Überprüfung seiner Person stattgefunden haben, die dazu geführt hätte, daß er gesellschaftlich »degradiert« wurde. Es wäre dies ein wahres Sinnbild um die Person des angehenden Buchdruck-Erfinders. Auch in Straßburg machte sich wohl sein gesellschaftliches Manko bemerkbar, nicht als »vollblütiger« Patrizier anerkannt zu werden. Im Hinblick auf seine weitere erfinderische Tätigkeit ließe sich so von neuem auf ein psychologisch motiviertes Verhalten abzielen. Danach trieb ihn, diesen Makel kompensierend, die mangelnde Größe seines gesellschaftlichen Anspruchs dazu, gleichwohl etwas »Großes« zu schaffen.

Will man sich Gutenbergs Straßburger Leben ein wenig farbiger ausmalen, so führt man sich am besten vor Augen, daß der »hintersässige« Mainzer sein Anwesen nicht in der Stadt selbst, sondern vor deren Mauern gewählt hatte, in dem kleinen, durch ein Kloster hervorgehobenen Vorort Sankt Arbogast. Dort, wo in heutiger Zeit eine *Ile Gutenberg* an den berühmten Mainzer erinnert, lebte er als Patrizier mehr oder weniger standesgemäß. So besagt ja die Überlieferung nicht nur, daß er eine erkleckliche Menge Wein gelagert hatte, sondern daß er auch über einen Haushalt mit Diener verfügte, einem Lorentz Beldeck, der wiederum verheiratet war[34], so daß sich also zwei Personen um ihn sorgten. Wenigstens in den ersten Jahren seiner Straßburger Zeit muß Gutenberg wegen seiner schlechten finanziellen Verhältnisse – die sich ja erst später besserten – viel Muße gehabt haben, *muoze* allerdings auch im ursprünglichen Sinn, nämlich seine Zeit zu etwas nutzen zu können. Denn der patrizische Hintersaß befand sich in einer prekären Situation, mußte er doch auf die eine oder andere Weise seinen Stand halten. Dies konnte ihm ohne Pachterträge, Handelsgewinne, Renten oder Zinsen nur schwerlich gelingen, ohne daß er sich auch auf die niedere *arebeit* einließ, auf die im adeligen Kreise als verdrießlich und mühselig angesehene Arbeit (die von der allgemeinen Bürgerschaft aber bereits zu einer Tugend stilisiert wurde). Notgedrungen blieb ihm nur, sich auf die handwerklichen Kenntnisse zu besinnen, die er sich in seiner Heimatstadt erworben haben mußte. Wenn er allerdings seine Meisterschaft angesichts von Zunftregelungen, Verkaufsordnungen und Marktgesetzen nur schwerlich selbst auszuüben vermochte, so konnte er immerhin darin unterweisen und folglich seinem Stand gemäß angemessener auftreten.

Daher verwundert es nicht, daß in der Chronologie der überlieferten Dokumente Gutenberg zunächst in der Kunst des Edelsteinschleifens ausgewiesen wird. Einen gewissen Andres Dritzehen unterrichtete er im *»stein bollieren«*[35], einem Handwerk, bei dem es galt, heimische Mineralien und Halbedelsteine zu glätten und blank zu schleifen. Mit einer flach gewölbten, einer »mugeligen« Fläche konnten diese veredelten, »polierten« Steine in verschiedene Schmuckfassungen, in Reliquienbehälter, Bucheinbände und ähnliche Preziosen eingesetzt werden. Sein Suchen und Drängen aber, sich in seinem Leben erträglichere Einkünfte zu verschaffen und die verhaßte *arebeit* eher zu delegieren als selbst auszuführen, mußte in ihm dann bald kühne Gedanken heranreifen lassen – Gedanken darüber, wie er in der handwerklichen Produktion die »Arbeit« vereinfachen könne, ohne den Ertrag zu schmälern, wie er dazu den Geist einsetzen und etwas erfinden müsse. Der Weg zu

Neuem, zu Entwicklung und Innovation, führte im Mittelalter aber notwendig in die Stadt, weshalb sich der Mainzer wohl häufig nach Straßburg aufmachte.

Der Weg von Sankt Arbogast nach Straßburg führte Gutenberg über eine Strecke von etwa einem Kilometer zunächst bis zur Stadtbefestigung, die sich am Ende des vierzehnten Jahrhunderts weit nach Westen vorgeschoben hatte. Durch den schmalen Durchlaß des Weißturmtores (durch das im Jahre 1870 die kriegsgefangenen französischen Soldaten die von den deutschen Bombardements schwer getroffene Stadt demoralisiert verließen) gelangte er nach einigen Minuten an das Zolltor, wo er auf die eigentliche Stadtbefestigung traf. Das Durchschreiten der Stadtmauer mag selbst einem Gutenberg wie der Gang in eine andere Welt erschienen sein, der auch er als Hintersasse und durch seinen auswärts gelegenen Wohnort nicht wirklich angehörte. Nichts trennte die mittelalterliche Gesellschaft brüsker als die wehrhaften, abweisenden Mauern der Städte, die den »freien« Menschen von dem Leibeigenen schieden, den gesitteten Städter von dem *tumpen* Bauern, das Neue vom Alten. In diesem Sinne allerdings betrat der Junker Gutenberg doch *seine* Welt, wenn ihn sein Weg über zwei breite Wassergräben durch die bis zu acht Meter hohe Stadtmauer führte.

Dort öffnete sich vollends der Blick auf das schon von weitem sichtbare Münster, dessen hochaufsteigender Turmhelm, so funktionslos und doch unverzichtbar, in jenen Jahren gerade fertiggestellt wurde. Auf der Oberstraße (der heutigen *Grand' Rue*) schritt er nun geradewegs in das Stadtzentrum voran, vorbei an mannigfaltig verschiedenen Fachwerkhäusern, die in ihren einzelnen Stockwerken oft regellos vorsprangen und damit den engen dunklen Gassen noch obendrein das Licht nahmen. Abgesehen von diesem Grundübel jeder mittelalterlich lichtlosen Stadt muß das Straßburger Stadtbild jener Zeit aber einen wohlhabenden Eindruck hinterlassen haben. Denn immerhin äußert sich Enea Silvio Piccolomini in seiner »*Germania*« über die »Bürger- und Priesterhäuser«, daß darin sogar Könige gern wohnen würden; so wie sich der spätere Papst auch nicht scheute, selbst mit der Lagunenstadt Venedig einen positiven Vergleich zu ziehen. Da zu den wichtigsten Lebensadern der elsässischen Metropole neben der Ill viele Kanäle und Wasserläufe gehörten, fühlte sich Piccolomini an Venedig erinnert, nur daß Straßburg gesünder und lieblicher sei, fülle doch seine Kanäle klares Süßwasser, während Venedig von übelriechendem Salzwasser durchflossen sei.[36] Gleichwohl würde noch jeder »moderne« Mensch im wahrsten Sinne des Wortes die Nase rümpfen, führte man ihn durch die Gassen einer mittelalterlichen Stadt, wo sich Unrat und Fäkalien in Haufen sammelten, oft noch Schweine im Dreck suhlten und sich die meist ungepflasterten Wege bei Regen in Schlammbahnen verwandelten.

Nach fünf Minuten Wegstrecke traf Gutenberg auf die Münze linker Hand und gegenüberliegend auf die Kanzlei und das »Pfalz« genannte Rathaus, durch deren verbindende Brücke er auf den Martinsplatz gelangte, diesen großen Platz im Herzen der Stadt, der in viel späterer Zeit nach ihm, dem Erfinder der Buchdruckerkunst, benannt werden sollte. (Schon eine Generation später, im Jahre 1466, ging in der nahe gelegenen Dornengasse *[Rue de l'Epine]* eine besondere Tat auf sein Wirken zurück, als dort in der Werkstätte des Johann Mentelin die erste deutsche Bibel im Druck erschien.) Schließlich trennte den Mainzer Patrizier nur noch das kurze Wegstück der Krämergasse *(Rue Mercière)* – wo er mit Conrat Saspach bald einen Fachmann für Holzarbeiten kennenlernte – von der eindrucksvollen Fassade des Münsters, die in ihrer filigranen Maßhaftigkeit das Auge unendlich abzulenken scheint, nur um doch den Blick auf wohlproportionierte Linien zu führen.

Wie erdenschwer und abwehrend mußte Gutenberg dazu der Dom seiner Heimatstadt Mainz erschienen sein, Abbild einer vergangenen Epoche, die dem Neuen und Kühnen keinen Raum gelassen hatte. Als Ausdruck einer sich wandelnden Zeit, die ihre Regeln perfektioniert hatte und doch über ihre Grenzen hinauswollte, streckte sich das gotische Bauwerk in Straßburg bis unter den Himmel, richtete es sich unfaßbar hoch auf und verbarg, nach Piccolomini, sein Haupt gar in den Wolken[37]. So wurden beim schwindelnden Blick nach oben wunderliche Gedanken heraufbeschworen, über Gottes Allmacht und, in aller Demut, auch über die Macht des Menschen.

Erfindungen und Neuerungen, wie Trittwebstuhl, Drehbank und auch das bald in Geschützen verwendete Schießpulver, begleiteten den beschleunigten Lauf der Zeit, die unaufhaltsam voranschritt, das Alte unwiederbringlich zurücklassend. Auch Gutenberg hatte wohl bis dahin erkennen müssen, daß er gut daran tat, sich nicht gegen geschichtliche Entwicklungen, die von der zünftigen Bürgerschaft bestimmt wurden, anzustemmen, sondern sich davon tragen zu lassen. Denn die neue Zeit brachte ja auch Möglichkeiten hervor, sich über moderne Produktionsverfahren, über die massenhafte Herstellung von gewissen Artikeln, wie etwa Eisendrähten, Stoffen und Papier, enorme Gelder und somit Einfluß zu verschaffen. So viel Elan hatte der Mainzer Geschlechtersohn nach einigen Jahren seines Straßburger Aufenthalts in die neue Zeit mit eingebracht, daß er zur Gründung von Handwerksgesellschaften schritt, die große Gewinne abzuwerfen versprachen.

Der Prozeß der Brüder Dritzehen vor dem Straßburger Rat

Es läßt sich auch über Gutenbergs Geschäftigkeiten in Straßburg auf weiten Strecken nur mutmaßen. Allerdings wird der dunkle Lebensweg des Mainzers wenigstens auf einem Teilstück in ein vergleichsweise hell scheinendes Licht getaucht. Denn aus der elsässischen Münsterstadt an der Ill sind die umfangreichen Protokolle eines Gerichtsverfahrens überliefert, die weitgehende Schlußfolgerungen über das Fortkommen des Johannes Gutenberg in seiner neuen Heimat zulassen.[1]

Vor dem Rat der Stadt Straßburg wurde am 12. Dezember 1439 der Urteilsspruch in einem Prozeß verlesen, der einen *»Hans Genszefleisch von Mentz, genant Gutenberg«*[2] zufrieden aufatmen, das Brüderpaar Jerge und Claus Dritzehen hingegen bestürzt dreinschauen ließ. Über Wochen hatte sich das kostspielige Verfahren hingezogen, in denen auf der Seite der Dritzehens sechsundzwanzig Zeugen, auf Gutenbergs Seite immerhin noch vierzehn Zeugen gehört wurden.[3] Zwar sind nur sechzehn bezeugte Aussagen überliefert; jedoch einschließlich des abschließenden Gerichtsurteils füllt das gesamte Aktenmaterial Hunderte von Zeilen Papier, geschrieben in einer deutschen Sprache, wie sie im Straßburg des fünfzehnten Jahrhunderts gesprochen wurde.

Da sich das gerichtliche Verfahren um Gutenbergs Geschäftsgebaren drehte, erscheint seine Person natürlich immer wieder in den Vordergrund gerückt. Sein geschäftliches Treiben, das ihn schließlich in den Prozeß gegen die Brüder Dritzehen verwickelte, läßt sich wie folgt darstellen: Als sich der Mainzer schon einige Jahre in Straßburg aufhielt, gewann er die Freundschaft jenes Andres Dritzehen, eines adeligen Bürgers der Stadt, den er in der Kunst des »Steinpolierens« unterrichtete. Wenn Gutenberg also bis dahin in der *arebeit* einem Schüler und damit auch sich selbst ein gesichertes Auskommen ermöglichen konnte, so waren doch seine eigenen Ziele längst auf Arbeiten gerichtet, die in eine gänzlich neue Richtung wiesen. Denn schon im Jahre 1436[4] hatte er dem Goldschmied Hans Dünne hundert Gulden für einen Auftrag bezahlt, der mit dem *trucken* zu tun hatte, mit einem Vorgang, der nach dem Sprachgebrauch der Zeit dem »Pressen« oder »Prägen« von Materialien diente. Mag Gutenberg zunächst im stillen, hinter den matten Butzenscheiben seines Sankt Arbogaster Wohnhauses, eigene Versuche mit dem »Drucken« angestellt haben, so gab er bald den Bau einer solide verfertigten Presse in Auftrag. Der Erbauer dieser Presse ist als Conrat Saspach überliefert, der als »Kistner« grobe Holzarbeiten verfertigte. Etwa mit dem Beginn des Jahres 1438 waren Gutenbergs »Druck«-Versuche so weit fortgeschritten, daß er sie in großem Maßstab kommerziell umzusetzen gedachte.

Das geschäftliche Ansinnen des erfinderischen Mainzers war bis dahin auf die anstehende Wallfahrt zu den Heiligtümern in Aachen gerichtet, ein siebenjährig wiederkehrendes Ereignis, das die Menschen zu Zehntausenden anzog. Aus aller Herren Länder, insbesondere auch aus dem böhmischen und ungarischen Osteuropa, machten sich die Gläubigen auf den langen Weg nach Aachen. In der Krönungsstadt der deutschen Könige mußten dann wegen der anströmenden Menschenmassen immer einmal wieder die Stadttore geschlossen werden, um nicht sämtliches Regen und Streben innerhalb des Festungswalls zu ersticken. Unfälle passierten zuhauf, wenn etwa Menschen unterschiedlicher Nationalitäten in dem Gewühl aneinandergerieten, einzelne Gebäude durch die Wucht der Leiber aus den Fugen gingen oder am Tag der Reliquienzeigung aufgestellte Gerüste oder ganze Häuser[5] zusammenbrachen.

Auf dieses Ereignis der Reliquienzeigung war das ganze Sinnen der Pilger gerichtet, wurden doch dann von den geistlichen Herren die verehrten Gegenstände (die in kirchlicher Sprache beschrieben werden als »ein Gewand der allerseligsten Jungfrau von gelblichweißer Baumwolle, die Windeln des Jesuskindes von dunkelgelbem

Noch lange Zeit nach Gutenbergs Tod zeigt ein Kupferstich von 1622 die Praxis der »Fernzeigung«, wenn auf der Aachener Heiligtumsfahrt in dieser wundersamen Weise – wie hier von der Turmgalerie des Doms – die verehrten Reliquien vorgeführt wurden.

Wollzeuge, das blutgetränkte Lendentuch des Herrn vom Kreuze und das Leichentuch des Vorläufers Christi aus feinem Linnen«[6] dem Volk aus der Ferne gezeigt.

Diese »Fernzeigung« war eingeführt worden, als die Menschenmassen auf den großen Pilgerfahrten in immer größerer Zahl die heiligen Behältnisse umdrängt hatten. Konnten die Gläubigen somit die erbetenen Wunderkräfte der Reliquien nur noch aus der Ferne in sich aufnehmen, versuchten sie nunmehr, deren vermeintlich »strahlende« Wirkung in Broten oder Spiegeln aufzufangen. So konnten sie das Heil und die Gnade der Reliquien mit nach Hause tragen. Dort würden dann, wie sie zutiefst glaubten, über das verzehrte Brot oder über die »Strahlung« der Spiegel auch Familienmitglieder, Nachbarn und Freunde an Leib und Seele geheilt.

Führten daher etliche der Wallfahrer Spiegel in ihren Kutten mit sich, setzten auch viele unter ihnen darauf, bestimmte Pilgerzeichen an Ort und Stelle zu kaufen. Die Herstellung dieser Pilgerzeichen bedeutete also stets ein lohnendes Geschäft, ein derart gewinnbringendes Geschäft sogar, daß sich an erster Stelle der Klerus die Produktion der Pilgerzeichen als Privileg gesichert hatte. Zu einer großen Wallfahrt wie der von Aachen waren allerdings die Pilgerzeichen in solcher Menge begehrt, daß die Kirche und auch von ihr mit der Arbeit betraute Zünfte mit der Herstellung nicht nachkamen. Denn viele Tausende, gar Zehntausende von Devotionalien konnten zu einem guten Preis an den Mann gebracht werden, drehten doch die verzückten Gläubigen in diesen Tagen nicht jeden Pfennig dreimal um. Da die Herstellung der Pilgerzeichen viel Zeit erforderte, war nicht nur in Aachen die Bestimmung erlassen, daß zur Heiligtumsfahrt die so begehrten Artikel von jedem, gleich ob Einheimischem oder Fremdem, verfertigt und verkauft werden durften.

Am besten unter den Pilgerzeichen ließen sich dabei die sogenannten »Spiegel« feilbieten, welche von den Wallfahrern zu jenem skurrilen Brauch benutzt wurden, die »strahlende« Kraft der Reliquien einzufangen. Zu deren Herstellung wurde in meist steinerne Gußformen das Motiv einer Heiligendarstellung eingeschnitten und mit einer Legierung aus Blei und Zinn ausgegossen. In dem solcherart verfertigten Pilgerzeichen war eine kreisrunde Halterung freigelassen, in welche am Ende ein kleines Spiegelchen eingesetzt wurde; und eben dieses gab dem handtellergroßen Endprodukt seinen Namen, »Spiegel«.[7]

All dieser Tatsachen erinnerte sich Johannes Gutenberg wohl aus seiner Heimatstadt Mainz, die stets so viele der Aachener Wallfahrer aufnahm, daß findige Geschäftsleute den frommen Pilgern schon dort ihre Waren zu verkaufen trachteten. Der exilierte Mainzer wußte demnach um die außerordentliche Chance, anläßlich der Aachener Pilgerfahrt viel Geld zu verdienen. Tausende potentieller Kunden würden darauf erpicht sein, einen jener Spiegel zu erstehen, und er hatte die Möglichkeit, mit Hilfe seines »Druck«-Werks die begehrten Pilgerzeichen schnell und billig herzustellen.

So deutlich lag der Erfolg seines geplanten Unternehmens auf der Hand, daß sich nicht nur der Vogt der Straßburger Besitzung Lichtenau, Hans Riffe, als einflußreicher und kapitalkräftiger Förderer des Unternehmens einfand. Als der Vertrag mit dem Vogt schon beschlossene Sache war, wonach Gutenberg zwei Drittel und Riffe ein Drittel des Gewinns erhalten sollten, drang der ehemalige Schüler im »Steinpolieren«, Andres Dritzehen, so sehr in seinen Meister, daß sich dieser bereit fand, einen neuen Gesellschaftsvertrag abzuschließen. Doch hatte bis dahin wenigstens eine weitere Person Wind von dem Projekt bekommen, Anthonie Heilman nämlich, der sich dem Straßburger Stift Jung-Sankt-Peter als Priester verschrieben hatte. Als geistlicher Würdenträger mochte er das weltliche Geschäft jedoch nicht selbst ausüben. Daher wandte er sich an Gutenberg mit der Bitte, seinen Bruder Andres Heilman in dessen Bunde den Vierten sein zu lassen.

In diesem Ausschnitt einer spätmittelalterlichen Altartafel lassen sich auf dem Hut eines Heiligen deutlich verschiedene Pilgerzeichen erkennen, darunter auch ein »Spiegel«.

Unter dem Versprechen strenger Geheimhaltung gab der Mainzer dem Begehren der beiden Andres nicht ungern nach, konnte er doch so seinen eigenen finanziellen Einsatz gering halten. Es kam zu der Übereinkunft, daß Gutenberg von seinen neuen Geschäftspartnern je achtzig Gulden erhalte, eine enorm hohe Summe, die er sowohl als Lehrgeld wie auch als Geschäftsanteil ansah. Von dem erwarteten Gewinn würde der Meister selbst die Hälfte einstreichen, der Vogt Hans Riffe ein Viertel und je ein Achtel Andres Dritzehen und Andres Heilman. Während sich Hans Riffe an dem »*werck*« wohl nur als Geldgeber beteiligte und sich Gutenberg in Sankt Arbogast außerhalb Straßburgs seinen eigenen Arbeiten hingab, schienen die beiden »Achtel-Gesellschafter« zur eigentlichen Produktion der Spiegel bestimmt, sich dazu der verachteten *arebeit* befleißigend. Insbesondere Andres Dritzehen, in dessen Straßburger Haus die Presse aufgestellt wurde, opferte dem Druck der Pilgerzeichen seine Arbeitskraft.

Die Vereinbarung zur Spiegel-Herstellung kam im März 1438 zustande. Es schien zunächst Eile geboten, um bis zum nächsten Jahr, dem angenommenen Termin der Aachener Heiligtumsfahrt, so viele Pilgerzeichen wie möglich prägen zu können. Jedoch erfuhren die vier Gesellschafter alsbald, daß die Pilgerreise nicht schon für 1439, sondern erst für das Jahr darauf festgesetzt war. Da sie inzwischen mit ihrer Kunst längst bereit waren[8] und schon etliche Pilgerzeichen geprägt vorlagen[9], blieb ihnen Zeit, sich anderer »Künste« zu befleißigen. Immerhin hatten sie bis dahin von einem geheimnisvollen Treiben Gutenbergs erfahren, in das sie nun ebenfalls eingeweiht und an dem sie womöglich beteiligt werden wollten. Der Zeuge Mudart Stocker beschrieb dies später vor Gericht mit den Worten: »*Also sú nu inn der gemeinschafft werent, do werent Andres Heilman und er* [Andres Dritzehen] *zu Gutemberg kommen zu Sanct Arbogast, do hette er nu ettliche kunst vor inen verborgen, die er inen nit verbunden was zů zöugen. Darane hettensú nu nit ein gevallen gehebt und hetten daruff die gemeinschafft abgeton und ein ander gemeinschafft mitteinander verfangen* [...]«[10]

Es kam zur Gründung einer Gesellschaft, der bis dahin dritten, die vertraglich zwar das Spiegel-Unternehmen fortführte, die jedoch schon den geschäftlichen Rahmen viel weiter spannte. Deutlich ist dies an den finanziellen Beteiligungen abzulesen, deren Höhe aus den Prozeßunterlagen hervorgeht. In einem Gesellschaftsvertrag verpflichteten sich beide Andres, zu den bereits geleisteten achtzig Gulden des ersten Unternehmens weitere hundertfünfundzwanzig

Gulden an Gutenberg zu bezahlen. (Um eine Ahnung von diesen enormen Ausgaben zu bekommen, läßt sich zum Vergleich der Verdienst eines mittelalterlichen Schreibers heranziehen. Dieser Beruf, der ein erträgliches Auskommen sicherstellte, brachte jährlich etwa zehn Gulden ein. Als weiterer passender Vergleich kann der Kaufpreis eines Stadthauses gelten. Ein solch recht teures Haus, das durch Stadtmauern wie durch die vielköpfige Gemeinschaft der Städter geschützt war, schlug mit wenigstens achtzig Gulden zu Buche.) Diese große Geldsumme sollte in vier verschiedenen Raten entrichtet werden, deren erste sich auf fünfzig Gulden belief und sofort zu begleichen war. Während es Andres Heilman keine Schwierigkeiten bereitete, seine erste Rate auszuzahlen, brachte Andres Dritzehen zunächst nur vierzig Gulden zusammen.

Derart verschwiegen wurde das zweite Unternehmen angegangen, daß über die Art der Gutenbergschen Tüftelei in Sankt Arbogast, wo er schon zuvor allerhand *»künste und afentur«*[11] betrieben hatte, nichts nach außen drang. Auch wurde in einem auf fünf Jahre befristeten Vertrag bestimmt, daß für den Fall, daß einer der Gesellschafter sterben sollte, die Erben einzig eine finanzielle Entschädigung erhalten sollten, diese in einer Höhe von nur hundert Gulden, die wiederum erst nach Ablauf des Vertrages fällig seien. Niemand, auch kein Erbe, sollte sich also Zugang zu dem geheimen Unternehmen verschaffen können, was noch durch die Bestimmung konkretisiert wurde, daß im Erbfall *»alle kunst, geschirre und gemaht werck by den andern bliben«*[12] sollten. Auf diese Weise blieb das Wissen um Gutenbergs Schaffen so gut verdeckt, daß auch den Zeitgenossen im Straßburger Gerichtsprozeß nicht eine Einzelheit davon zu Ohren kam und bis heute das Geheimnis bewahrt geblieben ist, was der Mainzer Junker in seinem Haus vor den Toren Straßburgs wohl ausgeklügelt hatte.

Immerhin läßt sich mit einiger Bestimmtheit sagen, daß eines der beiden gemeinschaftlichen Werke dem Prägen von Pilgerzeichen diente und daß für diese mechanisierte Spiegel-Produktion Andres Dritzehen, wann immer er konnte, den Druckhebel führte. Gutenberg muß dazu ein Verfahren entwickelt haben, das im Prinzip auf einer Presse und verschiedenen Druckformen beruhte. Mit einem solchen »Werk« konnte Andres Dritzehen in relativ rascher Abfolge Legierungen aus Blei und Zink zu jenen gitterartigen Pilgerzeichen prägen, in welche abschließend noch die nötigen Spiegelchen eingesetzt werden mußten. Wie eine Zeugin vor dem Straßburger Rat deutlich aussprach, hatte Andres Dritzehen in das Spiegel-Unternehmen nicht nur viel Arbeit und hohe »Lehrgelder«, sondern auch alles ihm verfügbare Kapital investiert: »*Item Barbel von Zabern die koüffelerin* [Händlerin] *hatt geseit, das sú uff ein nacht allerleye mit Andres Dritzehen gerett habe, und under andern worten sprach sú zu ime: wöllent nit dolme* [jetzt] *gon slaffen? Do habe er ir geantwurt: ich muß diß vor* [vorher] *machen. Also sprach dise gezugin: aber hülffe gott, was vertůnt ir gros geltes, es möchte dolme über 10 guldin haben costet. Antwurt er ir wider und sprach: du bist ein dörin, wenestu, das es mich nuwent* [nur] *10 guldin gecostet habe. Hörestu, hettestu als vil, als es mich über 300 bare guldin gecostet hett, du hettest din leptage gnůg, und das es mich minder gecostet hatt dann 500 guldin, das ist gar lützel* [wenig], *one das es mich noch costen würt: darumb ich min eigen und min erbe versetzt habe. Sprach dise gezugin aber zu ime: heiliges liden, mißelinge uch dann, wie woltent ir dann tun? Antwurt er ir: uns mag nit mißelingen, ee ein jor ußkommet, so hant wir unser houbtgut* [Kapital] *wider und sint dann alle selig, gott welle uns dann blogen* [›plagen‹ = strafen].«[13]

Fast alle weiteren Zeugen bestätigten, daß Andres Dritzehen in das Geschäft mit Gutenberg viel Geld vorgestreckt hatte, so viel Geld, daß er sich damit seinem Mainzer Meister mit Leib und Seele verschworen hatte. Obgleich ihm sein Pakt letztlich nicht ganz geheuer erscheinen mußte, glaubte er bedingungslos an den großen Erfolg der Spiegel-Produktion; er habe damit »*ettwas under henden, daruff kunde er nit gelts genug uffbringen*«[14]. »Spiegelmacher«[15] nannte er sich gar von Beruf, und es läßt sich leicht ausmalen, wie der regsame Andres Dritzehen den reichen Gewinn mit jedem gestanzten Pilgerzeichen in seinem Beutel klingeln hörte. Sein Vertrauen in den Gutenbergschen Geschäftsgeist erschien so grenzenlos, daß er auch dessen zweiter Unternehmung, die ihm doch weitere hohe Summen abverlangte, ohne große Vorbehalte beitrat.

Jedoch konnte er seinen Pakt mit Gutenberg am Ende nicht einlösen, und es bewahrheitete sich sein gedankenloser Ausspruch, wonach nur die göttliche Strafe einem Erfolg im Wege stehen könne. Ehe er jene zehn Gulden aufbringen konnte, die zu seiner ersten Rate für das zweite Unternehmen noch fehlten, warf ihn zu Weihnachten eine Pestinfektion nieder, weiterer Vorbote jener schweren Welle des Schwarzen Todes, die in Europa ein Jahrzehnt später die Menschen millionenfach mit sich reißen sollte. Andres Dritzehen konnte der Infektion keinen Widerstand entgegensetzen und spürte bald sein Ende herannahen. »*Mir ist gar tötlich*«[16], äußerte er sich stöhnend dem Mudart Stocker gegenüber, noch am selben Tag, als er sich in dessen Bett fiebernd ausgestreckt hatte. Bis zu seinem raschen Tod waren seine letzten Gedanken davon bestimmt, auf welche Art Unternehmen er sich mit Gutenberg eingelassen hatte. Sowohl Stocker wie dem herangeeilten Leutpriester Peter Eckhart gab er zu verstehen, daß er sein Vermögen bis auf den letzten Pfennig in die Geschäfte seines Mainzer Meisters gesteckt habe.[17]

Aus eben diesem Grund, weil Andres Dritzehen einige hundert Gulden in das Gutenbergsche Unternehmen investiert hatte, strengten daraufhin seine beiden Brüder, Claus und Jerge, vor dem Straßburger Rat den Prozeß gegen Gutenberg an. Es blieb ihnen angesichts der Halsstarrigkeit des Mainzers wohl keine andere Wahl, da dieser sich strikt weigerte, sie an ihres Bruders Stelle in die Gemeinschaft aufzunehmen oder sie wenigstens entsprechend auszuzahlen.

Schon als Gutenbergs Geschäftspartner vor Weihnachten erkrankte, traf der rechnende Patriziersohn sogleich Vorkehrungen, die Art und Weise seiner Erfindung um die Pilgerzeichenproduktion nicht bekannt werden zu lassen. Er sandte seinen Diener Lorentz Beldeck auf den gefährlichen Weg in das pestgebeutelte Straßburg, damit er von den beiden Andres die Druckformen der Spiegel hole und – damit nicht genug – diese vor seinen Augen einschmelze[18]. Zwar reute ihn dies wegen etlicher Formen[19]; jedoch waren bis dahin bereits so viele Pilgerzeichen geprägt, daß in Aachen ein lohnendes Geschäft allemal anstand. Im übrigen verging von Weihnachten 1438 noch weit über ein Jahr bis zur Aachener Heiligtumsfahrt, mithin Zeit genug, neue Druckformen zu schneiden. Allerdings lag ihm das Geheimnis um die Funktion seiner Presse derart am Herzen, daß er nach dem Tod des Andres Dritzehen seinen Diener abermals auf den Weg schickte. Beldeck sollte den Bruder des Verstorbenen, Claus Dritzehen, darum bitten, an der Presse zwei *würbelin* [Schrauben] zu lösen, damit vier einzelne »Stücke« auseinanderfielen; diese sollte er *»dann in die presse oder uff die presse legen«*, so daß niemand sehen konnte, was es damit auf sich hatte.[20] Nach einer weiteren Zeugenaussage soll Gutenberg seinem Diener sogar den Auftrag erteilt haben, die Presse in Andres Dritzehens Haus zu zerlegen.[21]

Die Brisanz um das Geheimnis der Presse führt die Zeugenaussage des Kistners Conrat Saspach vor Augen, der nicht von Gutenberg, sondern von Andres Heilman in das Haus des Verstorbenen geschickt wurde. Heilman wandte sich an ihn mit den Worten: *»Do hastu die pressen gemaht und weist umb die sache; do gang do hin und nym die stücke uß der pressen und zerlege sú von einander, so weis nieman, was es ist. Da nun diser gezuge das tun wolte und also suchete,* [...] *do was das ding hinweg.«*[22] Zwar wird nicht recht deutlich, ob mit dem »Ding« die Presse selbst gemeint war; jedoch geht aus einem anderen Zusammenhang hervor, daß sich die Presse – ebenso wie *snytzel gezug,* »geschnittenes Zeug« – noch sieben Jahre später im Besitz des Jerge Dritzehen befand.[23]

Die Erklärung für Gutenbergs rigoroses Verhalten, das Geheimnis seiner Erfindung nicht preiszugeben, findet sich leicht im Fehlen eines Urheberrechts zur damaligen Zeit. Da ja vom Dezember 1439, als vor dem Straßburger Rat Recht gesprochen wurde, bis zum Termin der Aachener Heiligtumsfahrt (die jeweils am Mittwoch nach Pfingsten begann[24]) noch viele Monate ins Land gingen, mußte Gutenberg das Wesen um seine Erfindung der mechanisierten Pilgerzeichenproduktion unter allen Umständen geheimhalten, um nicht von möglichen Konkurrenten ausgestochen zu werden. Immerhin bestanden auf einem »Markt«, auf dem sich zur Mitte des fünfzehnten Jahrhunderts der dynamische Austausch von Ware und Geld erst zu entwickeln begann, über Erfindungen keinerlei Schutzgesetze oder gar »Patente«.

Davon abgesehen, bietet sich erneut das Bild des eigensinnigen und unnachsichtigen Junkers, der seine Mitmenschen, wenn nötig, brüskierte und der zielstrebig auf seinen eigenen Vorteil bedacht war. Skrupellos nutzte Gutenberg den finanziellen Vorteil aus, der ihm durch den Tod seines Geschäftspartners zufiel. Schon als Andres Dritzehen auf seinem Sterbelager vorhersagte, daß seine Brüder *»mit Gutemberg nyemer überkommen kunnent«*[25], erinnerte er sich wohl resigniert an die Abmachungen mit seinem Mainzer Meister. Zwar hatte er augenscheinlich die vertraglichen Vereinbarungen offiziell nicht beglaubigen lassen – was wohl weniger von Gedankenlosigkeit als von Mißtrauen und Vorsicht gegenüber seinem dominierenden Geschäftspartner herrührte –; jedoch fand sich der Vertragsentwurf noch unter seinen hinterlassenen Papieren. Auf diesen Vertrag pochte Gutenberg, wonach er, sollte einer der Teilhaber vom Tod überrascht werden, dessen Erben nach fünf Jahren hundert Gulden auszuzahlen habe; *»und alß Jerge Dryzehen fürbas gemeldet hette, wie Andres Dryzehen, sin bruder selige, etwie vil sins vatters erbe und guts gehebt, versetzet oder verkauft habe«*, äußerte sich Gutenberg dazu lakonisch, *»das gange ine nicht an«*[26]. In rücksichtsloser Geschäftsmanier berief er sich sogar darauf, daß er den Andres Dritzehen bereits in seiner *»afentur und kunst gelert und underwisen«*[27] habe und ihm daher von dem vereinbarten »Lehrgeld« von hundertfünfundzwanzig Gulden noch fünfundachtzig Gulden ausstünden; immerhin habe der Verstorbene ja erst vierzig Gulden entrichtet. Entgegenkommend zeigte er sich allerdings bereit, den beiden Dritzehen-Brüdern die nach dieser Rechnung noch ausstehenden fünfzehn Gulden (die Differenz von den hundert Gulden Erbanteil minus fünfundachtzig Gulden) sofort auszuzahlen, ein geradezu dreistes Angebot angesichts der Tatsache, daß Andres Dritzehen wenigstens dreihundert Gulden in das gemeinsame Unternehmen investiert hatte, wie dies einige Zeugen vor Gericht deutlich aussprachen[28].

Entscheidende Bedeutung kam dem Verhalten der Straßburger Richter zu, die zunächst das Finanzgeflecht der Gutenbergschen Unternehmungen zu entknoten gehabt hätten, um einmal ausdrücklich die ins Spiel gebrachten Geldsummen auszuweisen. Wäre so sicher auch der Schleier um das geheime Schaffen des Mainzer Junkers ein wenig gelüftet worden, so geschah doch nichts dergleichen. Weder kam die Rede auf Gutenbergs geheimes zweites Unternehmen in Sankt Arbogast, noch wurde wenigstens der Versuch unternommen, Licht in die finanziellen Transaktionen zu bringen. Das Gericht, das immerhin schon in den Jahren zuvor mit dem eigenmächtigen und hochfahrenden Verhalten des Mainzer Patriziers bekannt geworden war, sei es im Falle des von Gutenberg festgesetzten Mainzer Stadtschreibers oder sei es im Falle des von ihm denunzierten Schottenlawel – dasselbe Gericht ging nur von den bezeugten Vereinbarungen aus, ohne sich mit der Frage nach Art und Verlauf und damit der Finanzierung der gemeinsamen Geschäfte aufzuhalten.

Wenn also der Straßburger Rat derart entschieden nur auf die vertraglichen Abmachungen verwies, so mußte diese strenge Gesetzesauslegung auf einem ganz bestimmten Eigennutz fußen, bestimmt von einer Interessenklüngelei der Richter. Seine Erklärung findet das parteiische Verhalten des Gerichts zuerst in der Person des Claus Böschwiler, der (mit anderen) die Zeugen vernahm, und außer diesem Untersuchungsbeauftragten schließlich in der Person des Fridel von Seckingen.[29] Dieser Fridel von Seckingen gehörte zu den Finanzgrößen im Heiligen Römischen Reich, zog er doch in Straßburg an führender Stelle seine Gewinne sowohl aus einem weitreichenden Warenverkehr wie aus dem Geldverleih. Der einflußreiche Krämer und Kaufmann zeigte sich stets interessiert an innovativen Neuerungen, die seiner Firma einen Wettbewerbsvorsprung und weitere finanzielle Schubkraft verschaffen konnten. So hatte der strebsame Seckingen auch in Gutenbergs geheimes Werk kräftig investiert, für das er sowohl als Geldverleiher wie auch als Bürge geradestand, wie dies von zwei Zeugen bekundet wurde.[30] Seckingen selbst gab allerdings zu Protokoll, daß er mit der Gutenbergschen Gesellschaft nicht nur nichts zu schaffen gehabt, sondern daß er davon noch nicht einmal gewußt habe.[31] Wenn diese offenkundig falsche Aussage lakonisch zu Papier gebracht wurde und ohne weitere Folgen blieb, so stellen sich die nötigen Zusammenhänge schlagartig her, wenn sich das Augenmerk auf jenen Untersuchungsbeauftragten Claus Böschwiler richtet. Denn während alle übrigen Zeugen von zwei Personen gehört wurden, sagte Seckingen nur gegenüber der einen Person Claus Böschwiler aus. Böschwiler aber zählte zu Seckingens Teilhabern in dessen Straßburger Geschäften.

Offensichtlich half das Gericht, das Gutenberg über wenigstens eine Person indirekt nahestand, dessen geheimes Unternehmen zu decken. Die verbliebenen drei Gesellschafter wurden aufgefordert, vor dem Rat ihre vertraglichen Vereinbarungen zu beschwören, die zwar schriftlich festgehalten, aber durch den Tod des Andres Dritzehen nicht mehr notariell beglaubigt worden waren. Gutenberg hatte darüber hinaus den Eid zu leisten, daß ihm von Andres Dritzehen das »Lehrgeld« von fünfundachtzig Gulden *»noch unbezalt ußstont«*[32]. Nachdem darauf die drei Gesellschafter Hans Riffe, Andres Heilman und Johannes Gutenberg selbstbewußt ihren Schwur geleistet hatten, erging am 12. Dezember 1439 vor dem Straßburger Rat das Urteil, wonach die Vertragsvereinbarungen des gemeinschaftlichen Unternehmens rechtens seien. Ausdrücklich gebot das Gericht im Schlußsatz, *»diese verheiszung zu halten«*[33], also die vertraglichen Bedingungen einzuhalten. Die derart verprellten Dritzehens, die sich vor das ruinöse Erbe ihres verstorbenen Bruders gestellt sahen, gingen somit nicht nur leer aus, sondern mußten noch nach dem Tode ihres Bruders für dessen geheimnisvollen Pakt mit jenem Johannes Gutenberg finanziell geradestehen, jenem Mainzer Patrizier, dem sie in ihrer Schmach obendrein fünfzehn Gulden zu zahlen hatten.

Die geheime Gemeinschaft

Straßburgs überlieferte Protokolle zum Dritzehen-Prozeß lassen die Konturen von Gutenbergs Persönlichkeit bereits recht deutlich werden. Es entsteht das Bild eines energischen und hochfahrenden Mannes, der seine Mitmenschen für seine Ziele begeistern konnte, der seine geschäftlichen Interessen auf geradem Wege verfolgte und seine Vorteile mitleidlos wahrnahm. Geprägt von seinem Familienhintergrund, konnte er sich als Geschlechtersohn zunächst wohl schwer den Wandlungen einer geschichtlichen Epoche anpassen, als die aufsteigende Klasse der Zünfte ihren wirtschaftlichen Einfluß auch gesellschaftlich einzufordern begann, dies auf Kosten der Patrizier, denen sich Gutenberg zugehörig fühlte. Sein ritterlich-rüdes Verhalten, wenn er sich zu keinem Kompromiß um seine patrizischen Rechte in Mainz bereit fand, wenn er in Straßburg den Mainzer Stadtschreiber auf eigene Faust festsetzte oder wenn er sich zu üblen Beschimpfungen eines ehrbaren Straßburger Bürgers hinreißen ließ – dieses Verhalten ließe sich möglicherweise – in ganz modernem Sinne – einer psychologischen Betrachtung unterwerfen. Weil ihn die Patrizier wegen eines zünftigen Großvaters in seiner Ahnenlinie wohl nicht als absolut gleichrangig akzeptierten, könnte Gutenbergs radikales Verhalten als eine Art von Überkompensation gedeutet werden. Demnach wollte er seinen Mangel, doch nicht ganz zu den Patriziern zu zählen, mehr als ausgleichen, so wie sich heute ein um die deutsche Staatsbürgerschaft bemühter Ausländer manchmal »deutscher« als ein Deutscher gebärden kann oder wie sich im Mittelalter die konvertierten Juden zu den schlimmsten Judenhassern entwickeln konnten. Weiter ließe sich behaupten, daß Gutenbergs nicht zu erfüllender Wunsch, zu den gesellschaftlich »Großen« zu zählen, ihn dennoch zu Großem drängte, daß er also, nachdem er als Patrizier keine wirkliche Anerkennung finden konnte, sein gesellschaftliches Manko in einem anderen Bereich auszugleichen suchte. Dazu hatte er sich auf das Feld der Kaufleute und Handwerker begeben, wo er in Pionierstimmung den Boden der mechanischen Vervielfältigung beackerte. Derart kämpfend und strebend, muß er in seinem Auftreten respekterheischend erschienen sein, ein Inbegriff von dynamischem Zupacken und Tatendrang, bestens befähigt, neue Welten zu eröffnen, auch wenn er sich noch für das Vergangene stark machte.

Es ist beeindruckend, in den Akten um den Dritzehen-Prozeß zu lesen, wie Gutenberg in den Geschäftsabmachungen zu Spiegel-Produktion und geheimem Werk das Heft in der Hand behielt, wie er die Verhandlungen diktierte und dabei so bestimmend blieb, daß sich ihm ein Andres Dritzehen, obgleich er einige Zweifel hegte, wahrlich mit Leib und Leben verschrieb. Als der angehende Buchdruck-Erfinder im handwerklichen Bereich nach grundlegenden Neuerungen in der Produktion suchte und diese auch fand, gerierte er sich als bester Advokat seiner Sache und trat als beschlagener Geschäftsmann auf, mit allen Wassern gewaschen. Er verstand seine Kontakte in jede Richtung zu knüpfen und sich das so dringend benötigte Geld zu verschaffen, um seinen gesellschaftlichen Stand zu wahren und seine geschäftlichen Innovationen voranzutreiben. Es muß dies eigens hervorgehoben werden, wird doch in der Gutenberg-Literatur zu gern das Bild des geistig inspirierten Meisters gezeichnet, dem es um das hochgesteckt Hehre gegangen und dem das profan Pekuniäre nur Mittel zum Zweck gewesen sei, Ursache schließlich für sein angenommenes Scheitern. Noch in einem jüngeren Essay zu Gutenberg heißt es zu seiner Straßburger Zeit, er habe zunächst das Leben eines wilden Junkers geführt, »dann eines um seinen Wert wohl wissenden Mannes; eines seine Reichtümer für die Sache aufopfernden, Geheimnis um sich verbreitenden Erfinders«.[1] Sicherlich war sich Gutenberg des Wertes seiner drucktechnischen Erfindung bewußt, und sicherlich bewahrte er unter allen Umständen das Geheimnis darum; nur gab er nicht sein Geld für »die Sache«, für eine angenommen ideelle, und er opferte dafür gewiß keine Reichtümer, die er sowieso nicht besaß. Im Gegenteil spricht alles dafür, daß er sich durch seine Erfindung Reichtümer zu verschaffen suchte und daß er dazu seine vertraglichen Teilhaber – wie einen Andres Dritzehen – nicht nur für sich arbeiten ließ, sondern sich von ihnen große Geldsummen lieh und sich im entscheidenden Moment über deren durchaus berechtigte Ansprüche hinwegsetzte – ein Verhalten, das er derart brüsk nicht an den Tag gelegt hätte, wäre es ihm einzig um »die Sache« selbst gegangen. Die Frage erhebt sich, was es auf sich hatte mit dieser »Sache«.

Der Prozeß der Brüder Dritzehen vor dem Straßburger Rat führt an dieser Stelle zum ersten Mal fort von der Lebensdarstellung des Buchdruck-Erfinders und hin zu den Theorien, Hypothesen und Mutmaßungen zu seiner großen Lebenstat, der Erfindung des Buchdrucks mit beweglichen Lettern. Aus den überlieferten Gerichtsprotokollen ergibt sich, daß Gutenberg in seiner späteren Straßburger Zeit über eine bestimmte Erfindung verfügte, die mit einer Presse in Zusammenhang stand und die von eingeweihten Zeitgenossen aus dem Blickwinkel überragender Gewinnmöglichkeiten gesehen wurde. Daß diese Erfindung in die *eine* Richtung zielte, große Mengen an Pilgerzeichen mechanisch prägen zu können, ist ja hinlänglich erwiesen.[2] Entscheidend bleibt die Frage, in welche *andere* Richtung Gutenberg seine »Afentur und Kunst« vorantrieb, was es also mit jenem *zweiten* Unternehmen auf sich hatte, über das vor dem Straßburger Rat keine Einzelheit an die Öffentlichkeit drang. Die entscheidende Frage, die bis heute die Gelehrten hitzig aneinandergeraten lassen kann, lautet dahin, ob der vom problematischen Patrizier zum handelnden Handwerksmeister Gewandelte in der elsässischen Metropole bereits mit der Buchdrucktechnik experimentierte, kurz, ob er in Straßburg Papier bedruckte oder nicht. Die Antwort, wissenschaftlich vielleicht als »probable Possibilität« formuliert, würde aus dem Munde eines einfachen Zeitgenossen wohl auf »Jein« lauten. Den salomonischen Ausdruck für diese Antwort fand bereits im Jahre 1502 der elsässische Humanist Jakob Wimpfeling, wonach die Buchdruckerkunst in der Stadt Straßburg erfunden worden, dann aber nach Mainz gelangt und dort glücklich zu Ende gebracht worden sei[3] oder, mit den Worten des Altmeisters Aloys Ruppel formuliert, wonach »Straßburg wohl der Ort ist, in dem die Buchdruckerkunst empfangen wurde, daß aber der Stadt Mainz die Ehre gebührt, ihr Geburtsort zu sein«[4].

Doch diese wahrhaft versöhnliche Antwort macht nur einen Kompromiß aus zwischen divergierenden Meinungen, die von einem entschiedenen Ja bis zu einem strengen Nein reichen. Als Grundlage zur Ableitung aller Hypothesen dienen einzig die vorliegenden Gerichtsprotokolle zum Dritzehen-Prozeß, da ein untrügliches Beweisstück, ein für die Zeit bis zum Jahre 1444 für Straßburg bezeugter Wiegendruck, fehlt. So bleibt nur, die Zeugenaussagen vor dem Straßburger Rat nach Hinweisen auf die geheimen Unternehmungen der drei verbliebenen Geschäftspartner zu durchforsten. Dabei ergibt sich folgendes Bild für das *eine* der beiden »Werke«: In Andres Dritzehens Haus stand eine »Presse« zum *»trucken«*[5], die zerlegbar war[6] und in der sich vier »Stücke« befanden[7]. Die »Stücke« wurden von zwei »Schrauben« *(»würbelin«)* zusammengehalten.[8] Durch Lösen der Schrauben konnte man die Stücke herausnehmen und so auseinanderlegen, daß ein Fremder ihre Funktion nicht erkennen würde.[9] Auch metallene »Formen« – möglicherweise die vier »Stücke« –, zu deren Herstellung wahrscheinlich »Blei« verwendet wurde[10], gehörten zur »Presse« sowie *»snytzel gezug«*, »geschnittenes Zeug«[11], welches wiederum mit den »Formen« oder vielleicht »Stücken« identisch gewesen sein könnte. Auf dieses *eine* Unternehmen bezogen sich alle Aussagen der Befragten, während über die andere, *»burse«* genannte Handwerksgemeinschaft – ein gemeinsames Geschäftsunternehmen unter einem Dach – gar nichts bekannt wurde, außer daß sie im Jahre 1438 *»nach den Winahten anging«*[12] und bei Gutenberg in Sankt Arbogast *(nota bene!)* eingerichtet worden war[13]. Es kann nicht deutlich genug herausgestellt werden, daß sich das wirklich Geheime um die Gutenbergschen *künste und afentur* in Sankt Arbogast abgespielt haben muß und nicht in Straßburg bei Andres Dritzehen. Denn auf Johann Daniel Schöpflin zurückgehend, den elsässischen Geschichtsforscher mit dem Titel eines *»Historiographe du Roi«*, der im achtzehnten Jahrhundert die Akten des »Dritzehen-Prozesses« als erster herausgab, geistert bis heute die falsche Voraussetzung durch die Gutenberg-Literatur, das Unternehmen im Hause des Andres Dritzehen sei ein einziges gewesen oder es sei dasjenige gewesen, das mit dem Buchdruck zu tun gehabt habe.

War die Voraussetzung einmal absolut gesetzt, daß das geheime Werk im Hause Dritzehen dem Buchdruck galt, konnten die »Beweise« dafür leicht nachgeliefert werden. Immerhin lauten die entsprechenden Formulierungen in den Gerichtsakten auf »Formen«, »Presse« und »drucken«. Folglich hat man die anstehende Entwicklung der Buchdruckerkunst von ihrem Ende her gesehen, in typischem Wissenschaftsdeutsch »retrospektive Betrachtungsweise«[14] genannt. So konnte man unter »Formen« nur Buchstabenformen oder Satzformen verstehen, unter einer »Presse« nur eine Buchdruckerpresse und unter »drucken« nur den Buchdruck. Dabei sind diese Begriffe aus ihrer Zeit heraus zu begreifen, einer Zeit, als es noch keinen Buchdruck gab und daher »Formen« *irgendwelche* Formen meinten, sich »Presse« und »drucken« nur auf *irgendeinen* Druck- oder Preßvorgang bezogen; oder andersherum ausgedrückt, ist der handwerkliche Vorgang der Gutenbergschen Spiegel-Produktion, zu der nun einmal »Formen« und eine »Presse« gehörten, mit dem allgemeinen Begriff des »Druckens« im Sinne von »Prägen« treffend beschrieben.

Exemplarisch liest sich die irrige Annahme, die in den Prozeßunterlagen verwendeten Begriffe bezögen sich auf die ersten Versuche im Buchdruck, in Aloys Ruppels Gutenberg-Biographie, der sein Thema sonst doch vorsichtig abwägend anging: »Alle diese genannten Worte, wie Blei, gegossene Formen, Presse, Zeug, Drucken usw., sind in der späteren Druckersprache geläufige Bezeichnungen für Dinge, die tagtäglich in einer Druckerei gebraucht und gehandhabt werden. Wir können daher denjenigen nicht unrecht geben, die in der geheimen Kunst, die Gutenberg nachweislich seit 1436 in Straßburg ausübte, nichts anderes sehen als die ersten großen Versuche der Buchdruckerkunst.«[15] Als wie befangen sich viele der Gelehrten in ihren Vorstellungen um den mit »Formen« auf einer »Presse« *Bücher* »druckenden«, angehenden Buchdruck-Erfinder erweisen, zeigt sich noch in jüngster Zeit bei Albert Kapr. Auch ein derart ausgewiesener Druckforscher konnte sich dazu versteigen, nicht nur die Presse im Dritzehen-Haus als Buchdruckerpresse zu verstehen[16], sondern in Gutenbergs geheimgehaltenem Unternehmen gar die verschiedenen Produktionsbereiche des modernen Buchwesens erkennen zu wollen. Danach habe sich – nach einem Gedanken, den schon Aloys Ruppel formulierte[17] – die Druckerei bei Andres Dritzehen, die Setzerei bei einem der Gebrüder Heilman und die Schriftgießerei bei Gutenberg selbst befunden, so daß zu diesem Ensemble eigentlich nur die Buchbinderei fehlte, um also schon für Straßburg die Buchherstellung im späteren, klassischen Sinne konstruiert zu haben. Als hätte nicht eine solche Aufteilung unnötig lange Wege erfordert und ganz gewiß nicht zur Geheimhaltung beigetragen, findet sich bei Kapr die nötige Begründung flugs als Umkehrschluß, hätten doch die weit auseinanderliegenden Produktionsstätten »den Vorteil einer leichteren Geheimhaltung« erbracht; »denn erst das harmonische Zusammenspiel der drei Betriebsteile führte zum Verständnis der Gesamtproduktion und des Produktionszieles«[18].

Schon unter dem Gesichtspunkt der Geheimhaltung reicht ein Blick in die Zeugenaussagen, um eine solche (vom modernen Buchwesen hergeleitete) Konstruktion als hanebüchen beiseite zu wischen. So erklärte etwa die Zeugin Ennel Dritzehen, wenn sie zu ihrem Bruder Andres gegangen sei, *»do habe sú ime desselben wercks dick* [oft] *helffen machen tag und naht«*[19]. Sicherlich hätte Gutenberg, wollte er jenes zweite Unternehmen geheimhalten, alle dafür nötigen Pläne, Materialien und Vorrichtungen unter eigener strenger Obhut behalten müssen. Er hätte auf keinen Fall zulassen können, daß angesichts der öffentlichen Gesellschaft seiner Zeit, die ein abgeschlossenes Privatleben nicht kannte, weitere Personen in das »Werk« nicht nur Einblick erhalten, sondern sogar daran mitarbeiten konnten. Es muß ja nur auf das altbackene Sprichwort verwiesen werden: »Wenn ein Geheimnis wissen drei, so wird es bald gemein Geschrei.« Und daß das Unternehmen im Haus des Andres Dritzehen längst gemein Geschrei war, geht deutlich aus der gerichtlichen Aussage des Anthonie Heilman hervor, wonach Gutenberg *»wol wuste, das lúte gern hettent die presse gesehen«*[20], daß also in Straßburg wohl in aller Munde war, *daß* im Haus Dritzehen

»gedruckt« wurde. Auch muß, nach der Aussage des Hans Niger von Bischoffsheim zu schließen, das *Produkt* seiner täglichen wie nächtlichen Arbeit bekannt gewesen sein. Denn es liegt der bezeugte und so bezeichnende Ausspruch des Andres Dritzehen selbst vor, *»er wer ein spiegelmacher«*[21], der also einem Unbeteiligten gegenüber sein handwerkliches Schaffen darüber definierte, die begehrten Pilgerzeichen herzustellen; und den Zweck dieser Spiegel erwähnte der Straßburger Rat sogar in seinem Urteil, *»sich der uff der Ocher heiltumsfart zu gebruchen«*[22]. Was »die Leute« dagegen interessierte, war das *Wie*, das genaue Funktionieren der Presse.

Jedenfalls hat man in der dargestellten spekulativen Weise auch die Begriffe *werck* und *afentur und kunst* als Synonyme oder Chiffren für den Buchdruck angesehen, insbesondere jenen faszinierenden Begriff von der »Kunst und Afentur«, der scheinbar von Gutenberg selbst und nur von ihm gebraucht wurde. So ließe sich etwa auflisten: »Da aber die Prozeßakten einen deutlichen Unterschied machen zwischen dem ersten Vertrag [...] und dem zweiten zur Ausübung der geheimen afentur [...]«[23]; »Wenn Gutenberg in Straßburg etwas *getruckt* hätte, könnte das nur mit Hilfe seiner geheimen *Afentur und Kunst* geschehen sein.«[24]; »[...] Gutenbergs Straßburger drei Unternehmungen des Steinpolierens, Spiegelmachens und der geheimen *afentur und kunst* [...]«[25]; oder, als überdies falsche Feststellung: »Das neue Unternehmen wird wiederholt als Kunst und Afentur bezeichnet.«[26] Tatsächlich bezieht sich der Begriff *werck* in allen Zeugenaussagen nur auf das »Unternehmen«, auf die »Arbeit« in Andres Dritzehens Haus, während sich der Begriff *kunst und afentur* nur *in genere* verstehen läßt, so wenn seine Geschäftspartner den Mainzer Junker darum baten, *»sie alle sin künste und afentur«*[27] zu lehren. Wenn ein Andres Dritzehen darum begehrte, bei Gutenberg *»ettlich kunst von im zu leren und zu begriffen«*[28], verstand er darunter wie sein Meister ein handwerklich-künstlerisches Wissen und Geschick; und wenn Gutenberg dieses um eine *afentur* erweiterte, meinte er damit nichts anderes als seine geschäftlichen Unternehmungen, auf die er sich in seiner neuen Heimat eingelassen hatte. Denn der Begriff *afentur* leitet sich vom mittelhochdeutschen *»âventiure«* ab und bedeutete eben dies,

»Unternehmung«, und eine Unternehmung sollte ja zwischen den vier Partnern über einen begrenzten Zeitraum betrieben werden: »[...] *daß solich ir affenture mit der kunst solt weren fünff gantze jar.*«[29]

Die strikte Trennung zwischen dem Unternehmen der Spiegel-Produktion und der geheimgehaltenen zweiten Unternehmung in Sankt Arbogast führt zur Klärung einer weiteren Frage: ob die vertragliche Gemeinschaft auch nach dem Dritzehen-Prozeß weiterbestand. Da in den Quellen ja überliefert ist, daß sich Jerge Dritzehen nach dem Tod seines Bruders Andres in den Besitz jener Presse gebracht hatte, hat nach Meinung einiger Forscher die *gemeinschafft* nicht weiter betrieben werden können. Dies mag sehr wohl für die Herstellung der Pilgerzeichen behauptet werden, nicht jedoch für jene geheimen Vorgänge in Sankt Arbogast. Diese nämlich wurden fortgeführt, wie dies unmißverständlich aus der Aussage des Lorentz Beldeck, Gutenbergs Diener, hervorgeht, wonach die *burse* erst »nach Weihnachten begann«. Auch spricht für die Fortführung das vor Gericht so klandestine Verhalten aller Eingeweihten, wie des Dieners Lorentz Beldeck und vor allem des Finanziers Fridel von Seckingen, der sein Wissen um das Unternehmen und seine Beteiligung daran bewußt verleugnete und damit doch nur sein weiteres Interesse an dem Geschäft bekundete[30].

Im übrigen scheint für Gutenberg auch das »Aachen-Spiegel-Unternehmen« durchaus zu einem Erfolg geführt zu haben. Nicht viel länger als ein Jahr später war er finanziell so gut gestellt, daß er als Bürge über eine Schuld von einhundert Denaren zeichnen konnte. Wie eine umfangreiche Urkunde vom März 1441 ausweist, hatte *»Johannes dictus Gensefleisch alias nuncupatus* [genannt] *Guotenberg de Maguncia«*[31] eidesstattlich für den Edelknecht Johannes Karle gebürgt, der sich vom Straßburger Sankt-Thomas-Stift eine Summe von einhundert Denaren lieh, zu verzinsen mit fünf Prozent. (Die Urkunde zeichnete als zweiter Bürge auch ein Ritter, Lüthold von Ramstein, so daß der Mainzer Junker also nach wie vor den Umgang mit seinesgleichen pflegte.) Mithin muß Gutenberg unbedingt als kreditwürdig erschienen sein. Immerhin wäre er als Geisel gestellt worden, hätte jener Johannes Karle seine Schuld nicht einlösen können, und in einer Trinkstube hätte man ihn so lange festgehalten, bis die Summe zurückbezahlt worden wäre. Gutenberg in der Rolle des finanzstarken Bürgen läßt demnach darauf schließen, daß der erfinderische Mainzer über genug Pilgerzeichen verfügt hatte, um zu Pfingsten 1440 zur Aachener Heiligtumsfahrt aufzubrechen, vielleicht zusammen mit seinen Geschäftspartnern Andres Heilman und Hans Riffe.

Der solide finanzielle Stand Gutenbergs scheint allerdings nicht recht zusammenzugehen mit der Aussage einer weiteren Straßburger Urkunde. Danach zeichnete er wieder beim Sankt-Thomas-Stift und wieder als *Johannes dictus Gensefleische alias Guottenberg de Maguncia*[32] Genannter nun selbst als Schuldner, nachdem nicht einmal zwei Jahre vergangen waren. Unter der Bürgschaft eines Martin Brechter, eines Straßburger Bürgers, lieh er sich am 17. November 1442 eine Summe von achtzig Denaren, die er mit jährlich fünf Prozent zu verzinsen hatte. Als Sicherheit verpfändete der Mainzer jene Leibrente seiner Heimatstadt, die ihm sechs Jahre zuvor von seinem verstorbenen Stiefonkel Johannes Leheymer zugefallen war und die sich über zehn Goldgulden belief. Karl Schorbach vermerkt dazu die Sätze, man habe aus dem Aktenstück schließen wollen, »daß sich Gutenberg Ende 1442 in finanzieller Notlage befunden habe, weil er gezwungen gewesen sei, eine Jahresrente von zehn Gulden zu verpfänden. Aber diese Annahme ist doch wohl voreilig. Gutenberg bedurfte wahrscheinlich zur Ausführung seiner Arbeiten augenblicklich einer größeren Geldsumme.«[33] Eine solche Ausführung aus der Feder eines Bibliothekars lohnt sich besonders anzuführen, da ja Gutenbergs Schuldenaufnahme – wie sie dann in Mainz gewaltige Ausmaße annehmen sollte – immer wieder als Zeichen für dessen schlechten wirtschaftlichen Stand gewertet wurde, so wie ein Kredit noch heute von den meisten Zeitgenossen naserümpfend als schlimmes »Schuldenmachen« verdammt wird, als der erste Schritt in den Bankrott. Kommt es jedoch zum Aufbau eines wirtschaftlichen Unternehmens, kommt niemand an den anfänglichen Investitionen vorbei, die oft viel Kapital erfordern, so daß die Aufnahme eines Kredits im Gegenteil für die Zuversicht sprechen kann, daß man sich durchsetze oder daß es weiterhin bergauf gehe. Darin unterschied sich das primitive Geldgeschäft des Mittelalters prinzipiell nicht vom modernen Kapitalverkehr.

Da ja Gutenberg auch in seinem weiteren Leben als eifriger Geschäftsmann ausgewiesen ist, läßt sich mit Gewißheit folgern, daß die von ihm aufgenommene Schuldsumme in die *burse* investiert wurde, die somit auch im Jahre 1442 noch bestand. Man hat allerdings die Frage gestellt, warum nicht einer der Teilhaber am Gutenbergschen Unternehmen, Andres Heilman oder Hans Riffe, als Bürge gezeichnet habe, wenn man doch die Schuldsumme für die *burse* verwendet hätte. Bei all der Unsicherheit der mittelalterlichen Kreditgeschäfte könnte aber heute noch jeder Mensch nachvollziehen, daß man Geschäftsgenossen, die in einem gemeinsamen Unternehmen auch das finanzielle Risiko gemeinsam tragen, nicht untereinander verbürgen sollte. Gleichwohl gehörte jener Martin Brechter zu den Zunftgenossen des Andres Heilman[34], so daß über Gutenbergs Bürgen sehr wohl auf das Fortbestehen der vertraglichen *gemeinschafft* geschlossen werden kann. Wie sich später in Mainz zeigen sollte, verschlang Gutenbergs Unternehmen, Bücher zu drucken, riesige Geldsummen, die sich im heutigen Vergleich auf Hunderttausende von DM-Beträgen beliefen. Angesichts der enormen Kosten einer solchen wie jeder umwälzenden Erfindung und ihrer praktischen Umsetzung kann man daher eine Kreditaufnahme nur als absolute Notwendigkeit ansehen, jene *burse* mit ihrer unbekannten und großangelegten Unternehmung voranzutreiben.

In jedem Fall hatte Gutenberg in Straßburg etwas Entscheidendes unter den Händen, etwas anderes als sein Partner Andres Dritzehen. Der Schluß liegt nahe, daß es sich bei diesem Entscheidenden um nichts anderes als die ersten Versuche im Buchdruck handeln konnte. Ehe im weiteren auf all die Erklärungsmodelle zur Erfindung des Buchdrucks, des Buchdrucks mit beweglichen Lettern eingegangen wird, sei der Originalität halber eine dramatische Interpretation des Vorgangs angeführt. In einem »Gutenberg« genannten »historischen Drama in vier Akten« aus dem Jahre 1900, von einem Alfred Börckel in klassischer Versform gedichtet[35], heißt es, daß der Held des Stücks im stillen Kloster Sankt Arbogast die Mönche beim Bücherschreiben angetroffen habe. Vor Bewunderung über den

Schwung, die Klarheit und das Ebenmaß der Züge, die Malerei der farbigen Initialen habe Gutenberg sinnend ein *Missale,* ein Meßbuch, zur Hand genommen,

»[...] – da
Entgleitet mir das Meßbuch, fällt zu Boden,
Und, von der Decke losgesprungen, liegt
In Stücken rings um mich zerstreut das Wort.
Ich kniee hin, und da – in dem Bestreben
Die einz'len Teile wieder anzureih'n –
Durchzuckt's mich plötzlich wie ein Geistesblitz,
Kommt's über mich wie eine Offenbarung.
›Ich hab's, ich hab's! *Beweglichkeit der Lettern,*
Das ist die Kunst!‹; das Rätsel war gelöst. –«[36]

Um die Einzigartigkeit der Situation hervorzuheben, läßt Börckel seinen Gutenberg allerdings nicht grübelnd nach Hause eilen, auf daß er sich dort vielleicht erste Skizzen zu seiner Idee gemacht hätte; sondern sein Held stürzt fort, hin zum Straßburger Münster, wo er niedersinkt, den Herrn um Kraft für sein Werk anbetet, er dann aber gleich rastlos an die Arbeit geht und bald die neue Kunst erfindet.

Ganz so einfach, wie Börckel dies wollte, kann sich die Erfindung des Buchdrucks nicht ausgenommen haben, wenn man sich einmal das Prinzip der Gutenbergschen Erfindung vor Augen führt, des Buchdruckens mit beweglichen Lettern. Bei diesem so einfach erscheinenden Prinzip handelt es sich um ein komplexes System verschiedener aufeinander abgestimmter Komponenten. Besteht der Grundgedanke darin, Schrift in ihre wenigen Bestandteile zu zerlegen, in die einzelnen Buchstaben, diese dann frei komponierbar und paßgerecht aneinanderzufügen und dann mit dieser Form – »Satz« genannt – ein Blatt Papier zu bedrucken, so läßt sich dieses Ziel nur über eine Vielzahl von verschiedenen Schritten erreichen. Zunächst muß der Schriftkörper – die »Letter« oder »Drucktype« – in großer Zahl identisch vervielfältigt werden, was den entscheidenden Gedanken der Erfindung ausmacht. Gutenberg ersann dazu das soge-

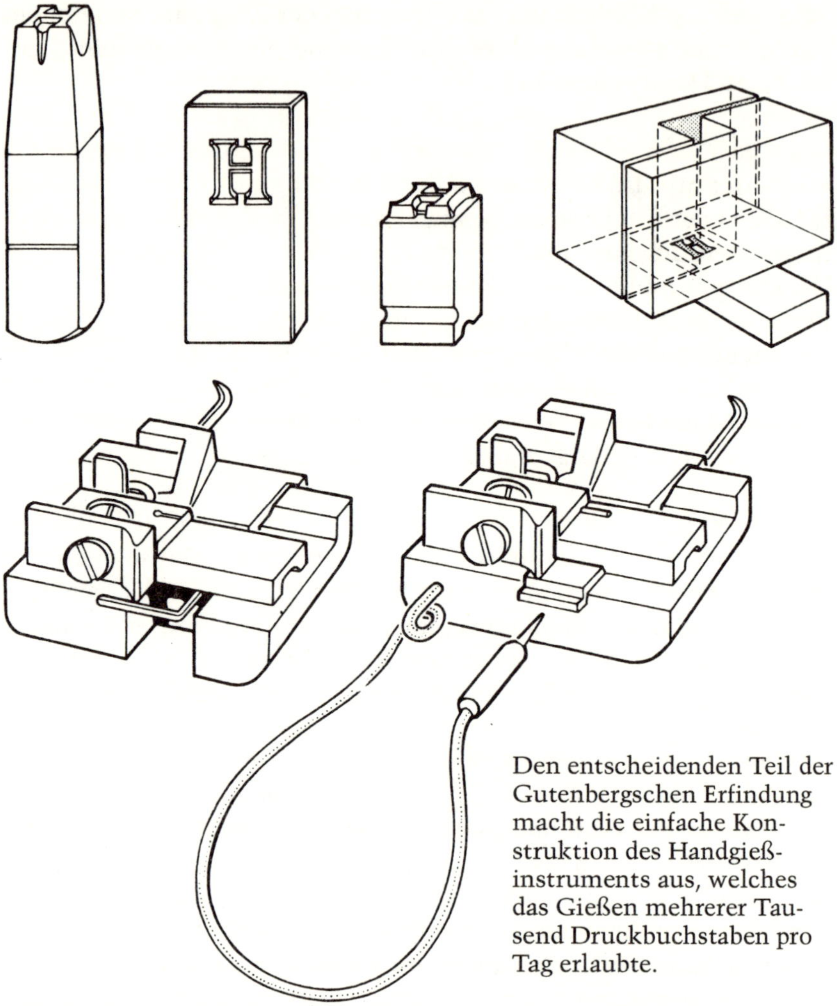

Den entscheidenden Teil der Gutenbergschen Erfindung macht die einfache Konstruktion des Handgießinstruments aus, welches das Gießen mehrerer Tausend Druckbuchstaben pro Tag erlaubte.

nannte Handgießinstrument, im Prinzip zwei aufklappbare metallene Hälften, in welche die auszugießende Buchstabenform eingesetzt wird.

Diese Buchstabenform, die sogenannte »Matrize«, muß allerdings erst einmal hergestellt werden, wozu das Gegenbild der späteren Drucktype jeweils einzeln in das Metall eingeschnitten oder am besten von einer »Patrize« (auch »Punze« genannt), einer zu vervielfältigenden Urtype, abgegossen oder mit einer solchen eingeschlagen werden muß. Zum Druck müssen dann die von der Matrize abgegossenen Lettern in einem Rahmen, dem Satz, fest zusammengeschlossen werden, um endlich in eine Presse eingespannt und eingefärbt in ein Blatt Papier eingedrückt zu werden. Die Presse wiederum muß ganz eigen gestaltet sein, um über eine verwindungsfreie Andruckplatte, den »Tiegel«, einen abgestimmten, gleichmäßigen Druck auszuüben. Darüber hinaus müssen der passende Bedruckstoff, ein kräftiges und saugfähiges Papier oder Pergament, die bestimmte Zusammensetzung der Druckfarbe, das Prinzip des »Setzkastens« und auch des »Winkelhakens«, jener handgerechten Halterung zum Aufreihen der Lettern, und weitere technische Details ge- oder erfunden werden. Mithin muß eine Vielzahl unterschiedlicher Faktoren zusammenkommen, um einen Bogen Papier maschinell vervielfältigt beschriften zu können. Daher kann es sich beim Buchdruck mit beweglichen Lettern um keine Augenblickserfindung gehandelt haben, wie dies die weitere Darstellung des findigen Verseschmiedes Börckel suggeriert:

»Dann ging ich rastlos an die Arbeit, sann,
Verwarf, und sann auf's Neue, bis mir's endlich
Geglückt, bis ich die neue Kunst erfand.«[37]

Das Prinzip der Erfindung hat auch ein Börckel gleichwohl treffend beschrieben, geht es doch bei der allgemeinen Bezeichnung »Buchdruck« um die »Beweglichkeit der Lettern«, handelt es sich also strenggenommen bei der Gutenbergschen Erfindung nicht um den Buchdruck an sich, sondern um den »Buchdruck mit beweglichen Lettern«. Wenn man einmal vom Fernen Osten absieht, wo der Buchdruck – auch mit beweglichen Lettern – weit früher begann, so kannte man im Europa des fünfzehnten Jahrhunderts bereits die Methode, Papier von eingefärbten Holzschnitten abzuziehen; oft wurde das gewünschte Bild von etwas Text begleitet, den man entweder nach dem Abzug handschriftlich hinzufügte oder ebenfalls in den Holzstock einschnitt. So gelangte man schließlich zur Herstellung der sogenannten Blockbücher, bei denen ganze Textabschnitte – wie etwa bei dem im oberrheinischen Raum zwischen Basel und Straßburg geschaffenen »Planetenbuch« – vervielfältigt abgedruckt werden konnten; oder besser sollte es »abgerieben« heißen, da man die Seiten auf den eingefärbten Holzstock legte und mit einem Lederballen oder ähnlichem abrieb. (Später wurden dann Blockbücher tatsächlich auch in einer Presse gedruckt, nur daß bis dahin längst der Buchdruck mit beweglichen Lettern aufgekommen war, durch den sich dann dieses Verfahren als entwicklungsgeschichtliche Sackgasse erwies.)

Allerdings haben diese »Drucke« außer dem Resultat einer Vielzahl mehrfach gleich beschrifteter Seiten nichts mit dem Buchdruck à la Gutenberg gemein. Die Vorlagen mußten im Stück in

Auf den beiden Blättern dieses oberrheinischen Planeten-Blockbuchs läßt sich der besondere »Einfluß« des Planeten Venus augenfällig schon aus der Illustration ablesen, beschrieben noch durch zwölfzeilige Verse, die in den Druckstock eingeschnitten wurden.

Vergil: Äneis; Rom, 4. Jh.; Schrift: *Capitalis rustica*

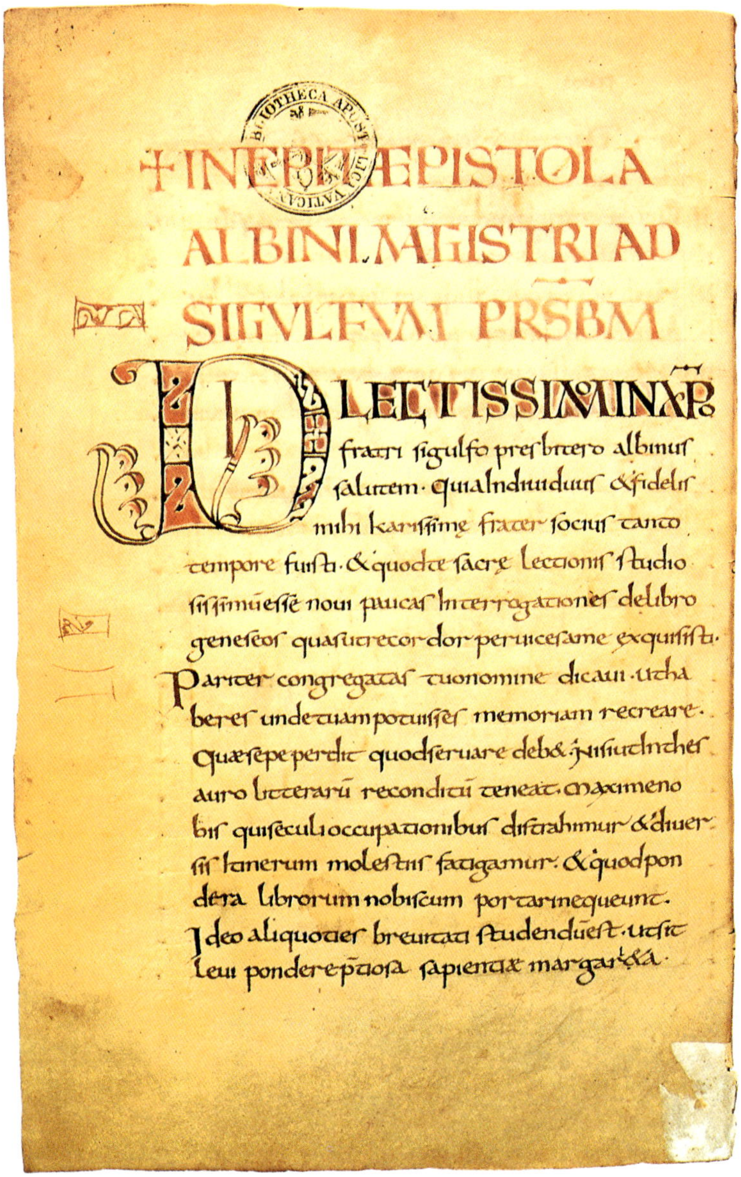
+ INCIPIT EPISTOLA
ALBINI MAGISTRI AD
SIGULFUM PRSBM
DILECTISSIMO IN XPO
fratri sigulfo presbitero albinus
salutem. quia Indiuiduus & fidelis
mihi karissime frater socius tanto
tempore fuisti. & quod te sacrę lectionis studio
sissimū esse noui paucas interrogationes de libro
geneseos quas tu te recordor per uices ante exquisisti.
Pariter congregatas tuo nomine dicaui. ut ha
beres unde etiam potuisses memoriam recreare.
quæ sepe perdit quod seruare deb&. nisi ut In thes
auro litterarū reconditū teneat. maxime no
bis qui seculi occupationibus distrahimur & diuer
sis itinerum molestiis fatigamur. & quod pon
dera librorum nobiscum portare nequeunt.
Ideo aliquotiens breuitati studendū est. ut sit
leui pondere p̄tiosa sapientiæ margarita.

Alkuin: Genesiskommentar; Mainz, 9. Jh.; Schrift: Karolingische Minuskel

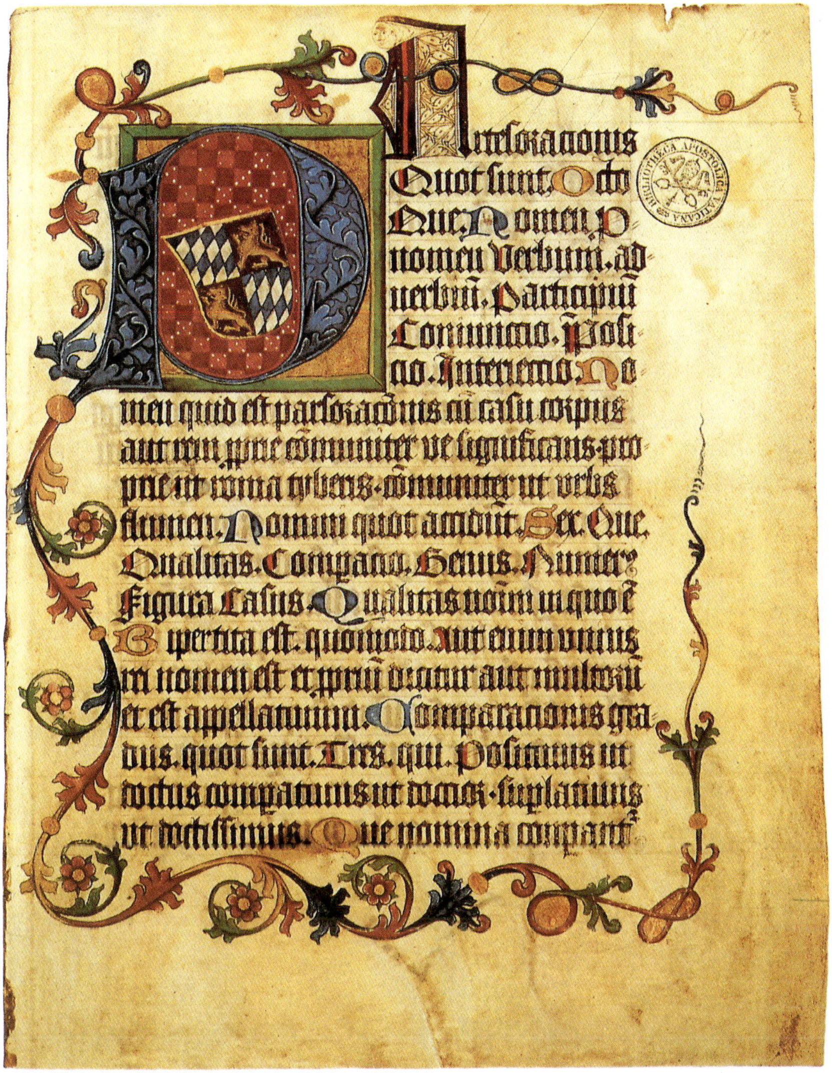

Donat-Handschrift; mittelrheinischer Raum, 15. Jh.; Schrift: Textur

GENESIS

Incipit liber bresith quẽ nos genesim
In principio creauit deus celũ dicim⁹
et terram. Terra autem erat inanis et
vacua: et tenebre erãt sup faciẽ abissi:
et sps dñi ferebat̃ sup aquas. Dixitq;
deus. Fiat lux. Et facta ẽ lux. Et vidit
deus lucem q̄ esset bona: ⁊ diuisit lucẽ
a tenebris: appellauitq; lucem diem ⁊
tenebras noctem. Factũq; est vespe et
mane dies vnus. Dixit q; deus. Fiat
firmamentũ in medio aquarũ: ⁊ diui-
dat aquas ab aquis. Et fecit deus fir-
mamentũ: diuisitq; aquas que erãt
sub firmamento ab hijs q̄ erant sup
firmamentũ: et factũ ẽ ita. Vocauitq;
deus firmamentũ celũ: ⁊ factũ ẽ vespe
et mane dies secũd⁹. Dixit vero deus.
Congregent̃ aque que sub celo sũt in
locũ vnũ ⁊ appareat arida. Et factũ ẽ
ita. Et vocauit deus aridam terram:
congregacõesq; aquarũ appellauit
maria. Et vidit deus q̄ esset bonũ: et
ait. Germinet terra herbã virentem et
facientẽ semen: ⁊ lignũ pomiferũ faciẽs
fructũ iuxta genus suũ: cui⁹ semen in
semetipo sit sup terrã. Et factũ ẽ ita. Et
protulit terra herbã virentẽ ⁊ facientẽ
semẽ iuxta genus suũ: lignũq; faciẽs
fructũ ⁊ habẽs vnũqdq; sementẽ scdm
speciẽ suã. Et vidit deus q̄ esset bonũ:
et factũ est vespe et mane dies tercius.
Dixitq; autẽ deus. Fiant luminaria
in firmamẽto celi: ⁊ diuidãt diem ac
noctem: ⁊ sint in signa ⁊ tpa et dies ⁊
annos: ut luceãt in firmamẽto celi et
illuminẽt terrã. Et factũ ẽ ita. Fecitq;
deus duo lumĩaria magna: lumĩare
maius ut p̄esset diei et lumĩare min⁹
ut p̄esset nocti: ⁊ stellas: ⁊ posuit eas in
firmamẽto celi ut lucerent sup terrã: et
p̄essent diei ac nocti: ⁊ diuiderent lucẽ
ac tenebras. Et vidit de⁹ q̄ esset bonũ:
et factũ ẽ vespe ⁊ mane dies quartus.
Dixit etiã de⁹. Producãt aque reptile
anime viuentis ⁊ volatile super terrã:
sub firmamẽto celi. Creauitq; deus cete
grandia: et omnẽ aĩam viuentẽ atq;
motabilẽ quã pduxerãt aque ĩ species
suas: ⁊ omne volatile scdm gen⁹ suũ.
Et vidit deus q̄ esset bonũ: benedixitq;
eis dicens. Crescite ⁊ multiplicamini: ⁊
replete aquas maris: auesq; multipli-
centur sup terrã. Et factũ ẽ vespe ⁊ mane
dies quintus. Dixit quoq; deus. Pro-
ducat terra aĩam viuentẽ in genẽ suo:
iumenta ⁊ reptilia: ⁊ bestias terre scdm
species suas. Factũq; ẽ ita. Et fecit de⁹
bestias terre iuxta species suas: iumen-
ta ⁊ omne reptile terre ĩ genere suo. Et
vidit deus q̄ esset bonũ: et ait. Facia-
mus hoĩem ad ymaginẽ ⁊ silitudinẽ
nostrã: ⁊ p̄sit piscib; maris: et vola-
tilib; celi ⁊ bestijs vniũseq; terre: omniq;
reptili qd mouetur ĩ terra. Et creauit
deus hoĩem ad ymaginẽ ⁊ silitudinẽ
suã: ad ymaginẽ dei creauit illũ: ma-
sculũ ⁊ feminã creauit eos. Benedixit-
q; illis deus: ⁊ ait. Crescite ⁊ multiplica-
mini ⁊ replete terrã: et subicite eã: et dñã-
mini piscib; maris: et volatilib; celi:
et vniũsis animãtib; que mouent̃
sup terrã. Dixitq; de⁹. Ecce dedi vobis
omnẽ herbã afferentẽ semen sup terrã:
et vniũsa ligna que hñt in semetipis
sementẽ generis sui: ut sint vobis ĩ escã
⁊ cunctis aĩantib; terre: omniq; volucri
celi ⁊ vniuersis q̄ mouentur in terra: ⁊ ĩ
quib; est anima viuẽs: ut habeãt ad
vescendũ. Et factũ est ita. Viditq; deus
cuncta que fecerat: ⁊ erãt valde bona.

»Gutenberg-Bibel«; Mainz, 1454; Gutenberg, Fust, Schöffer. Schrift: Textur

eine Holztafel geschnitten werden, so daß wegen der Mühsamkeit der Arbeit keine großen Textmengen geschaffen werden konnten, wobei die mühsame Arbeit obendrein durch jeden Schnitzfehler entwertet wurde. In diesem Zusammenhang sei angemerkt, daß man die Blockbücher zunächst als eine Vorstufe zu Gutenbergs Erfindung ansah, eine naheliegende These, die von manchen Wissenschaftlern über Jahrzehnte entschieden postuliert wurde. Seit etlicher Zeit kann allerdings als gesichert gelten, daß die Blockbücher, die xylographischen – mit in Holztafeln geschnittener Schrift –, erst während oder nach oder gar erst *durch* die Ausbreitung des Buchdrucks mit beweglichen Lettern entstanden.

Die Einzigartigkeit der Gutenbergschen Erfindung lag jedenfalls nicht im Drucken von Büchern, sondern in der Herstellung der Druckvorlagen dazu. Somit hat der Mainzer nicht als Erfinder des Buchdrucks zu gelten, sondern des Buchdrucks mit einem System einzelner Druckbuchstaben, des Buchdrucks mit beweglichen Lettern, wie dieses Verfahren gemeinhin genannt wird. – Kurz sei hier in die weitere Schilderung eingegriffen, um ein weiteres der modernen Wortungetüme einzuführen, das im Vergleich aber den Ausdruck des »Buchdrucks mit beweglichen Lettern« wesentlich strafft und in seiner Aussage doch nicht verändert: »Mobilletterndruck«, also der Druck mit einzelnen beweglichen Druckbuchstaben, mit mobilen Lettern.

Die Forschung hat auf unterschiedlichste Weise versucht, die Ursprünge des Buchdrucks mit beweglichen Lettern, des Mobilletterndrucks, zu ergründen. Diese Ursprünge scheinen ja offensichtlich nach Straßburg zu verweisen, wenn man nur immer der irrigen Annahme folgt, die im Dritzehen-Prozeß erwähnten Begriffe zum *trucken* kennzeichneten die ersten Schritte hin zur Gutenbergschen Erfindung. Beginnend mit dem Straßburger Rhetorik- und Geschichtsprofessor Johann Daniel Schöpflin, der jene von den Zeugen Hans Schultheis, Conrat Saspach und Lorentz Beldeck erwähnten »vier Stücke« in der »Presse« als »Kolumnen«, als zum Drukken bestimmte Schriftsätze, interpretierte[38], über die Altmeister der Gutenberg-Forschung wie etwa den Oberbibliothekar Gottfried Zedler, der Gutenberg zunächst über gravierte Metallstempel und dann über gegossene Bleimatrizen auf das Handgießinstrument stoßen ließ[39], oder den Universitätsbibliothekar Karl Schorbach, der Gutenberg »das versuchte Druckverfahren noch auf einer unentwickelten Stufe« erproben sah[40], hin zu dem Heraldikexperten Otto Hupp, der vehement die Meinung vertrat, es habe sich um aus Punzen geschlagene Zeilenmatrizen und deren als Druckstöcke verwendete »Abklatsche« gehandelt[41], wobei wiederum ein Rudolf Thiel Gutenberg »ohne jeden Umschweif stracks auf die endgültige Methode«[42] losgehen ließ – über all diese gelehrten Experten führt die Reihe zu den »modernen« Druckforschern, die im Grunde alle die Darstellung des *truckens* als Buch*druckens* übernommen und weitergeführt oder noch abgewandelt und bestenfalls kontrastriert haben. (Dabei sind nicht die einzigen, oft verletzenden Gefechte um die Frage geführt worden, ob die Erfindung Gutenbergs aus dem Druck von Blockbüchern hervorging, aus dem anfänglichen Gebrauch von Lettern aus Holz, aus dem »Sandgußverfahren« zum umständlichen Gießen der Druckbuchstaben in Formsand oder ob die Erfindung sogleich zu metallenen Einzeldruckbuchstaben führte.) Bis heute ist somit die Vorstellung von der Presse im Dritzehen-Haus als Beginn des Mobilletterndrucks tradiert worden. So schrieb der Bibliotheksdirektor Friedrich Adolf Schmidt-Künsemüller, »Meines Erachtens kann es sich hier nur um verkeilte Satzrahmen handeln, die die Einzellettern, eben die Formen, aufnehmen und für die das Wort ›Stück‹ nur ein Deckname oder eine Werkstattbezeichnung war.«[43] Der englische Buchdruckexperte am *British Museum*, Victor Scholderer, merkte an, daß unter jenen erwähnten »vier Stücken« möglicherweise die Teile des Handgießgeräts zu verstehen seien[44]; und auch der »Hausherr« im riesigen Gebäude der Gutenberg-Forschung, Aloys Ruppel, spekulierte in die Richtung, wonach Andres Dritzehen »von einem typographischen Satz gedruckt« haben könnte. Noch der Druckforscher Kapr hat sich ja nicht von der Vorstellung lösen können, auf der Presse in Andres Dritzehens Haus seien bestimmte Drucke hergestellt worden, wobei er jene *würbelin* »einen Schließrahmen mit vier sehr kleinen Kolumnen Satz« festhalten läßt, »ein Abecedarium [ABC-Fibel] vielleicht«; die Presse sei »demnach eine Druckpresse gewesen«.[45]

Als typisches Beispiel für diese Art des Vorgehens kann der Versuch des Druckforschers Claus W. Gerhardt gelten, über die Zeugenaussagen im Dritzehen-Prozeß auf Gutenbergs geheimes Unternehmen zu schließen und einen entsprechenden »Druck«-Vorgang zu konstruieren. Danach habe Gutenberg in der Presse »Punzen« geprägt, Eisenstempel mit einem erhabenen Schriftbild, mit denen gewisse Zeichen etwa in Gold eingeschlagen oder in Leder eingedrückt werden konnten, Punzen, die von Goldschmieden, Münzern und Buchbindern benötigt wurden. In ganz »retrospektiver Herangehensweise« findet Gerhardt auch rasch die Antwort auf die von ihm selbst gestellte Frage, wo sich denn die entsprechenden Zeugnisse finden ließen, nämlich wieder in den Zeugenaussagen des Dritzehen-Prozesses und den bekannten Ausdrücken wie *würbelin, formen* und *presse,* die sich angeblich auf das vor Gericht geheimgehaltene Unternehmen bezögen. Auch die Hypothese des »Punzenprägens« läßt sich rasch in den Bereich der Phantasie verweisen, so umständlich wie die Punzen hergestellt worden wären: »Nach jedem Prägevorgang mußte das Unterteil aus der Presse gezogen, aufgeschraubt, der geprägte Punzen herausgenommen und der nächste Rohling eingelegt werden. Nach dem erneuten Zuschrauben und Einsetzen konnte ein neuer Prägevorgang erfolgen. Der Punzen war jedoch damit noch nicht fertig, denn jetzt mußten von Hand noch die durch das Prägen entstandenen Quetschränder entfernt und die Spitze allseitig sauber gefeilt werden.«[46] Wenn auch Gerhardt selbst anmerkt, daß »die mechanische Herstellung nur dreiviertel [!] der Zeit einer Handgravierung erspart hätte«[47], hielt ihm schon Schmidt-Künsemüller entgegen, wieviel einfacher der Schlag eines gravierten Stahlpunzens in weichere Metallstäbe gewesen wäre, »wie ihn jeder Goldschmied dieser Zeit beherrschte«[48].

Alles in allem bleibt das schlichte Fazit, daß auf die in der Forschung angegangene Frage, *wie* und *ob* Gutenberg bereits in Straßburg gedruckt haben könnte, keine befriedigende Antwort gegeben werden kann. Denn die Aussagen der vor dem Straßburger Rat Befragten bezogen sich auf das mit einem zweiten Vertrag abgeschlossene *erste* Unternehmen des angehenden Buchdruck-Erfinders, der Spiegel-Produktion im Dritzehen-Haus. Über das zweite Unternehmen verlautete hingegen nichts vor Gericht, so daß bis heute das eiserne Schweigen der Zeugen seine Wirkung nicht verfehlt hat.

Es bleiben zwei weitere, nicht minder entscheidende Fragen, danach nämlich, *wann* Gutenberg mit dem Bücherdruck begann und was er zu Beginn wohl druckte. Immerhin läßt sich trotz der Schweigsamkeit aller Dokumente, die sich direkt auf Gutenberg in Straßburg beziehen, doch mit einiger Wahrscheinlichkeit davon ausgehen, daß in der elsässischen Münsterstadt die ersten Versuche im Buchdruck stattgefunden haben mußten. Wie schon erwähnt, kann der Mobilletterndruck mit Sicherheit nicht *ad hoc* erfunden worden sein. Bedenkt man die Vielzahl seiner komplexen Strukturen, die von der Konstruktion der Presse über das Entwerfen, Schneiden und Gießen der Lettern bis zum Entwurf des Setzkastens reichen – Probleme wie die Mischung der Metalle für die Patrizen, Matrizen und Lettern, die Zusammenstellung der Druckfarbe oder das Anfeuchten des Papiers einmal außer acht gelassen –, bedenkt man diese Komplexität des heute als klassisch geltenden Buchdrucks, so läßt sich leicht einsehen, daß zur Umsetzung der einen Idee eine lange Zeit des Versuchens und Probierens vonnöten war. Nun kommt man in chronologischer Hinsicht allerdings nicht um das Eingeständnis herum, daß der mit Sicherheit früheste datierte Druck, der sogenannte einunddreißigzeilige Ablaßbrief, erst für das Datum des 22. Oktober 1454 ausgezeichnet ist. Zwischen der – im Sinne Ruppels – Zeugung der Idee und der Niederkunft ihrer praktischen Umsetzung wären also ein ganzes Jahrzehnt vergangen, eine zu lange Zeit, möchte man meinen. Gleichwohl existieren etliche undatierte Frühdrucke, deren Entstehen *vor* dieses Datum anzusetzen ist. Diese Feststellung führt nun auf eines der problematischsten Felder in der Beschäftigung mit Gutenberg, der Erforschung der sogenannten Wiegendrucke, der überlieferten Urdrucke des fünfzehnten Jahrhunderts, auch Inkunabeln genannt. Die entscheidende Frage bezieht sich auf die chronologische Einordnung jener Menge an Wiegendrucken, die zu Beginn leider noch kein Impressum trugen, aus dem der Druckort, der Drucker und vor allem das Jahr des Drucks abzulesen wären. In der wissenschaftlichen Erforschung der Wiegendrucke hat es nicht an Versuchen gefehlt, einige der vermeintlich Gutenbergschen Inkunabeln seiner Straßburger Zeit zuzuordnen, wie dies in einem neuen Versuch jüngst ein »Mann der Druckpraxis«[49] versucht hat, der schon häufig erwähnte Albert Kapr. Um diesen Versuch Kaprs einmal beispielhaft herauszustellen, muß der nötige Erklärungsweg allerdings seitenweise weit beschritten werden. Es muß dazu ein erstes Licht auf die oft genug staubtrockene Inkunabelforschung geworfen werden, die sich vor allem mit der Typenkunde beschäftigt, wie sie in Deutschland auf den Höhepunkt geführt wurde.

Die Typenkunde geht prinzipiell von der Annahme aus, daß die Druckbuchstaben ständig weiterentwickelt wurden und überhaupt erst einmal geschaffen werden mußten. In der vergleichenden Analyse müßten sich daher die zeitlich nicht ausgewiesenen Wiegendrucke untereinander in Bezug setzen lassen, wenn sich etwa eine Type aus verschiedenen Druckwerken zum Besseren wandelt oder wenn eine Type neu auftaucht und wie sie dann beschaffen ist, wie geschickt oder ungeschickt geschnitten.

Der berühmt-berüchtigte Gutenberg-Forscher Gottfried Zedler beschrieb diese Methode des Schriftenvergleichs mit den Worten: »Sie begnügt sich nicht in der früheren Weise mit einer, wenn auch noch so genauen, doch nur äußeren bibliographischen Beschreibung der Drucke, sondern verlangt die Versenkung in die Betrachtung des einzelnen Buchstabenbildes. Dies wird auf das genaueste verfolgt nicht nur durch einen einzelnen Druck, sondern durch alle Drucke, in denen es überhaupt vorkommt. Jede Abweichung, soweit sie nicht zufälliger Natur ist, wird dabei beachtet und festgestellt. Indem man so auf Grund langwieriger Beobachtungen ein zuverlässiges Bild der einzelnen, ihre Form mitunter proteusartig wechselnden Buchstaben erhält und die verschiedenen Formen auf Typentafeln übersichtlich zusammenstellt, gewinnt man erst eine gesicherte Unterlage zur Beurteilung der Entstehung und Entwicklung der verschiedenen Schriftsysteme unserer ältesten Drucke. So schwierig und mühselig solche genauen Buchstabenuntersuchungen, mit denen eine geschärfte Untersuchung des Satzes und Druckes, sowie überhaupt des gesamten im Druckwerk in äußerer und innerer Be-

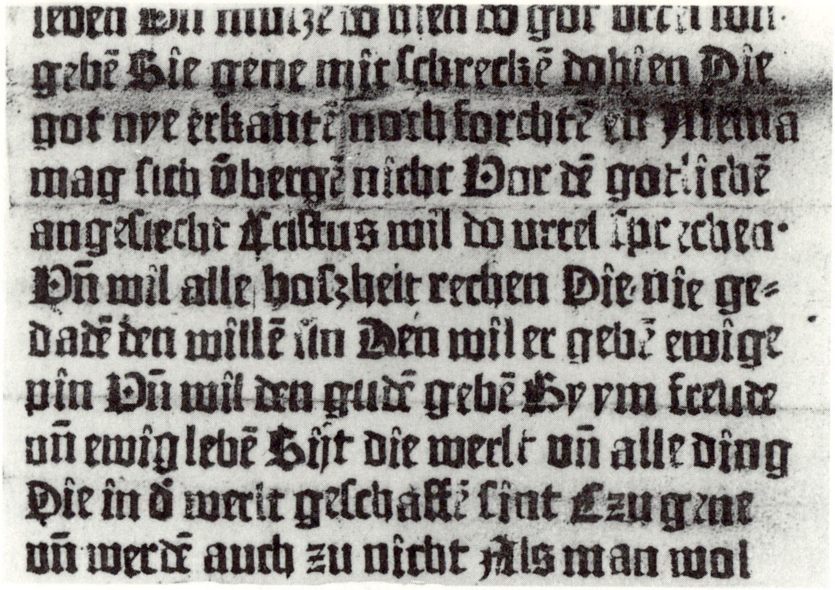
[illegible]
geben Sie gene mit schreckē dohien Die
got nye erkantē noch forchtē en Menn[illegible]
mag sich übergē nicht Vor dē gotlichē
angesiecht Cristus wil do urteil sprechen·
Vñ wil alle boßheit rechen Die nie ge-
dadē den willē sin Den wil er gebē ewige
pin Vñ wil den gudē gebē Hymelfreude
vñ ewig lebē Sijt die welt vñ alle ding
Die in dē welt geschaffē sint Czu gene
vñ werdē auch zu nicht Als man wol

Das sogenannte »Fragment vom Weltgericht«, das Bruchstück eines Sibyllenbuches, zeigt noch die ganze Unsicherheit im Umgang mit der neuen Buchdruckerkunst.

ziehung vorliegenden Materials selbstverständlich Hand in Hand geht, innerhalb eines umfangreichen Werkes und mehr noch über zahlreiche, weithin verstreute und größtenteils nur schwer erreichbare Bruchstücke unserer ältesten Drucke sind, so lohnend ist meist der Erfolg.«[50]

In diesem Sinne hat man alle nur möglichen Wiegendrucke unter die Lupe genommen, die zeitlich nicht eindeutig zu datieren sind und die im Zusammenhang mit Johannes Gutenberg stehen könnten. Dabei hat es nicht an Versuchen gefehlt – wenn man auch sonst nichts in Händen hielt –, wenigstens einige unter diesen Drucken Gutenbergs Straßburger Zeit zuzuordnen, wie dies auch Kapr versucht hat. Die überlieferten Werke, die zeitlich derart früh anzusetzen wären, werden zum einen unter der Bezeichnung »Donate« geführt, zum anderen, als einzelner Druck, unter der Bezeichnung »Fragment vom Weltgericht«.

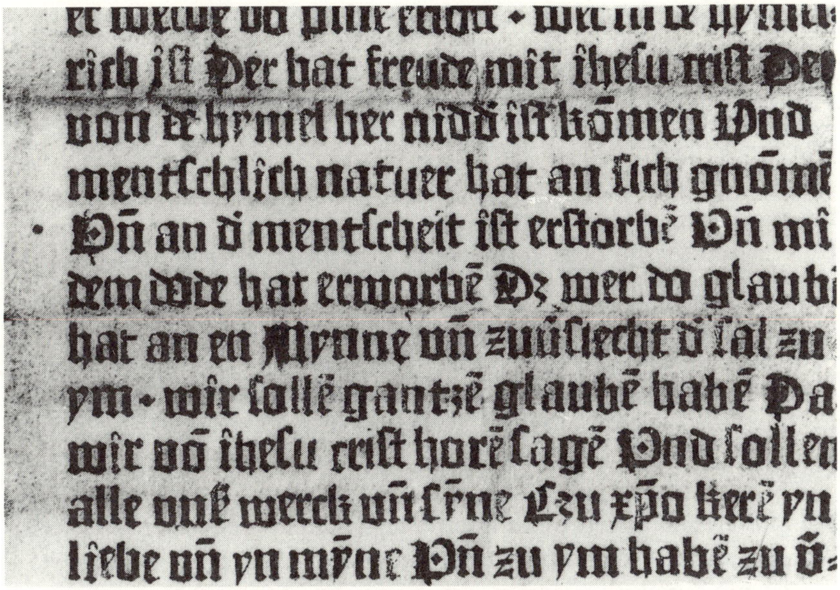

[illegible]
rich ist Der hat freude mit ihesu crist Der
von de hymel her nidd ist kōmen Vnd
mentschlich natuer hat an sich gnōme
· Vñ an d mentscheit ist erstorbē Vñ mi
dem dode hat erworbē Dz wer do glaubi
hat an en Mynne vñ zuuersicht d sal zu
ym · wir sollē gantzē glaubē habē Da
wir vō ihesu crist horē sagē Vnd sollen
alle vns werck vñ synne Zu xpo kerē yn
liebe vñ yn mynne Vñ zu ym habē zu v

Das 1892 aufgefundene Fragment (hier die Rückseite) muß als das älteste überlieferte Druckwerk gelten und wurde vermutlich um 1450 in Mainz hergestellt.

Das sogenannte »Fragment vom Weltgericht« erhielt seinen merkwürdigen Namen deswegen, weil man diesen arg verstümmelten Druck philologisch zunächst nicht einzuordnen wußte und daher nur von dessen Inhalt ausgehen konnte, der Beschreibung des Jüngsten Gerichts, des Weltgerichts. Tatsächlich handelt es sich bei dem »Fragment vom Weltgericht« um den Ausschnitt (wahrlich um einen »Ausschnitt«, ist doch das handballengroße Schriftstück mit der Schere zurechtgeschnitten worden) aus einem »Sibyllenbuch«. Diese volksnahen Weissagungen kursierten in den Zeiten Gutenbergs – diesen durch den gesellschaftlichen Wandel so umstürzlerischen Zeiten – in den unterschiedlichsten Fassungen, den endgültigen Sieg des Christentums verkündend und Gerechtigkeit und Erlösung versprechend. In den wenigen erhaltenen Zeilen heißt es da etwa holpernd-klapprig:

»Nieman mag sich v'bergen nicht
Vor dem gotlichen angesiecht.
Cristus wil do urtel sprechen
Und wil alle boßheit rechen.
Die nie gedaden den willen sin,
Den wil er geben ewige pin,
Und wil den guden geben
By ym freude und ewig leben.«[51]

Die Schrift in diesem Sibyllenbuch spiegelt all die Schwierigkeiten wider, wie sie sich im ersten Umgang und im Erlernen der neuen Buchdruckerkunst ergaben. So fällt besonders auf, daß die einzelnen Lettern, also die metallenen Stäbchen mit dem »Schriftauge« am Ende, noch nicht exakt gegossen werden konnten. Denn wenn manche Buchstaben zu stark oder zu schwach gedruckt sind, müssen die entsprechenden Lettern zu hoch oder zu niedrig gewesen sein; oder wenn manche Buchstaben nicht genau an ihrem Platz stehen, sondern »aus der Reihe tanzen«, müssen die entsprechenden Lettern zu breit oder zu schmal gewesen sein. Solche Feststellungen können etwa folgendermaßen lauten, wenn sie wissenschaftlich korrekt formuliert werden: »Besonders störend wirkt das t^1, älterer Form (hoher Kopf mit breitem Querstrich) mitten im Wort, a 4 *gotliche(n)* b 4 *natuer* b 8 *gantze(n),* wo schmälere Stücke dieser Type (wie a 10 *werlt*) oder die jüngere Form (niederer Kopf mit kürzerem Querstrich) wie a 2 *mit,* weit besser gepaßt hätten. Auch der Wortzwischenraum nach dem breit gestrichenen t^1 ist nicht besser bemessen: a 9 *werlt,* b 2 *mit,* wo mit Rücksicht auf das Fleisch des t das ›Spatium‹ erheblich enger genommen werden konnte.«[52] Jedenfalls entstammt das »Fragment vom Weltgericht« einer Drukkerwerkstatt, wo man noch längst nicht zur Meisterschaft gereift war; und da die Buchstaben als sogenannte »B-36-Typen« oder »DK-Typen« als die ältesten bekannten Schrifttypen zu identifizieren sind, muß das Werk zu den ersten Drucken Gutenbergs zählen.

Die mit der Zeit weiterentwickelte B-36- oder DK-Type erhielt ihre merkwürdigen Bezeichnungen, weil die Typenkunde für eine Reihe von Wiegendrucken die gleiche Schriftform feststellen konnte. Je nach Sichtweise erklärt man entweder, daß diese Schriftform den Abschluß ihrer Entwicklung fand, als man sie zum Druck der zweiten jemals gedruckten Bibel verwenden sollte, der sechsunddreißigzeiligen Bibel, ergo B-36-Type; oder man behauptet, daß sie meist für kleine Druckwerke gebraucht wurde, für »*k*alendarische« Schriften wie einen noch zu erwähnenden »Türkenkalender« – und für *D*onate, ergo DK-Type. (Da allerdings die chronologische Betrachtung von ihrem Ende her zwingender ist und die Beschränkung auf Donate und Kalender heute willkürlich erscheinen muß, wird hier im weiteren die Bezeichnung B-36-Type verwendet.)

Als Donate bezeichnete man im Mittelalter die schulischen Lehrbücher für die lateinische Sprache. Latein diente im Mittelalter in ganz Europa als *Lingua franca* und bildete nicht nur unter Gelehrten, vor allem unter Mönchen und Priestern, die traditionelle Basis der Gelehrsamkeit. Da es auch im gesellschaftlichen städtischen Leben eine immer bedeutendere Rolle unter den aufsteigenden Handelsherren, Kaufleuten und auch Zunftmeistern, den Beamten, den Ärzten und Apothekern und überhaupt allen Scholaren spielte, von den herrschaftlichen Adeligen ganz abgesehen, bestand ein großer Bedarf an lateinischen Lehrbüchern. Auf der Stufe einer *Ars minor* wurde mit den Donaten, wie sie auf den altrömischen Sprachlehrer Aelius Donatus zurückgingen, die lateinische Grammatik gepaukt, wie etwa die Konjugation von »lesen«: *»Lego, legis, legit«* und im Plural *»legimus, legitis, legunt«*, dann im Futur *»legebam, legebas, legebat«* und im Plural *»legebamus, legebatis, legebant«*, und so weiter.

Zuvor mußten die Texte allerdings erst einmal abgeschrieben werden, da die meisten Schüler das Geld für eine teure, handgeschriebene Neuausgabe nicht entbehren konnten. Wie lohnend muß es daher dem geschäftstüchtigen Gutenberg erschienen sein, seine Erfindung auf die massenweise Herstellung jener lateinischen Sprachlehren anzuwenden, so lohnend, wie dies sage und schreibe vierundzwanzig verbürgte Donat-Ausgaben bezeugen, alle in der Gutenberg zugeschriebenen B-36-Type gedruckt, die von einem raschen und dauerhaften finanziellen Erfolg künden. Stellt man einen Vergleich unter den Schrifttypen all der überlieferten B-36-Typen-

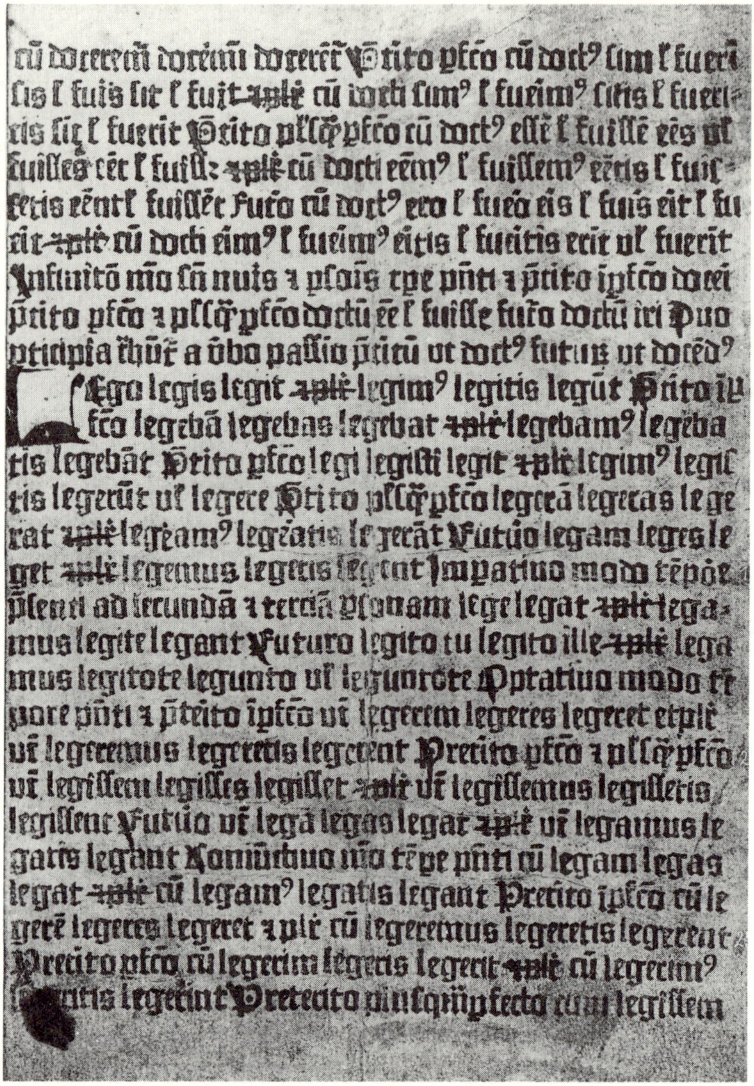

Dieses Fragment eines siebenundzwanzigzeiligen Donats, wie all diese vielbenutzten Lateinlehrbücher auf Pergament gedruckt, hatte die Zeiten im Mainzer Stadtarchiv als Rechnungsumschlag überdauert und wurde 1803 an die Pariser Nationalbibliothek verschenkt.

Donate an, so läßt sich eine Chronologie erstellen, die von dem jeweiligen Entwicklungsstand des Schriftbildes abhängt, wie es der sogenannte Stempelschneider beständig verbesserte. Hier seien nur die Namen dreier sogenannter siebenundzwanzigzeiliger Donate genannt (die Donate werden zudem nach der Anzahl der pro Seite gesetzten Zeilen unterschieden), die zu den ältesten Druckwerken gerechnet werden, der beiden »Heiligenstädter« und der einzelnen »Pariser« und »Darmstädter Donate«, unter denen letzterer als der älteste angesehen wird. Stellt man einen Vergleich zwischen den Schrifttypen der Donate und des »Fragments vom Weltgericht« an, so läßt sich wiederum bestimmen, prinzipiell, welche Typen jeweils besser oder schlechter geschnitten sind und welcher Druck mithin jünger oder älter ist.

An dieser Stelle sei endlich die Argumentation des Albert Kapr aufgeführt. Zunächst bezieht sich Kapr auf die typenkundliche Forschung des Gottfried Zedler, der das »Fragment vom Weltgericht« nicht als ältesten überlieferten Druck ansah, sondern den siebenundzwanzigzeiligen »Darmstädter Donat« vorangehen ließ. Nach Zedlers durchaus plausibler Argumentation seien die im »Fragment vom Weltgericht« verwendeten Typen nicht für deutschen, sondern für lateinischen Text geschnitten worden. Denn im Typenapparat fehlt etwa ein großes W, ein Buchstabe, der im mittelalterlichen Latein am Satzanfang nicht benötigt wurde. Wie auf der Rückseite des Fragments zu erkennen ist, hat man statt eines großen W an den Satzanfängen in der ersten und achten Zeile ein kleines w gesetzt, markiert durch ein vorhergehendes Punktzeichen, das den Satzanfang verdeutlichen soll, der sonst durch einen Versal, einen großen Anfangsbuchstaben, kenntlich gemacht wurde. Aufgrund weiterer typenkundlicher Vergleiche setzte Zedler, auf der Suche nach einem notwendig vorhergehenden lateinischen Druckwerk, den siebenundzwanzigzeiligen »Darmstädter Donat« zeitlich vor das »Fragment vom Weltgericht«, danach die beiden »Heiligenstädter Donate« und den »Pariser Donat«. Diese Reihenfolge absolut gesetzt, stellt Kapr darauf die Frage, was nun die Ursache gewesen sei, »daß Gutenberg seine fortlaufenden Drucke der Donate unterbrach, um diesen anderen Text [das ›Fragment vom Weltgericht‹] zu drucken«[53]. Seine Antwort führt eine Interpretation fort – wie sie sich bereits bei Zedler findet –, die sich allerdings weniger auf die typenkundliche als vielmehr die historische Disziplin bezieht und die in ihrer Argumentation lautet: Jene umlaufenden Sibyllenweissagungen über das anstehende Weltgericht und Weltenende versprachen stets auch die Wiederkehr des zur Legende gewordenen »Friedrich«, also eigentlich Friedrich Barbarossas, der noch vor dem Erscheinen des Antichristen das Heilige Grab aus den Händen der Ungläubigen befreien sollte. Als im Jahre 1440 Friedrich III. den Königsthron des Deutschen Reiches bestieg, konnte diese Weissagung leicht auf *diesen* Friedrich übertragen werden. Gutenberg habe sich daher von dem gedruckten Sibyllenbuch einen guten Absatz versprechen können. Allerdings rückten in den vierziger Jahren die Armagnaken, raublustige französische Söldner, ins Elsaß vor, deren Eindringen in das Deutsche Reich eben dessen König Friedrich III. ermöglicht hatte. Deswegen folgert Kapr: »Die Erwartungen, die mit der Wahl Friedrichs III. im Jahre 1440 geweckt worden waren, erstarben in Straßburg spätestens im Herbst 1444 wieder, als bekannt wurde, daß Friedrich die Horden der Armagnaken ins Elsaß, vor die Mauern von Basel, Straßburg, Worms und Mainz geholt hatte. Ein späterer Druck der Sibyllenweissagung wäre vom Standpunkt der Straßburger Bürger unverständlich gewesen und muß vom heutigen Standpunkt ausgeschlossen werden. Die Sibyllenweissagung konnte demnach nur in der Zeitspanne von vier Jahren, zwischen 1440 und 1444, gedruckt worden sein.«[54]

Wenn diese Schlußfolgerung auch recht einleuchtend klingt, so läßt sie sich doch leicht mit Argumenten konfrontieren, die sich in ihrer Plausibilität nicht zu verstecken brauchen und weit eher vorgezeigt werden können, weil sie um eine Ecke weniger gedacht sind und sogar auf einer – wenngleich schwachen – »materiellen« Basis stehen. Zunächst läßt sich eine ganze Reihe von Gegenfragen stellen, in der Art, ob denn wirklich der siebenundzwanzigzeilige »Darmstädter Donat« als erstes überliefertes Druckwerk Gutenbergs zu gelten habe, da dessen Satz doch weit weniger »tanzt« als beim »Fragment vom Weltgericht«; warum sich für die Zeit bis zu Gutenbergs urkundlich gesicherter Rückkehr nach Mainz im Jahre

1448 keine weiteren Drucke bestimmen lassen; warum Gutenberg es mit dem Druck des Sibyllenbuchs plötzlich so eilig gehabt haben soll, daß er die Donat-Produktion unterbrach; ob auch in Mainz das allgemeine Volk über Friedrichs Schachzug, die Armagnaken zu beordern, derart verbittert gewesen sei, daß es dort nicht zum Druck des Sibyllenbuchs hätte kommen können; ob nicht gerade Friedrich III. an Größe gewonnen habe und sich seine Gestalt erst recht habe in die Sibyllenweissagung einpassen lassen, als für das Jahr 1452 seine Krönung zum deutschen Kaiser anstand. Allein durch diese Art Fragen, die alle als gegenteilige Argumente ausgeführt werden können, läßt sich die *altera pars* weit überzeugender vernehmen. Auch gewinnt dieser – nach dem Grundsatz des *audiatur et altera pars* – andere, ebenfalls anzuhörende Teil deswegen an Beweiskraft, weil vor einigen Jahren nuklear-physikalische Untersuchungen ergeben haben, daß sich die Druckfarben des »Fragments vom Weltgericht«, der frühen Donate und der sogenannten »Gutenberg-Bibel« in ihrer Zusammensetzung äußerst ähneln[55], daß also aller Wahrscheinlichkeit nach das überlieferte Bruchstück jenes Sibyllenbuchs in Mainz gedruckt wurde – außer Gutenberg hätte schon zehn Jahre früher in Straßburg die gleichen Farbanteile für seine Drucke verwendet. Es bleibt dabei: Solange sich keine Inkunabel unzweifelhaft auf die vierziger Jahre des fünfzehnten Jahrhunderts beziehen läßt, solange kann alle Vernunft nur dafür sprechen, daß Gutenberg in Straßburg den Mobilletterndruck noch nicht – kommerziell – handhaben konnte, wenn überhaupt.

Trotz der abermaligen ernüchternden Feststellung, daß auch der Weg der Inkunabelforschung zu keiner Erkenntnis über Gutenbergs mutmaßliche Druckversuche in Straßburg führt, läßt sich auf wenigstens drei ernstzunehmende historische Quellen verweisen, die das Jahr der Gutenbergschen Erfindung auf »1440« datieren. So berichtete der florentinische Humanist Matteo Palmieri bereits im Jahre 1483, die Buchdruckerkunst sei in jenem Jahr von einem *Joanne Gutenberg Zumiungen* erfunden worden, schrieb der anonyme Autor der »Chronik der Stadt Köln« von 1499, die Erfindung der *boychdruckerkunst »is geschiet by den iaren uns heren anno domi-*

ni MCCCCXL« und verzeichnete der erwähnte Jakob Wimpfeling in seinem 1505 erschienenen Geschichtswerk *»Epitome rerum Germanicarum«* eben diese Jahreszahl 1440.[56] Zwar ließen sich mögliche Einwände, sowohl bei dem Anonymus der sogenannten »Kölner Chronik« wie bei Palmieri sei Mainz als Ort der Erfindung ausgewiesen, während Wimpfeling den Mainzer Patrizier gar zu einem Bürger Straßburgs erklärt habe – zwar ließen sich diese Einwände noch damit entkräften, das Wissen über Gutenberg sei schon zu seiner Zeit beschränkt gewesen, wobei aber immerhin das Jahr 1440 auffällig oft genannt werde; nur läßt sich die ganze Beweisführung allzuleicht auf den Kopf stellen. Befolgt man wiederum das Motto des *audiatur et altera pars*, findet man nämlich geschichtliche Dokumente, die dezidiert etwa auf »1450« verweisen. So verzeichnete Johannes Schöffer, der Sohn von Gutenbergs späterem Mitarbeiter beim Mainzer Bibeldruck, in einem im Jahre 1505 an Kaiser Maximilian gerichteten Widmungsschreiben die Worte: *»In welicher stadt auch anfengklich die wunderbare kunst der Trückerey und im ersten von dem kunstreichen Johan Güttenbergk Do man zalt nach christi unsers heren gebürth Tausent vierhunderth und fünffzig Jare erfunden* [...]«[57] Man kann sich wohl denken, welcher Streit auch auf diesem philologischen Kampfplatz ausgetragen worden ist, ohne daß auch über diese Art Beweisführung ein Ergebnis erzielt werden könnte.

Trotzdem hört die Suche nach schlüssigen Erklärungen natürlich nicht auf, warum Gutenberg bereits in Straßburg den Buchdruck betrieben habe beziehungsweise warum sich davon nur schwer etwas nachweisen beziehungsweise sich nichts nachweisen lasse. So sei als eine letzte besondere Mutmaßung die Erklärung des *Conservateur honoraire* François Ritter angeführt – selbst ein Bewohner Straßburgs –, wonach sich Gutenberg, um im Besitz der Presse zu bleiben, mit den Brüdern Dritzehen habe arrangieren müssen. Deshalb habe er nur »zwei oder drei« kleine Druckwerke verfertigt, »für sich, seine Partner oder Freunde«.[58] Deutlich sichtbar basiert auch dieses so brüchige Hypothesengebäude auf der Vorstellung, Gutenberg in Straßburg drucken sehen zu *müssen*; und wenn daher die Gedankenkonstruktion noch so windschief dasteht (abgesehen von der Tatsache, daß die Presse im Dritzehen-Haus nicht dem Buchdruck diente, hätte Gutenberg sie doch leicht – und besser – nachbauen lassen können), so wird sie dennoch äußerst schnittig errichtet (zwei oder drei gedruckte Blätter können natürlich während fünfhundert Jahren leicht verlorengehen) und in eine rein ideengeschichtliche Welt versetzt (denn Gutenberg war eben nicht, wie in der Geschichtsschreibung meist dargestellt, jener idealistische Geniemensch, der seine Habe, Zeit und Arbeitskraft für zwei oder drei Privatdrucke hergegeben hätte).

Als Fazit all der gelehrten Forschungen bleibt abermals nur die Feststellung, daß Gutenbergs Buchdruckversuche in Straßburg noch nicht zum Erfolg führten – oder sogar, daß er sich dort mit allem anderem, nur noch nicht mit dem Buchdruck beschäftigte.

Die brisante Vier-Jahres-Lücke

Gab der vorangegangene Ausflug einen Blick frei auf das so schwer zu begehende »technische« Gelände der Gutenberg-Forschung, so führt der Weg zunächst wieder auf historisches Gebiet. Gleichwohl kann dabei das Biographische um Gutenbergs Person kaum dargestellt werden, da in dem Puzzle um das Fortkommen des angehenden Buchdruckers bis zum Jahre 1448 nur wenige Teile vorliegen. Immerhin läßt sich mit gutem Grund behaupten, daß er im Frühjahr 1444 Straßburg verließ. Denn bis dahin war über die Münsterstadt am Ill erneut die kriegerische Gefahr der erwähnten Armagnaken aufgezogen, deren möglicher Einfall in die Oberrheinebene das Elsaß seit dem Ende der dreißiger Jahre in Atem hielt. Die Armagnaken, benannt nach dem Grafen von Armagnac, in dessen Diensten sie ursprünglich gestanden hatten, waren bewaffnete Söldner, die in unkonventioneller Kriegstechnik das traditionelle, eiserne Ritterheer in Frankreich abgelöst hatten. Diese bunt zusammengewürfelte Heerschar hatte es im wesentlichen vermocht, die tief nach Frankreich eingedrungenen Engländer, die im französischen Bürgerkrieg auf der Seite des Herzogs von Burgund militärisch Partei ergriffen hatten, wieder aus dem Land zu treiben. Als nach dem Auftreten der Jeanne d'Arc in diesem Hundertjährigen Krieg die kriegerische Wende eingeleitet war, man im Jahre 1435 den Ausgleich mit Burgund erreicht hatte und die Engländer militärisch zurückgedrängt wurden, fand sich für die französischen Söldner bald keine rechte Verwendung mehr. So kam es, daß im Jahre 1438 ein Teil der Armagnaken nach Lothringen berufen wurde, um dort im Erbfolgekrieg dem Herzog von Anjou, der sich gegen

Eine Luzerner Miniatur von 1513 zeigt die Plünderung einer Stadt durch die Armagnaken, die ihre Beute gerade in Säcken verstauen.

die Herrschaftsansprüche des Grafen von Vaudémont kriegerisch zur Wehr setzte, zur Macht zu verhelfen. Da aber große Truppenansammlungen jeglichen Landstrich auf Dauer aushungern mußten, hatte man schon im Dezember im Elsaß Nachricht erhalten, daß die ausgezehrten Armagnaken in die Oberrheinebene vordringen könnten. Tatsächlich geschah dies dann Ende Februar 1439. Über einen Monat dauerte der Plünderungszug der Armagnaken im Elsaß, die sogar bis vor Straßburg zogen und, wo sie konnten, auf ihrem Weg die Dörfer verwüsteten.

Arme Gecken wurden die oft verwahrlosten Gestalten noch 1439 gemeinhin genannt, um dann bei ihrem zweiten und verheerenden Einfall in das Oberrheingebiet im Jahre 1444 allerdings als Schinder bezeichnet zu werden, schindeten sie doch in ihrer Beutegier die einfache Bevölkerung bis aufs Blut. In den Worten eines Historikers der Jahrhundertwende, der in seinem Nationalismus immer wieder Spitzen gegen Frankreich zeigt und der doch eine zuverlässige Chronik über den Einfall der Armagnaken ins Elsaß überliefert hat[1], nahm sich deren Treiben folgendermaßen aus: »Der Bauer wird geschlagen, daß ihm das Fleisch in Stücken vom Leibe fällt, er wird erhängt, gekreuzigt, geröstet und gebraten am Spieß über dem Herdfeuer; was mit den Frauen geschieht, entzieht sich der Darstellung, und wenn die Bande dann ein Dorf verläßt und der Bauer nicht im stande ist, seine Habe auszulösen, dann wird das Haus verbrannt, die Obstbäume umgehauen, das Vieh, was nicht fortgeführt werden kann, getötet und alles, was zerstörbar ist, zerstört.«[2]

Die schlimmen Erfahrungen mit dem Raubzug der Armagnaken führten in den folgenden Jahren dazu, daß im Elsaß die Winkelzüge der französischen Politik mit großer Aufmerksamkeit verfolgt und mit Besorgnis betrachtet wurden; zumal lagerten die armen Gecken mit dem Jahre 1441 wieder in großer Zahl in Lothringen, wo zudem in der Auseinandersetzung um die Erbfolge in jenem Jahr ein Friedensschluß erzwungen wurde. Somit war ständig zu befürchten, daß die französischen Söldner, die ihren erfolgreichen Raubzug zum Rhein sehr wohl in Erinnerung behalten hatten, abermals in das Elsaß einbrechen würden. Zwar war das drohende Unheil in der Ferne auszumachen, aber es herrschte die bekannte Ruhe vor dem Sturm, die so trügerisch wirkte, daß sich die Städte zwar gerüstet hielten, daß aber für den Ernstfall kein gemeinsames, energisches Vorgehen gegen den äußeren Feind geplant wurde. Die weitere Entwicklung sollte jedoch dazu führen, daß nicht in Frankreich, sondern im Deutschen Reich der Stein ins Rollen gebracht wurde, der den verheerenden Zug der Armagnaken über das Elsaß in Bewegung setzte.

Hatten die Heerscharen der Armagnaken über Jahre wie eine drohende Lawine jenseits der Vogesen gelagert, so waren mit der Zeit mehr und mehr Stützen beiseite geräumt worden, die deren vernichtende Massen noch aufgehalten hatten. Zunächst war in der Erbfolge um Lothringen zwischen den Häusern Anjou und Vaudémont eine Übereinkunft erzwungen worden. Im weiteren mußten die Friedensverhandlungen zwischen Frankreich und England die brisante Frage aufwerfen, wie es um das Wohl und Wehe der französischen Söldnerheere bestellt wäre. Denn als es im Mai 1444 zu einem befristeten, zweijährigen Waffenstillstand mit den englischen Invasoren kam, mußten die Armagnaken weiterhin kampfbereit gehalten werden. Diese Situation suchte dann der deutsche König Friedrich III. für sich auszunutzen, wie dies zuvor im Zusammenhang mit Albert Kaprs These von der Sibyllenweissagung und dem »Fragment vom Weltgericht« angedeutet wurde.

Als Friedrich III. im Jahre 1440 zum König des Heiligen Römischen Reiches gekrönt wurde, hatten sich im Südwesten des Reiches die Schweizer Eidgenossen erfolgreich gegen die Herrschaft der Habsburger, Friedrichs Stammhaus, durchsetzen können. Nicht nur hatten die Schweizer Bürger und Bauern den verhaßten Adel vertrieben, auf dessen Kosten sie auch in der Folge ihren Machtbereich ausdehnen konnten, sondern sie konstituierten seit dem Beginn des fünfzehnten Jahrhunderts auch einen eigenständigen, souveränen Staat. Da die militärische Macht des »Römischen« Herrschers nicht hinreichte, das aufrührerische Alpenvolk wieder unter die feudale Knute zu zwingen, schreckte der junge König auch vor fremder Hilfeleistung nicht zurück. So wandte er sich, als sich im Hundertjährigen Krieg zwischen England und Frankreich ein Waffenstillstand anbahnte, nicht zum ersten Mal an den französischen König Karl VII., auf daß dieser ihm die Armagnaken im Kampf gegen die Eidgenossen überlasse. Es kam hinzu, daß auch Papst Eugen IV. die französischen Söldner in den Dienst seiner eigenen Machtpolitik stellen wollte, um nämlich das Basler Konzil auseinanderzujagen, das sich hartnäckig dem selbstherrlichen Führungsanspruch Roms widersetzte, Eugen IV. im Jahre 1439 sogar abgesetzt und als eigenen Kandidaten Felix V. eingesetzt hatte.

Auf diese Weise wurde das letzte Hemmnis losgetreten und das Heer der Schinder in Richtung Oberrhein in Bewegung gesetzt.

Auf einer Berner Miniatur von 1478 ist der Endkampf der Schlacht von Sankt Jakob dargestellt, als die Armagnaken, brescheschießend, gegen die in einem Siechenhaus verschanzten Schweizer vorgingen.

Denn erschien es auch als adelige Hilfeleistung, eine fremde Armee gegen eigene, aufrührerische Untertanen einzusetzen, so verband doch Frankreich mit der Entsendung seiner Truppen durchaus eigene Ziele. Zum einen würden die Armagnaken nicht mehr in den eigenen Grenzen Land und Leute auszehren; zum anderen würde man westliche Gebiete des Heiligen Römischen Reiches möglicherweise auf Dauer besetzen können.

Im August 1444 langten dann, im Verein mit dem entmachteten Schweizer Adel und einigen hundert deutschen Rittern, mehrere zehntausend Mann französisches Kriegsvolk vor Basel an, wo sich ihnen überraschend ein gutes Tausend Schweizer Eidgenossen tollkühn entgegenstellte. Es folgte die Schlacht von Sankt Jakob, die den weit überlegenen Armagnaken zwar einen Sieg bescherte, die sie allerdings auch lehrte, daß man sich auf Feldzüge gegen jenes wüste Alpenvolk besser nicht einlasse. An dem geballten Kampfeswillen der Schweizer wollte der kommandierende Dauphin die Schlagkraft des französischen Heeres jedenfalls nicht geopfert wissen, und so endete alsbald die adelige Hilfeleistung gegen die aufständische Eidgenossenschaft und das umstürzlerische Basler Konzil; das Blatt wendete sich.

Die Stoßkraft der Armagnaken wurde in Richtung Elsaß gelenkt, dessen fruchtbare Fluren die Schinder zur Plünderung, die französische Krone zur Eroberung lockte. So wurde Friedrich III. die von ihm gerufenen bösen Geister nicht mehr los, die zunächst den Sundgau und das Oberelsaß überfielen, um bald auch in das Unterelsaß vorzudringen, wo sie »alles mit Raub und Mord und Schändung des weiblichen Geschlechts« erfüllten[3]. Zwar konnten die großen Reichsstädte wie Mülhausen, Colmar und natürlich Straßburg dem Feind trotzen; jedoch war das offene Land der nackten Gewalt der Soldaten schutzlos ausgeliefert, die gegen die Bauern aufs schlimmste vorgingen, sie folterten oder totschlugen und ihre Ernten und ihr Hab und Gut beschlagnahmten oder vernichteten. Um den befürchteten Ansturm der Armagnaken auf Straßburg abwehren zu können, hatte die Münsterstadt schon frühzeitig Vorsorge getroffen. Systematisch wurden ihre Bürger erfaßt, zu militärischen Übungen herangezogen und zu Kriegssteuern verpflichtet.

So wurde auch von Gutenberg verlangt, zur Verteidigung der Stadt bereitzustehen und dazu seinen Teil beizutragen. Daher sind aus den Straßburger Urkunden zwei aufschlußreiche Einträge überliefert. Zum einen war Gutenbergs Name in die Liste jener Personen eingetragen worden, die der Stadt »Pferde und Hengste«[4] stellen oder deren entsprechende Kosten tragen mußten. In diesem Verzeichnis wurde Gutenberg diesmal wieder unter die Constofeler eingeordnet, eine ehrenwerte, wenn auch fragwürdige Auszeichnung des streitbaren Junkers, dem nämlich über diese Klassifizierung die Kosten für ein »halbes Pferd« aufgebürdet wurden. Diese merkwürdige Klassifizierung rührte von der einstigen Pflicht des städtischen Adels her, für den Kriegsfall (und auch für Repräsentationszwecke) Pferde zu halten, einer Pflicht, die bald zur Grundlage einer indirekten Besteuerung gemacht worden war. Dazu wurde das Vermögen des Betreffenden »verpferdet«[5]; Lehen, Renten und alle weiteren Besitztümer wurden also im Wert von Pferden ausgedrückt, um darauf die anfallenden Kosten zur Unterhaltung dieser »Pferde« zu berechnen.

Jedenfalls läßt sich über diese indirekte Steuer das Vermögen der so Klassifizierten errechnen, das bei Gutenberg einem »halben Pferd« entsprach. Da sich in der überlieferten Stallordnung jener Zeit der Wert eines »halben« Pferdes auf vierhundert Pfund Straßburger Denare belief[6], läßt sich Gutenbergs finanzielle Situation – bei aller Unsicherheit dieser Berechnung und auch der von ihm selbst gemachten Angaben – als »solide« bezeichnen, ohne daß er große Reichtümer aufgehäuft hätte. Da ein Straßburger Denar im Wert nicht ganz einen rheinischen Goldgulden aufwog, da ein städtisches Haus bis zu einhundert Gulden kostete, zählte Gutenberg in finanzieller Hinsicht zur wohlhabenden, wenn auch nicht reichen Einwohnerschaft der Stadt.

Zum anderen findet sich der Name Gutenbergs in einer Liste vom 22. Januar 1444, worin die Namen der waffenfähigen Bewohner Straßburgs verzeichnet sind. Der Mainzer Junker ist diesmal an erster Stelle unter den »Goldschmieden und Malern und Sattlern und Glasern und Harnischern« aufgeführt; in dieser wenig homogenen Handwerkergruppe allerdings als »Zugeselle«, als jemand, der kein

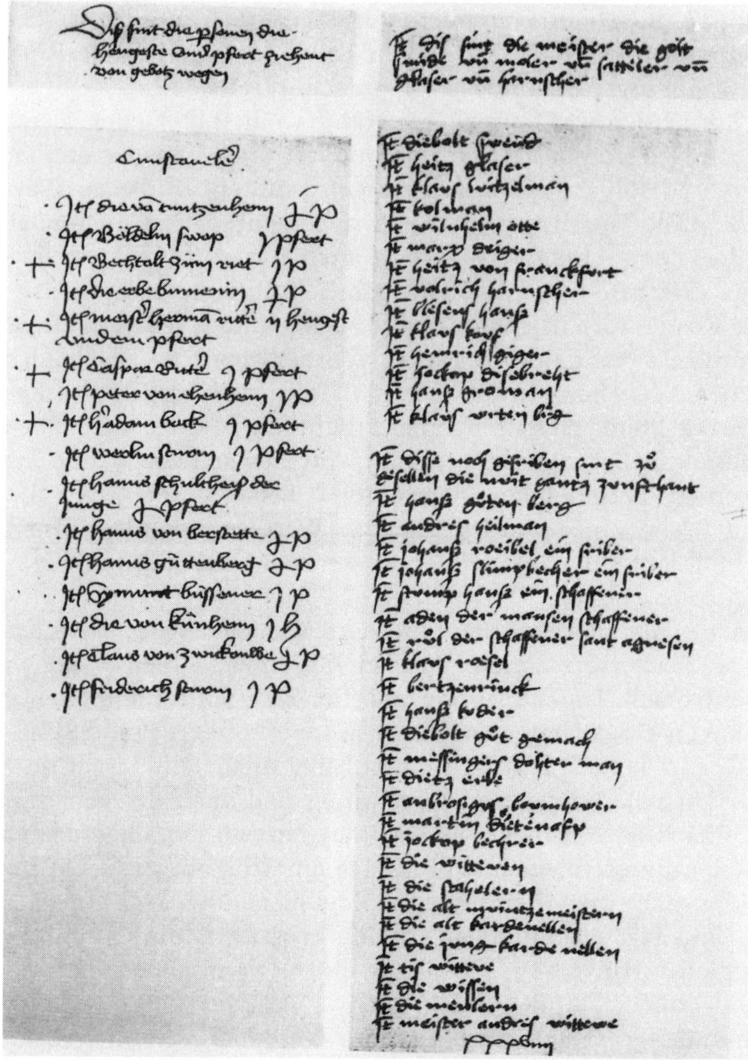

In den Straßburger Armagnaken-Akten findet sich Gutenbergs Name in der Liste der *»Cunstoveler«* (*»Disz sint die personen die hengeste und pfert ziehent von gebotz wegen«*) als *»Item hanns guttenberg ½ p[fert]«* und in der Liste derer, *»die nuit gantz zunft hant«*, als *»Item hansz gutenberg«*.

vollwertiges Zunftmitglied war.[7] Gutenberg fand sich also zeitgleich in die beiden führenden gesellschaftlichen Klassen eingereiht, in die der Patrizier und die der Zünftler, ein wahrhaft symbolischer Ausdruck um den Zwiespalt, der sich an seiner Person manifestierte. Ob Gutenberg dabei mit seiner Klassifizierung unter die eigentlich verhaßten Zünfte einverstanden war, mag dahingestellt sein. Aber auch die Tatsache, daß er sich unter den Patriziern wiederfand, wird ihm in diesem Falle nicht sonderlich behagt haben, war doch diese Auszeichnung nur mit der Zahlung von Geldern verbunden. Überhaupt läßt sich seine zweifache gesellschaftliche Einordnung am besten in aller Nüchternheit erklären, daß man nämlich Gutenberg unter den Constofelern zur Kasse beten konnte, daß er aber unter den Zünftlern – weit weniger ausgezeichnet – am drohenden Kriegsgeschehen teilnehmen würde.

An dieser Liste der Waffenfähigen ist ferner bemerkenswert, daß seinem Namen der des Andres Heilman, Gutenbergs Gesellschafter, unmittelbar folgt; also ist davon auszugehen, daß die geheimgehaltene *burse* nach dem Dritzehen-Prozeß tatsächlich fortgeführt worden war. Trotzdem muß jene *burse* spätestens mit dem Beginn des Jahres 1444 zu bestehen aufgehört haben (die Auflistung vom 22. Januar war sicherlich von einem älteren Zunftverzeichnis übernommen worden), als die fünf vereinbarten Geschäftsjahre abgelaufen waren und es bis dahin nicht mehr lohnen konnte, in der Stadt neue und risikoreiche Geschäftsverbindungen einzugehen. Somit lief die Straßburger Zeit des Johannes Gutenberg aus. Er war seiner Verpflichtungen ledig, und wegen der bestehenden Kriegsgefahr bot ihm der Boden für seine geheimgehaltenen Unternehmungen nicht mehr genug Sicherheit. Sein letzter urkundlicher Nachweis in Straßburg datiert vom 12. März 1444, als er nur noch für seine eigene Person die jährlich geforderte Weinsteuer von einem Gulden zahlte.[8]

Wenn sich damit auch die urkundlichen Nachrichten über Gutenberg in Straßburg erschöpfen, so läßt sich immerhin auf die Tatsache verweisen, daß die Armagnaken im September 1444 abermals auf die große Reichsstadt vorgerückt waren. Zwar mußten vor den solide bewehrten Schanzen auch dieses Mal ihre kriegerischen Fertigkeiten versagen, jedoch plünderten sie die unbefestigten Vororte der Stadt, so auch das schutzlose Sankt Arbogast. Spätestens zu jener Zeit wird Gutenberg sein Domizil vor den Toren Straßburgs verlassen haben, wobei es sogar einen Hinweis darauf gibt, daß Gutenberg seinen Wohnsitz schon seit etlichen Monaten in das Innere der schützenden Stadtbefestigung verlegt hatte (möglicherweise schon seit dem Jahre 1439, als die Armagnaken für kurze Zeit bis vor die Mauern Straßburgs gezogen waren). Aus den Rechnungsbüchern des Sankt-Thomas-Stiftes geht hervor, daß sich unter den Einträgen der bezahlten Zinsen Gutenbergs Name stets in der Rubrik »St. Thomas« findet.[9] Da die Einnahmen des Stiftes nach den einzelnen Kirchenbezirken der Stadt eingeteilt wurden und der Vorort Sankt Arbogast unter die Rubrik »*zinsen in dem lande*« fiel[10], läßt sich folgern, daß Gutenberg am Ende seiner Straßburger Zeit innerhalb der Stadtmauern wohnte. Diese Annahme wird dadurch erhärtet, daß auch sein Bürge Martin Brechter im Kirchenbezirk von Sankt Thomas wohnte, in der Schlossergasse *(Rue des Serruriers)*, die wiederum über die kurze Entfernung von einigen Häuserzeilen, hinweg über die heutige *Place Gutenberg*, zum Wohnhaus des Kistners Conrat Saspach führte.

Dieser Conrat Saspach markiert in der weiteren Indizienkette um Gutenbergs Lebenslauf ein wichtiges Teilstück, liegt doch eine urkundliche Nachricht über den ehrsamen Handwerker vor, die sich direkt auf den Mainzer Junker beziehen könnte. Conrat Saspach, der für das Druckunternehmen im Haus des Andres Dritzehen die Presse gebaut hatte, gab nämlich am 21. März 1444 sein Bürgerrecht auf. Er verließ folglich seine Heimatstadt. Möglicherweise hatte sich Saspach an Gutenbergs Fersen geheftet, der zu eben jener Zeit, nach dem Ende seines gemeinschaftlichen Unternehmens mit Andres Heilman und Hans Riffe und noch vor dem Einfall der Armagnaken in die oberrheinischen Gebiete, der Stadt den Rücken kehrte. Immerhin fehlte es der elsässischen Metropole zu jener Zeit, als von den Schindern so große Gefahr drohte und die Kreise der Bürger durch die schützende Stadtmauer festgeschrieben waren, an der gewohnten politischen und geschäftlichen »Bewegungsfreiheit«, und in den Monaten, als die Schinder tatsächlich in das Elsaß einfielen, mußten gar alle üblichen Geschäfte zum Erliegen kommen. Gutenbergs Unternehmungen, die ja viel Fremdkapital erforderten, hätten daher über eine beträchtliche Zeit zurückstehen müssen, kam doch Straßburg an erster Stelle die Aufgabe zu, gegen die fremden Truppen vorzugehen. Dies erforderte einen großen Einsatz auf kriegerischem wie auf diplomatischem Feld, ehe die Schinder zu ihrem größten Teil im Frühjahr, zum übrigen Teil im Herbst 1445 aus dem verwüsteten Land über die Vogesen abzogen. In all den militärischen Bestimmungen der Stadt Straßburg, die sich in der einen oder anderen Urkunde auch auf einen Andres Heilman, einen Martin Brechter oder die beiden Dritzehen-Brüder bezogen, taucht in dieser entscheidenden Zeit an keiner Stelle mehr der Name Gutenbergs auf.[11]

Mit der Feststellung, daß Gutenberg seine Wahlheimat im Jahre 1444 nicht mehr genug Sicherheit, Freiheit und Gelassenheit bot, endet endgültig auch der letzte, mehr schlecht als recht gesicherte Erklärungsweg. Abermals öffnet sich das weite Feld der Hypothesen, auf dem einige äußerst wackelige Konstruktionen verzweifelten Halt zu geben scheinen. Immerhin mutet die biographische Lücke von über vier Jahren, die bis zu seinem erneuten urkundlichen Nachweis in Mainz klafft, so überaus brisant an, weil Gutenberg in seiner Heimatstadt nach recht kurzer Zeit den Mobilletterndruck zur Perfektion führen sollte. Er mußte also bis zur Zeit seiner Rückkehr seine Erfindung vorangetrieben haben. Weil sich leider in allen durchforsteten Archivwäldern nicht ein Blatt auffinden ließ, welches Gutenberg für diese fehlenden vier Jahre auswiese, sei an dieser Stelle darauf verzichtet, die vielen Spekulationen wiederzugeben, die bisher zu seinem Verbleib angestellt worden sind und die sich etwa auf die Gegend in und um Basel oder auf die Straßburger rechtsrheinische Exklave Lichtenau beziehen. Drei Brücken hat man allerdings zu schlagen versucht, für die ein scheinbar tragfähiger Untergrund gefunden werden konnte.

So führt der Weg zuerst in das heutige Belgien, in die westflandrische Stadt Brügge. Zum einen stieß man schon im achtzehnten Jahrhundert in dem Tagebuch eines Abtes auf die beiden bemerkenswerten Einträge[12], wonach sich dieser Jean-le-Robert im Monat Januar 1445 in Brügge ein *Doctrinale* verschaffen ließ, *»gette en molle«*, wie es heißt – »in der Form gegossen«, wie man in etwa übersetzen könnte. Ein weiteres *Doctrinale,* in dem nahen Valenciennes gekauft und ebenfalls *»gettez en molle«*, sandte der Abt einem D. Gerard zu, der allerdings das Buch mit der Bemerkung zurückschickte, es tauge nichts und sei ganz falsch. Zum anderen ist in der Pariser Nationalbibliothek ein einzelnes kleines Druckwerk aufbewahrt, eine *»Instruction et doctrine de tous chrétiens et chrétiennes«* des bedeutenden Pariser Theologen Jean de Gerson, worin sich folgende Schlußschrift findet: »Bedenke, wie schmuckhaft, wie reinlich und wie geziert der Brügger Bürger Johannes Brito dies gedruckt hat, indem er ohne Anleitung eines anderen eine bewundernswerte Kunst und ebenso auch bestaunenswerte Werkzeuge erfunden hat.«[13] Führt man diese Aussagen zusammen, so ist die Pariser *Doctrine* vor dem Jahre 1445 mit gegossenen Formen in Brügge gedruckt worden, lange also vor dem ersten, mit Sicherheit nachweisbaren Druck Gutenbergs.

Die überlieferten Drucke, Dokumente und Darlegungen halten allerdings aus vielen Gründen der Überprüfung nicht stand. So läßt sich der Ausdruck *»gette en molle«* nur auf das Drucken von einer im Stück geschnittenen Druckform beziehen; auch handelte es sich bei der von Gerson verfaßten *Doctrine* und dem von le-Robert gekauften *Doctrinale* um zwei völlig verschiedene Arten von Büchern (um ein sakrales Erziehungsbuch und ein profanes Grammatikbuch), und sowieso kam die Pariser *Doctrine* erst lange Zeit nach Gutenbergs Erfindung aus der Presse. Vor allem aber – und dies ist der entscheidende Beweis gegen einen »Erstdrucker« Johannes Brito – ist der in der Bretagne Geborene bis zum Jahre 1454 in der kleinen Stadt Tournai nachzuweisen, und erst danach siedelte er in das etwa siebzig Kilometer entfernt gelegene Brügge über.

Es bleibt immerhin das Phänomen, daß zeitgleich mit Gutenbergs Streben zur Vollendung des Mobilletterndrucks in anderen Teilen Europas nach Wegen gesucht wurde, Bücher anders herzustellen, nämlich schneller und billiger als mit der Schreibfeder in der Hand. So führt in den burgundisch geeinten, wirtschaftlich aufstrebenden Niederlanden eine weitere Fährte nur wenige mittelalterliche Tagereisen weiter in einen anderen Ort, nach Haarlem. Dort trat weit über hundert Jahre nach der Erfindung der Buchdruckerkunst ein Adriaen de Jonghe zur Ehrenrettung seiner Stadt an. In einem *Batavia illustrata* genannten Geschichtswerk über die Niederlande breitete er eine ganz eigene Version über die Rolle Gutenbergs und eines gewissen Laurens Janszoon Coster aus, dies in einer fabelhaft fabulösen Diktion, um deren auszugsweise Wiedergabe man nicht umhinkommt. So heißt es darin[14]: »Ich kehre zurück zu unserer Stadt [Haarlem], der meines Erachtens der Ruhm der Erfindung der Buchdruckerkunst als ein ihr eigentlicher und eingeborener gebührt. Unserem Ruhm steht einzig jene landläufige und gleichsam den Gemütern unausrottbar eingeprägte Vorstellung entgegen, die so tief eingewurzelt ist, daß keine Hacke, keine Keile, kein Spaten sie auszurotten vermögen, derzufolge man davon durchdrungen ist, daß zuerst in Mainz, der berühmten und alten Stadt Deutschlands, Formen von Buchstaben erfunden seien, mit denen man Bücher druckte. Möchte mir hier doch die Beredsamkeit des Karneades [griechischer Philosoph] zu Gebote stehen, der nichts verteidigt haben soll, was er nicht auch bewiesen, und nichts bestritten haben soll, was er nicht auch über den Haufen geworfen hätte, um jenen uns entflohenen Ruhm zu uns zurückzubringen und als Verbreiter der Wahrheit dies gleichsam als Siegeszeichen errichten zu können, daß ich nichts anderes wünsche, als daß die Wahrheit, die ein alter Dichter mit Recht eine Tochter der Zeit nennt [...], endlich aufgedeckt und daß sie, die, um mit Demokrit zu sprechen, in den tiefsten Brunnen verschüttet wurde, wieder zutage befördert werde. [...]

Ich will also erzählen, was ich von angesehenen und durch ihre öffentliche Stellung berühmten Greisen gehört habe, die mir hoch und heilig versichert haben, daß es ihnen von ihren Vorfahren so berichtet worden sei, deren Ansehen mit Recht Gewicht beigelegt werden muß, damit sie Glauben finden.

Es wohnte vor hundert und achtundzwanzig Jahren [1568] zu Haarlem in einem vornehmen Hause, wie es das heute noch bestehende Gebäude beweist, am Markt gegenüber dem königlichen

Palast Laurens Janszoon mit dem Beinamen Coster oder Küster. Es war das zu jener Zeit ein einträgliches und angesehenes Amt, das die unter diesem Namen bekannte Familie erblich besaß. Dies ist der Mann, der jetzt den von Anderen in Besitz genommenen Ruhm der Erfindung der Buchdruckerkunst in aller Form zurückverlangt, ein Mann, der mit vollem Recht einen schöneren Lorbeer verdient als alle Triumphatoren.

Dieser unternahm es, als er einst in einem vor der Stadt gelegenen Wäldchen spazieren ging, wie es die Bürger, die Zeit dazu haben, nach eingenommenen Mittagessen oder an Festtagen zu tun pflegen, aus Buchenrinde Buchstaben zu schneiden. Indem er diese verkehrt nach Art der Siegel auf Papier drückte, brachte er zum Vergnügen etliche Zeilen zustande, die seinen Enkeln, den Kindern seines Schwiegersohnes, eine Vorstellung geben sollten. [...] Darauf druckte er auch ganze Tafeln mit Figuren und hinzugefügter Schrift. In dieser Art habe ich ein Erstlingswerk gesehen, das nur auf den entgegengesetzten Seiten, aber nicht auf den Rückseiten bedruckt war. [...] Dies in der Muttersprache von einem ungenannten Verfasser geschriebene Buch hatte den Titel: *Spieghel onzer behoudenisse* [ein »*Speculum humanae salvationis*«, im Deutschen »Heilsspiegel« genannt, worin in Versform die Heilsgeschichte erzählt wird]. In diesem Wiegendruck – noch keine Kunst wurde zugleich erfunden und vollendet – waren die Kehrseiten zusammengeleimt, um, leer gelassen, nicht zur Unzierde zu gereichen.

Nachher vertauschte er die buchenen Formen mit bleiernen; diese machte er in der Folge aus Zinn, damit der Stoff fester, weniger biegsam und dauerhaft sei. Aus den Resten dieser Typen sind Weinkannen gegossen worden, die als Altertumsstücke noch heute in dem erwähnten Laurenzischen Hause am Markt zu sehen sind. Dies Haus wurde nachher von seinem Urenkel Gerhard Thomas bewohnt, einem angesehenen Bürger, der ehrenhalber von mir genannt wird und erst vor wenigen Jahren als Greis gestorben ist. Da nun, wie es zu geschehen pflegt, die Leidenschaften der Menschen die neue Kunst begünstigten, indem die neue, vorher nie gesehene Ware von allen Seiten Käufer anzog und reichlichen Gewinn abwarf, so wuchs die Liebe zur Kunst, es wuchs das Geschäft. Es wurden Gehilfen aufgenommen, der Beginn des Unheils. Denn unter diesen Gehilfen war ein gewisser Johannes, sei es nun, wie man argwöhnt, mit dem ominösen Beinamen Faustus, seinem Herrn ein Treuloser und Unglücksbringer, oder ein anderer dieses Namens. Das soll mir gleich sein, weil ich die Schatten der Toten nicht beunruhigen möchte, die während ihres Lebens mit Gewissensbissen genug gequält worden sind.

Dieser, zur Druckarbeit eidlich verpflichtet, ergriff, nachdem er in der Kunst der Buchstaben zu verbinden und in der Kenntnis gegossener Typen und in anderem, was dazu gehört, eine genügende Übung sich angeeignet zu haben glaubte, eine günstige Gelegenheit, wie sie passender nicht hätte gefunden werden können. Nämlich gerade in der Nacht, in der die Geburt Christi gefeiert wird und alle ohne Unterschied der heiligen Weihe beizuwohnen pflegen, nimmt er den ganzen Typenvorrat an sich, packt die Werkzeuge und das Geräte seines Herrn, die für die auszuübende Kunst geschaffen waren, zusammen und macht sich mit den gestohlenen Sachen aus dem Hause. Er geht zuerst nach Amsterdam, von da nach Köln und eilt weiter, bis er nach Mainz wie zu einem Zufluchtsaltar gelangt, wo er außer Schußweite, wie man sagt, in Sicherheit lebte und durch die Eröffnung einer Druckerei die reichlichen Früchte seines Diebstahls einerntete.

Denn es ist sicher, daß aus ihr innerhalb Jahresfrist, im Jahre 1442 seit Christi Geburt, mit eben denselben Typen, deren sich Laurens zu Haarlem bedient hatte, als erste Frucht das Doktrinale des Alexander Gallus, eine Grammatik, die damals allgemein gebraucht wurde, zugleich mit den Abhandlungen des Petrus Hispanus hervorging.

Solches niederzuschreiben trieben mich der Wunsch und der Eifer, die Wahrheit zu verteidigen, obwohl daraus meist Haß zu entstehen pflegt. Zum Schutze der Wahrheit will ich aber lieber diesen Haß auf mich nehmen, als es unterlassen Zeugnis abzulegen. Denn wer die Sache aufrichtig und gründlich prüfen und sie gleichsam auf der Waage des Critolaus [= Kritolaos: griechischer Philosoph] abwägen will, der wird den Haß fahren lassen. Wer aber die Beschirmung der Wahrheit, des Ebenbildes Gottes, nicht gern auf sich nimmt, der verdient meines Erachtens kaum ein Mensch genannt zu werden, da diesem die Sorge und Liebe zur Wahrheit die heiligste und erste Pflicht sein muß.

Wenn wir die Wahrheit schützen, wird unserer Stadt auch ihre Ehre bleiben und ihr der entrissene Ruhm der schönsten Erfindung wieder zuteil werden. Und hinfällig wird die Anmaßung derer werden, die sich nicht geschämt haben, sich das Erbe eines fremden Ruhmes anzueignen und mit Unterdrückung der rechtmäßigen Besitzer hochmütig sich eines anderen Rechte anmaßten.«

Starker Tobak, möchte man ungezwungen ausrufen, was jener eloquente Adriaen de Jonghe da faktenreich auszubreiten verstand. Zwar läßt sich in seinem Bericht eine solche Fülle von Unstimmigkeiten, besonders von historischen und chronologischen, nachweisen, daß er unmöglich der Wahrheit entsprechen kann; doch waren damit zwei Behauptungen in die Welt gesetzt, die noch bis in die jüngste Zeit so manchem Forscher schlaflose Nächte bereiteten. Nicht nur reklamierte de Jonghe die Erfindung des Buchdrucks für die Stadt Haarlem und ihren Bürger Coster, sondern er erklärte die Entwicklung der Erfindung über die Stufen von Holzlettern und Blockbüchern. Im Jahre 1628 schlug sein Landsmann Peter Scriver in dieselbe Bresche, als er ein – für seine Zeit – durchaus historisch fundiertes Werk veröffentlichte, *»Laure-crans voor Laurens Coster van Haarlem, eerste Vinder van de Boeck-Druckery«*, das zum ersten Mal einen berühmt gewordenen Auszug aus der erwähnten »Kölner Chronik« anführte, dieser umfangreichen *»cronica van der hilliger stat van Coellen«*[15]. Darin heißt es in frühneuhochdeutscher Kölner Dialektsprache, wenn auch die Buchdruckerkunst in Mainz erfunden worden sei, *»so is doch die eyrste vurbyldung*[16] *vonden in Hollant uyss den Donaten, die daeselffst vur der tzijt gedruckt syn«*[17]; es sei demnach die erste Vorstufe in Holland entwickelt worden, und zwar über das Drucken von Donaten. Zusammen mit der Vielzahl an überlieferten niederländischen Wiegendrucken, darunter einer Menge an Blockbüchern und vor allem Donaten, war endgültig ein Jahrhunderte währender Streit heraufbeschworen, der – nationalistisch angeheizt – die Lager in sogenannte Gutenbergianer und Costerianer teilte. Wenn man sich dabei zu

Beginn natürlich über sein jeweiliges Heimatland definiert hatte, führte der Streit schließlich auch dazu, daß sich in Zeiten »wissenschaftlicher Objektivität«, wie sie zur Jahrhundertwende positivistisch-streng gehandhabt wurde, Holländer auf die »deutsche« Seite und umgekehrt schlugen und daß einige die Gutenberg- oder Coster-Frage zur Sinnfrage ihres eigenen (wissenschaftlichen) Lebens machten. Derart entschieden warfen sich verschiedene Forscher in die Bresche, daß ein Antonius van der Linde, als Holländer Anhänger der »Gutenberg-Fraktion«, in seinem ganz eigenen, bemerkenswerten Stil schreiben konnte: »So lange unsere kultur dauern wird, stehn die Costerianer am pranger; dieses bewußtsein ist mir eine herzstärkung. Denn als ich, – ein idealistischer jüngling, der zu Haarlem das Costergift von den schuljaren an eingeatmet, – im sommer 1855 zum ersten male nach Mainz kam, eilte ich bei hellster mondbeleuchtung sofort nach dem standbilde unseres glorienräubers, und was mein machtloser aber ingrimmiger fanatismus da verübte – lieber leser, ich werde es niemandem schriftlich beichten. So aber hat nicht einmal Karl der Große seine Sachsen getauft. Und darum ist mein haß gegen die volksverderber, gegen die vergifter der edelsten menschlichen regung warhaft dämonisch geworden.«[18]

Drastisch führen die Worte des ehemaligen Predigers van der Linde vor Augen, mit welcher Schärfe gerungen wurde. Der Streit nährte sich besonders an der Frage, ob sich die Erfindung des Mobilletterndrucks aus einer *vurbyldung* im Sinne von Blockbüchern oder Holzlettern erklären lasse oder ob die Gutenbergsche Technologie ohne irgendwelche »Vorstufen«[19] erdacht worden sei. Ohne daß an dieser Stelle all die Argumente, die vielen Hypothesen und Spekulationen über diese Frage aufgeführt werden könnten, sei kurz auf deren abschließende Beantwortung verwiesen, daß nämlich »keiner der frühen typographischen, einst als ›Costeriana‹ bekannten Drucke mit Sicherheit einem früheren Datum als der Mitte der sechziger Jahre zugeordnet werden kann«[20]. Da sich ja selbst die Blockbücher frühestens für den Beginn der fünfziger Jahre nachweisen lassen – eine Zeit, als Gutenberg bereits nachweislich in Mainz druckte –, scheidet nicht nur ein Coster ein für allemal als Buchdruck-Erfinder aus, sondern auch der Holzdruck als »Vorstufe« der

Erfindung. Gleichwohl darf weiter darüber spekuliert werden, ob sich Gutenberg während der brisanten Vier-Jahres-Lücke seines Lebens von 1444 bis 1448 in den Niederlanden aufgehalten und er dort weitere Techniken hin zu seiner Erfindung erlernt haben könnte, wie dies ja überzeugend die »Kölner Chronik« mit dem Begriff der *vurbyldung* nahelegt.[21]

Allerdings ist ein urkundlicher Verweis auf einen weiteren europäischen »Drucktechniker« nicht minder von Bedeutung, der wie Gutenberg nach Wegen suchte, das mühsame Schreiben mit der Feder zu vereinfachen. Nur führt diese historische Fährte weit fort von den Niederlanden, nämlich in den Süden Frankreichs, nach Avignon, dieser einstigen Vatikanstadt am Zusammenfluß von Rhone und Durance, der Residenz zunächst der Päpste und dann der Gegenpäpste, der *altera Roma.* In das wirtschaftlich und kulturell herabsinkende, aber noch immer mächtige Avignon des Postpapismus hatte es zur Mitte des fünfzehnten Jahrhunderts einen Mann verschlagen, der in den Urkunden als *Procopius de Bragansis* oder *Procopius Valdfoghel* auftaucht, in deutscher Schreibweise also ein Prokop Waldvogel aus Prag. Das seltsame Schaffen dieses Waldvogel wird geschichtlich nur für ganze zwei Jahre erhellt, nämlich für die Zeit vom 4. Juli 1444 bis zum 4. August 1446; sein restlicher Lebensweg bleibt nahezu vollkommen im dunkeln. Immerhin ist ein Messerschmied mit dem Namen Georg Waldvogel als bemittelter Bürger in Prag nachgewiesen, in der zu Beginn des vierzehnten Jahrhunderts religiös und national so aufgeriebenen Moldaumetropole. Als nach der hussitischen Vertreibung der Deutschen aus Prag wohl auch ein Prokop Waldvogel eine neue Heimat suchen mußte, läßt sich für diese folgende Zeit nur feststellen, daß er im Jahre 1434 als *»ein goltsmit«* in Luzern eingebürgert wurde, ehe er sich auf unbekannten Wegen nach Avignon aufmachte.

Das Treiben des exilierten Pragers in Avignon liest sich wie folgt[22]: Ständig in Geldverlegenheiten, geht Waldvogel diese und jene geschäftliche Verbindung ein, lehrt eine »Kunst des künstlichen Schreibens« und leiht dazu auch seine Gerätschaften aus. So besitzt nach einer Urkunde vom Juli 1444 die Ausrüstung zu seiner Kunst nicht mehr Waldvogel selbst, sondern der Magister Menaldus

Vitalis, der sie ihm nur leihweise überlassen hat. Dennoch ist er eine Geschäftsgemeinschaft mit dem Uhrmacher und Schlosser Girardus Ferrose aus Trier eingegangen, die jedoch Ende August wieder gelöst wird, um am folgenden Tag mit einem neuen Partner, Georgius de la Jardina, erneut aufgenommen zu werden. Nebenher hat Waldvogel auch den Juden Davinus de Cadarossia in seiner Kunst unterrichtet, dem er im März 1446 verspricht, siebenundzwanzig hebräische Eisenlettern zu verfertigen (wofür dieser ihn in die Kunst des Stoffärbens einweisen soll). Nach diesen fast zwei Jahren hat er seine Geschäftsgemeinschaft erweitert und den erwähnten Menaldus Vitalis und dessen Magisterkollegen Arnaldus de Coselhaco zu seinen Partnern gemacht, dazu auch jenen Girardus Ferrose, der als wichtigster Teilhaber von neuem in das Unternehmen eingetreten ist. Im April aber tritt Vitalis aus der Gemeinschaft aus, die sich schließlich bis zum August 1446 auflöst – bis dahin haben auch die beiden deutschen Techniker Avignon verlassen, die im unbekannten Geschichtsverlauf verschwinden.

Was sie als urkundlichen Nachweis in Avignon zurückließen, läßt sich enthusiastisch als eine Kette von Indizien deuten, deren Glieder aus »zwei Stahlalphabeten«, »achtundzwanzig eisernen und achtundzwanzig zinnernen Lettern«, »siebenundzwanzig eisernen hebräischen Lettern« und »einer Schraube« bestanden, festgezogen durch eine *»artem scribendi, que artificialiter fiebat«*, durch eine »Schreibkunst, die kunstgerecht wurde«, eine Kunst zumal, bezeichnet als *»veram et verissimam«*, als »in höchstem Maße echt«. Auch taucht nicht nur der Begriff des »künstlichen Schreibens« in der Vielzahl der Avignoneser Urkunden stets von neuem auf; sondern die an dieser Kunst Interessierten sind für die Unterweisung auch bis zu einhundert Gulden Lehrgeld zu zahlen bereit, einer Kunst, die geheimzuhalten alle daran Beteiligten ausdrücklich versprechen müssen. Damit nicht genug, ist Jerge Dritzehen, der Kläger im Straßburger Prozeß gegen Gutenberg, in Luzern nachzuweisen. Dort wurde er im Jahre 1443 in das städtische »Büßerbuch« eingetragen, weil er wegen Streitereien verurteilt worden war – ausgerechnet in Luzern, wo etliche Jahre zuvor Prokop Waldvogel das Bürgerrecht erworben hatte. Weiter ist für Avignon mehrere Male der Aufenthalt eines Silberschmiedes mit dem Namen Walter Riffe ausgewiesen; dabei gibt nicht nur die Tatsache zu denken, daß jener Riffe aus Straßburg stammte, sondern daß ja auch der Name von Gutenbergs Geschäftspartner ausgerechnet auf Riffe lautete, auf Hans Riffe allerdings, dem verwandtschaftliche Beziehungen zu jenem Walter Riffe nicht nachgewiesen werden können. Schließlich findet sich in den Avignoneser Notariatsinstrumenten ein Zeuge, der sich in der einen oder anderen Form Arbegasto nannte, der also ausgerechnet wie der Ort Sankt Arbogast hieß, wo Gutenberg seine *burse* betrieb, und der zudem – obgleich er sich schon seit dem Jahre 1435 dauerhaft in Avignon aufgehalten zu haben schien – als aus der Diözese Straßburg ausgewiesen ist.

Die entsprechenden Schlußfolgerungen müssen hier nicht erst im einzelnen aufgezeichnet werden. Das »Beweismaterial« für eine Verbindung zwischen der geheimen Gemeinschaft eines Gutenberg in Straßburg und eines Waldvogel in Avignon scheint auf der Hand zu liegen. Wer will, kann sogar noch die Überlieferung des Jakob Wimpfeling heranziehen, wonach auch in Straßburg (wie in Haarlem unter umgekehrten Vorzeichen) die Mär umlief, das Geheimnis der Buchdruckerkunst sei dem Erfinder gestohlen worden. So entschieden scheinen jedenfalls all diese Indizien für einen Zusammenhang zwischen den beiden industriellen Unternehmungen zu sprechen, daß etwa nach Ansicht des Technik-Historikers Wolfgang von Stromer »nach üblichen Beweisgrundsätzen daran kein vernünftiger Zweifel sein kann«[23]. Erwähnt sei nur zu all den unvermeidlichen Hypothesen über eine Wissensweiterleitung, einen Erfahrungsaustausch oder gar eine direkte Zusammenarbeit zwischen den beiden erfinderischen Exilierten, daß meist Gutenberg derjenige gewesen sein soll, der sein Wissen bewußt oder unbewußt, gewollt oder ungewollt weitergegeben habe.

Mit dem erneuten Hinweis auf den »anderen Teil« sei aber auch dieses Bild kontrastiert, das auf den bisher zusammengetragenen Indizien so faszinierend anzusehen ist. Wie die Maus auf die Schlange hat man nämlich meist auf den Begriff der *ars artificialiter scribendi* gestarrt, einen Begriff, der in seiner angenommenen Eindeutigkeit jede geistige Beweglichkeit fesselte. Dann jedoch bewies der

Buchdruckforscher Alfred Świerk in einer vergleichenden sprachgeschichtlichen Untersuchung, daß der Ausdruck der »Kunst des künstlichen Schreibens« in Avignon nicht einmalig gebraucht wurde, sondern daß man diesen Ausdruck im Mittelalter schlichtweg für die elegante Kunst der zeitgenössischen berufsmäßigen Schreiber, der mittelalterlichen Schönschreiber verwendete. Wie Świerk an bestimmten Beispielen überzeugend zeigt, wurde die *ars artificialiter scribendi* »von den Schreibmeistern als die Fertigkeit eines kunstvollen, nach den Regeln der Kalligraphie ausgeübten Schreibens verstanden; es ist also ein kunstgerechtes und fachgemäßes und dabei kunstvolles Schreiben.«[24] In diesem Sinne hat man auch nie den später erfundenen Buchdruck als »Kunst des künstlichen Schreibens« bezeichnet – wie man ja annehmen müßte –, für den man im allgemeinen Ausdrücke suchte wie »überaus schöne«, »neue«, »heilige« oder »talentvolle Kunst«, man dagegen im besonderen den Begriff der *ars impressoria* gebrauchte[25], der »Druckkunst«, der *»wunderbaren kunst der Trückerey«*, wie es in Johannes Schöffers Widmung an Kaiser Maximilian heißt. Vor dem Hintergrund dieser Wortbedeutung schließt sich Świerk der These eines Gustav Pirchan[26] an, wonach Waldvogel die schwierige Kunst der Kalligraphen nachahmte und metallene Buchstabenstempel herstellte. Diese Stempel hätten, einzeln auf Papier abgedrückt, das Rubrizieren und Illuminieren von Texten vereinfacht. Insbesondere scheint die Aussage des Menaldus Vitalis, wonach die Kunst *facilis* gewesen sei, nicht gerade auf den nur diffizil zu handhabenden Mobilletterndruck oder dessen Anfänge zu verweisen.

Abgesehen von einem Brito, einem Coster und einem Waldvogel sind weitere Personen überliefert, die angeblich die Buchdruckerkunst erfunden haben sollten: Johann Mentelin, der aus dem elsässischen Schlettstadt stammte, als erster eine Bibel in deutscher Sprache druckte und von seinem Enkel Johannes Schott als »erster Erfinder der Buchdruckerkunst« bezeichnet wurde; Panfilo Castaldi, der im venezianischen Feltre geboren sein soll, später in Venedig und Mailand als Buchdrucker hervortrat und von dem Franziskanermönch Antonio Cambruzzi als Erfinder des Buchdrucks gepriesen wurde[27]; und auch Johannes Fust, der als einflußreicher Kaufmann in Mainz seine Geschäfte betrieb, mit Gutenberg und Schöffer die berühmte zweiundvierzigzeilige Bibel druckte und von seinem Enkel Johannes Schöffer als der »erste Urheber« der Buchdruckerkunst gepriesen wurde. Die Vielzahl an angeblichen Buchdruck-Erfindern zeugt jedenfalls davon, daß im ausgehenden Mittelalter und auch zu Beginn der Neuzeit die Tradierung von Ereignissen, die außerhalb des herrschenden Einflusses von Königen und Fürsten und in den marginalen Bereich des alltäglichen Geschehens gehörten, nicht objektiv nachzuvollziehen war. Die Tradierung erfolgte meist noch durch den Mund und nicht durch die Schreibfeder und den späteren Buchdruck. Oft galt einfach als wahr, was als wahr angesehen wurde, und überhaupt waren die Grenzen zwischen Faktum und Fabel fließend. Gleichwohl bezeugen die Überlieferungen zu einem Brito, Coster oder Waldvogel, daß die Gutenbergsche Erfindung im fünfzehnten Jahrhundert in der Luft lag.

Rückkehr nach Mainz und der Beginn des Buchdrucks

Unzweifelhaft steht längst die Tatsache fest, daß *der* Buchdruck nicht etwa in Europa erfunden wurde, sondern daß »gedruckte«, das heißt mechanisch vervielfältigte Bücher lange zuvor in einem anderen Teil der Erde hergestellt wurden, als im Abendland nahezu alle Tradition von Schriftlichkeit zerstört worden war. Sowohl für China wie Korea und Japan läßt sich der Buchdruck bis in das achte Jahrhundert zurückverfolgen. In einer Zeit also, als in Europa das so gern zitierte finstere Mittelalter herrschte, war in Ostasien bereits ein Mittel gefunden, den mühsamen, singulären Vorgang des Abschreibens von Büchern abzulösen durch einen industriellen Prozeß, nämlich durch die Produktion von Blockbüchern. Galt lange Zeit die sogenannte Diamant-Sutra – eine Schriftrolle mit Lehrsätzen des Buddha – als ältester Druck der Welt[1], verfertigt von einem gewissen Wang Chieh am 11. Mai 868, so wurde vor einigen Jahrzehnten in der zentralchinesischen Stadt Chengdu ein weiteres Druckstück einer Sutra gefunden (Dharani-Sutra), die sich auf das Jahr 757 datieren läßt. Damit nicht genug, fand man in Korea im Jahre 1966 ebenfalls eine mit Holztafeln gedruckte Sutra (eine Dharani-Sutra, mit einem für Europäer wie immer stupenden Titel: »*Wu kou ching kuang ta t'o-lo-ni ching*«) in der Form einer über sechs Meter langen Schriftrolle. Diese kann spätestens auf das Jahr 751 datiert werden.[2] Mit solcher Effizienz konnte im übrigen der Holztafeldruck betrieben werden, daß etwa von der japanischen Kaiserin Shotoku berichtet wird, sie habe um das Jahr 770 eine Million Exemplare einer solchen Dharani-Sutra über ihr Land verteilen lassen, oder daß etwa im zehnten Jahrhundert ein chinesischer Minister mit dem Namen Feng Tao (der fälschlicherweise als der Erfinder des Buchdrucks in China angesehen wurde) die gesamten Konfuzianischen Klassiker einschließlich Kommentaren in hundertdreißig Bänden drucken ließ.

Nun läßt sich allerdings einwenden, daß es sich bei Gutenbergs Erfindung ja um den Buchdruck mit beweglichen Lettern gehandelt habe. Jedoch auch diese Definition reicht nicht aus, um die Einzigartigkeit des Gutenbergschen Systems zu kennzeichnen, da bereits viele Generationen vor dem Auftreten des erfinderischen Mainzer Patriziers im Fernen Osten mit beweglichen Lettern gedruckt wurde. So ist sogar der Name eines Schmiedes überliefert, der als der (oder einer der) Erfinder des Mobilletterndrucks in China angesehen werden kann. In den fünfziger Jahren des elften Jahrhunderts – also vier Jahrhunderte vor Gutenberg – habe dieser Pi Sheng bewegliche Drucklettern erfunden. Deren Herstellung erklärt anschaulich ein offizieller Schreiber jener Zeit[3]: Mit Kiefernharz, Wachs und Papierasche wurde eine Eisenplatte bestrichen, welche man mit einem

Die Diamant-Sutra von 868, eine etwa dreißig Zentimeter hohe und fast fünf Meter lange Schriftrolle, ist auf sieben aneinandergeleimten Papierstreifen gedruckt.

eisernen Rahmen umspannte. Daraufhin schnitt man in eine Lage Ton die gewünschten Druckbuchstaben und härtete sie im Feuer. Die einzelnen Lettern wurden dann auf der Eisenplatte festgedrückt, worauf man – wenn der Rahmen ausgefüllt war – auf dessen Rückseite die Klebmasse am Feuer leicht erwärmen ließ. Auf diese Weise konnte mit einem glatten Brett die Oberfläche nivelliert werden. Wenn schließlich von diesem Satz gedruckt worden war, brachte man die Klebmasse am Boden der Eisenplatte wieder zum Schmelzen, so daß die einzelnen Lettern herausfielen. Flott und problemlos muß diese Art Drucken von der Hand gegangen sein, da der Chronist lakonisch fortfährt: »Wenn man nur zwei oder drei Exemplare drucken müßte, so wäre diese Methode weder praktisch noch schnell; aber wunderbar [lit.: ›göttlich‹] schnell war sie, um Hunderte oder Tausende von Exemplaren zu drucken.«[4] Tatsächlich wird im weiteren das Funktionieren einer ganzen Druckerwerkstatt beschrieben, wenn es heißt: »Es gab mehrere Lettern für jedes Schriftzeichen. Für bestimmte gängige Schriftzeichen gab es sogar zwanzig oder mehr Lettern; auf diese Weise war man darauf eingestellt, wenn sich auf derselben Seite bestimmte Schriftzeichen wiederholten. Wurden die Lettern nicht benutzt, ordnete er [Pi Sheng] sie mit Hilfe von Papierschildchen [...] und verwahrte sie so in Holzkisten. Wenn einmal ein seltenes Schriftzeichen vorkam, das nicht im voraus gefertigt worden war, so wurde dieses wie gewünscht geschnitten und mit [einem Feuer aus] Stroh gebacken; im Nu war es fertig.«[5]

Gegen den Schmied Pi Sheng als Erfinder des Mobilletterndrucks läßt sich hingegen der Einwand erheben, daß es sich strenggenommen bei Gutenbergs Erfindung um den Buchdruck mit beweglichen, *metallenen* Lettern gehandelt habe. Nur durch die Vielzahl der Metallettern, wie sie durch das Handgießgerät in unbeschränkter Zahl gewonnen werden konnten, lasse sich von einem wirklichen Buchdruck überhaupt erst sprechen, wenn theoretisch unbegrenzt viele Seiten gesetzt und gedruckt werden können. Aber selbst der Buchdruck mit beweglichen, *metallenen* Lettern wurde lange vor Gutenberg in Ostasien praktiziert, in Korea nämlich. Dort ist schon für das Jahr 1234 eine Aufzeichnung überliefert, wonach ein Gesetzesbuch über die Moral in fünfzig Bänden achtundzwanzigmal mit metallenen Lettern gedruckt worden sei. Da allerdings von diesem »*Ko Keum Sang Jung Ye Moon*« genannten Gesetzesverzeichnis bisher kein Belegstück gefunden wurde, muß als das älteste, bisher eindeutig nachweisbare, mit beweglichen, metallenen Lettern verfertigte Druckwerk eine Inkunabel mit der Bezeichnung »*Jik Ji Sim Kyung*« gelten. Deren Fertigung ist für das Jahr 1377 ausgewiesen. Allerdings besteht über ein weiteres Druckwerk namens »*Go Moon Jin Bo Dae Jun*« die wissenschaftliche Theorie, daß diese koreanische Inkunabel sogar in die Zeit der sechziger Jahre des zwölften Jahrhunderts anzusiedeln sei.[6] Jedenfalls kann kein Zweifel daran bestehen, daß der Buchdruck auch mit beweglichen, metallenen Lettern in Korea Jahrzehnte, wenn nicht Jahrhunderte vor Gutenbergs Erfindung bekannt war.

Will man gleichwohl die Einzigartigkeit der Gutenbergschen Erfindung hervorheben, so läßt sich abschließend auf zwei Komponenten verweisen, die in der Tat den europäischen Buchdruck grundsätzlich vom fernöstlichen unterschieden. Eine solche Unterscheidung bezieht sich zum einen auf die verwendete Schrift und zum anderen auf die bemerkenswerte Tatsache, daß der Buchdruck in Europa auf einer Presse erfolgte. Denn eine Buchdruckerpresse blieb im Fernen Osten all die Zeit unbekannt. Zum »Druck« benutzte man nichts weiter als Bürsten zum Einfärben und Abreiben der Holztafel. Wenn man sich vor Augen führt, welche Bedeutung der Druckerpresse für die Erfindung des Johannes Gutenberg zukam (so bedeutend, daß er auf die Handwerkskunst des Kistners Conrat Saspach angewiesen war und dieser daher – wahrscheinlich – mit ihm zusammen Straßburg verließ), mag man die Effizienz dieses Abreibeverfahrens arg bezweifeln. Gleichwohl konnten in dieser Weise auch von einer einzelnen Person am Tag Hunderte von Abzügen hergestellt werden, wobei sogar der Farbenglanz den europäischen Drucken in nichts nachsteht; selbst auf im Wasser versteinerten Papierstapeln (wie man sie in Zentralasien entdeckt hat) tritt die Schrift noch immer deutlich hervor[7].

Der zweite fundamentale Unterschied zwischen dem europäischen und dem ostasiatischen Buchdruck besteht in der grundsätz-

祕書郎以慶之勳重大明五年封文季爲山陽
縣五等伯轉太子舍人新安王北中郎主簿西
陽王撫軍功曹江夏王太祖東曹掾遷中書郎
慶之爲景和所殺兵仗圍宅收捕諸子文季長
兄文叔謂文季曰我能死爾能報遂自縊文季
揮刀馳馬去收者不敢追遂得免明帝立起文
季爲寧朔將軍遷太子右衛率建安王司徒
司馬褚圻平爲宣威將軍廬江王太尉長史出
爲寧朔將軍征北司馬廣陵太守轉黃門郎領
長水校尉明帝宴會朝臣以南臺御史賀臧爲
柱下史糾不醉者文季不肯飲酒被驅下殿晉
平王休祐爲南徐州帝問褚淵須幹事人爲上
佐淵舉文季轉寧朔將軍驃騎長史南東海太
守休祐被殺雖用堯禮僚佐多不敢至文季獨
往省墓展哀出爲臨海太守元徽初遷散騎常侍
領後軍將軍轉祕書監出爲吳興太守文季飲
酒至五斗妻王氏王錫女飲酒亦至三斗文季
與對飲竟日而視事不廢昇明元年沈攸之反

Die in vielerlei Exemplaren überlieferten (Block-)Bücher aus der von 960 bis 1279 währenden Sung-Dynastie sind sprechende Beispiele für die bereits zu jener Zeit ausgereifte chinesische Druckkunst.

lichen Andersartigkeit des zugrunde liegenden Schriftmaterials. Die chinesische Schrift, wie sie bis in die Neuzeit hinein im gesamten ostasiatischen Raum vorherrschend war, basiert auf Ideogrammen, also auf Schriftzeichen, die nicht wie beim abstrakten europäischen Alphabet einen phonetischen Ton wiedergeben, sondern einen ganzen Begriff; so wie etwa ein eigenes Zeichen für »Sonne« (日) oder für »Baum« (木) besteht. Wiederum ergeben diese begrifflichen Zeichen zusammengesetzt einen neuen Begriff, so wie etwa »Osten« (東) aus der Zusammensetzung der Zeichen »Sonne hinter Baum«. Wenn somit auch bis heute der Zusammenhalt des chinesischen Volkes trotz aller unterschiedlichen (und untereinander oft unverständlichen) Dialekte gewährleistet ist, so läuft doch ein solches System dem »Gutenbergschen« Buchdruck zuwider. Das europäische Bild des Setzkastens läßt sich für die chinesische Schrift nur als System von »Setzschränken« denken, um die Tausende, ja Zehntausende verschiedener Zeichen zu verwahren. Tatsächlich gibt es noch aus jüngster Zeit Abbildungen chinesischer Setzereien, wo mit beweglichen Lettern gearbeitet wurde und die Wände konsequenterweise mit Schränken voller Schubladen ausstaffiert waren. Aber selbst wenn eine solche Setzerei eingerichtet war, konnte nie auf einen kompletten Zeichensatz zurückgegriffen werden, da für seltene oder abseitige Begriffe das entsprechende Zeichen noch geschnitten werden mußte. Aus diesen Gründen erfolgt meist die Schlußfolgerung, daß für die chinesische Schrift der Holztafeldruck weit besser geeignet war als der Mobilletterndruck; denn dieser erforderte einen immensen Bedarf an Kapital, um Zehntausende von Lettern – zumal wenn es sich um metallene handelte – stets zur Hand zu haben. Mit dem Holztafeldruck ließ sich hingegen wunderbar die Tradition weiterführen, Bild und Schrift zusammenzubringen und dabei auch hohen ästhetischen Ansprüchen zu genügen, wie sie sich aus der Bildhaftigkeit der chinesischen Schrift gleichsam notwendig ergeben. Auch kam die kulturelle Beständigkeit Ostasiens im Blockbuch weit besser zum Tragen, wenn etwa der »Satz« der so besonders wichtigen religiösen Texte nach dem Druck nicht verlorenging und man auch nach langer Zeit den gewünschten Text unverändert produzieren konnte. Der Mobilletterndruck konnte sich daher, obwohl frühzeitig erfunden, im gesamten fernöstlichen Raum nicht durchsetzen.

So läßt sich festhalten, daß in Europa wie in Ostasien das jeweils geeignete Mittel gefunden wurde, um die jeweilige schriftlich verzeichnete Sprache mechanisch vervielfältigen zu können. Daß dabei das fernöstliche System des Holztafeldrucks ebenfalls eine riesige Masse von Lesern befriedigen konnte, zeigt sich allein in den Auflagenhöhen gewisser Drucke, wie im extremsten Beispiel beim Papiergeld. Dieses schon im neunten Jahrhundert in China benutzte Zahlungsmittel wurde in einer Auflage produziert, wonach etwa in der Zeit der Mongolen-Herrschaft jedes Jahr mehr als siebenunddreißig Millionen einzelner Geldscheine gedruckt wurden.[8]

Was gleichwohl *die* Gutenbergsche Erfindung angeht, den Druck eines Textes aus seinen einzelnen (phonetischen) Bestandteilen auf einer Presse, so ist wie bei der »Entdeckung Amerikas« der Streit müßig, ob wirklich Christoph Kolumbus als der »Amerika-Entdecker« anzusehen ist und nicht etwa Leif Eriksson, der bereits um das Jahr 1000 nicht nur in Amerika anlangte, sondern dort, auf Neufundland, erwiesenermaßen zu siedeln versuchte – einmal davon abgesehen, daß im strengen Sinne natürlich die Indianer selbst als die »Entdecker Amerikas« zu gelten hätten, die ja irgendwann vor Jahrzehntausenden als erste auf den bis dahin von Menschen unbesiedelten Kontinent gestoßen waren.

Als Kriterium für den Entdecker- oder Erfinderruhm kann nicht ein absolutes Maß gesetzt werden. Vielmehr müssen die entsprechenden historischen Besonderheiten zugrunde gelegt werden, und deren Unterschiedlichkeit wird bereits an einer einfachen Feststellung deutlich: Während die ostasiatischen Druckwerke im wesentlichen von seiten der Herrscher veranlaßt wurden und »die große Menge an gedruckter Literatur, wie sie in Zentralasien aus der Zeit bis zur Eroberung durch die Mongolen gefunden wurde, fast ausschließlich religiös« ist[9], entstand der europäische Buchdruck als »private« Initiative und umfaßte von Beginn an nicht nur religiöse, sondern auch profane Texte. Weiter muß die Tragweite der Erfindung hier wie dort ins Auge gefaßt werden. Der Buchdruck im Fernen Osten blieb stets auf eine Elite zurückgestutzt; er ließ die kulturelle und gesellschaftliche Entwicklung nur bescheiden erblühen und entfesselte in seiner Verbreitung kein weiteres Wachstum (so daß mit der europäischen Kolonisation Ostasien die abendländische Buchdrucktechnik übernehmen sollte). Wie anders die europäische Erfindung des Buchdrucks, der sich innerhalb kürzester Zeit derart ausbreitete, daß mit seiner Hilfe die Einleitung eines neuen Zeitalters forciert wurde!

Gleichwohl läßt sich denken, daß es nicht an Versuchen gefehlt hat, Gutenbergs Erfindung des Mobilletterndrucks *direkt* mit dem Buchdruck des Fernen Ostens in Verbindung zu bringen. Dabei erweist es sich schon als höchst problematisch, die offensichtlichen Parallelen zwischen dem europäischen und dem ostasiatischen Holztafeldruck aufeinander zu beziehen, zumal wenn es sich um Blockbücher handelt, die doch in Europa allem Anschein nach erst im Gefolge der Gutenbergschen Erfindung entstanden. In Hinsicht auf die Buchdruck-Erfindung Gutenbergs und deren fernöstliche Initiation gerät dann jede Beweisführung zur reinen Spekulation, eine Beweisführung, wie sie sich in der Literatur gleichwohl stets aufs neue findet. So gelangt etwa der US-amerikanische Bibliothekar Steven Seokho Chweh zu Deduktionen wie: »Die Technik des Metalltypendrucks breitete sich [von Korea] nach China aus. Im achten Jahrhundert wurden den arabischen Ländern die Techniken der chinesischen Papierherstellung vermittelt, und schließlich [?] gelangte von diesen arabischen Ländern im zwölften Jahrhundert [!] die Technik des Metalltypendrucks nach Europa.«[10] Oder es heißt in einer modernen chinesischen Buchdruckgeschichte im Kapitel »Die Verbreitung des Drucks mit beweglichen Lettern« lapidar: »Während der Yuan-Dynastie [bis zum Jahre 1368], als sich direkte Kontakte zwischen Europa und China etablierten, fanden viele chinesische Errungenschaften ihren Weg nach Europa. Höchstwahrscheinlich [!] gelangten die chinesische Drucktechnik oder zumindest [!] die ihr zugrundeliegenden Prinzipien des Druckens mit beweglichen Lettern schon in dieser Zeit nach Europa. Es scheint [!], daß Gutenberg die chinesischen Prinzipien nur auf das deutsche Alphabet anwandte und einige technische Verbesserungen einführte.«[11] Noch bei Alfred Kapr läßt sich exemplarisch nachlesen, welche Spekulationen angestellt werden können, wenn es darum geht, unbedingt eine Brücke zum ostasiatischen Buchdruck schlagen zu *wollen*. So führt den Schriftforscher seine Hypothesenreise entlang der Seidenstraße über alle Staaten und Völker bis an den Hof des Großkhans, um am Ende bei »noch einer vielleicht ausgefallenen These« angelangt zu sein, die abermals Nikolaus von Kues ins Spiel bringt, der in Konstantinopel durch den griechischen Gelehrten Basilius Bessarion von der koreanischen Buchdruckertechnik erfahren haben könnte.[12] *»Uß unnütz red keyn nutz entspringt«*[13], hätte sich wohl Sebastian Brant zu einem solch spekulativen Vorgehen geäußert.

Solange keine handfesten Beweise für die direkte Beeinflussung des Johannes Gutenberg durch die ostasiatischen Druckverfahren erbracht werden können, ist davon auszugehen, daß sich hier wie dort ein eigenes System zur massenhaften Vervielfältigung von Texten entwickelt hatte. Bis zum Nachweis des Gegenteils muß die Tatsache bestehen bleiben, daß die Buchdruck-Erfindung aus gänzlich unterschiedlichen Antrieben herrührte. Denn in Europa hatte im fünfzehnten Jahrhundert mit dem Beginn eines Wirtschaftslebens, das durch Mittel wie »Zins«, »Gewinn« und »Geldaustausch« enorm in Schwung gebracht wurde, ein wahrhaft revolutionärer Umgestaltungsprozeß eingesetzt, der die überkommenen gesellschaftlichen Strukturen auflösen und schließlich ablösen sollte. Im Unterschied zu dem starren Feudalismus, wie er sowohl im Morgenland wie auch über weite Strecken noch im Abendland die Menschen in einen Kanon festgefügter Werte band, war es in Europa einigen Bürgern möglich geworden, auf dem »Markt« riesige Gewinne zu erwirtschaften, Gewinne, die sie zu waghalsigen Unternehmungen anspornten. Ein solch dynamischer Wirtschaftsprozeß, der schließlich in den Kapitalismus münden und den Menschen in jeder Hinsicht »frei« machen sollte, begann sich ausschließlich in Europa zu entwickeln, nicht jedoch in Ostasien. Dort sollte trotz aller Fehden von dynastischen Clanherren, Großgrundbesitzern und Herrscherhäuptern das Element der Leibeigenschaft – verbunden mit einem zentralisierten, verbeamteten Staatswesen und der entsprechenden, herrschaftstragenden Religion (dem Konfuzianismus) – weiterhin die gesellschaftliche Entwicklung bestimmen. Die Verbreitung des Buchdrucks in Ostasien, wo nach einem chinesischen Sprichwort das Volk ebensoweit vom Kaiser entfernt ist wie vom Himmel, war von Beginn an vom Hofstaat »gelenkt«, vor allem in Hinsicht auf die Verbreitung religiöser Schriften. Angesichts eines perfekt organisierten, hierarchischen Herrschaftssystems überrascht es daher nicht, daß sich der fernöstliche Buchdruck nie wirklich zu einem Massenphänomen entwickeln konnte. Denn durch dessen innewohnendes Potential, Wissen zu verbreiten und damit »aufzuklären«, mußte der Buchdruck potentiell umstürzlerisch sein; deshalb ist die fernöstliche Buchgeschichte angefüllt mit Zensurerlassen, Druck- und Handelsverboten oder Bestimmungen zum staatlichen Verbreitungsmonopol, und deshalb finden sich etwa in der chinesischen Geschichte etliche Chroniken, die von der systematischen Vernichtung von Büchern berichten. Zwar lassen sich solch bücherfeindliche Entwicklungen ohne weiteres auch für die europäische Buchgeschichte nachweisen; nur stand hier mit dem ausgehenden Mittelalter eine Klasse bereit, sich durch nichts und niemanden mehr in ihrem Willen einschränken zu lassen, die Freiheit des Gedankens durchzusetzen – und die Freiheit des Profits.

In dieser Hinsicht erscheint überaus bezeichnend, wie jener Chronist seinen Bericht beendet, worin er die Erfindung des Mobilletterndrucks durch den Schmied Pi Sheng hervorgehoben hat: »Als Pi Sheng starb, ging sein Schriftsatz in das Eigentum meiner Nachfolger über und ist so bis heute als kostbarer Besitz bewahrt geblieben.«[14] Pi Shengs gesamter Typenapparat wurde also nicht weiter zur Produktion von Büchern, sondern als familiäres Erinnerungsstück benutzt, so daß dessen Erfindung eher als historisches Unikum erschien und folgenlos bleiben mußte. Für die Nachfolger war wohl einfach kein Markt vorhanden, Pi Shengs Erfindung gewinnbringend einzusetzen. Festzuhalten bleibt, daß *die* »Buchdruck-Erfindung« nicht einem Pi-Sheng zukommt, sondern Johannes Gutenberg, durch dessen Tat am Ende ein Umsturz stattfinden sollte, in Europa zuerst und dann in der ganzen Welt. Denn durch ihre *Folgen* ist eine Erfindung definiert.

Wenn im Europa zur Mitte des fünfzehnten Jahrhunderts nicht allein ein Johannes Gutenberg über Methoden der mechanischen Buchproduktion nachsann, so rührte der Ansporn dazu nicht mehr von individuellen Aufträgen her, die von weltlichen oder geistlichen Herrschern an die Klöster mit ihren darbenden Kopisten vergeben wurden, sondern von der anonymen Kraft des Marktes. Mit der beginnenden Emanzipierung des abendländischen Menschen, angetrieben durch das unaufhaltsame Aufstreben des städtischen Bürgertums, hatte der Bedarf an Schriftgut in jeglicher Form enorm zugenommen. Allein die rasante Verbreitung von Papiermühlen, wie sie vom Jahre 1390 an auch auf deutschem Boden betrieben wurden, zeugt von dem zunehmenden Bedarf an Beschreibstoffen und damit von der zunehmenden »Konsumierung« von Geschriebenem. Die Ausweitung der Kommunikationsstrukturen durch den Austausch wirtschaftlicher und, damit einhergehend, »geistiger« Waren konnte nur von dem Medium der Schrift getragen werden, die sich wiederum durch die Einführung des Papiers relativ billig fixieren ließ. Im Zuge dieser Entwicklung mußte das Buch mehr und mehr als Ware betrachtet werden, die es für den Markt mit seiner *en masse* unbekannten Käuferschaft herzustellen galt. Nicht mehr würde der Auftrag eines einzelnen zur Kopie eines Buches, sondern das diffuse Begehren einer ganzen Menge den »Produzenten« ernähren. So überrascht es nicht, zu Gutenbergs Zeiten sogenannte Schreiberwerkstätten zu finden; in Deutschland wurde deren bekannteste von Diebolt Louber geführt, der bis in die Zeit des Buchdrucks hinein im elsässischen Hagenau eine Handvoll Schreiber beschäftigte, die sich im Handwerk des standardisierten Bücherkopierens abzuplagen hatten. Zwar bestand ein Großteil von Loubers »Buchprogramm« noch aus religiöser Erbauungsliteratur; jedoch war diese in der Hauptsache in der deutschen Mundart seiner potentiellen Käuferschaft verfaßt, der Adelskreise und des gebildeten Bürgertums, was deutlich auf den weltlichen, marktorientierten Charakter seiner Produktion verweist. Auch geht dies aus der Tatsache hervor, daß Louber bereits eine Titelliste führte; ganz auf den im einzelnen unbekannten Käufer gezielt, heißt es dort: *»Item welcher hande bücher man gerne hat, groß oder klein, geistlich oder weltlich, hübsch gemolt, die findet man alle by Diebolt Louber, schriber in der burge zu Hagenow.«*

Lassen sich somit die Bedingungen, die zur Erfindung einer mechanisierten Schriftproduktion in Europa führen mußten, deutlich herausstellen und benennen – ein sich wandelndes Gesellschaftssystem bringt einen auf Gewinn ausgerichteten »Buchmarkt« hervor –, so wird der Blick auf eine solche Erklärungsweise bis heute durch ein idealisiertes Gutenberg-Bild verstellt, wie dies etwa ein »erster Direktor und Ordinarius für Bibliothekswissenschaft« Wieland Schmidt stellvertretend schreibt: »Die Erfindung des Buchdrucks ist jedoch – und darauf muß nachdrücklich hingewiesen werden – nicht zwangsläufig erforderlich gewesen durch das Bedürfnis der Zeit, wie die meinen, die alles auf einen mittleren Durchschnitt herabzuziehen trachten, die glauben, nichts Größeres als sich selbst dulden zu dürfen – die Erfindung des Buchdrucks ist die einmalige Tat eines schöpferischen Genies. Auch in der römischen

Zeit des Altertums wäre bei dem Lesehunger des Publikums eine Erfindung des Buchdrucks nicht weniger ›erforderlich‹ gewesen,

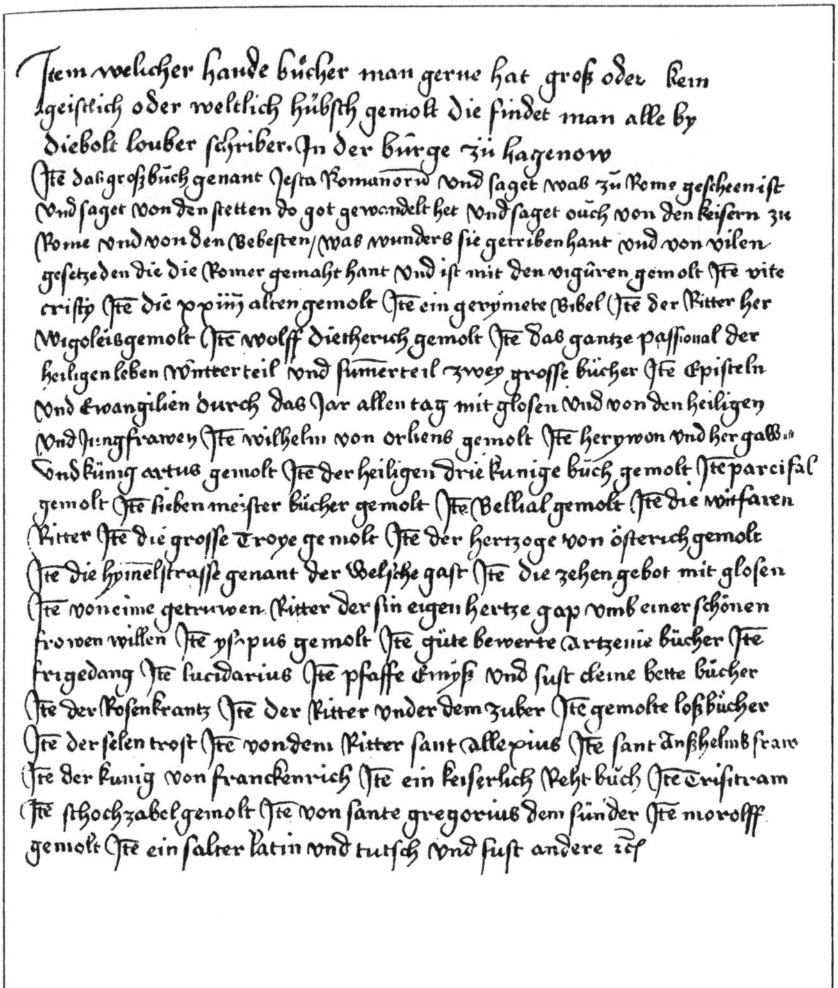
Item welicher hande bücher man gerne hat groß oder klein
geistlich oder weltlich hübsch gemolt die findet man alle by
diebolt louber schriber. In der burge zü hagenow
Item das groß büch genant Gesta Romanorum vnd saget was zü Rome geschehen ist
Vnd saget von den stetten do got gewandelt het Vnd saget ouch von den keisern zu
Rome vnd von den Bebesten / was wunders sie getriben hant vnd von vilen
gesetzeden die die Romer gemaht hant Vnd ist mit den viguren gemolt Item vite
cristy Item die xxiiij alten gemolt Item ein gerymete Bibel Item der Ritter her
Wigoleis gemolt Item wolff dietherich gemolt Item das gantze passional der
heiligen leben Wintterteil vnd sumerteil zwey grosse bücher Item Epistelen
Vnd Ewangilien durch das Jar allen tag mit glosen Vnd von den heiligen
Vnd Jungfrawen Item wilhelm von orliens gemolt Item herpon vnd her galb…
Vnd küng artus gemolt Item der heiligen drie kunige büch gemolt Item parcifal
gemolt Item sieben meister bücher gemolt Item Bellial gemolt Item die witfaren
Ritter Item die grosse Troye gemolt Item der hertzoge von österich gemolt
Item die hymelstrasse genant der Welsche gast Item die zehen gebot mit glosen
Item von eime getruwen Ritter der sin eigen hertze gap vmb einer schönen
frowen willen Item ysopus gemolt Item güte bewerte artzenie bücher Item
frigedang Item lucidarius Item pfaffe Emys Vnd sust cleine bette bücher
Item der Rosenkrantz Item der Ritter vnder dem zuber Item gemolte loßbücher
Item der selen trost Item von dem Ritter sant allexius Item sant anßhelms fraw
Item der kunig von franckenrich Item ein keiserlich Reht büch Item tristram
Item sthoch zabel gemolt Item von sante gregorius dem sünder Item morolff
gemolt Item ein salter latin vnd tutsch Vnd sust andere etc

An die vierzig verschiedene Titel handgeschriebener und meist illustrierter Bücher sind in Diebolt Loubers Anzeige aufgelistet.

und auch die technischen Voraussetzungen dazu hätten bestanden. Der Buchdruck wurde damals nicht erfunden, weil das formgebende Genie fehlte.«[15] Natürlich macht kein Bedürfnis der Zeit eine Erfindung zwangsläufig erforderlich. Aber jede Zeit bringt Bedürfnisse hervor, die wirtschaftlich lohnend befriedigt werden können oder nicht. War zu den Zeiten des Römischen Reiches die Herstellung von Gütern durch den Einsatz von Sklaven lohnend, so konnte der Einsatz von Maschinen zur Massenfabrikation erst seit den Zeiten der spätmittelalterlich-städtischen Handwerksbetriebe und ihrer marktorientierten Handelspraktiken lohnen. So erscheint die Erfindung des Mobilletterndrucks nicht als singuläres, geniales Phänomen, sondern als Ausdruck einer Zeit, die den Menschen von der Scholle entband, ihn durch einen abstrakten Geld- und Handelsverkehr zu Reichtum kommen ließ und die überhaupt erst die nötige Nachfrage für Erfindungen wie den Trittwebstuhl, den Drehkran oder die Drahtziehmühle schuf oder eben den Mobilletterndruck. Zweifellos hatte der Patrizier Johannes Gutenberg spätestens in seinen letzten Straßburger Jahren die große Nachfrage nach der Ware »Buch« erkannt.

Wenn sich trotz der Vielzahl gelehrter Versuche, die Erfindung Gutenbergs in ihren einzelnen Schritten nachzuvollziehen, gleichwohl nichts Gesichertes über seine Entwicklung des Mobilletterndrucks feststellen läßt, wenn dabei ausgerechnet jene vier Jahre aus seinem Leben im dunkeln bleiben, die ihn weitere, sicherlich entscheidende technische Fortschritte machen ließen, so kann doch wenigstens auf den weiteren Verlauf der Mainzer Stadtgeschichte verwiesen werden, die der exilierte Patriziersohn, von welcher Warte auch immer, neugierig verfolgt haben dürfte.

Nachdem die Zünftler mit der Rachtung aus dem Jahre 1430 im Mainzer Rat endlich die Mehrheit erlangt hatten und als sie damit die Geschicke der Stadt wesentlich mitbestimmen konnten, mußten sie die bittere Erfahrung machen, daß sich die Mittel und Möglichkeiten ihrer Politik einzig am Finanziellen zu messen hatten. So erscheinen die folgenden sieben Jahre zünftiger Stadtherrschaft als ein einziges auswegloses Ringen, die Schulden im Etat zu vermindern, um im heruntergewirtschafteten Mainz wenigstens die Verwaltung der Stadt am Laufen zu halten, mit all den Ausgaben für die Besoldung der städtischen Beamten, für Botenlöhne und die notwendigen Ehrengeschenke oder für banale Artikel wie Kerzen, Papier und Tinte. Um den Zinsverpflichtungen zu entgehen, hatte man sich zunächst daran gemacht, die Leibgedinge und Gülten abzustellen, umzuverteilen oder zeitlich in die Länge zu ziehen (was ja auch Johannes Gutenberg betraf), was jedoch die Geschlechter nur weiter gegen die Stadt aufbringen mußte. In der Ausweglosigkeit, Gelder heranzuschaffen, versuchte man schließlich, auch eine der wahrlich heiligen Kühe zwar nicht zu schlachten – soweit war die Zeit noch nicht –, aber wenigstens zu melken oder, historisch gerechter ausgedrückt, in den finanziellen Dienst der Administration zu stellen. Man legte sich von neuem mit der Geistlichkeit an, die bis dahin noch immer auf ein weiches Privilegienlager gebettet war. Abgesehen von Problemen in Fragen der Rechtsprechung, die sich aus der Trennung zwischen weltlicher und geistlicher Gerichtsbarkeit ergaben, oder in Fragen des Grunderwerbs, die aus dem privilegierten kirchlichen Besitz an Grund und Boden herrührten (»Tote Hand«), entbrannte der Konflikt immer wieder am sogenannten Weinungeld, der Versteuerung des ausgeschenkten Weines. Der Klerus war ja nicht nur traditionell von dieser Steuer befreit; er machte mit dem Weinausschank sogar sein eigenes Geschäft, vorbei am Finanzetat der Stadt, der durch die Verwandlung von Pfarrhäusern in Trinkstuben, wie dies *in praxi* geschah, eine ihrer wichtigsten Einnahmequellen auf Dauer versiegen mußte. Daher ging der Mainzer Rat im Jahre 1433 entschlossen in die Offensive und zwang die Seelenhirten, wie alle übrigen Bürger Weinungeld zu entrichten. Derart bedrängt, stand aber die Geistlichkeit wie stets fest zusammen. Nicht nur fuhr man aus der Stadt aus und ließ über Mainz wieder das Interdikt verhängen, sondern man machte den Konflikt beim Basler Konzil anhängig. (Immerhin sah sich der Klerus so weit in die Enge getrieben, daß es in der Überlieferung heißt, in Begleitung eines Knechtes sei ein berittener Priester – mit einem weißen Stab in der Hand »gleichwie ein gebietender Richter« – von einem Haus zum anderen gezogen, um die Zünftler für eine

Unterredung zu gewinnen. Daraufhin habe allerdings der Rat den Geistlichen neun Tage die Tore versperren lassen.[16]) Trotz aller Entschlossenheit des Rates, diesmal standhaft zu bleiben, mußte man am Ende doch einlenken, als das Konzil zugunsten der »Pfaffheit« entschied und man sich in der weiteren Folge der schweren Drohung der Exkommunikation gegenübersah. So kam es zur sogenannten Pfaffenrachtung von 1435, der festgeschriebenen Niederlage des Rates in dieser Auseinandersetzung. Weiterhin sollte dem Klerus sowohl die zollfreie Einfuhr von Wein in die Stadt erlaubt sein wie auch dessen steuerfreier Verkauf und selbst dessen freier Ausschank.

Mainz steuerte wieder geradewegs dem finanziellen Bankrott entgegen, wie sich dies ja in dem erwähnten Rechnungsbuch des Jahres 1436 dramatisch ausdrückt: Drei Viertel aller Einnahmen mußten ausschließlich dazu herhalten, die Zinsen der städtischen Schulden zu begleichen, wobei sich die trostlose wirtschaftliche Lage noch dadurch verschlimmerte, daß die Einnahmen sowieso zurückgegangen waren; denn selbst noch ein Vierteljahrhundert zuvor hatte der Kämmerer ein Fünftel mehr Steuern eingenommen[17]. Die Unwilligkeit der finanzkräftigen Patrizier, am Wirtschaftsleben der Stadt teilzunehmen, hatte sich fatal bemerkbar gemacht. In der Tat brauchten sich die Geschlechter nicht anders als abwartend zu verhalten, um ihren Teil dazu beizutragen, daß die Zünftler im wahrsten Sinne des Wortes abwirtschafteten. Als daher der Rat im Herbst 1437 vor der finanziellen und damit politischen Kapitulation stand, verfiel man allerdings auf eine letzte Möglichkeit, eine Änderung im Finanzgebaren zu erzwingen. Man forderte Abgesandte der benachbarten Städte Frankfurt, Worms und Speyer an, um die eigenen Rechnungsbücher kontrollieren zu lassen. Dieser demütigende Offenbarungseid sollte wohl bewirken, quasi öffentlich erklären zu lassen, daß an einer durchgreifenden Steuerreform, zu Lasten der Patrizier, kein Weg vorbeiführe. Natürlich mußte die Prüfung der auswärtigen Abgesandten die schonungslose Offenlegung der desolaten Finanzlage der Stadt erbringen, und wirklich wurde errechnet, daß für die nächsten vier Jahre das Defizit zweiunddreißigtausend Gulden betrage[18]. Aus diesem durchaus erwünschten Ergebnis zogen jedoch nicht die regierenden Zünftler, sondern eben die Patrizier ihren Vorteil, indem sie sich über finanzielle Zugeständnisse ihre alten politischen Rechte zu erzwingen suchten. So mußte sich die Gemeinde schließlich doch wieder der Macht und dem Einfluß der Alten beugen, da diese als einzige die nötigen Finanzmittel garantieren konnten, um den Abglanz des vormals goldenen Mainz nicht völlig erlöschen zu lassen. In einer neuen Rachtung vom November 1437 fand man daher zu den gleichen politischen Bedingungen zurück, die nur ein Jahrzehnt zuvor noch bestanden hatten, nämlich der paritätischen Aufteilung der Ratsstellen und Amtsposten, wie sie sich die Patrizier über einige finanzielle Zugeständnisse erkauften.

Hatten damit die Zunftvereine in dieser Rachtung noch blauäugig das Ansinnen der Geschlechter anerkannt, Mainz wieder zu Ansehen verhelfen zu wollen, so wußten diese wiederum kein anderes Mittel einzusetzen, als das Defizit in der Hauptsache aus dem Verkauf von Leibgedingen zu begleichen und damit die innere Verschuldung weiterzutreiben. In jedem Fall siechte die einst blühende Stadt weiter dahin, und je länger dieser Zustand andauerte, desto entschiedener erklang der Ruf unter der Mehrzahl der Bürger, den Zünftlern, es zu einem durchdringenden Schnitt kommen zu lassen. Die weitere Entwicklung hat vor fünf Generationen Johann Wetter, einer der Urväter der Gutenberg-Forschung, mit den Worten erklärt: »Der Kampf der Zünfte gegen die Patrizier war damit noch nicht zu Ende. Im Jahre 1445 wurden letztere durch jene, trotz des Vertrags von 1430, gänzlich aus der Regierung der Stadt verdrängt; zum großen Nachteil für diese.«[19]

Nachdem bereits im Jahre 1443 eine obskure Bruderschaft gegründet worden war, die dem Essen und Trinken frönte, deren Motto hingegen lautete, *»mich wondert, daz man den von den alten soliche friheit also lange gehalten hat«*[20], nahmen die Zünftler unter der Führung eines dieser fidelen Ordensbrüder, des Doktor Conrat Humery, eine erneute Rechnungsprüfung des Etats zum Anlaß, den Rat für abgesetzt zu erklären. Obgleich sich die Vorwürfe wie Nachlässigkeit der Buchführung, Ämterbegünstigung oder allgemein schlechtes Wirtschaften eher schlecht als recht beweisen ließen und der Prozeß in dieser Sache Monate lang andauerte, blieben die Alten fortan aus dem Rat ausgesperrt. Der Regierung der Stadt durften ausdrücklich nur noch Zünftler angehören. Den Alten wurde nur noch das Münzrecht belassen und dazu das Gadenrecht, das Recht, in den »Gaden« genannten Tuchhallen das Gewand zu schneiden. Immerhin definierten sich die Geschlechter besonders mit diesem »Kleiderrecht« so stark, daß sie sogar danach benannt wurden, nämlich als »die unter den Gaden«[21]. Zum neuen Kanzler bestimmte man eben jenen Doktor Humery, einen gewitzten Juristen, der als geistiges Haupt den Zünften vorstand – jemanden, der später ausgerechnet im Leben des Junkers Gutenberg eine Rolle spielen sollte.

Die folgenden Jahre sind im Grunde nur noch von den Versuchen des neuen Rates bestimmt, die bankrotte Stadt überhaupt am Leben zu erhalten, ein nunmehr bleiernes Mainz, das sich in seinen inneren gesellschaftlichen Kämpfen aufgezehrt und den Weg in eine moderne Zeit versperrt hatte. Die Erneuerung des städtischen Lebens mußte mithin aussichtslos bleiben. Abgesehen von der gewohnt trotzigen Haltung der Geschlechter, die einmal wieder ausgefahren waren und die natürlich die Stadtpolitik zu diskreditieren suchten, abgesehen auch von der strikten Weigerung des Klerus, von seinen Privilegien, insbesondere der Befreiung vom Weinumgeld zu lassen, wurden auch von einer weiteren Seite Rechte geltend gemacht, die eigentlich zurück ins hohe oder besser tiefe Mittelalter gehörten, nämlich die Forderung des Erzbischofs Dietrich I., in seine alten Souveränitätsrechte eingesetzt zu werden. Diese historisch völlig überholte und gleichwohl reale Forderung drückt noch am besten aus, daß man es in der Stadt Mainz schlichtweg nicht erreicht hatte, sich in einer wandelnden Zeit selbst zu wandeln. Daher mußte der anstehende Untergang aller städtischen Freiheiten am Ende gleichsam konsequent erfolgen. Immerhin verdeutlicht ein sensationelles Angebot aus dem Jahre 1446, daß schon zu jener Zeit die Freiheit der Stadt nicht länger zu halten war, als der neue Rat den Nachbarstädten, Frankfurt vor allem, seine Bereitschaft anzeigte, die Unabhängigkeit aufzugeben und Mainz insgesamt zu verpfänden, sich also unter der Voraussetzung der Schuldenübernahme der Verwaltung einer anderen Stadt zu unterstellen. (Es muß wohl eben an der Übernahme der Schuldenlast gelegen haben, die insgesamt fast vierhunderttausend Gulden betrug, daß sich selbst das benachbarte reiche Frankfurt nicht bereit fand, seine Herrschaft auf die Rheinstadt auszudehnen.)

Wenn also Johannes Gutenberg diese Entwicklung der Mainzer Stadtgeschichte neugierig verfolgt haben dürfte, so war sie für seinen weiteren Lebenslauf vor allem deswegen von Bedeutung, weil sie möglicherweise auf den Zeitpunkt Einfluß hatte, zu dem er sich wieder in seiner Heimatstadt niederließ. Falls er sich weiterhin mit den Patriziern solidarisch zeigte, konnte der exilierte Mainzer erst nach dem 26. November 1447 in seine Heimatstadt zurückgekehrt sein. Erst an jenem Tag rachteten sich die Zünftler und die ausgefahrenen Patrizier, kam es also wieder einmal zum Friedensschluß (ohne daß freilich die Gemeinde ihre Herrschaft verlorengab). Aus der Tatsache allerdings, daß der zurückgekehrte Gutenberg in Mainz unter den Zünftlern seine Geschäftspartner finden sollte, ließe sich auch die Schlußfolgerung ableiten, daß er seine gesellschaftlichen Ambitionen gänzlich fallengelassen hatte und somit den einst entschieden verfolgten politischen Kämpfen entsagte.

Auf jeden Fall läßt sich aus allen überlieferten Unterlagen nur erschließen, daß Gutenberg irgendwann in der Zeit bis zum Oktober 1448 in seine Heimatstadt zurückgekehrt sein mußte. Denn am 16. Oktober nahm er eine Anleihe von hundertfünfzig Gulden auf, wie dies am folgenden Tag urkundlich besiegelt wurde. Bemerkenswert ist, daß für die geliehene Summe nicht Gutenberg selbst als Schuldner zeichnete, sondern einer seiner entfernten Verwandten, jener erwähnte Arnolt Gelthus, der auf dem Preßburger Reichstag die Rechte der Mainzer Patrizier verteidigt hatte. In der Urkunde vom 17. Oktober taucht Gutenberg gleichsam nur am Rande auf. Tatsächlich war Arnolt Gelthus derjenige, der für die Mainzer Bürger Reynhart Brumszer und Henchin Rodenstein eine Wiederverkaufsgülte über hundertfünfzig Gulden zu fünf Prozent jährlichen Zinsen vergab und diesen aufgenommenen Kredit an den wieder »inländigen« Gutenberg weiterleitete, einen Kredit, für den Gelthus mit den Einnahmen aus mehreren namentlich genannten Häusern seines Mainzer Grundbesitzes haftete. Erst am Ende der Urkunde wurde das zwischen Gelthus und Gutenberg getroffene Abkommen separat beschrieben: »*Auch stundt gegenwertigk hiebij Henn Genssefleisch, den man nennet Gudenbergk, und hait verjehen* [ausgesagt] *und bekandt fur sich und sein erben, das die vorgeschrieben anderthalb hundert gulden ime zu sinen handen worden und in sinen nutzen und frommen komen sind und daz er die obgerurten* [oben erwähnten] *achtehalben gulden jars da von richten und betzalen, auch die abelosunge in obgerurter massen tun solle und wolle, an desz vorgnanten Arnolts und siner erben kosten und schaden, und hait der vorgnante Henchin Genssefleische geborget fur sich und sin erben, diesz bekenttinesz auch veste und stede zuhalten.*«[22] Ohne daß Gelthus also von Gutenberg irgendeine Sicherheit verlangt hätte, verpflichtete er ihn nur darauf, die jährlich fälligen Zinsen zu zahlen und irgendwann die Wiederverkaufsgülte abzulösen (was er allerdings zeit seines Lebens nicht tat).

Um für die Tatsache eine Erklärung zu finden, daß Gutenberg im Oktober 1448 in Mainz keine Rücklagen mehr besessen haben konnte, läßt sich in zweifacher Richtung mutmaßen: Entweder wäre der ehemalige Straßburger Hintersasse »ziemlich mittellos in seine Vaterstadt zurückgekehrt«[23], da er ja sogleich einen Kredit aufgenommen hätte, bei einem Verwandten zumal, weshalb man ihn allgemein als nicht kreditwürdig angesehen haben müßte; oder er hätte sich schon monatelang in Mainz aufgehalten, um sogleich seine Werkstatt einzurichten, in die er bis dahin all sein verfügbares Vermögen investiert hätte (wobei er vielleicht längst bei anderen Kreditgebern Anleihen aufgenommen hätte, ehe nur noch der Gang zu seinen Verwandten übriggeblieben wäre).

Abgesehen von diesen nicht zu klärenden Mutmaßungen, wonach Gutenberg jedenfalls am zweiten Beginn seiner Mainzer Lebenszeit als nicht kreditwürdig angesehen wurde, läßt sich aus jener Urkunde ein weiterer interessanter Schluß ziehen, wie dies Aloys Ruppel formuliert hat: »Man könnte hier einwenden, daß Gutenberg doch noch einen Erbanteil an seinem väterlichen Hofe in Mainz besessen habe, den er als Sicherheit hätte einsetzen können.

Hierauf ist jedoch zu erwidern, daß die Gläubiger vor allem ihre Zinszahlungen gesichert sehen wollten und deshalb die Verpfändung von jährlich wiederkehrenden Einnahmen verlangten. Solche jährlichen Einnahmen sind offenbar aus dem Hofe zum Gutenberg nicht geflossen, da er ja nicht vermietet war.« Wenn also der Gutenberg-Hof nicht vermietet war, wird ihn mit einiger Wahrscheinlichkeit der angehende Buchdrucker selbst bewohnt haben, der im übrigen Räume brauchte, um seine Werkstatt einzurichten. Für Johannes Gutenberg als Bewohner des elterlichen Hofes zum Gutenberg müßte im übrigen allein die Überlieferung sprechen, daß zur Zeit seines abermaligen urkundlichen Nachweises in Mainz sein Bruder Friele bereits in Eltville verstorben war und daß möglicherweise auch seine Schwester Else bis dahin das Zeitliche gesegnet hatte. Zwar ist davon auszugehen, daß diese Schwester all die Zeit den familiären Stammsitz mit ihrem Ehemann Claus Vitzthum bewohnt hatte, jedoch auch dieser Schwager Gutenbergs schied seinerseits vor dem Jahre 1450 aus dem Leben. Da außerdem deren Tochter Else Vitzthum ihr Leben mit Henne Humbrecht in Frankfurt am Main teilte[24], blieb spätestens von 1450 an kein Verwandter mehr übrig, der einen Anspruch auf das Haus hätte geltend machen können. Die entsprechende Schlußfolgerung findet sich von neuem plausibel bei Aloys Ruppel formuliert, der in Mainz wie Fetisch-fixiert nach Spuren des berühmten Stadtkindes gesucht hatte: »Daß das stattliche Haus zum Gutenberg leer und unbenutzt dargestanden habe, während der einzige in Mainz lebende Erbberechtigte, der dazu noch wegen eines ausgedehnten Handwerksbetriebes ein größeres Haus brauchte, ohne die notwendige eigene Unterkunft geblieben wäre, ist wirklich nicht anzunehmen.«[25]

In jedem Fall herrscht durchaus keine Übereinkunft darüber, ob Gutenberg seine Druckerwerkstatt, die »Urdruckerei«, wirklich in seinem Mainzer familiären Stammsitz eingerichtet hatte, für deren Betrieb er erhebliche Geldmittel benötigte. Denn in der Forschung ist auch entschieden das Argument vertreten worden, es habe in Mainz, im Humbrecht-Hof, nur eine einzige »Großdruckerei« existiert (oder aber es habe in Mainz neben Gutenberg noch ein weiterer, »unbekannter Drucker« gewirkt). Diese Annahme hängt im

Grunde mit der Interpretation der ersten Mainzer Druckwerke zusammen, mit der Frage ihres Entstehens.

Die Urkunde über Gutenbergs Schuldenaufnahme bei jenem Arnolt Gelthus kann sich nur auf den Buchdruck bezogen haben, da ja schon dreieinhalb Jahre später der technisch so überragende Druck der »Gutenberg-Bibel« beginnen sollte. Somit benötigte der heimgekehrte Patrizier von Beginn an viel Kapital, um in seine Erfindung des Mobilletterndrucks zu investieren. Außerdem mußte Gutenberg bei seiner Rückkehr nach Mainz bereits irgend etwas vorzeigbar Gedrucktes in den Händen gehalten haben, etwas so überzeugend Vorzeigbares, daß ein entfernter Verwandter darauf einen Kredit aufzunehmen und weiterzuleiten bereit war, der auf keiner weiteren Sicherheit ruhte als der Aussicht auf den finanziellen Erfolg des Projekts.

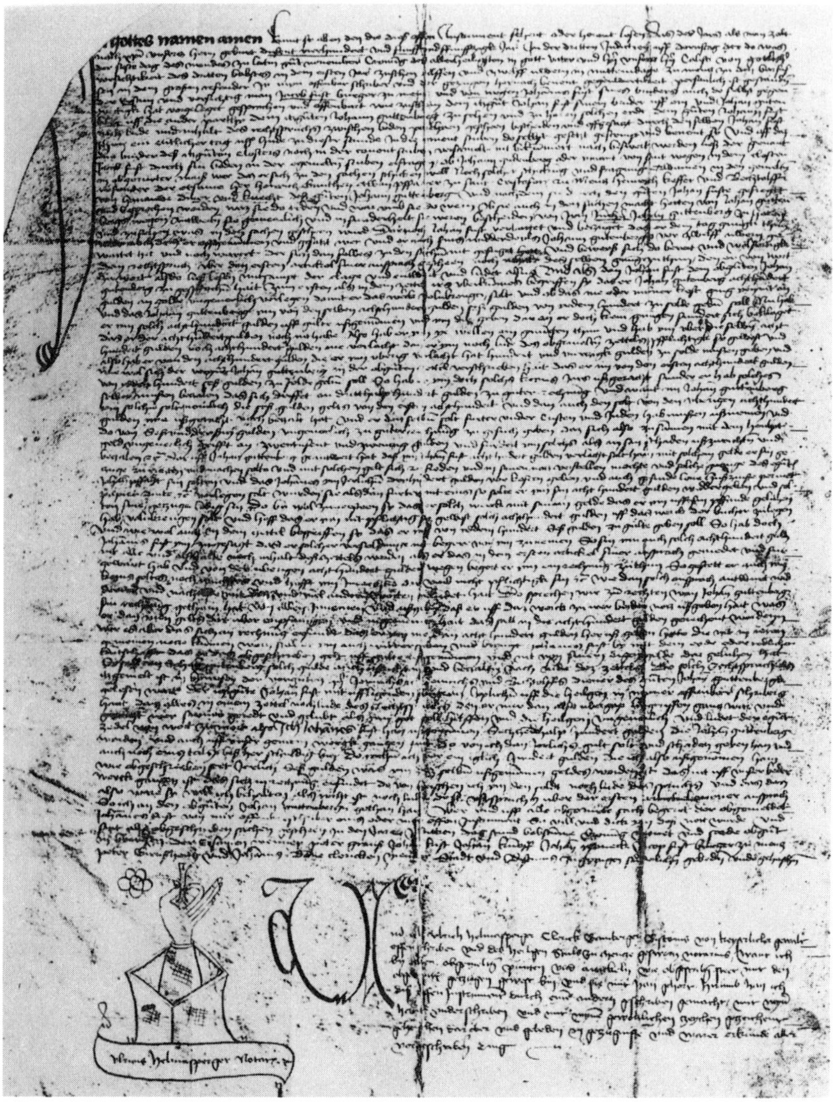
gottes namen amen

Das zweiundvierzig Zentimeter hohe, pergamentene Helmaspergersche Notariatsinstrument, das außer der beschnittenen linken oberen Ecke vollständig erhalten ist, stellt für Gutenbergs Schaffen das entscheidende Beweisstück dar.

Der Prozeß des Johannes Fust vor dem Mainzer Rat

Trotz etlicher verstreuter Nachweise zu Gutenbergs Leben sind im Grunde nur zwei Dokumente überliefert, die eingehende Schlußfolgerungen zu seinem Wirken zulassen: jene zum Straßburger Dritzehen-Prozeß und das sogenannte Helmaspergersche Notariatsinstrument. Das schreckliche Wortungetüm »Helmaspergersches Notariatsinstrument« leitet seine Bezeichnung von einem gewissen Ulrich Helmasperger her, *»clerick Bamberger bistoms, von keyserlicher gewalt offen schriber und des heilgen stuls zu Mencze gesworn notarius«*[1], also von einem kirchenamtlichen und öffentlichen Schreiber und vereidigten Notar, der »Instrumente« im alten Sinne von Urkunden verfaßte. (Am Rande sei angemerkt, daß die Bezeichnung »Helmaspergersches Notariatsinstrument« eigentlich in die Irre leitet, da dieses nur zu einem unter so vielen von ihm gezeichneten Notariatsinstrumenten zählt.)

Gehörte dieser Ulrich Helmasperger in heutiger Zeit jedenfalls zu jener Gruppe Gelehrter, die sich mit ihren gelehrten Worten in ein solches Licht rücken, daß sie weniger aufzuhellen als zu verdunkeln verstehen, so zeugte seine gotisch-gezierte Gelehrtensprache allerdings zu seiner Zeit von einem Kanon festgefügter Formen[2], wie sie im Mittelalter das menschliche Leben in jeglicher Hinsicht umschlossen hielten; und so lautet nach der üblichen Einleitung, *»In gottes namen amen«*, der erste Satz aus Helmaspergers »Instrument«: *»Kunt sy allen den, die diesz offen instrument sehent oder horent lesen, das des jars, als man zalt nach Cristi unsers hern geburt dusent vierhundert und funffundfunffzigk jar, in der dritten indictien, uff dornstag, der do was der seste dag des mondes zu* *latin genant November, cronung des allerheiligsten in gott vater und hern, unsers hern Calisti, von gotlicher vorsichtikeit des dritten babstes, in dem ersten jar, zvschen eilffen und zwelff uwern in mittemdage, zu Mencz zu den barfussen in dem groszen refender* [Refektorium] *in myn offenbar schriber und der gezugen hernach benent gegenwertikeit personlich ist gestanden der ersam und vorsichtig man Jacob Füst, burger zu Mencz, und von wegen Johannis Füst, sines Bruders, auch do selbst gegenwertigk, hat vorgeleget, gesprochen und offenbart, wie zvschem dem itzgenant Johann Fust, sinem bruder, uff ein und Johan Gutenberg uff die ander parthy, dem itzgenanten Johann Guttenberg zu sehen und zu horen, solchen eydt dem genanten Johann Füst nach lude* [›Laut‹] *und inhalt des rechtspruchs zwischen beden parthyen gescheen, bescheiden und offgesaczt, durch den selben Johan Fust thun, ein entlicher tag* [letzter Stichtag] *uff hude zu dieser stunde in die covent* [Konvent] *stuben do selbst gesetzt, gestempt* [anberaumt] *und benent sy.«*[3] Helmasperger wollte mithin ausdrücken, daß sich am 6. November 1455, mittags zwischen elf und zwölf Uhr, im Speisesaal des Mainzer Barfüßerklosters eine Anzahl Mainzer Bürger versammelt hatte, darunter die beiden Brüder Johannes und Jakob Fust. Dieser Jakob Fust erklärte, daß nach Gerichtsbeschluß in dem Schiedsverfahren zwischen Johannes Gutenberg und seinem Bruder Johannes ein letzter Stichtag gesetzt worden sei, zu dem Gutenberg in der Konventsstube einen Eid anhören müsse, der vom Gericht seinem Kontrahenten auferlegt worden war.

Weiter heißt es in dem Notariatsinstrument des Ulrich Helmasperger, daß in der Konventsstube noch die Mönche versammelt waren, die man möglichst nicht stören wollte. Daher ließ Jakob Fust nachfragen, ob sich dort bis dahin Johannes Gutenberg oder ein Vertreter eingefunden habe. Tatsächlich war Gutenberg selbst nicht erschienen; vielmehr hatte er nur drei Zeugen geschickt, den Geistlichen Henrich Guntheri und zwei seiner Knechte, Bechtolff von Hanau und Heinrich Keffer. Nachdem sich Johannes Fust versichert hatte, daß Gutenberg die drei Zeugen wirklich als seine Bevollmächtigten geschickt hatte und er im übrigen bis zwölf Uhr gewartet hatte, ließ er noch einmal öffentlich den in der gerichtlichen

Auseinandersetzung bereits ergangenen Rechtsspruch vorlesen. (Seine eigene Anklage und Gutenbergs folgende Replik hatte er abermals vorausgeschickt.) Der Inhalt der vom Gericht verzeichneten Fustschen Anklage lautete folgendermaßen: Fust habe einen Vertrag mit Gutenberg abgeschlossen und ihm 800 Gulden zu 6 Prozent Zinsen geliehen, *»domit er das werck volnbrengen solt«*. Dieses Geld habe er selbst aufnehmen müssen und dafür bereits 250 Gulden Zinsen bezahlt. Über diesen Betrag hinaus habe er ihm weitere 800 Gulden vorgestreckt, für die er bereits 140 Gulden Zinsen entrichtet habe. Da er sich auch das jeweils fällige Zinsgeld habe leihen müssen, seien bis dahin außerdem 36 Gulden an Zinseszins aufgelaufen, so daß er daher von Gutenberg einen Betrag von insgesamt 2020 Gulden fordere.

Der Inhalt von Johannes Gutenbergs Replik war wie folgt verzeichnet worden: Fust habe ihm tatsächlich nach Vertrag 800 Gulden leihen sollen, Geld, das jedoch nicht für das *werck der bucher* bestimmt gewesen sei, sondern für die Herstellung seiner *geczuge*, seiner Werkzeuge oder Geräte, welche er dafür an Fust verpfändet habe. Würde man sich in Zukunft nicht mehr einig sein, habe man vereinbart, daß Fust die 800 Gulden zurückbekomme und seine Geräte damit pfandfrei seien. Diese 800 Gulden seien ihm allerdings nicht vollständig ausgezahlt worden, so wie ihm außerdem Fust mündlich versichert habe, daß er keinen Zins dafür bezahlen müsse. Darüber hinaus habe ihm Fust jährlich 300 Gulden für *»gesinde lone, hußzinße, perment, papier, dinte etc.«* zukommen lassen. Über diese zweite, ebenfalls zinsfreie Zahlung von insgesamt 800 Gulden wolle er im übrigen Rechenschaft ablegen.

Nach der Verlesung von Fusts Anklage und Gutenbergs Replik wurde in dem Refektorium auch der Rechtsspruch noch einmal öffentlich vorgetragen: Danach müsse Gutenberg eine Abrechnung über alle *»innemen und ußgeben, daß er uff daz werck zu irer beider nocz ußgeben hait«* erstellen. Würde sich dabei ein Überschuß ausweisen, habe er den entsprechenden Betrag auf das erste, von Fust vorgestreckte Darlehen in Höhe von 800 Gulden aufzurechnen. Wenn sich aber ergebe, daß Fust mehr als 800 Gulden eingeschossen habe, *»die nit in ieren gemeinen nocze kummen wern«*, so müsse ihm Gutenberg den entsprechenden Mehrbetrag erstatten. Beweise Fust darüber hinaus, daß er die von ihm vorgestreckten Gelder selbst nur geliehen habe, so solle ihm Gutenberg die entsprechenden Zinsen erstatten.

So kam es am Ende zu dem eigentlichen Anlaß der offiziellen Versammlung, daß nämlich Johannes Fust seinen ihm gerichtlich auferlegten Eid zu sprechen hatte. Er schwor also – die eine Hand auf einer klösterlichen Reliquie, die andere in der Hand des Notars –, jährlich Zinsen und Zinseszinsen für einen Betrag von nunmehr 1550 Gulden bezahlt zu haben, wobei ihm Gutenberg für alles Geld, das er nicht für das gemeinsame Unternehmen verwendet habe, 6 Prozent Zinsen erstatten solle.

In dieser Weise verlief der Mittag des 6. November 1455 im Barfüßerkloster zu Mainz, als ein Johannes Fust zusammen mit seinem Bruder Jakob und seinen weiteren sechs erschienenen Zeugen, als da waren ein Johann Kist, Johann Kumoff, Johann Yseneck, Johannis Bonne, Peter Granß und ein Peter Girnssheim, bekannt unter dem Namen Peter Schöffer – als also ein Johannes Fust mit diesen Männern wohl zuversichtlich in die Werkstätte im Humbrecht-Hof zurückkehrte; deren Einrichtung hatte er einst zu finanzieren geholfen und deren Nutzen sollte ihm in Zukunft allein zustehen. Aber auch ein Johannes Gutenberg wird, während er vielleicht gerade über die Abrechnung gebeugt saß, die er über die »Einnahmen« und »Ausgaben« der Geschäftsgemeinschaft zu erstellen hatte, in seinem elterlichen Hof von seinen drei ausgesandten Stellvertretern die eigentlich belanglose Nachricht über den Eidesschwur des Johannes Fust nicht unbefriedigt aufgenommen haben. Denn damit war ein weiterer Schlußstrich unter eine abermalige »Gemeinschaft« gezogen, durch die sich Gutenberg neben einem erklecklichen Gewinn vor allem die hochwertigsten Produktionsmittel für seine Erfindung des Mobilletterndrucks verschaffen konnte.

Angesichts all der sprachlichen und inhaltlichen Wirrnis des Helmaspergerschen Notariatsinstruments und seiner geschäftsmäßigen Fakten bleibt die Frage nach seiner Interpretation, die seit hundert Jahren zu einer der Standardübungen der Gutenberg-Forschung gehört – seit die Urkunde in der Göttinger Universitätsbibliothek nach ihrem zwischenzeitlichen Verschwinden und Vergessen (noch Johann David Köhler hatte sie für seine im Jahre 1741 erschienene, breschenschlagende Schrift der »Hochverdienten und aus bewährten Urkunden wohl beglaubten Ehren-Rettung Johann Guttenbergs« benutzt) von dem »ersten wissenschaftlichen Gutenberg-Forscher«[4] Karl Dziatzko abermals ans Licht gezerrt wurde. Zunächst ließ sich schon früh klären, daß sich das angedeutete Buchdruck-Unternehmen nur auf die Herstellung eines umfangreichen Druckwerks bezogen haben kann, mit Sicherheit einer Bibel, der – was man zunächst verkennen mußte – zweiundvierzigzeiligen, sogenannten »Gutenberg-Bibel«. So werden bestimmte Materialien eindeutig benannt, wie Pergament, Papier und Tinte, welche sich einzig auf die Herstellung von Büchern bezogen haben konnten; auch können die Geschäftseinlagen von mehreren hundert Gulden mit einem billigen Handschriftenbetrieb nichts zu tun gehabt haben, und zudem lassen sich unter den Zeugen drei Personen nachweisen, Bechtolff von Hanau, Heinrich Keffer und Peter Schöffer, die in späterer Zeit als eigene Druckherren hervortreten sollten. Jedoch weist vor allem der Terminus *werck der bucher* auf die Herstellung von Büchern hin. Dieser Begriff »Werk der Bücher« bezeichnete im übrigen sicherlich nicht den Druck eines einzelnen Buches, also der Bibel, wie dies häufig angenommen worden ist, sondern die Werkstatt des Bücherdruckens, die Druckerwerkstatt oder Buchdruckerei (Offizin in der Fachsprache), für die ja in ihrer Neuheit noch kein eigener Begriff bestehen konnte.[5]

Wenn seit der Jahrhundertwende in der Forschung um den Buchdruck-Erfinder nahezu einhellig deklariert worden ist, daß sich das Helmaspergersche Notariatsinstrument nur auf den Druck der zweiundvierzigzeiligen Bibel beziehen könne, so hatte doch erst einmal ein eindeutiger Beweis erbracht werden müssen. Es ist ja schon erwähnt worden, daß sich auf den ersten Wiegendrucken noch keiner der später üblichen Verweise auf den Drucker und den Ort und die Zeit des Drucks findet, ein Kolophon genannter Verweis, wie ihn zum ersten Mal in herrlicher Form Gutenbergs entscheidende Konkurrenten Johannes Fust und Peter Schöffer in ihrem »Mainzer Psalter« von 1457 drucken sollten. Damit ist eben dieses Jahr 1457, genauer der 14. August 1457, das erste eindeutig ausgewiesene Erscheinungsdatum eines gedruckten Buches. Neben diesem »Mainzer Psalter«, dem in seiner Zeit prachtvollsten Druckwerk, sind nur zwei weitere Inkunabeln überliefert, deren Herstellung mit den überlieferten Aussagen des Helmaspergerschen Notariatsinstruments in Einklang zu bringen war: die zweiundvierzigzeilige, sogenannte »Gutenberg-Bibel« und jene weitere, bereits genannte Bibel, deren Kolumnen sechsunddreißig Zeilen zählen. Gutenbergs gewaltiger Finanzbedarf von über eineinhalbtausend Gulden – dem heutigen Gegenwert von weit mehr als einer Million Mark entsprechend – kann nur mit einem äußerst aufwendigen Druck in Zusammenhang gebracht werden, gewiß nicht mit dem Sibyllenbuch und auch mit keinem der frühesten Donate. Daher verblieben am Ende nur jene beiden Bibeln, die zweiundvierzigzeilige und die sechsunddreißigzeilige. (Nebenbei sei erwähnt, daß ein weiteres opulentes Werk einigen Forschern lange Zeit als einer der Urdrucke Gutenbergs galt, das noch zu erwähnende *»Missale speciale«*.) Außerdem besagt eine Überlieferung aus dem Hause des Peter Schöffer, wie sie im Jahre 1515 der Abt Johannes Trithemius ausführlich wiedergab, daß nach immensen Anfangsschwierigkeiten (»Jede neu erfundene Kunst ist schwierig«[6]) eine Bibel gedruckt worden sei[7]; so wie es im übrigen auch in der erwähnten »Kölner Chronik« unmißverständlich heißt: *»[...] ind was dat eyrste boich, dat men druckde, die Bybel zu latijn ind wart gedruckt mit eynre grover schrifft, as is die schrifft, dae men nu Mysseboicher mit druckt.«*[8]

Es stand somit die knifflige Frage im Raum, welche dieser beiden *Bybeln zu latijn* chronologisch früher anzusetzen sei, eine Frage, die schließlich der Pionier der wissenschaftlichen Frühdruck-Forschung, Karl Dziatzko, mit Bravour lösen konnte.[9] Konnte er auch die zweiundvierzigzeilige Bibel als ältere der beiden ausweisen, so schien doch die klassische Typenforschung in die entgegengesetzte Richtung zu verweisen. Es ließ sich leicht zeigen, daß deren Satz und Druck im Vergleich weniger gelungen ist, daß nicht immer exakt Register gehalten wurde, auch die Zeilen nicht immer ganz gerade abschließen, man das System der Anschlußbuchstaben nicht in aller Regelmäßigkeit beachtet hatte und daß vor allem die verwendeten Typen in die Reihe der ältesten Kleindrucke einzuordnen sind, daß, kurz und gut, die Typen der sechsunddreißigzeiligen Bibel nur einen verbesserten Nachschnitt der sogenannten B-36-Typen darstellen.

Im textlichen Vergleich beider Bibeln, die nach derselben Vorlage gesetzt sind, stieß Dziatzko auf folgendes Phänomen: Um beim Setzen Platz und damit Papier oder Pergament zu sparen, ließ man verbliebene einzelne Wörter eines Abschnitts nicht isoliert am Zeilenanfang stehen; vielmehr setzte man diese Wörter an das Ende der nächsten Zeile, die bereits den neuen Abschnitt einleitete. Dieses System mußte freilich erst einmal verstanden werden – vom Leser oder vom Setzer, der eine solche Vorlage benutzte. Nun verstand ein Setzer der sechsunddreißigzeiligen Bibel eben diese Regel nicht auf Anhieb, oder er war so sehr in seine monotone Arbeit versunken, daß er diese Regel an einer Stelle übersah, über den Zeilenschluß hinaussetzte und damit natürlich inhaltlichen Unsinn fabrizierte (der dann vor allem in keiner Korrektur erkannt wurde!). Zum einen fehlte nun der Schluß des vorangegangenen Satzes, und zum anderen ergab der folgende Satz keinen Sinn. Damit hatte Dziatzko (neben vielen weiteren Feststellungen) den untrüglichen Beweis erbracht, daß die zweiundvierzigzeilige der sechsunddreißigzeiligen Bibel als Vorlage gedient hatte. Die »Gutenberg-Bibel« oder – in diesem Zusammenhang – die »Fust-Prozeß-Bibel« mußte also die zweiundvierzigzeilige sein. (War damit außer dem Nachweis, welche der beiden Bibeln die ältere sei, auch der Nachweis für die Nützlichkeit des methodischen Textvergleichs erbracht – ein Verfahren, das neben dem Typenvergleich zu den wichtigsten Methoden der Wiegendruck-Forschung zählt –, so hat man bis heute keine Übereinstimmung zu dem Phänomen gefunden, daß scheinbar die Type der sechsunddreißigzeiligen Bibel, die den Abschluß in der Entwicklung von Gutenbergs Urtype bildet, gleichwohl noch *vor* der B-42-Type geschaffen worden sein muß.)

Somit bezieht sich der im Helmaspergerschen Notariatsinstrument erwähnte Buchdruck auf das meist als »Gutenberg-Bibel« bezeichnete, berühmteste Buch der Welt, dessen noch erhaltene fast fünfzig Exemplare heutzutage hinter schweren Panzerschranktüren vor dem Anblick und meist schon Zutritt, vor allem aber Zugriff Unbedarfter gesichert werden.

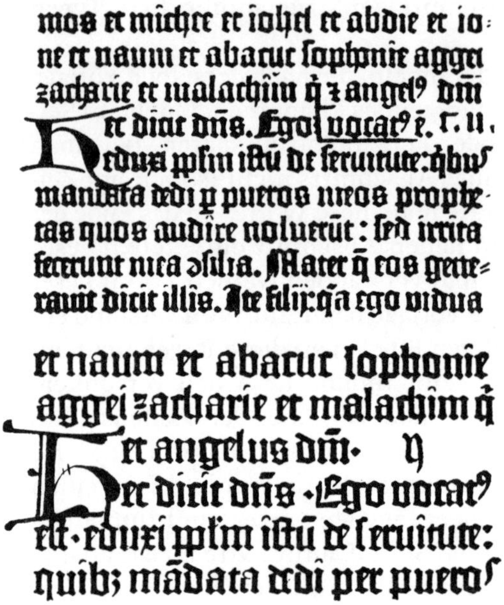

An diesem Satzbeispiel erweist sich im Vergleich, daß der Setzer der sechsunddreißigzeiligen Bibel die zweiundvierzigzeilige als Vorlage benutzt haben muß, da er über das angezeigte Ende des Absatzes hinwegsetzte und somit die Wortfolge *([...] et angelus domini vocatus est. / Hec dicit dominus. Ego eduxi [...])* unsinnig wiedergab.

Die weit entscheidendere Interpretation des Helmaspergerschen Notariatsinstruments dreht sich allerdings um die Frage, wie sich der Mainzer Gerichtsprozeß auf das weitere Fortkommen Gutenbergs auswirkte. Es besteht kein Zweifel daran, daß sein Kontrahent Johannes Fust den Prozeß sicherlich nicht zu seinem Nachteil geführt hatte, erschien doch schon weniger als zwei Jahre nach der Niederschrift des Helmaspergerschen Notariatsinstruments jener »Mainzer Psalter«. Und dieser »Mainzer Psalter« trieb den Buchdruck auf die Spitze. Nicht nur druckte man die Großbuchstaben am Satzanfang und bei hervorzuhebenden Wörtern eigens rot, sondern man schnitt auch die schmückenden Initialen und Zierleisten gesondert in Metall und zog dann alles sowohl mit roter wie mit blauer und der üblichen schwarzen Farbe ab. Alle diese Arbeiten, das komplizierte Schneiden des Zierats und der schwierige Dreifarbendruck wie auch das Handhaben vier verschiedener Schrifttypen, müssen abermals eine Menge an Kapital erfordert haben, um für Pergament (keine Ausgabe ist auf Papier gedruckt worden), für Blei, Druckerschwärze, »Hauszinsen« und für den »Gesindelohn« aufzukommen, Beträge allesamt, die sich auf Hunderte, wenn nicht Tausende von Gulden belaufen haben müssen.

Konnte Fust mithin nach dem von ihm angestrengten Prozeß finanziell aus dem vollen schöpfen, so hat, grob umrissen, bis in die jüngste Zeit nahezu einhellig die Ansicht bestanden, bei diesem Mainzer Geschäftsmann habe es sich um einen gerissenen »Materialisten« gehandelt. Im entscheidenden Moment habe er den nichtsahnenden »Idealisten« Gutenberg um dessen so mühsam erkämpfte Erfindung geprellt. Dazu habe er gewartet, bis der Bibeldruck ganz oder nahezu vollendet gewesen und die Bibel noch nicht zum Verkauf gelangt sei, um eben zu diesem Zeitpunkt Gutenberg vor Gericht zur Rückzahlung seines vorgestreckten Kapitals zu zwingen. Dies sei dem völlig verschuldeten Buchdruckermeister natürlich nicht möglich gewesen. Deshalb habe ihm Fust alles entwenden können, seine Druckgeräte wie die gedruckten Bibeln. Zurückgeblieben sei ein verarmter und verbitterter Gutenberg, den ein gewiefter Beutelschneider um die Frucht seines Lebens betrogen habe (weil eben meist die Genies zu ihren Zeiten nicht anerkannt oder hintergangen werden, wie dies bei dieser Überlieferung stillschweigend mitgedacht werden muß). So kommt etwa der Autor eines modernen Geschichtsmagazins in seiner Darstellung zum Buchdruck-Erfinder beim Helmaspergerschen Notariatsinstrument zum »wohl traurigsten Ereignis in Gutenbergs tragischem Leben, dem Verrat und Betrug seiner engsten Mitarbeiter, die ihm die Frucht seiner jahrzehntelangen Mühen aus den Händen rissen. Durch einen juristisch schlau abgedeckten Schurkenstreich brachte Johann Fust den genialen Erfinder um den finanziellen Gewinn seiner Arbeit.«[10] Oder so schrieb ein Zeitungsredakteur im Jahre 1968: »Im Augenblick vor dem Abschluß und der Auslieferung des gewaltigen Werkes forderte der Geldmann Fust sein Dahrlehen (!) samt Zinsen zurück. Der Zeitpunkt war mit geradezu teuflischer Sorgfalt ausgesucht.«[11]

Beispielhaft sei der Hergang einmal mit den Worten Helmut Pressers wiedergegeben, des ehemaligen Direktors des Gutenberg-

Museums, dessen pathetische Darstellung sich wie folgt liest: »In dem großen gotischen Refektorium des alten Mainzer Franziskaner-Klosters entschied sich im Spätherbst des Jahres 1455, während der Vollendung der Bibel, Gutenbergs irdisches Geschick. Johann Fust, der reiche, angesehene Mainzer Bürger, der ihm ein Vermögen geliehen hatte, war unwillig geworden, als das Werk allzu langsam voranrückte. Gutenberg hatte ihm zwar immer wieder die fertigen Bogen gezeigt und ihm von der nahen Vollendung gesprochen, aber Fust hatte mit Verdruß gesehen, daß mancher Bogen vernichtet worden war, der leicht der Bibel hätte eingefügt werden können. Damit war kostbares Material und viel Zeit vertan. Gutenberg aber ließ nur das Vollkommene gelten, und so war es zwischen dem Künstler und dem Geschäftsmann schon wiederholt zu Auseinandersetzungen gekommen. Die Frage, wie der Erlös für die Bibel einmal aufzuteilen sei, hat gewiß auch zu mancher Verstimmung geführt.« Es kam zum Prozeß, als dessen Ergebnis der »Künstler Gutenberg« seine Schulden an den »geübten Geschäftsmann« Fust habe zurückzahlen müssen. »Diese ungeheure Forderung mußte das Ende von Gutenbergs Lebensarbeit bedeuten. Er sah alles zusammenbrechen, was er in vielen Jahren mühsam aufgebaut hatte, ja er war in Gefahr, nicht nur seine Werkstatt, sondern seine vor der Vollendung stehende Bibel zu verlieren. Daß er auch Peter Schöffer unter seinen Gegnern sah, schmerzte ihn tief. Hier waren die Beweise von der Brauchbarkeit seiner Erfindung, dort waren die unerbittlichen Forderungen seines Geldgebers Fust, zwei Welten, die er nicht zusammenbringen konnte. Er bäumte sich auf gegen die ihm ungerecht erscheinende Forderung von Zins und Zinseszinsen. [...] Fusts Spiel aber war bereits gewonnen. Er hatte die Urkunde, in der sich Gutenberg bereits vor fünf Jahren zur Zinszahlung verpflichtet hatte. Da gab es keinen Ausweg. Fust hatte vor dem Notar und vor allen Zeugen versichert, daß Gutenberg ihm Kapital, Zinsen und Zinseszinsen schulde. Fusts Aussage und das geschriebene Wort sprachen gegen Gutenberg. Das Gericht konnte nur noch den Schlußstrich ziehen. Es machte seinen Rechtsspruch abhängig von dem Schlußwort Fusts, in dem dieser versichern mußte, daß er das Gutenberg geliehene Kapital selber gegen Zinsen geliehen hatte.

[...] Damit war Gutenbergs Schicksal besiegelt. Fust hat Recht bekommen, und Gutenberg verlor nicht nur seine Werkstatt, sondern auch das Werk vieler Jahre, die Bibel. Wäre die Bibel verkauft gewesen, so hätte er seine Schulden mit dem Erlös bezahlen können. Doch der Verkauf dauerte viele Monate, und es war nicht im Sinne von Fust, dem Unterlegenen diese Chance einzuräumen. [...] Gutenberg war noch nicht sechzig Jahre alt, als er den Prozeß gegen Fust verlor. Der Verlust seiner Werkstatt und der gerade fertig gedruckten Bibeln hatte ihn aber so schwer getroffen, daß er sich nicht wieder von dem Schlag erholt hat.«[12]

Pressers völlig spekulative Darstellung spiegelt in klassischer Weise wider, welches Gutenberg-Bild man über lange Zeit ehrfurchtsvoll bestaunte, das Bild eines gescheiterten Genius, mit dem Sprichwort schlicht zu beschreiben: Undank ist der Welt Lohn. Wenn Presser seinen Blick nicht von *diesem* Gutenberg-Bild lösen kann und seinen Schützling zu einem reinen Geistesmenschen macht, den er gegen Männer »mit pelzverbrämten Mänteln und in vornehmen Kleidern« antreten läßt, einflußreiche Persönlichkeiten, »die dem Golde anhingen«, so hat ihn am Ende seine eigene Vorstellung über den Buchdruck-Erfinder völlig in die Irre geleitet. Denn er läßt Gutenberg zum *Gegenteil* dessen werden, als den ihn die überlieferten Dokumente beschreiben, nämlich als einen standesbewußten, durchaus materiell orientierten Heißsporn, der zu kämpfen und sich durchzusetzen wußte und der entschieden auf seinen Vorteil bedacht war. Hier kann es somit nicht um die Darstellung einer *altera pars* gehen, sondern um die bewußte Ablösung eines gewiß verlogenen durch ein – wenigstens dem Versuch nach – wahrhaftigeres Bild des Buchdruck-Erfinders.

Betrachtet man das Helmaspergersche Notariatsinstrument aus sicherer, unparteiischer Distanz, so läßt sich zunächst feststellen, daß sich damals in Mainz zwei Einwohner der Stadt zusammengetan und einen Betrieb zur Bücherherstellung gegründet hatten. Dazu hatte der eine der beiden Partner sein handwerkliches Wissen und Geschick, der andere das nötige Kapital eingebracht. Aus Gründen, die nicht explizite genannt werden, hatten sich die beiden Gesellschafter irgendwann überworfen. Da sie sich über die Aufteilung ihres Betriebes und der dort hergestellten Bücher nicht einig werden konnten, hatte schließlich einer der beiden, Fust, eine gerichtliche Klärung erzwungen. Vor Gericht versuchten beide Prozeßgegner, sich möglichst viele Anteile aus ihrer ehemaligen Geschäftsgemeinschaft zu sichern, weswegen sie nicht nur bestimmte Abkommen und Abläufe in einem für sie jeweils günstigsten Licht erscheinen ließen, sondern auch nicht davor zurückschreckten, Tatsachen zu verdrehen und falsch darzustellen. Fust behauptete in seiner Klage, Gutenberg alles Geld als von diesem zu verzinsendes Darlehen vorgestreckt zu haben, und wollte ihn damit in die Rolle seines Schuldners drängen; Gutenberg dagegen bezog sich auf die zwischen beiden eingegangene Geschäftsgemeinschaft, deren Ausrüstung ihm durch ein zinsloses Darlehen Fusts ermöglicht und deren weiterer Betrieb durch jährliche Geschäftsanteile Fusts gesichert worden sei.

Der Geschäftsmann Johannes Gutenberg mußte sich also erneut vor Gericht in einer Sache rechtfertigen, da er – wie in der Straßburger *burse* mit seinen Partnern Riffe, Heilman und Dritzehen – auch in Mainz eine Geschäftsgemeinschaft eingegangen war, die sich auf einem Gesellschaftsvertrag gründete, diesmal mit jenem Johannes Fust. Wieder ging es um finanzielle Transaktionen Gutenbergs, und wieder ging es darum, wie Gelder aufzuteilen seien und welche Abmachungen über die jeweilige Gesellschaft bestanden hätten. Versucht man nun, bei näherem Herangehen Erkenntnisse aus dem Helmaspergerschen Notariatsinstrument zu gewinnen, so muß man sich zunächst die Strategien der beiden Prozeßgegner vor Augen führen. Sowohl Fust wie auch Gutenberg mußten versuchen, sich das wertvolle Produktionsmittel ihrer ehemaligen Gemeinschaft zu verschaffen, das *werck der bucher,* das allein ein zukünftiges finanzielles Wohlergehen – Reichtum gar – sichern konnte. Eine Einigung über den Erlös der von den beiden gedruckten Bibel mußte dagegen zunächst zweitrangig erscheinen. Während Fust daher bewußt ihr rechtliches Übereinkommen einer Gesellschaft verschwieg, um Gutenberg als säumigen Schuldner von über zweitausend Gulden herauszustellen, der ihm seine Geschäftseinrichtung als Pfand schuldig sei, verwies Gutenberg eben auf das gesellschaftliche Unternehmen der beiden; dieses habe er allerdings mit einem zinslosen Darlehen Fusts von weniger als achthundert Gulden ausgerüstet, ehe die beiden ihre Gemeinschaft eingegangen seien: Somit sei nach Rückzahlung dieses Darlehens das *werck der bucher* pfandfrei und gehöre also ihm.

Von diesen beiden unterschiedlichen und einseitigen Standpunkten abstrahiert, ergibt sich die entscheidende Erkenntnis zu den tatsächlichen Hintergründen des gerichtlich ausgetragenen Streites aus dem von dem Notar Helmasperger gerafft wiedergegebenen Rechtsspruch. Der richterliche Beschluß lautet im wesentlichen dahin, daß Gutenberg eine Abrechnung über alle Einlagen und Auslagen zu erstellen habe. Danach seien alle noch überschüssigen Einlagen[13] auf Fusts Achthundert-Gulden-Darlehen entsprechend aufzurechnen und auch alle nicht von Gutenberg auf das gemeinsame Unternehmen verwendeten Gelder an Fust zurückzuzahlen. Alle Beträge, die Gutenberg (von den mehr als tausendfünfhundert Gulden, die Fust insgesamt vorgeschossen hatte) nicht für die Betriebsgemeinschaft verwendet habe, müßten also als Darlehen betrachtet und verzinst zurückgezahlt werden. Da die Mainzer Richter sowohl Gutenbergs wie Fusts Ansprüchen die Spitze genommen und die Berechnungen beider Kontrahenten ganz salomonisch auf einen gemeinsamen Nenner gebracht hatten, ließen sie damit auch die jeweiligen Unwahrheiten der Prozeßgegner erkennen. Während auf der einen Seite Fust Gutenberg nicht nur einfach Geld geliehen, sondern sich auch an dem »*werck zu irer beider nocz*« beteiligt hatte, erhellt auf der anderen Seite, daß Gutenberg nicht alles von seinem Geschäftsgenossen erhaltene Geld auch in das gemeinsame Unternehmen investiert hatte. Das Gericht trennte nämlich – wie auch Gutenberg in seiner Replik – zwischen dem von Fust gegebenen Darlehen und seinem einbezahlten Geschäftsanteil; nur sollten all die Gelder, die der beklagte Junker nicht für das gemeinsame Unternehmen verwendet hatte, auf das Fustsche Darlehen angerechnet und entsprechend verzinst werden. Gutenberg hatte demnach mit fremden Geldern in seine eigene Tasche gewirtschaftet, oder sogar – aus Fusts Sicht noch schlimmer – fremde Gelder in sein eigenes Unternehmen investiert. Diese Tatsache der Veruntreuung von Geldern geht im Helmaspergerschen Notariatsinstrument auch wie selbstverständlich aus Fusts Eidesleistung hervor, der die Zinsen für jenen Teil des Geldes forderte, der *»nit uff unser beder werck gangen ist«*. (Zur Aufdeckung der tatsächlichen beiderseitigen Abmachungen muß es in den von Helmasperger nicht verzeichneten weiteren Prozeßschritten gekommen sein, vor allem in der *widerred* Fusts und der *nachrede*[14] Gutenbergs, als beide ihre verschiedenen Standpunkte eingehend präzisiert haben mußten.)

Man kann daher mit Sicherheit schließen, daß sich Fust in Hinsicht auf ihr gemeinsames Projekt irgendwann von Gutenberg hintergangen fühlte und daß es darüber zum Streit kam, zu einem solchen Streit, daß Fust seine Ansprüche nur noch vor Gericht durchsetzen zu können glaubte. Wenn es dabei um die Frage dieses »irgendwann« geht, also um den Zeitpunkt der Klageerhebung Fusts, so hat man unbedingt von folgendem Einwurf auszugehen: »Ein Teilhaber kann doch nicht, wenn es ihm gefällt, kurzerhand sein Geld zurückverlangen!«[15] Es muß die so dogmatisch vertretene Vorstellung endgültig aus der Literatur verbannt werden, daß der »böse« Fust den »guten« Gutenberg kurz vor Abschluß des Bibeldrucks auf Herausgabe seiner Gelder verklagt hätte. Ja selbst die »kompromißlerische« Formel sollte entsprechend aufgelöst werden, wonach die Ursachen der Überwerfung »wohl nicht so sehr« in den Unterschlagungen Gutenbergs lagen »als in der Unzufriedenheit Fusts mit dem zu langsamen Fortgang des Werkes, in Meinungsverschiedenheiten über die Ausstattung, wohl auch in charakterlichen Gegensätzen der beiden Partner, die sich dann besonders ungünstig auswirkten, wenn beide ein heftiges Temperament gemeinsam hatten«.[16] Vor allem in geschäftsmäßigen Angelegenheiten kommt man auf falsche Lösungen, wenn man zur Erklärung bestimmter Phänomene die psychologische Meßlatte anlegt, anstatt eben die grobe, geschäftsmäßige; und so reicht es herauszustellen, daß wie im Falle der Straßburger *burse* auch das Mainzer Unternehmen nur befristet geplant war, befristet nämlich auf ein bestimmtes Werk, auf den Druck der Bibel. Deutlich geht dies aus Gutenbergs Replik hervor. Er gab an, daß Fust für die laufenden

Kosten des Projekts jährlich dreihundert Gulden beisteuern sollte, worauf er sogleich die Aussage anschloß: »*Wurden sie alsdan furter* [im weiteren] *nit eines, so solte er ym sin achthundert gulden widdergeben und solten sine geczuge ledig sin.*«

Nach dem Ende des gemeinsamen Projekts war die Gemeinschaft demnach potentiell zur Auflösung vorgesehen, wobei man Gutenbergs Worten allerdings kaum glauben kann, daß er danach bedingungslos das Druckwerkzeug pfandfrei übereignet bekommen sollte. Dieses Druckwerkzeug war ja während des »Werks zu ihrer beider Nutzen« nicht nur einem ständigen Verschleiß ausgesetzt, sondern mußte auch weiterentwickelt und noch in vielerlei Hinsicht verbessert werden. Es mußte also auch in das *geczuge* ständig investiert werden, mit Geldern, die sicherlich nur von Fust stammen konnten. Der für seine Zeit ganz moderne Unternehmer Johannes Fust hätte sich wohl nur schwerlich zu einem Darlehen bereit erklärt, das ihm nur die Rückzahlung der einmal aufgenommenen riesigen Geldsumme eingebracht hätte – ihm gar einen Verlust eingebracht hätte, wenn er dafür noch nicht einmal Zinsen verlangt haben sollte, wie dies der Beklagte vor Gericht darlegte. Die von Gutenberg verfertigten Druckerei-Einrichtungen müssen wie die von Fust vorgeschossenen Zahlungen von dreihundert Gulden pro Jahr als gemeinsame Betriebsanteile angesehen werden, nachdem die Gesellschaft einmal eingerichtet worden war.

In der weiteren Beweisführung über einen »bösen« Fust hängt jedenfalls die alles entscheidende Frage davon ab, wann eigentlich der Zweck des gemeinschaftlichen Unternehmens erfüllt war, konkret, wann die zweiundvierzigzeilige Bibel gedruckt vorlag. Fust kann nämlich nur so lange als gerissener Geschäftemacher erscheinen, solange man annimmt, die Bibel sei zur Zeit des Prozesses noch nicht zu Ende gedruckt gewesen oder auf jeden Fall noch nicht zum Verkauf angeboten worden. Und eben diese Ansicht hatte all die Zeit die Wissenschaft bestimmt. Alle Forscher – bis auf wenige Ausnahmen[17] – gingen davon aus, die Bibel habe die Presse irgendwann im Jahre 1455 oder sogar erst 1456 verlassen, so etwa nach Aloys Ruppel »spätestens Mitte 1455«[18], nach Helmut Presser »im Herbst des Jahres 1455«[19] und nach Ferdinand Geldner »spätestens im Frühsommer 1456«[20]. Als entscheidenden Hinweis nahm man stets den Vermerk eines Mainzer Rubrikators mit Namen Heinrich Cremer, wie er sich in dem Papierexemplar der »Gutenberg-Bibel« in der Pariser Nationalbibliothek findet. Dieser Heinrich Cremer hatte nach dem oft geübten Gebrauch seiner Zeit in jedem der beiden Bibelbände den Abschluß seiner mühsamen Rubriziertätigkeit verzeichnet – im wesentlichen des Einzeichnens der Initialen und Seitenüberschriften und des Markierens der Satzanfänge –, und zwar unter dem Datum des 15. August 1456 für den zweiten und des 24. August 1456 für den ersten Band (jeweils endend mit einem »*Deo gracias. Alleluia*«).[21] Da über tausend Seiten zu rubrizieren waren und »diese Arbeit mehrere Monate in Anspruch genommen« haben mußte[22], gelangte man zu irgendeinem Zeitpunkt des Jahres 1455 als *terminus ante quem,* einem Zeitpunkt, bis zu dem die Bibel spätestens ausgedruckt vorgelegen haben mußte. Wenn man daher wie gebannt auf das Jahr 1455 starrte und wenn außerdem der Termin der Prozeßeröffnung, der nicht überliefert und der wegen der unbekannten Mainzer Rechtsgewohnheiten jener Zeit auch nicht genau zurückzurechnen ist, frühestens auf den Frühling 1455 gelegt werden kann (wenn die Berechnung der Laufzeit der geliehenen Gelder in einen vernünftigen Rahmen passen soll), so hätten sich demnach der Abschluß des Bibeldrucks wie des »Fust-Prozesses« überschnitten. Dies mußte unter den Gutenberg-Interpreten erst recht die entsprechenden Schlußfolgerungen hervorrufen: Fust habe sich den bestmöglichen Zeitpunkt für seine Klage ausgesucht, als es noch nicht zum Verkauf der ausgedruckten Bibel gekommen sein konnte.

Die »Wende« kam dann im Jahre 1982. Nachdem sich zuvor schon der Bibliotheksdirektor Severin Corsten entscheidend dafür stark gemacht hatte, den Abschluß des Fust-Gutenbergschen Unternehmens weit früher anzusetzen, als bis dahin angenommen, wonach bereits »spätestens Ende 1453 der Bibeldruck kurz vor dem Abschluß stand«[23], erschien im »Gutenberg-Jahrbuch« der Aufsatz eines Erich Meuthen. Dieser Historiker berichtet über einen Brief, der die oft so bescheidenen Fortschritte der Forschung um den Buchdruck-Erfinder einen weiten Satz machen ließ. Eigentlich schilderte in diesem Brief der Sekretär des deutschen Kaisers Friedrich III., Enea Silvio Piccolomini (der spätere Papst Pius II.), dem spanischen Kardinal Juan de Carvajal die Ereignisse auf dem Reichstag in Wiener Neustadt, wo man nach dem Fall Konstantinopels von neuem eine gemeinsame Strategie gegen das weitere Vordringen der Türken suchte. In seinem Brief vom 12. März 1455 ging Piccolomini allerdings auch auf einen anderen, gänzlich verschiedenen Sachverhalt ein, den er mit folgenden Worten beschrieb: »Über jenen bewundernswerten Mann, den ich in Frankfurt gesehen hatte, ist mir nichts Falsches geschrieben worden. Vollständige Bibeln sah ich keine, sondern einige Quinternen [jeweils fünf Doppelblätter] verschiedener Bücher [die ›Bücher‹ der Bibel] mit sauberen, äußerst korrekten und an keiner Stelle fehlerhaften Buchstaben, die Euer Hochwürden ohne Mühe und ohne Brille lesen könnte. Ich erfuhr von mehreren Augenzeugen, daß hundertachtundfünfzig Bände vollendet worden seien, mögen auch manche behaupten, es seien hundertachtzig. Über die genaue Anzahl bin ich mir nicht im klaren. Wenn man den Leuten glauben darf, zweifle ich nicht an der Vollendung der Bände. Hätte ich Deinen Wunsch gekannt, so hätte ich zweifelsohne einen Band gekauft. Einige Quinternen wurden hier auch dem Kaiser übergeben. Wenn es möglich ist, werde ich versuchen, mir irgendeine käufliche Bibel hierher bringen zu lassen, und ich werde sie für Euch erwerben. Nur fürchte ich, daß dies wegen der Entfernung nicht gehen wird, und auch deswegen nicht, weil es – so wird erzählt – fest entschlossene Käufer gegeben habe, noch ehe die Bände fertiggestellt wurden. Daß Euer Hochwürden den dringenden Wunsch gehegt hat, Gewißheit in dieser Angelegenheit zu erlangen, schließe ich aus der Tatsache, daß Ihr mir dies durch einen Kurier mitgeteilt habt, der schneller war als Pegasus. Doch nun genug der Scherze.«[24]

Da zur Zeit der Niederschrift des Briefes keine andere gedruckte Bibel als die zweiundvierzigzeilige vorliegen konnte, kann sich Piccolominis Schilderung nur auf diese »Gutenberg-Bibel« bezogen haben. Da Piccolomini im übrigen von seiner Zeit in Frankfurt am Main berichtete, wo er in der Nähe dieser Stadt jenem »bewundernswerten Mann« mit seinen Druckproben begegnet war, kann es zu dieser Begegnung nur im Oktober 1454 gekommen sein; in jenem Monat hatte der kaiserliche Sekretär auf dem Frankfurter Reichstag ebenso vehement wie ein knappes halbes Jahr zuvor auf dem Regensburger Reichstag (und wie er dies später in Wiener Neustadt tat) zum Kampf gegen die Türken aufgerufen. Nicht also »spätestens im Frühsommer 1456« und noch nicht einmal »spätestens Mitte 1455« hatte die Bibel gedruckt vorgelegen, sondern spätestens im Oktober 1454, wie aus dem Schreiben Piccolominis eindeutig zu schließen ist. Und daß es sich bei den gezeigten Probedrucken nicht nur um einzelne, bis dahin ausgedruckte Lagen der Bibel gehandelt haben konnte, während der Druck insgesamt noch nicht abgeschlossen gewesen wäre, ergibt sich klar aus der Schilderung des schreibfreudigen, der Tradierung nach humanistisch gesonnenen späteren Papstes: Nach dem Bericht »mehrerer Augenzeugen« seien die Bände ausgedruckt gewesen. Er selbst zweifle nicht an deren Vollendung; und man habe die Bibel bereits weitgehend verkauft gehabt.

Bis zur Niederschrift des Helmaspergerschen Notariatsinstruments waren also über dreizehn Monate seit dem Abschluß des Bibeldrucks (als spätestem Termin) vergangen, so daß bis zum Prozeßbeginn wenigstens ein Zeitraum von einem halben Jahr zum Verkauf der Bibel geblieben war. Wenn daher Piccolomini für den März 1455 glaubhaft versicherte[25], wegen der starken Nachfrage wohl keine Bibel mehr kaufen zu können, so waren bis dahin die Einkünfte aus dem Projekt gesichert. Man muß im weiteren nicht einmal darüber spekulieren, wer wie die Bibel verkauft habe. Denn man kann als sicher annehmen, daß Gutenberg, der Fust selbst noch zu diesem Zeitpunkt über seine finanziellen Transaktionen im unklaren gelassen hatte, sehr wohl seinen Anteil an der Bibel in klingende Münze verwandelt hatte; gewiß stand ihm aus der Geschäftsgemeinschaft mit Fust die Hälfte allen Gewinns zu, so wie er sich in Straßburg ja sogar zwei Drittel des Gewinns zugesichert hatte.

Fust erscheint somit wahrlich nicht als jemand, der sich seinen Zahlungszeitpunkt »mit teuflischer Sorgfalt ausgesucht« hatte, ja noch nicht einmal als jemand, der sich nach der erfolgreichen Durchführung eines gemeinsamen Unternehmens sogleich egoistisch in die beste geschäftliche Ausgangslage zu versetzen suchte.

Wäre dies der Fall gewesen, hätte er nicht Monate mit seiner Klage zugewartet. Vielmehr wollte er nach dem offensichtlichen Ende oder dem Bruch der Gemeinschaft, nach dem Druck und dem begonnenen Verkauf der Bibel zunächst einmal nur Klarheit über das undurchsichtige geschäftliche Gebaren seines ehemaligen Geschäftspartners erhalten, wollte er seine vorgeschossenen gewaltigen Kapitalsummen wiedererlangen, wollte er dafür nicht weiterhin unnütz Zinsen bezahlen. So konnte er am Ende seine Gelder, Kapitalien und Betriebsanteile nicht mehr über eine partnerschaftliche, vielmehr nur noch über eine gerichtliche Auseinandersetzung einfordern. Als es dann zum Prozeß kam, mußte dieser eine ganz eigene Dynamik mit sich bringen und durch seinen Charakter einer festzulegenden Entscheidung die zukünftige Ausgangsposition der beiden Druckherren festlegen.

An dieser Stelle sei versucht – so wie dies im achtzehnten Jahrhundert Johann David Köhler im Falle Gutenbergs tat – etwas zu einer postumen »Ehrenrettung« des Johannes Fust beizutragen, der doch vor dem Hintergrund seiner Zeit als vorausschauender, wagemutiger Geschäftsmann gesehen werden muß.[26] Fust hatte in Mainz wie sein Bruder Jakob zunächst als »Fürsprech« gearbeitet, also als Advokat oder Anwalt, der sich später im kaufmännischen Bereich überaus erfolgreich umtat, ehe er zu einem der ersten Buchdrucker und darauf zu einem der ersten professionellen Händler des gedruckten Buches werden sollte. Ebenso wie sein Bruder Jakob, der urkundlich als Goldschmied, als Mitglied im neugegründeten Stadtrat und gar als Bürgermeister der Stadt erwähnt wird, schlug Johannes Fusts Herz auf seiten der Zünftler (auch wenn er seine politischen Neigungen nicht so engagiert vertrat wie sein Bruder, der im Kampf um die Freiheit der Stadt in dem schicksalsschweren Jahre 1462 sein Leben opfern sollte). Zu einer Zeit, als die Menschen weit eher kollektiv als individuell geprägt waren, als man Erfindungen nicht von ihrer ideellen Seite sah, den Genius des Erfinders würdigend, sondern ausschließlich von ihrer praktischen und gewinnbringenden Seite, fand sich immerhin ein Fust bereit, ein Vermögen in ein ganz neu zu schaffendes Unternehmen zu investieren, für das in dieser Größenordnung bis dahin kein Vorbild bestand. Er fand sich bereit, einem Mann enorme Geldsummen anzuvertrauen, der ihm für den Fall des finanziellen Scheiterns keinerlei Sicherheiten bieten konnte und der darüber hinaus als Patrizier eigentlich zu seinen politischen Gegnern zählte. Polemisch ließe sich behaupten, daß Gutenberg den so schlagenden Beweis von der Großartigkeit seiner Erfindung, nämlich den Druck der Bibel, zu jener Zeit nie hätte ausweisen können, wenn sich in dem verarmten, finanziell daniederliegenden Mainz nicht ein Mann wie Fust gefunden hätte, der Mut und Weitblick besaß, eine großartige Erfindung mit einem Knalleffekt durchzusetzen, der massenhaften Vervielfältigung des Buches der Bücher.

Es geht hier keineswegs darum, die vermeintlichen Tugenden eines cleveren Geschäftsmannes herauszustellen; es soll einfach hervorgehoben werden, daß ein Fust nicht als böser oder guter Charakter porträtiert werden kann, sondern schlichtweg als Geschäftsmann, der auf die eine oder andere Weise seine Schäfchen ins trockene bringen wollte. Daß er dazu vor Gericht zunächst mit falschen Karten spielte, liegt in der Natur der Sache, als es ihm darum gehen mußte, seinen ehemaligen Partner aus einem Geschäft zu drängen, das dieser mit Hilfe seiner (Fusts) Gelder nebenher betrieb. Nur aus einer moralischen Position der heutigen Zeit kann ein Finanzier wie Fust verdammt werden, der sich eine fremde großartige Erfindung zu eigen gemacht hatte, ohne den Erfinder selbst weiterhin am Geschäft zu beteiligen (im übrigen hat sich die Moral in dieser Hinsicht bis heute nicht gewandelt, trotz eines geistigen Urheberrechts). So wie Fust die Lage nur beurteilen konnte, hatte sich der nach Mainz zurückgekehrte Patriziersohn Gutenberg im elterlichen Hofe inzwischen einen wohlausgestatteten Druckereibetrieb eingerichtet, der es ihm erlaubte, seine Erfindung eigenständig in großem Maßstab in die Praxis umzusetzen. Daß Gutenberg dazu Gelder von Fust entsprechend »umgeleitet« hatte, besagt ja in aller Deutlichkeit das »Instrument« des Ulrich Helmasperger.

Fusts Klage muß mithin eine (oder *die*) Ursache darin gehabt haben, daß sein Geschäftspartner mit von ihm unterschlagenen Geldern seine eigene »Urdruckerei« am Laufen hielt und diese ausbaute. Aus dieser gingen eben zur Zeit der Bibelherstellung weitere

Kleindrucke hervor, wie die bereits erwähnten Donate, deren Drucke im Laufe der Jahre beständig verbessert wurden. So schwer sich allerdings all die Fragmente an sechsundzwanzig-, siebenundzwanzig-, achtundzwanzig-, und dreißigzeiligen Donaten chronologisch einordnen lassen – wobei immerhin Einigkeit darüber herrscht, die siebenundzwanzigzeiligen als älteste anzusehen –, so bestimmt kann wenigstens festgestellt werden, daß all diese B-36-Donate aus derselben Werkstatt stammen müssen. Ist damit auch kein Nachweis einer zweiten, Gutenbergschen Druckerei erbracht, so läßt sich dazu freilich auf ein weiteres Phänomen verweisen, das zwar wieder nicht als Nachweis, geschweige als Beweis, immerhin aber als Hinweis dienen kann. Aus den Jahren 1454 und 1455 sind aus Mainz zwei verschiedene Formen von inhaltlich identischen Ablaßurkunden, sogenannten »Ablaßbriefen«, überliefert. Werden auch diese beiden Formen einzelner Pergamentblätter gewöhnlich als einunddreißigzeiliger und dreißigzeiliger Ablaßbrief voneinander unterschieden und entsprechend bezeichnet, so sind als wichtigstes Unterscheidungskriterium die jeweils unterschiedlichen Schrifttypen hervorzuheben. Für beide Ablässe wurden zwei unterschiedliche Grundschriften gebraucht. Die jeweils zweite verwendete Schriftart, die sogenannte Auszeichnungsschrift zur Hervorhebung bestimmter Textteile wie der Kapitelanfänge, stellt für den Namen des Herausgebers (Paulinus) und für den Hinweis auf die folgenden beiden Absolutionsformeln nur eine Abart entweder der B-42-Type oder der B-36-Type dar. (Zur Verdeutlichung soll hier besser der »B-42-Ablaß« von dem »B-36-Ablaß« unterschieden werden.) Diese »Zyprischen Ablaßbriefe« lassen sich als älteste nachweisbare Druckwerke ausweisen, da der Ablaßhändler bei deren Verkauf jeweils das entsprechende Tagesdatum einzeichnete, das in einem B-36-Ablaß als 22. Oktober 1454 ausgewiesen ist.

Als geschichtlicher Hintergrund für die Ausgabe dieses Ablasses läßt sich einmal mehr auf *das* politische Tagesthema jener Zeit verweisen, auf das scheinbar unaufhaltsame Vorrücken der Türken und damit des Islams auf Europa. Die wenigen verbliebenen christlichen Exklaven im türkischen Herrschaftsbereich suchten verzweifelt nach Auswegen aus ihrer brenzligen Lage; so hatte sich

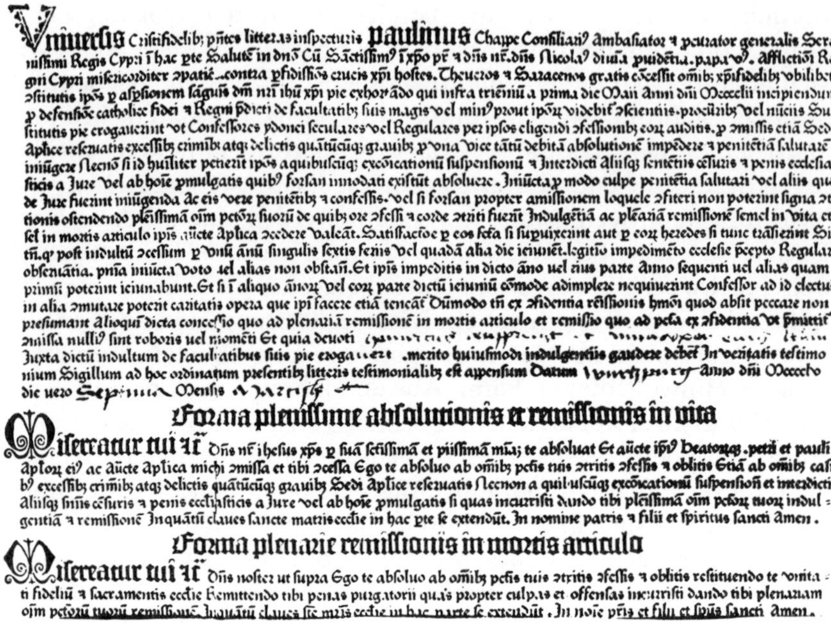

Vniuersis Cristifidelibus presentes litteras inspecturis Paulinus Chappe Consiliarius Ambasiator et procurator generalis Serenissimi Regis Cypri in hac parte Salutem in domino Cum Sanctissimus in christo pater et dominus noster dominus Nicolaus diuina prouidentia papa quintus Afflictioni Regni Cypri misericorditer compatiens contra perfidissimos crucis christi hostes Theucros et Saracenos gratis concessit omnibus christifidelibus vbilibet constitutis ipsos per aspersionem sanguinis domini nostri ihesu christi pie exhortando qui infra triennium a prima die Maii anni domini Mccccliii incipiendum pro defensione catholice fidei et Regni predicti de facultatibus suis magis vel minus prout ipsorum videbitur conscientiis procuratoribus vel nunciis substitutis pie erogauerint vt Confessores ydonei seculares vel Regulares per ipsos eligendi confessionibus eorum auditis pro commissis etiam Sedi apostolice reseruatis excessibus criminibus atque delictis quantumcumque grauibus pro vna vice tantum debitam absolutionem impendere et penitentiam salutarem iniungere Necnon si id humiliter petierint ipsos a quibuscumque excommunicationum suspensionum et Interdicti Aliisque sententiis censuris et penis ecclesiasticis a Iure vel ab homine promulgatis quibus forsan innodati existunt absoluere. Iniuncta pro modo culpe penitentia salutari vel aliis que de Iure fuerint iniungenda Ac eis vere penitentibus et confessis. vel si forsan propter amissionem loquele confiteri non poterint signa contritionis ostendendo plenissimam omnium peccatorum suorum de quibus ore confessi et corde contriti fuerint Indulgentiam ac plenariam remissionem semel in vita et semel in mortis articulo ipsis auctoritate apostolica concedere valeant. Satisfactione per eos facta si superuixerint aut per eorum heredes si tunc transierint Sic tamen quod post indultum concessum per vnum annum singulis sextis feriis vel quadam alia die ieiunent legitimo impedimento ecclesie precepto Regulari obseruantia, penitentia iniuncta voto vel alias non obstantibus. Et ipsis impeditis in dicto anno vel eius parte Anno sequenti vel alias quam primum poterint ieiunabunt. Et si in aliquo annorum vel eorum parte dictum ieiunium commode adimplere nequiuerint Confessor ad id electus in alia commutare poterit caritatis opera que ipsi facere etiam teneantur Dummodo tamen ex confidentia remissionis huiusmodi quod absit peccare non presumant alioquin dicta concessio quo ad plenariam remissionem in mortis articulo et remissio quo ad peccata ex confidentia vt promittitur commissa nullius sint roboris vel momenti Et quia deuoti [illegible] Iuxta dictum indultum de facultatibus suis pie erogauerunt merito huiusmodi indulgentiis gaudere debent In veritatis testimonium Sigillum ad hoc ordinatum presentibus litteris testimonialibus est appensum Datum [illegible] Anno domini Mcccclv die vero Septima Mensis Marcii

Forma plenissime absolutionis et remissionis in vita

Misereatur tui etc. Dominus noster ihesus christus per suam sanctissimam et piissimam misericordiam te absoluat Et auctoritate ipsius beatorumque petri et pauli apostolorum eius ac auctoritate apostolica michi commissa et tibi concessa Ego te absoluo ab omnibus peccatis tuis contritis confessis et oblitis Etiam ab omnibus casibus excessibus criminibus atque delictis quantumcumque grauibus Sedi apostolice reseruatis Necnon a quibuscumque excommunicationum suspensionum et interdicti Aliisque sententiis censuris et penis ecclesiasticis a Iure vel ab homine promulgatis si quas incurristi dando tibi plenissimam omnium peccatorum tuorum indulgentiam et remissionem Inquantum claues sancte matris ecclesie in hac parte se extendunt. In nomine patris et filii et spiritus sancti Amen.

Forma plenarie remissionis in mortis articulo

Misereatur tui etc. Dominus noster vt supra Ego te absoluo ab omnibus peccatis tuis contritis confessis et oblitis restituendo te vnitati fidelium et sacramentis ecclesie Remittendo tibi penas purgatorii quas propter culpas et offensas incurristi dando tibi plenariam omnium peccatorum tuorum remissionem Inquantum claues sancte matris ecclesie in hac parte se extendunt. In nomine patris et filii et spiritus sancti Amen.

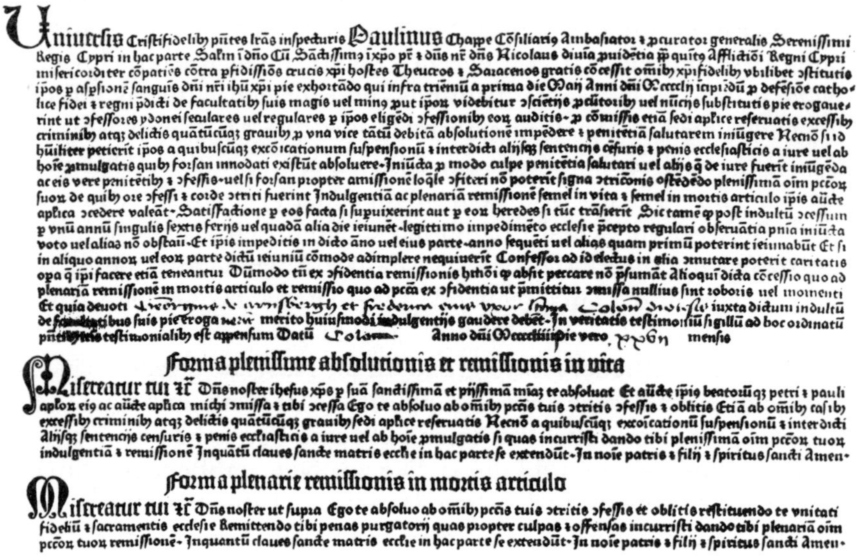

Vniuersis Cristifidelibus presentes litteras inspecturis Paulinus Chappe Consiliarius Ambasiator et procurator generalis Serenissimi Regis Cypri in hac parte Salutem in domino Cum Sanctissimus in christo pater et dominus noster dominus Nicolaus diuina prouidentia papa quintus Afflictioni Regni Cypri misericorditer compatiens contra perfidissimos crucis christi hostes Theucros et Saracenos gratis concessit omnibus christifidelibus vbilibet constitutis ipsos per aspersionem sanguinis domini nostri ihesu christi pie exhortando qui infra triennium a prima die Maii Anni domini Mccccliii incipiendum pro defensione catholice fidei et regni predicti de facultatibus suis magis vel minus prout ipsorum videbitur conscientiis procuratoribus vel nunciis substitutis pie erogauerint vt confessores ydonei seculares vel regulares per ipsos eligendi confessionibus eorum auditis pro commissis etiam sedi apostolice reseruatis excessibus criminibus atque delictis quantumcumque grauibus pro vna vice tantum debitam absolutionem impendere et penitentiam salutarem iniungere Necnon si id humiliter petierint ipsos a quibuscumque excommunicationum suspensionum et interdicti aliisque sententiis censuris et penis ecclesiasticis a iure vel ab homine promulgatis quibus forsan innodati existunt absoluere. Iniuncta pro modo culpe penitentia salutari vel aliis que de iure fuerint iniungenda ac eis vere penitentibus et confessis. vel si forsan propter amissionem loquele confiteri non poterint signa contritionis ostendendo plenissimam omnium peccatorum suorum de quibus ore confessi et corde contriti fuerint Indulgentiam ac plenariam remissionem semel in vita et semel in mortis articulo ipsis auctoritate apostolica concedere valeant. Satisfactione per eos facta si superuixerint aut per eorum heredes si tunc transierint Sic tamen quod post indultum concessum per vnum annum singulis sextis feriis vel quadam alia die ieiunent. legittimo impedimento ecclesie precepto regulari obseruantia penitentia iniuncta voto vel alias non obstantibus. Et ipsis impeditis in dicto anno vel eius parte anno sequenti vel alias quam primum poterint ieiunabunt Et si in aliquo annorum vel eorum parte dictum ieiunium commode adimplere nequiuerint Confessor ad id electus in alia commutare poterit caritatis opera que ipsi facere etiam teneantur Dummodo tamen ex confidentia remissionis huiusmodi quod absit peccare non presumant Alioquin dicta concessio quo ad plenariam remissionem in mortis articulo et remissio quo ad peccata ex confidentia vt promittitur commissa nullius sint roboris vel momenti Et quia deuoti [illegible] iuxta dictum indultum de facultatibus suis pie erogauerunt merito huiusmodi indulgentiis gaudere debent. In veritatis testimonium sigillum ad hoc ordinatum presentibus litteris testimonialibus est appensum Datum Colonie Anno domini Mccccliiii die vero [illegible] mensis

Forma plenissime absolutionis et remissionis in vita

Misereatur tui etc. Dominus noster ihesus christus per suam sanctissimam et piissimam misericordiam te absoluat Et auctoritate ipsius beatorumque petri et pauli apostolorum eius ac auctoritate apostolica michi commissa et tibi concessa Ego te absoluo ab omnibus peccatis tuis contritis confessis et oblitis Etiam ab omnibus casibus excessibus criminibus atque delictis quantumcumque grauibus sedi apostolice reseruatis Necnon a quibuscumque excommunicationum suspensionum et interdicti Aliisque sententiis censuris et penis ecclesiasticis a iure vel ab homine promulgatis si quas incurristi dando tibi plenissimam omnium peccatorum tuorum indulgentiam et remissionem Inquantum claues sancte matris ecclesie in hac parte se extendunt. In nomine patris et filii et spiritus sancti Amen.

Forma plenarie remissionis in mortis articulo

Misereatur tui etc. Dominus noster vt supra Ego te absoluo ab omnibus peccatis tuis contritis confessis et oblitis restituendo te vnitati fidelium et sacramentis ecclesie Remittendo tibi penas purgatorii quas propter culpas et offensas incurristi dando tibi plenariam omnium peccatorum tuorum remissionem. Inquantum claues sancte matris ecclesie in hac parte se extendunt. In nomine patris et filii et spiritus sancti Amen.

schon vor dem Fall Konstantinopels der zyprische König Johann II. an das Oberhaupt der katholischen Kirche, Papst Nikolaus II., gewandt. Als Resultat der vereinbarten Hilfeleistung wurde einer jener Ablässe verfügt, wie sie später ein Martin Luther als wahres Teufelswerk anprangern sollte: »*Nu sagt an lieben herren: An dieser unaussprechlicher dieberey und reuberey des gelts an solcher aller erschrockenlicher grewlicher lügen und lesterung des leidens Christi, des Evangelij, der gnaden und Gottes selbs, so durchs Ablas begangen ist, seid ihr geistlichen alle sampt schüldig* [...] *Man sagt von auffrur, von klöster einnemen, von Türcken. Ja was sind solche stücke alle sampt gegen euch Ablas kremer allein, wenn mans nur bedencken wolt? Es ist ein recht Türckisch heer gewest*

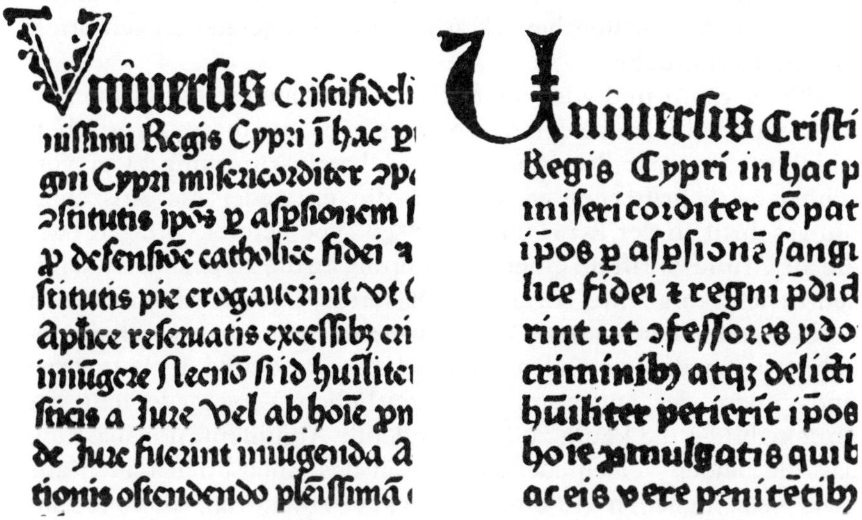

Durch die Mainzer Ablaßbriefe zur Unterstützung des Königreichs von Zypern (linke Seite oben der einunddreißigzeilige Ablaßbrief mit der B-42-Type als Auszeichnungsschrift; darunter der dreißigzeilige mit der B-36-Type) konnten die frommen Spender (»Heinrich Deupprecht und seine Frau Anna« und »Georg von Arnsberg und seine Frau Frederica«) bei einem Beichtvater »einen vollkommenen Ablaß und vollkommene Vergebung aller Sünden, die sie mit dem Munde bekannt und im Herzen bereut haben, einmal im Leben und einmal in der Todesstunde mit apostolischer Vollmacht« erhalten.

gegen den rechten Christlichen glauben.«[27] Ein solcher Ablaß garantierte gegen Zahlung einer Geldsumme einen zeitlichen Sündenablaß, oder, wie man in diesem Fall präzisieren muß, dem Käufer die eigene Wahl eines Beichtvaters (Beichtprivilegierung); erst dieser Beichtvater konnte ihn dann von seinen Sünden, auch den schwersten, lossprechen.[28] Während der Verkauf des Ablasses – für den eine Laufzeit vom 1. Mai 1452 bis zum 30. April 1455 festgesetzt worden war – zunächst recht schleppend verlief, müssen der Fall Konstantinopels im Mai 1453 und die dann massiv einsetzende Propaganda gegen die »Türkengefahr« eine wesentlich stärkere Nachfrage nach den Ablaßbriefen hervorgerufen haben. Diese Nachfrage konnte wiederum angeheizt werden, als sich die Kirche jenes Mittels bediente, das eine schlagartige Vervielfältigung dieser einblättrigen Schriften bewirken konnte: des gerade eingeführten Mobilletterndrucks.

Wie erwähnt und wie sich auch für den Laien leicht feststellen läßt, wurden in den beiden überlieferten Formen dieses Zyprischen Ablaßbriefes trotz der inhaltlichen Übereinstimmung zwei verschiedene Schrifttypen verwendet, die entweder als Auszeichnungsschrift in der B-36- und der B-42-Type bereits vorlagen oder die als Grundschrift (in einer Annäherung an die zu jener Zeit handschriftlich gebrauchte, sogenannte Bastarda) erst noch zu entwerfen und zu schneiden waren. Diese Tatsache zweier neu geschaffener Schrifttypen, des jeweiligen Gebrauchs der B-36- und der B-42-Type und zudem der angenommenen zeitlichen Verschiedenheit der Drucke bildet die kaum zu überwindende Argumentationsbastion, daß die beiden verschiedenen Formen des Ablaßbriefes auch aus zwei verschiedenen Offizinen, Druckerwerkstätten, hervorgegangen sein müssen. Für die entgegengesetzte Annahme muß man recht verschlungene logische Winkelzüge ausführen, um die Frage zu beantworten, warum man sich in ein und derselben Druckerei auf das kostspielige Verfahren eingelassen haben sollte, für ein und denselben Druck gleich zwei Schrifttypen zu entwerfen, zu schneiden und zu gießen. Dies hätte nur zu weiteren erheblichen Ausgaben führen müssen und hätte vor allem viel Zeit gekostet, Zeit, die doch eilte, da ja die Ablaßverordnung terminlich begrenzt war.

Wenn daher die Schlußfolgerung Halt zu versprechen scheint, daß der B-36-Ablaß die Presse in Gutenbergs »Urdruckerei«, der B-42-Ablaß in der »Bibeldruckerei« die Presse verließ, lassen sich in diesen Konstruktionsrahmen auch die übrigen Erklärungen zu Gutenbergs Fortkommen einpassen. Danach konnte der Buchdruck-Erfinder beim Abschluß des Bibeldrucks einen finanziell äußerst lohnenden Fang machen, für den nur der geringste Aufwand nötig war, nämlich das einmalige Schneiden neuer Typen, deren begrenzter Guß und das abschließende hundert-, tausend-, ja vielleicht zehntausendfache Abziehen des Satzes in der Presse. Geht man von den überlieferten beiden Formen des Zyprischen Ablaßbriefes aus, so hätte die Fustsche Druckerei erst Monate später nachziehen und den gleichen Ablaßbrief herausbringen können, ist doch der B-42-Ablaß in weit geringerer Stückzahl und immer erst für das Jahr 1455 überliefert. Nicht nur erklärt sich vor diesem Hintergrund die Verwendung unterschiedlicher Schrifttypen in den beiden Ablässen, und nicht nur kommt es zu keinem Widerspruch zwischen der Überlieferung Piccolominis vom Abschluß des Bibeldrucks (spätestens im Oktober 1454) und dem Druckbeginn der Ablaßbriefe, sondern auch die Fustsche Anklage vor Gericht, sein ehemaliger Geschäftspartner habe Gelder in dessen eigenes Unternehmen abgezweigt, stimmt damit überein. Denn Gutenberg muß ja sogleich in der Lage gewesen sein, einen solchen Druckauftrag auszuführen, was ihm nur mit einer wohlausgestatteten Offizin möglich sein konnte.

Es soll allerdings noch einmal ausdrücklich betont werden, daß die hier favorisierte Darstellung nichts als eine – wenn auch plausibel erscheinende – Hypothese darstellt. Natürlich sind außerdem entscheidende Argumente vorgebracht worden, wonach Gutenberg sowohl als der alleinige Drucker beider Ablaßbriefe ausgewiesen ist[29] – wie auch als der »Künstler« der zweiundvierzigzeiligen Bibel, der keine solche »niederen« Drucke herausgegeben habe; vor allem diese letzte Argumentation, die trotz aller Exotik von führenden Forschern verteidigt worden ist, sei hier kurz herausgestellt. Im Grunde dreht es sich einmal mehr um das Bild des erhabenen Geistesmenschen Gutenberg.

Für die Zeit, als in Mainz die Arbeit an der zweiundvierzigzeiligen Bibel im Gange war, sind ebenfalls einige Kleindrucke wie die siebenundzwanzigzeiligen Donate oder das Sibyllenbuch nachzuweisen. Da diese Kleindrucke allerdings in ihrer Druckqualität hinter dem großen Werk der Bibel zurückbleiben, hat als erster der im übrigen so analytisch vorgehende Inkunabelforscher Paul Schwenke den sogenannten »Drucker des Türkenkalenders« eingeführt[30]. Dieser anonymen Person konnte man wunderbar all jene Druckwerke unterschieben, die das Bild des genialen Meisters Gutenberg hätten trüben können. So porträtierte man einen Gutenberg, dessen großer Sinn es verschmäht habe, »sich mit dem Kleinkram abzugeben, von dem seine Schüler sich nährten«[31], wie etwa der Druckspezialist Otto Hupp schreibt oder auch der bedeutende Forscher Carl Wehmer: »Zwischen einem Gutenberg, der die textlich und typographisch sorgfältige 42zeilige Bibel druckte, seinen ehemaligen Mitarbeitern und Schülern Fust und Schöffer, die 1457 den Prachtdruck des Mainzer Psalters veröffentlichten, auf der einen Seite und dem ›Drucker des Türkenkalenders‹ auf der anderen Seite besteht ein Qualitätsunterschied, der durch die Bemühungen dieses Kleindruckers, es seinen großen Vorbildern gleich zu tun, nicht aufgehoben, sondern eher noch verdeutlicht wird.«[32]

Tatsächlich hatte man sich in bestimmten Forscherkreisen »mit Bestimmtheit«[33] auf den »Drucker des Türkenkalenders« eingelassen, obwohl kein einziger dokumentarischer Nachweis erbracht werden konnte, nicht eine indirekte Erwähnung, daß sich im Mainz der frühen fünfziger Jahre eine weitere Person das Wissen um die Buchdruckerkunst angeeignet hatte. So sehr bewunderte man das eigenhändig geschaffene Gutenbergsche Genie, daß es gleichsam rücksichtslose Persönlichkeiten brauchte, um auch einem Heros Gutenberg »niedere« Arbeiten zuzutrauen, Persönlichkeiten, die tatsächlich erst einmal Fragen aussprechen mußten, so banal wie diese: »Woraus ersehen wir eigentlich, daß es für ein und denselben Drucker unmöglich oder unwahrscheinlich gewesen sei, zwei ähnlich geschnittene, aber in ihrer Qualität verschiedene Drucktypen zu verwenden? – gleichlaufend oder fortlaufend bedeutende Werke mit großer Sorgfalt zu schaffen und vergängliche, unbedeutende Arbeiten mit wenig Sorgfalt? – seine bessere Drucktype für sein bestes Werk einzusetzen und seine schlechtere für den Rest?«[34] Die Antworten auf diese Art Fragen brauchen hier nicht geliefert zu werden, da jeder unvoreingenommene Betrachter zugeben wird, daß es bis zur Reife einer Erfindung Versuche und Vorstufen geben muß, daß jeder Erfinder sein Werk zunächst am Simplen probiert und er an diesem Simplen festhalten wird, wenn dies den schlaffen Geldbeutel straffen hilft – und daß ein Gutenberg in den Dingen des Geldes in keiner Weise zurückhaltend auftrat, ist hinlänglich dargestellt worden.

Was nun den Ausgang des Mainzer Gerichtsprozesses angeht, so ergibt sich nach dem bisher Gezeigten, daß Gutenberg mit Sicherheit *nicht* den »Verlust seiner Werkstatt und der gerade fertig gedruckten Bibeln« zu beklagen hatte und er sich keineswegs »nicht wieder von dem Schlag erholt hat«. Zwar ist eine Rechtsprechung nur zum ersten Punkt der Klage Fusts überliefert, mit der er die Rückzahlung seiner entliehenen Gelder geltend machte; jedoch kann man auch den Inhalt des allgemeinen Urteilsspruchs ungefähr erschließen. Die finanzielle Abgeltung hinsichtlich des ersten Klagepunkts läßt sich nämlich recht zuverlässig berechnen, und das Gericht wird wie folgt entschieden haben: Fust gab in seinem Eid eine selbst entliehene Summe von 1550 Gulden an, wovon sich 800 Gulden als gemeinsamer Geschäftsanteil verstanden; auch habe Gutenberg sein Darlehen von 800 Gulden *»nit alle«* bekommen. Daher hatte Fust von ihm zunächst 750 Gulden zu erhalten, zuzüglich der von ihm bezahlten Zinsen. Diese Zinsen hätten sich nach Fusts Klage auf 250 Gulden belaufen, berechnet allerdings auf 800 Gulden für das Darlehen an Gutenberg, das hingegen nur 750 Gulden betrug; also sind auch die Zinsen etwas niedriger anzusetzen. Außerdem mußte Gutenberg von dem Fustschen Geschäftsanteil von 800 Gulden denjenigen Betrag an seinen Finanzier zurückzahlen, den er nicht in das »Werk zu ihrer beider Nutzen« investiert hatte, natürlich entsprechend verzinst. Allerdings kann dieser Betrag nicht zu hoch angesetzt werden, da ja doch erhebliche Kosten für die Bibelherstellung anfielen. All diese Rechnerei ergibt demnach, daß Gutenberg 750 Gulden plus die entsprechenden Zinsen von weniger als 250 Gulden und zudem einen unbekannten Anteil von etwa 100 oder 200 Gulden plus die wiederum entsprechenden Zinsen zu zahlen hatte, so daß der Buchdruck-Erfinder höchstens mit 1250 Gulden in der Kreide stand – wahrlich ein erklecklicher Betrag! Nur darf nicht vergessen werden, daß man Gutenberg zwar in seinen Geldbeutel greifen sollte, daß dieser Geldbeutel bis dahin aber längst gut gefüllt war. Im übrigen hatte das Gericht mit seinem nur hypothetisch zu erschließenden allgemeinen Urteilsspruch über die Aufteilung des gemeinsamen gesellschaftlichen Eigentums zu entscheiden, auf die Produktionsmittel an erster Stelle, das »Werk der Bücher«, und auf die Produktion dieses Werks, die gedruckte Bibel. Der halbierte Wert dieses gesellschaftlichen Eigentums muß gegen die Schuldverpflichtungen Gutenbergs aufgerechnet werden, um festzustellen, wie der geschäftlich verschlagene Patriziersohn sich in seiner zweiten *burse* großen Ausmaßes finanziell aus der Affäre zog.

Wenn man zunächst davon ausgeht, daß sich die von Fust in die Gemeinschaft eingeschossenen Gelder auf über 1500 Gulden beliefen, abzüglich der von Gutenberg abgezweigten Beträge von etwa 100 bis 200 Gulden, daß Gutenberg sowieso sein Besitzrecht an einem Teil vom *geczuge* forderte und daß die Druckerei-Einrichtung während des Bibeldrucks beständig ausgebaut und verbessert worden war, dann hatte sich der Wert der aufzuteilenden Produktionsmittel am Ende beträchtlich erhöht, auf wenigstens – gering geschätzt – 2000 Gulden. Wenn man dann bedenkt, daß auch die Einnahmen aus dem Verkauf der Bibel aufzuteilen waren, Einnahmen, die sich auch bei der niedrigsten Schätzung auf 4500 Gulden beliefen[35], so betrug der Wert des gesellschaftlichen Eigentums auf jeden Fall mehr als 6000 Gulden. Gutenbergs Anteil machte somit reichlich 3000 Gulden aus. Es kann also keine Rede davon sein, daß Gutenberg »aus Mangel an Kapital seine Schulden nicht bezahlen« konnte, wie dies wider besseres Wissen noch jüngst der Schriftexperte Kapr behauptet hat[36]. Vielmehr hatte es der Geschäftsmann Gutenberg innerhalb weniger Jahre aus dem Nichts zu einer ordentlichen Anhäufung von Kapital gebracht. Und darüber hinaus hatte ja auch Gutenbergs eigene Druckerei bis dahin erhebliche Gewinne erwirtschaftet, wo weiterhin die gut verkäuflichen Donate in großen Auflagen erschienen.

Als Resümee bleibt die Feststellung, daß Gutenberg durch seine Geschäftsverbindung mit Fust nicht nur nichts verloren, sondern einiges gewonnen hatte, weiteres Kapital nämlich und die bestmöglichen Druckerei-Einrichtungen. Jener erfinderische Geschäftsmann, der in Straßburg nach Wegen gesucht hatte, durch das Mittel der Vervielfältigung Produkte rasch und in großer Menge herstellen zu können, dem an Geld, viel Geld durchaus gelegen war, um damit vielleicht seinen unsicheren adeligen Stand aufwerten zu können – dieser Geschäftsmann hatte in seiner Heimatstadt Mainz seine Interessen glänzend verwirklichen können.

Das »Werk der Bücher«

Eine der wichtigsten Fragen zu *dem* Buch der Bücher, der gedruckten Bücher, bezieht sich auf die zeitliche Dauer seiner Drucklegung. Denn es interessiert besonders, wann sich wohl Gutenberg das erste Geld von Fust geliehen hatte und wann sich die beiden zum *»werck zu irer beider nocz«* zusammengetan hatten. Zur Antwort auf diese Frage dient bei der kargen Quellenlage zu Gutenbergs Leben vor allem wieder das Helmaspergersche Notariatsinstrument, aus dem man alle nur möglichen Informationen herauszulesen versucht hat. Tatsächlich überliefert die Urkunde in gebündelter Form eine Vielzahl an Auskünften zum Leben des Buchdruck-Erfinders. Verführerisch locken dabei Fusts gerichtliche Geldforderungen, die sich zeitlich scheinbar detailliert berechnen lassen, umfassen sie doch neben den Zinsbeträgen auch die Zinseszinsen. Daher sind immer wieder Abhandlungen über die Laufzeiten des Fustschen Darlehens und über die Dauer der Betriebsgemeinschaft verfaßt worden, die bei allen Berechnungen zwar nie die jeweiligen Beträge, Zinsen und Laufzeiten wirklich in Einklang zu bringen vermögen, die aber wenigstens in eine Feststellung wie die folgende münden: »Immerhin nehmen die meisten Gutenbergforscher an, daß die Geschäftsverbindung zwischen Gutenberg und Fust in der ersten Hälfte des Jahres 1450 zustande kam.«[1]

Fust hatte seine Geldforderungen vor Gericht meist mit der Einschränkung *»ungeverlich«* oder *»zu guter rechnung«* verbunden, was jeweils eine »ungefähre« Berechnung meinte, um sich auf seine finanziellen Ansprüche nicht von vornherein festnageln lassen zu müssen.[2] Daher hat es wenig Sinn, die Fust-Gutenbergschen Übereinkommen auf Monate oder gar Wochen und auf bestimmte Daten genau berechnen zu wollen. Zwei Kalkulationen aber lassen sich trotzdem anstellen, die man gesichert aus dem Helmaspergerschen Notariatsinstrument herleiten kann. Wenn sich zum einen der Geschäftsanteil Fusts auf 800 Gulden belief und er davon 300 Gulden jährlich – für Löhne, Mietzahlungen und Druckmaterialien – bezahlte, muß der gemeinsame Betrieb etwa zweiunddreißig Monate gedauert haben. Wenn Fust zum anderen 6 Prozent Zinsen berechnete und sich seine Forderungen für das 800-Gulden-Darlehen auf 250 Gulden und für den 800-Gulden-Betriebsanteil auf 140 Gulden beliefen, muß die Darlehensvergabe etwa fünf Jahre und der Beginn des gemeinsamen Druckunternehmens etwa drei Jahre zurückgelegen haben.

Diese grobe Berechnung, die »1450« und »1452« als die entsprechenden Jahre ausweist, stimmt mit gewissen historischen Überlieferungen überein, so für den Beginn des Buchdrucks etwa mit der erwähnten Widmung Johannes Schöffers an Kaiser Maximilian oder mit der »Kölner Chronik«, wo es unmißverständlich heißt: »[...] *do men schreyf MCCCCL, do was eyn gulden iair: do began men tzo drucken* [...].«[3]

Somit hätte Fust seine Werkstatt im Jahre 1450 eingerichtet, der Bibeldruck wäre zwei Jahre darauf begonnen worden und die Geschäftsgemeinschaft hätte sich nach weiteren zwei Jahren und acht Monaten wieder aufgelöst. Alle genaueren Berechnungen müssen schon deswegen unnütze Knobeleien bleiben, weil sich ja nicht feststellen läßt, wann der »Fust-Prozeß« geendet hatte; dessen Ende aber macht als Eckdatum in jeder entsprechenden Kalkulation den entscheidenden Faktor X aus. (Im übrigen liegen mit der Bestimmung der Jahre 1450 und 1452 relativ exakte Zeitmarken zu Gutenbergs Biographie vor, einer Biographie, die sich ja sowieso nur – von bestimmten, urkundlich dokumentierten Tagen abgesehen – in einem zeitlichen Rahmen von Jahren, bestenfalls Monaten beschreiben läßt.)

Wenn es nun zur Beschreibung der sogenannten »Gutenberg-Bibel« kommt, dann habe der unwissende Durchschnittsmensch seinen

Blick zu etwas Heiligem zu erheben (oder, besser, zu senken, da man auf Bücher ja meist hinabschaut). In dieser pointiert formulierten Weise läßt sich zusammenfassen, wie das erste große Druckwerk der (europäischen) Geschichte gewöhnlich beschrieben wird, so wenn etwa der »Oberregierungsbibliotheksrat« Ferdinand Geldner ehrfurchtsvoll die Worte zu Papier bringt: »Nur mit schweigender Bewunderung wird man ein Exemplar der 42zeiligen Bibel betrachten können.«[4] Wenn auch die meisten Bewunderer der »Gutenberg-Bibel« ihre Bewunderung sehr wohl mitteilen möchten – zumal viele Zeitgenossen den Geheimnissen des Buchdrucks als Laien gegenübertreten, denen das Wissen fehlt, das zu einer solchen Bewunderung führen kann –, so werden diese bewegten Bewunderer vielfach *die* Wendung wählen, wie sie gleichsam in Form eines Dogmas verbreitet worden ist und wie sie etwa der ehemalige Direktor des Gutenberg-Museums, Helmut Presser, stereotyp niederschreibt, die »Gutenberg-Bibel« sei »das schönste aller jemals gedruckten Bücher geworden«[5]; oder mit den Worten des Altvaters der Forschung um den Buchdruck-Erfinder, Aloys Ruppel, ausgedrückt: »Die Meisterwerke der Druckkunst sind nicht auf den schnellaufenden Maschinen der Gegenwart hergestellt worden, sondern mit den primitiven Geräten und Handgriffen, wie sie Gutenberg erfand und anwandte. Das größte Meisterwerk aber, das bis zum heutigen Tage noch nicht erreicht, geschweige denn übertroffen wurde, die 42zeilige Bibel, steht nicht am Ende, sondern am Anfang der Geschichte der Druckkunst.«[6] Bei der zweiundvierzigzeiligen Bibel handele es sich also um das schönste und kostbarste Buch der Welt. In dieser Form sei dieses Urteil in seiner Plakativität zunächst stehengelassen, um im weiteren möglichst ohne Pathos zur Beschreibung dieses Inbegriffs der Buchdruckerkunst überzugehen.

Von der »Gutenberg-Bibel«, wie sie gemeinhin in ausschließlichem Bezug auf den Buchdruck-Erfinder genannt wird, sind neunundvierzig bisher bekanntgewordene, auf der ganzen Welt verstreute Exemplare überliefert, von etwa hundertachtzig insgesamt gedruckten[7]. (Davon galten bis in die jüngste Zeit zwei Exemplare, die beiden Leipziger, als verschollen, nachdem sie im Verlauf der sowjetischen Besetzung der sächsischen Hauptstadt am Ende des

Zweiten Weltkriegs »verlorengegangen« waren. Im Dezember 1992 wurde jedoch als das Ergebnis einer Konferenz deutscher und russischer Bibliotheksdirektoren verkündet, daß mehrere Millionen Bücher, die von den Sowjets in deutschen Bibliotheken beschlagnahmt worden waren, in den nächsten Jahren zurückkehren sollen. Auch jene zwei Leipziger »Gutenberg-Bibeln« wurden erwähnt, die bewahrt sind und beide in Moskau lagern, die eine in der Leninbibliothek, in der Bibliothek der Lomonossow-Universität die andere.)

Über den »Wert« der einzelnen Exemplare entscheidet in erster Linie, ob die Bibel, deren sechshundertdreiundvierzig Blätter in zwei Bände gebunden wurden, auch in beiden Bänden erhalten ist und ob es sich um ein auf Papier oder Pergament gedrucktes Exemplar handelt. Daneben spielt der Erhaltungszustand eine große Rolle, da die wenigsten der Exemplare intakt bewahrt sind. Entweder ist nur einer der beiden Bände überliefert; oder es sind die Ränder der Seiten beschnitten, ist aus ihnen etwas herausgetrennt (etwa besonders wertvolle Initialen) oder fehlen gar ganze Seiten; auch sind die meisten Bände in späteren Jahrhunderten neu eingebunden worden (ganze neun Exemplare haben die Zeiten in ihrem originalen Einband überdauert). Wollte man über die weltweite Verteilung der Bibel eine wundersame historische Interpretation liefern, so könnte man die geschichtliche Bedeutung gewisser Länder daran ablesen, über wie viele Exemplare der »Gutenberg-Bibel« sie verfügen. Nachdem noch die französische Expansion in Europa, wie sie durch die Revolution in Gang gebracht worden war, zur Plünderung zahlreicher deutscher Klosterbibliotheken geführt hatte, entschied spätestens im neunzehnten Jahrhundert vor allem der ominöse »Markt« über den »Wert« dieser berühmtesten Bibel, wie sich dies anhand der für einzelne Exemplare erzielten Preise ablesen läßt: Hatte noch im Jahre 1739 der französische Bibliograph Sallier ein Exemplar für einen halben Gulden erworben, kostete schon 1793 ein vollständiges Papierexemplar zweitausend Mark, 1847 ein unvollständiges Papierexemplar zehntausend Mark und 1925 siebzigtausend Mark, 1926 ein vollständiges Papierexemplar vierhundertzwanzigtausend Mark[8]. Der heutige Wert läßt sich am besten an dem »Bibelverkaufsjahr« 1978 ablesen, als in New York gleich drei der berühmten Bücher unter den Hammer kamen und diese für durchschnittlich zwei Millionen Dollar den Besitzer wechselten. Entsprechend sind die rund vier Dutzend Exemplare über die historisch wichtigsten Industrieländer verteilt, und es kann nicht überraschen, daß seit dem Jahre 1987 selbst Japan nicht auf eine »Gutenberg-Bibel« verzichten muß. Nach dem aktuellen Stand verfügen allein die vier wichtigsten »Gutenberg-Bibel-Länder« über dreiunddreißig der bekannten neunundvierzig Exemplare, nämlich Deutschland über zwölf, die USA über neun, Großbritannien über acht und Frankreich über vier Exemplare, wobei sich unter den neunzehn vollständig erhaltenen Exemplaren die vier bedeutenden Pergamentexemplare in Göttingen, Paris, London und Washington befinden. Zu der immer wieder besungenen Kostbarkeit der Bibel sei der Kuriosität halber angemerkt, daß es noch in den sechziger Jahren dieses Jahrhunderts dem New Yorker Verlagsunternehmen Scribner gefiel, eine besondere Methode der Wertsteigerung anzuwenden; man zerlegte nämlich das sogenannte zweite Trierer Exemplar und verkaufte es stückweise – sicherlich auch eine, wenn auch wenig feine Methode, Original-Gutenberg-Drucke weiter über die Welt verteilen zu helfen.

In seiner Eigentümlichkeit läßt sich ein solches Werk am besten verstehen, wenn man sich vor Augen führt, worin die Unterschiede zu einem Buch bestehen, wie es der moderne Mensch gewöhnlich in den Händen hält. Da fällt zunächst das enorme, zeitungsseitengroße Format der Bibel (Folio genannt) von über vierzig mal dreißig Zentimetern auf, dann die große, zweispaltig gesetzte, lateinische, schwer lesbare Schrift, die von einem breiten weißen Rand umrahmt wird. Die in jeder Hinsicht großen Maße der Bibel erklären sich aus dem Verweis auf deren intendierte Käuferschaft. Diese wurde nicht im privaten Bereich vermögender Herrschaften gesucht, sondern in den Institutionen, die man gewissermaßen als den Hort der Heiligen Schrift ansah, in Kirchen und Klöstern. Zwar gab es auch private Bibelkäufer, die einen Kaufpreis von wenigstens einem halben Hundert Gulden aufbringen konnten; nur hätten diese eine kleiner gestaltete, einbändige Bibel erworben, wie sie im sogenannten Oktavformat geschrieben wurde, oder aber, für den täglichen Gebrauch, eine sogenannte Taschenbibel. Aber auch zur Zeit Gutenbergs, als sich über moderne Formen des Handels- und Kapitalverkehrs eine neue Gesellschaftsklasse, die bürgerliche, mit »freieren« Ideen zu entwickeln begann, herrschte als sinnstiftende Einheit noch immer die Dogmatik der christlichen Kirche, die in ihrer Geschichte bis dahin die Individualität und Persönlichkeit des einzelnen Menschen gewiß nicht vorangetrieben hatte. Im Gegenteil hatte man die Menschen von der Schrift, der aufklärenden, eher ferngehalten, und von der Heiligen Schrift besonders.

Auch der lateinische Bibeltext steht in diesem Zusammenhang, da sich die Kirche vehement dagegen sträubte, die Botschaft Jesu in der Bevölkerung nicht nur in deren Sprache, sondern überhaupt zu verbreiten. Die Bibel gehörte unter die Obhut derjenigen, die ihren Inhalt wissend auszulegen und wohlweislich zu verkünden wußten, der Bischöfe und Priester und der Äbte. So verwundert es nicht, daß sich die individuelle Geschichte fast jeder einzelnen der zweiundvierzigzeiligen Bibeln auf eine kirchliche, meist klösterliche Einrichtung zurückverfolgen läßt. Und dort wiederum diente eine Bibel eines solch großen Formats in erster Linie dem lauten Vorlesen oder auch dem allgemeinen Studium an einem Lesepult, oder sie diente ausschließlich dem Repräsentationswillen eines Priesters oder Abtes.

Wenn sich jedenfalls aus dem wohl wichtigsten Grund, die Bibel einfacher vorlesen zu können, sowohl ihr großes Format und ihre große Schrift wie auch der zweispaltige Satz, der das Lesen bedeutend vereinfacht, erklären, so zeugt der breite weiße Rand von einer Auffassung des Mediums Buch, wie sie heute nur noch im seltensten Falle besteht und wie sie in zweifacher Hinsicht unter den Begriff »Kunst« fällt.

Wie zuvor dargestellt, war im Mittelalter ein Buch derart mühselig herzustellen, mußten die Arbeitskraft der Schreiber und die Kosten allein des Materials derart teuer bezahlt werden, daß ein Buch an sich zu den kostbarsten Dingen des Lebens zählte; und diese Kostbarkeit steigerte sich noch, wenn es um die Heilige Schrift ging. So wurden seit je die Bibeln – natürlich nicht nur diese allein – »illuminiert«. Dazu malte man am Beginn aller neuen Ab-

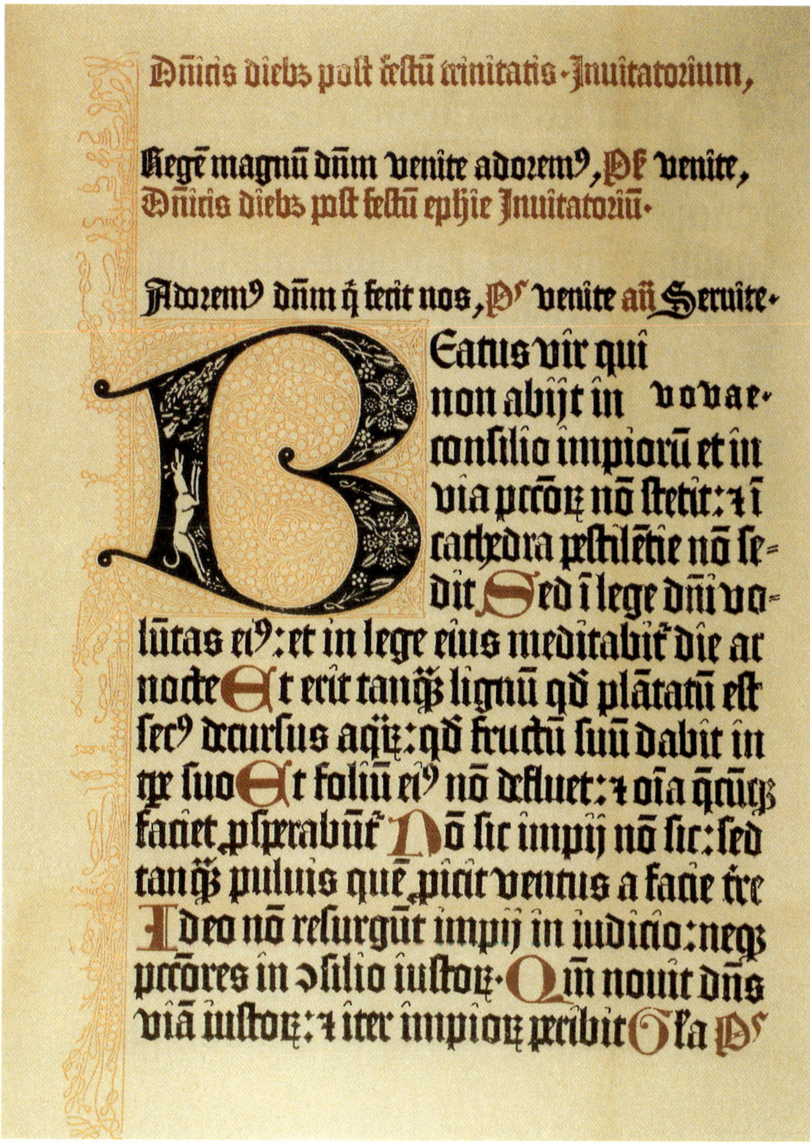
Dñicis diebꝫ post festū trinitatis · Inuitatorium,

Regē magnū dñm venite adoremꝰ, Ps venite,
Dñicis diebꝫ post festū ephie Inuitatoriū ·

Adoremꝰ dñm q̄ fecit nos, Ps venite añ Seruite ·

Beatus vir qui
non abijt in vovae ·
consilio impiorū et in
via peccatoꝝ nō stetit: ⁊ i
cathedra pestilētie nō se-
dit Sed ī lege dñi vo-
lūtas eiꝰ: et in lege eius meditabit̄ die ac
nocte Et erit tanq̄ lignū qd plātatū est
secꝰ decursus aquaꝝ: qd fructū suū dabit in
tpe suo Et foliū eiꝰ nō defluet: ⁊ oīa q̄cūqꝫ
faciet psperabūt̄ Nō sic impij nō sic: sed
tanq̄ puluis quē picit ventus a facie terre
Ideo nō resurgūt impij in iudicio: neqꝫ
peccatores in cōsilio iustoꝝ · Quoniā nouit dñs
viā iustoꝝ: ⁊ iter impioꝝ peribit Gloria Ps

Mainzer Psalter; Mainz, 1457; Fust, Schöffer. Schrift: Textur

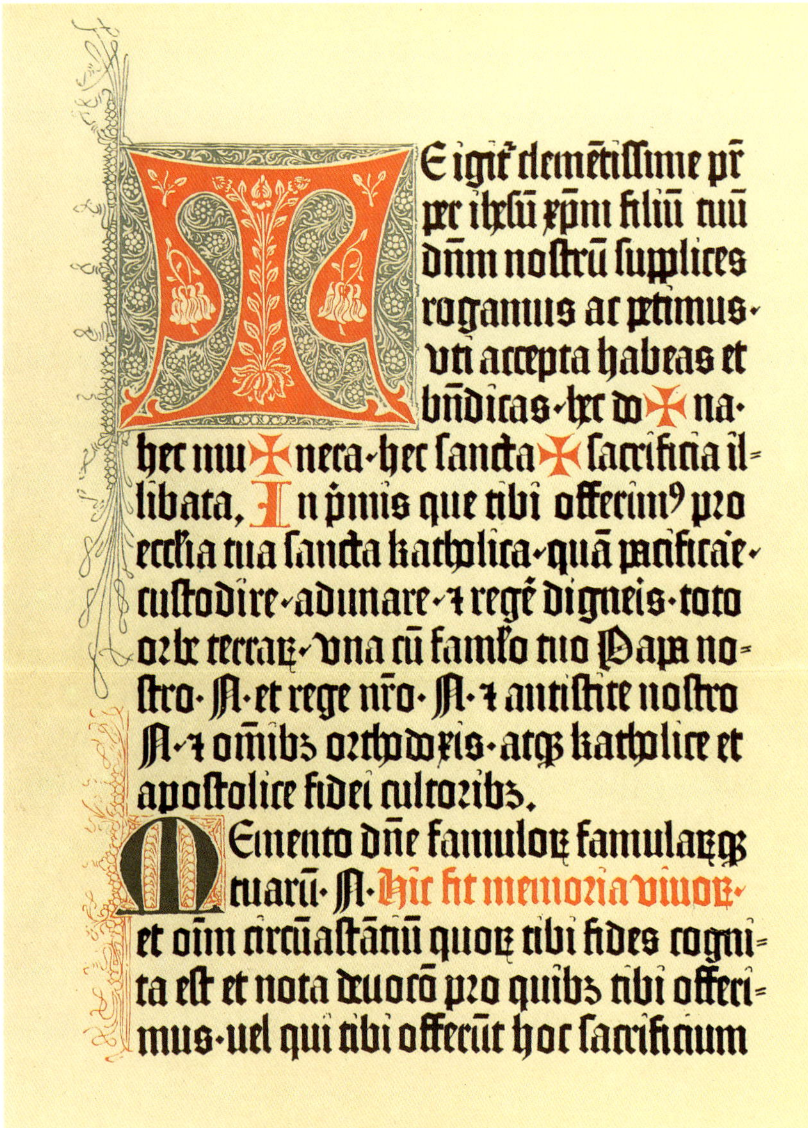
Te igit᷑ clemētissime p̄r
per ihesū xp̄m filiū tuū
dn̄m nostrū supplices
rogamus ac petimus.
uti accepta habeas et
bn̄dicas. hec do ✠ na.
hec mu ✠ nera. hec sancta ✠ sacrificia il=
libata. In p̄mis que tibi offerim⁹ pro
ecclia tua sancta katholica. quā pacificare.
custodire. adunare. ⁊ regē digneis. toto
orbe terraꝝ. vna cū famlo tuo Papa no=
stro. N. et rege nr̄o. N. ⁊ antistite nostro
N. ⁊ om̄ibꝫ orthodoxis. atqꝫ katholice et
apostolice fidei cultoribꝫ.
Memento dn̄e famuloꝝ famularūqꝫ
tuarū. N. Hic fit memoria viuoꝝ.
et oīm circūastātiū quoꝝ tibi fides cogni=
ta est et nota deuocō pro quibꝫ tibi offeri=
mus. uel qui tibi offerūt hoc sacrificium

Canon missae; Mainz, 1458; Fust, Schöffer. Schrift: Textur

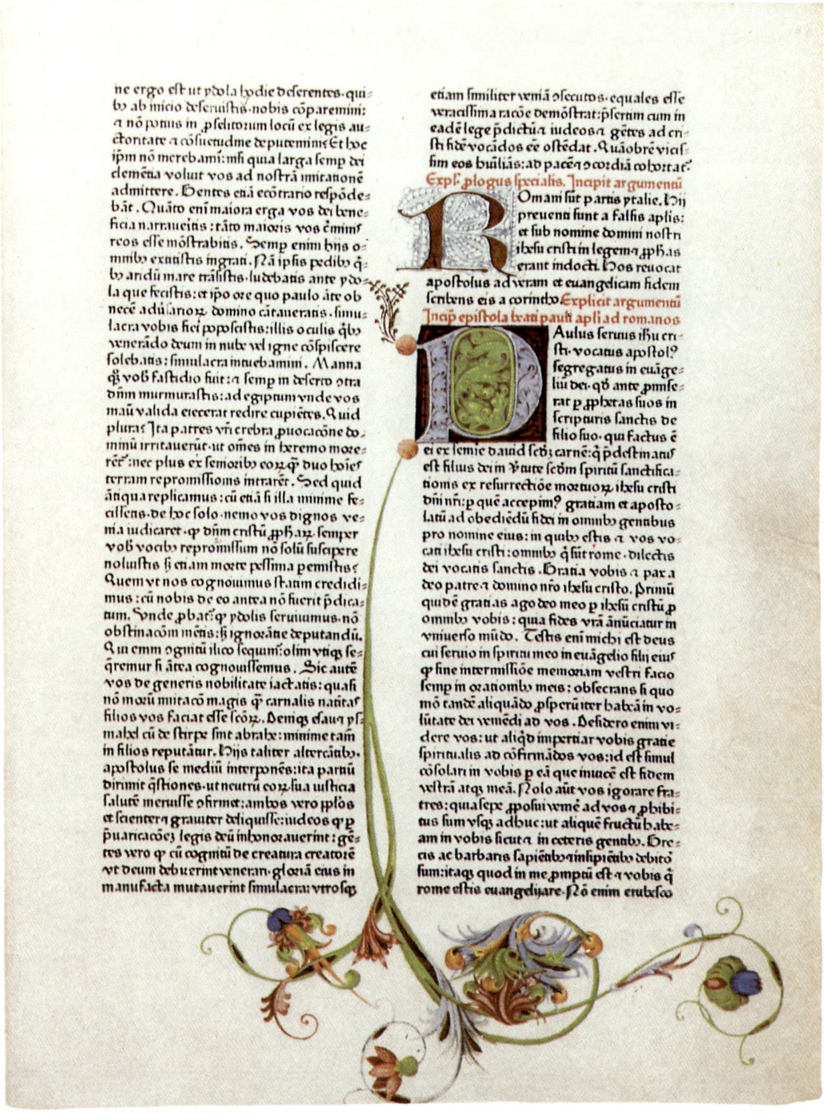

48zeilige Bibel; Mainz, 1462; Fust, Schöffer. Schrift: Gotico-Antiqua

Augustinus: De *civitate Dei*; Venedig, 1470; von Speyer-Brüder. ▷

Schrift: Renaissance-Antiqua

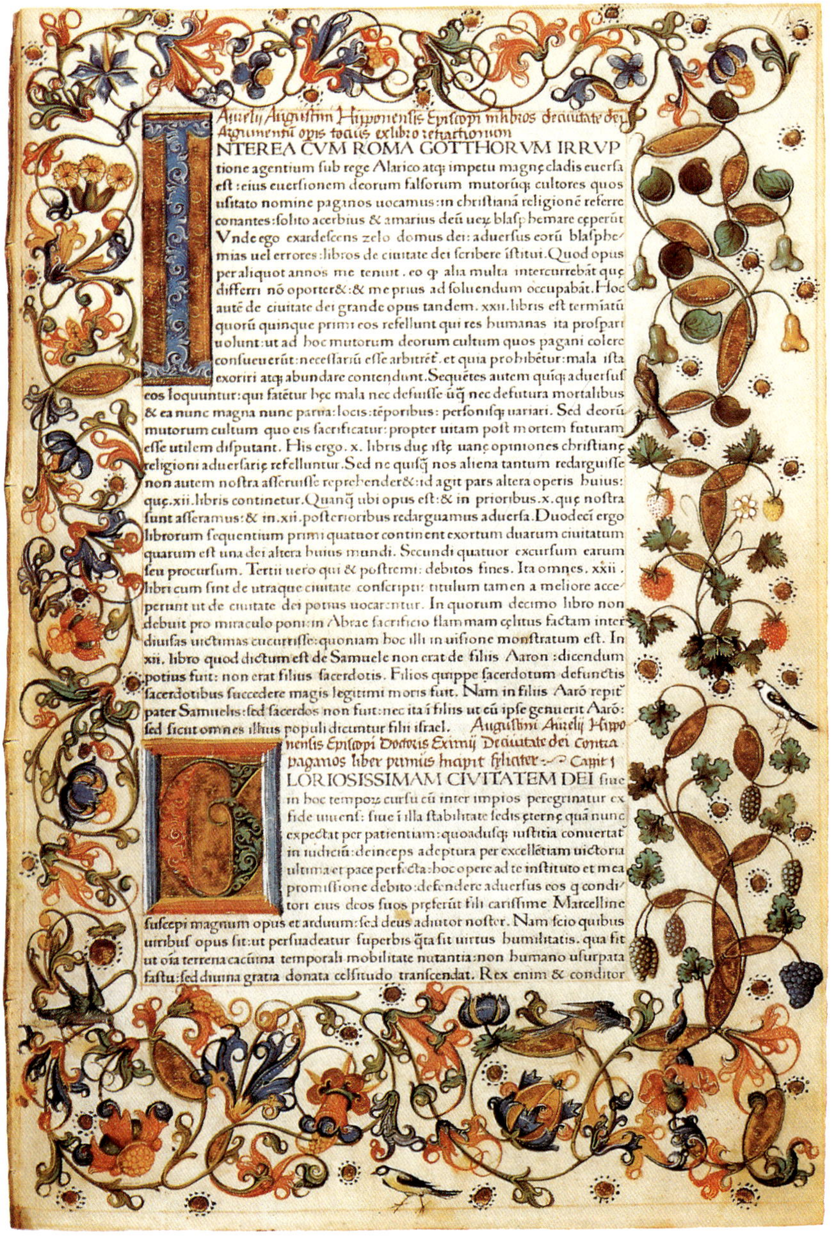

Aurelij Augustini Hipponensis Episcopi in libros de ciuitate dei Argumentum opus totius ex libro retractationum

INTEREA CVM ROMA GOTTHORVM IRRVPtione agentium sub rege Alarico atq; impetu magnę cladis euersa est: eius euersionem deorum falsorum multorumq; cultores quos usitato nomine paganos uocamus: in christianā religionē referre conantes: solito acerbius & amarius deū uerꝝ blasphemare cęperūt. Vnde ego exardescens zelo domus dei: aduersus eorū blasphemias uel errores: libros de ciuitate dei scribere īstitui. Quod opus per aliquot annos me tenuit. eo ꝙ alia multa intercurrebāt quę differri nō oporter&: & me prius ad soluendum occupabāt. Hoc autē de ciuitate dei grande opus tandem. xxii. libris est termiatū quorū quinque primi eos refellunt qui res humanas ita prosperari uolunt: ut ad hoc multorum deorum cultum quos pagani colere consueuerūt: necessariū esse arbitrētᵘʳ. et quia prohibētur: mala ista exoriri atq; abundare contendunt. Sequētes autem quiq; aduersus eos loquuntur: qui fatētur hęc mala nec defuisse ūq̄ nec defutura mortalibus & ea nunc magna nunc parua: locis: tēporibus: personisq; uariari. Sed deorū multorum cultum quo eis sacrificatur: propter uitam post mortem futuram esse utilem disputant. His ergo. x. libris duę istę uanę opiniones christianę religioni aduersarię refelluntur. Sed ne quisq̄ nos aliena tantum redarguisse non autem nostra asseruisse reprehender&: id agit pars altera operis huius: quę. xii. libris continetur. Quanq̄ ubi opus est: & in prioribus. x. quę nostra sunt asseramus: & in. xii. posterioribus redarguamus aduersa. Duodecī ergo librorum sequentium primi quatuor continent exortum duarum ciuitatum quarum est una dei altera huius mundi. Secundi quatuor excursum earum seu procursum. Tertii uero qui & postremi: debitos fines. Ita omnes. xxii. libri cum sint de utraque ciuitate conscripti: titulum tamen a meliore acceperunt ut de ciuitate dei potius uocarentur. In quorum decimo libro non debuit pro miraculo poni: in Abrae sacrificio flammam cęlitus factam inter diuisas uictimas cucurrisse: quoniam hoc illi in uisione monstratum est. In xii. libro quod dictum est de Samuele non erat de filiis Aaron: dicendum potius fuit: non erat filius sacerdotis. Filios quippe sacerdotum defunctis sacerdotibus succedere magis legitimi moris fuit. Nam in filiis Aarō repitᵘʳ pater Samuelis: sed sacerdos non fuit: nec ita ī filiis ut cū ipse genuerit Aarō: sed sicut omnes illius populi dicuntur filii israel.

Augustini Aurelij Hipponensis Episcopi Doctoris Eximij De ciuitate dei Contra paganos liber primus incipit feliciter Capit. I

GLORIOSISSIMAM CIVITATEM DEI siue in hoc temporꝝ cursu cū inter impios peregrinatur ex fide uiuens: siue ī illa stabilitate sedis ęternę quā nunc expectat per patientiam: quoadusq; iustitia conuertatᵘʳ in iudiciū: deinceps adeptura per excellētiam uictoria ultima et pace perfecta: hoc opere ad te instituto et mea promissione debito: defendere aduersus eos q conditori eius deos suos pręferūt fili carissime Marcelline suscepi magnum opus et arduum: sed deus adiutor noster. Nam scio quibus uiribus opus sit: ut persuadeatur superbis q̄ta sit uirtus humilitatis. qua fit ut oīa terrena cacūina temporali mobilitate nutantia: non humano usurpata fastu: sed diuina gratia donata celsitudo transcendat. Rex enim & conditor

schnitte und Kapitel kunstvolle Initialen ein, deren Raum der Schreiber oder, im Falle der zweiundvierzigzeiligen Bibel, der Setzer offenließ. Zu dieser Illuminierung diente auch der breite Rand des Buches – der später in vielen Exemplaren der »Gutenberg-Bibel« beschnitten wurde –, auf dem der Illuminator oder Miniator genannte Buchmaler seine Kunstfertigkeit entfalten konnte, um so das Werk wahrhaft einzigartig und individuell zu gestalten. (Allerdings wurde der Seitenrand schon aus dem profanen Grund so breit gehalten, um den Satzspiegel beim Blättern gegen Einreißen und Verschmutzen zu schützen.)

Vor den Augen des »Bewunderers« entfaltet sich in vielen Exemplaren der ersten gedruckten Bibel eine Pracht, die mit dem Buchdruck nichts mehr zu tun hat, die aber von der Hochschätzung dieses Werks zu seiner Zeit zeugt. Aus einer oft herrlich gestalteten Ornamentik, von Pflanzen umrahmt, blicken Menschen und Tiere heraus, und in der Tat ist diese Darstellung durch leuchtendste Farben, zu denen auch echtes Gold zählte, »illuminiert«. Dieser Kunst der Buchausstattung, über deren Art und Weise auch nach der Gutenbergschen Erfindung noch lange Zeit der spätere Besitzer des Buches und nie der Buchdrucker bestimmte, wurde daher von vornherein durch einen breiten Rand Rechnung getragen.

Überdies spiegelt der breite Rand der Bibel auch die mittelalterliche Zahlenmystik wider und ihre Gesetzmäßigkeit, wie sie von den Schreibern traditionell angewendet wurde und wie sie auch die Gutenberg-Fustsche Werkstatt zur Aufteilung der Seiten übernahm. Danach liegt der Aufteilung jeder Bibelseite ein Zahlenverhältnis zugrunde, ein »Modul«, der von der Zahl 3 ausgeht, durch die alle Maße von Länge, Breite und Fläche geteilt werden können. Die Aufteilung der Seite und damit die Anordnung des Satzspiegels ergibt sich aus dem Schnittpunkt zweier Linien, der Diagonale und einer weiteren Linie, der ein Zahlenverhältnis von 2 zu 3 zugrunde liegt. Wer will, kann sich auf die »Mystik« mittelalterlicher Zahlenspielereien einlassen und eine Vielzahl von Zahlenkombinationen im Seitenaufbau der »Gutenberg-Bibel« entdecken. Danach nimmt etwa die Höhe von drei Zeilen ein Zwölftel des Satzspiegels, ein Drittel der Höhe des Satzspiegels die Hälfte von dessen Breite und die Breite des Satzspiegels ein Drittel der Seitenbreite ein, und danach folgt vor allem die Breite der Ränder dem Verhältnis 2 zu 3 zu 4 zu 6. (Da eine solche Seitenaufteilung ganz offensichtlich eine intime Kenntnis der zeitgenössischen Schreibertraditionen verlangt haben muß und da Johannes Gutenberg in seinem Leben wohl kaum in solche »Geheimnisse« eingedrungen sein kann, ist dies als wichtiger Hinweis auf die Rolle eines entsprechend ausgebildeten Kalligraphen zu verstehen.)

Als weitere Eigentümlichkeit erkennt man den eklatanten Unterschied im Schriftbild zwischen den Kleinbuchstaben oder Minuskeln (den Gemeinen in der Druckersprache) und den Großbuchstaben oder Majuskeln. Während in der modernen Typographie die Großbuchstaben charakterlich den Kleinbuchstaben angepaßt sind, da sie zwar Worte hervorheben, den Lesefluß jedoch nicht stören sollen (*nota bene* die Großschreibung der Substantive im Deutschen!), markieren in der zweiundvierzigzeiligen Bibel die Majuskeln einzig und allein den Beginn eines Verses; so sind selbst Eigennamen klein geschrieben. Auf jeder Seite erscheinen im Schnitt nur fünfundzwanzig Majuskeln, die Minuskeln allerdings zweitausendfünfhundertmal.[9] Dieses relativ seltene Vorkommen ist wohl auch der Grund dafür, daß man die Großbuchstaben der Bibel recht »vernachlässigte«, da sie – im Unterschied zu den Handschriften der Zeit – jeweils nur in einer einzigen Variation auftauchen. Manche Kleinbuchstaben standen hingegen als ganze Palette zur Verfügung; allein für den Buchstaben »e« hatte man zehn verschiedene Lettern zur Auswahl. (Dieses Phänomen hängt mit dem noch zu erwähnenden sogenannten »Gutenbergschen Schriftsystem« zusammen.)

Als weitere Besonderheit der Majuskeln springt im Text der Bibel deren rote Markierung in die Augen. Wegen der Kostbarkeit der Beschreibstoffe Papier und Pergament konnte man sich im Mittelalter den Luxus schwer erlauben, den Text durch Absätze zu gliedern. Um dennoch die Übersichtlichkeit zu bewahren, beauftragte

Die typographische Gestaltung nicht allein der zweiundvierzigzeiligen Bibel beruht auf der mittelalterlichen Lehre harmonischer Proportionen, wonach der Satzspiegel nach der Zahl 3 und einem »Goldenen Modul« berechnet ist.

Amen dico vobis: quia publicani et
meretrices p̄cedūt vos ī regno dei. Ve-
nit aūt ad vos iohānes ī via iusticie:
et nō credidistis ei. Publicani autē et
meretrices crediderūt ei: vos aūt viden-
tes nec penitenciā habuistis postea · ut
crederetis ei. Aliā parabolam audite.
Homo erat paterfamilias qui plāta-
uit vineam: et sepem circumdedit ei · et
fodit ī ea torcular: ⁊ edificauit turrim ·
et locauit eā agricolis: et peregre pro-
fectus est. Cum aūt tempus fructuū
appropinquasset: misit seruos suos
ad agricolas ut acciperent fructus eiꝰ.
Et agricole ap̄phensis seruis eius · ali-
um ceciderūt · aliū occiderūt: aliū vero
lapidauerūt. Iterū misit alios seruos
plures prioribus: ⁊ fecerūt illis simili-
ter. Nouissime autem misit ad eos fi-
lium suū dicens: verebūtur filiū meū.
Agricole aūt videntes filiū · dixerunt
intra se. Hic est heres: venite occidamꝰ
eum · ⁊ habebimꝰ hereditatem eius. Et
apprehensum eum eiecerūt extra vine-
am · ⁊ occiderūt. Cum ergo venerit do-
minus vinee · quid faciet agricolis il-
lis? Aiūt illi. Malos male p̄det: ⁊ vi-
neam locabit alijs agricolis · qui red-
dant ei fructum temporibꝫ suis. Dicit
illis ihesus. Nunq̄ legistis in scriptu-
ris · lapidē quē reprobauerūt edifican-
tes · hic ē factus ī caput anguli? A do-
mino factum est istud: et est mirabile
in oculis nostris. Ideo dico vobis: q̄a
auferetur a vobis regnū dei · et dabit̄
genti facienti fructus eius. Et qui ceci-
derit sup̄ lapidē istum cōfringetur: su-
per quē vero ceciderit · conteret eum. Et
cum audissent principes sacerdotū et
pharisei parabolas eius: cognouerūt
qđ de ipsis diceret. Et querentes eū te-
nere timuerūt turbas: quomodo sicut
prophetā eū habebāt. Et respondēs
ihesus dixit iterū in parabolis eis di-
cens. Simile factum est regnū celorū
homini regi: q̄ fecit nuptias filio suo.
Et misit seruos suos vocare inuitatos
ad nuptias: et nolebāt venire. Iterū
misit alios seruos dicēs. Dicite inui-
tatis. Ecce prandiū meū paraui · tauri
mei ⁊ altilia occisa · et omnia parata:
venite ad nuptias. Illi aūt neglexerūt:
et abierūt alius in villā suā · alius ve-
ro ad negociationē suā. Reliqui vero
tenuerūt seruos eius: ⁊ contumelia af-
fectos occiderūt. Rex autem cū audisset
iratus est: ⁊ missis exercitibꝫ suis p̄di-
dit homicidas illos · et ciuitatē illoꝝ
succendit. Tūc ait seruis suis. Nuptie
quidē parate sunt: sed qui inuitati erāt
non fuerūt digni. Ite ergo ad exitus
viarū: et quoscunq; inueneritis · vo-
cate ad nuptias. Et egressi serui eius
in vias congregauerūt omnes quos
inuenerūt malos ⁊ bonos: et implete
sūt nuptie discūbentiū. Intrauit autē
rex ut videret discūbentes: et vidit ibi
hominē non vestitū veste nuptiali. Et
ait illi. Amice: quomō huc intrasti-
non habēs vestem nuptialem? At il-
le obmutuit. Tunc dixit rex ministris.
Ligatis manibus et pedibus eiꝰ · mit-
tite eum in tenebras exteriores: ibi erit
fletus et stridor dentiū. Multi enim sūt
vocati: pauci vero electi. Tunc abeuntes
pharisei cōsiliū inierunt: ut caperent
eum in sermone. Et mittunt ei discipu-
los suos · cum herodianis dicentes.
Magister · scimꝰ quia verax es et viā
dei in veritate doces: et nō est tibi cura
de aliquo. Non enī respicis p̄sonam
hominū. Dic ergo nobis: quid tibi vi-
detur. Licet censū dare cesari · aut nō?
Cognita autem ihesus nequitia eorū

man einen sogenannten Rubrikator (dessen Bezeichnung sich vom lateinischen *rubrica* für »rote Farbe« herleitet), nicht nur den Textanfang der einzelnen Abschnitte, sondern auch jeden einzelnen Satzbeginn rot auszuzeichnen und somit entsprechend hervorzuheben. Nach dieser gängigen Praxis ist in der »Gutenberg-Bibel« jede Majuskel und damit jeder einzelne Versbeginn durch rotes Anstreichen hervorgehoben. Da der Rubrikator auch die Zählung der Kapitel und die Überschrift jeder »Rubrik« der Bibel rot einzuzeichnen hatte, versuchte man in der Druckerei im Humbrecht-Hof, auch diese Arbeit zu »industrialisieren«. So kann man für die ersten gesetzten Seiten der zweiundvierzigzeiligen Bibel nicht nur einen »Schwarzdruck« für den Text, sondern auch einen »Rotdruck« für die Überschriften und die Kapitelzählung feststellen. Gutenberg versuchte also, analog seinem Anspruch der Buchvervielfältigung, sowohl dem Schreiber wie dem Rubrikator – die sowieso oft ein und dieselbe Person waren – ihr Zeichengerät zu ersetzen. Allerdings hätte dieses Verfahren wohl unverhältnismäßig viel zeitlichen Aufwand bedeutet. Daher entschied man sich alsbald, doch dem bewährten Rubrikator seine Arbeit zu lassen; nur griff man ihm in seinen Mühen unter die Arme und druckte eine *Tabula rubricarum,* eine »Rubriziertafel«, aus der sich die einzuzeichnenden Textstellen entnehmen ließen. Obwohl diese Tabellen nach getaner Arbeit nichts und niemandem mehr dienten, haben sich davon zwei Exemplare erhalten, die heute in München und Wien aufbewahrt werden.

Im Vergleich zu einem modernen Buch zeigt also die zweiundvierzigzeilige Bibel einige Unterschiede, die sich im wesentlichen aus der gängigen Schreiberpraxis einer mehr als einem halben Jahrtausend vergangenen Zeit erklären lassen. An diese elaborierte Kunst des Bücherschreibens lehnte sich die erste gedruckte Bibel offensichtlich an, so sehr, daß nach dem Rubrizieren und Illuminieren »die Exemplare von spätmittelalterlichen Handschriften kaum zu unterscheiden« waren. Wohl auch aus diesem Grund hatte man die Bibel ohne Kolophon gedruckt, um ihre Anonymität bewahren zu können – »solange sie nicht von sachkundigen Augen als Gutenbergs Bibel identifiziert«[10] wurde.

Im besonderen lassen sich auch Eigentümlichkeiten der zweiundvierzigzeiligen Bibel feststellen, die von den Besonderheiten des Buchdrucks im Unterschied zu handgeschriebenen Texten herrühren. Da fällt vor allem der geradlinige rechte Zeilenschluß auf, der von den mittelalterlichen Schönschreibern zwar ebenfalls angestrebt wurde, der jedoch mit dem Federkiel in der Hand nur unvollkommen zu erreichen war. Dieses »Ausschließen« führte daher das Handschriftensystem auf einen idealen Höhepunkt, und es gehörte zu den wesentlichen Neuerungen beim Satz der Buchdruck-Bibel. Die Art und Weise, wie dieses Ausschließen erreicht wurde, lohnt sich besonders herauszustellen. Dabei werden die Eigentümlichkeiten des erwähnten »Gutenbergschen Schriftsystems« überaus deutlich, eines Schriftsystems, das im übrigen der geistreiche englische Bibliograph George Duncan Painter als »triumphierende Donquichotterie«, als einen »fehlerlosen Fehler« bezeichnete[11]. Während nämlich im heutigen Satzsystem der Zeilenschluß durch das Zusammenziehen und Dehnen der Wortabstände erreicht wird, griffen die Setzer der zweiundvierzigzeiligen Bibel zum einen auf das Vorbild der Handschriften zurück, indem sie unter einer großen Menge von Abkürzungen auswählen (ein Relikt davon ist etwa das Zeichen »&« für »und«) und zudem »Ligaturen« einsetzen konnten, platzsparende Buchstabenverbindungen wie »ba«, »po« oder »st«; zum anderen verwendete man zum rechtsbündigen Ausrichten der Zeilen insbesondere die Satzzeichen (darunter vor allem den Doppelpunkt), deren Typenkörper (»Kegel« genannt) unterschiedliche Breiten (»Dickten«) aufwiesen, sowie nichtdruckendes Blindmaterial (»Ausschluß«), welches man allerdings im Unterschied zu heute nur in einer Dickte und dazu selten anwandte. Außerdem wurden Typen in leicht variierter Form geschnitten, etwas breiter oder schmaler als die Hauptform, so daß auch auf diese Weise die Zeile genau ausgeschlossen werden konnte.

Die Vielzahl verschiedener Lettern war damit noch lange nicht erschöpft, fehlt doch zum Verständnis des »Gutenbergschen Schriftsystems« der Hinweis auf die sogenannten »Anschlußbuchstaben«. Deren Eigenart läßt sich wiederum nur aus der mittelalterlichen Schreiberpraxis erklären. Obgleich in Europa noch vor der

Jahrtausendwende – unter der einflußreichen Herrschaft der Karolinger – eine gut lesbare, harmonische Schrift entwickelt worden war, die sogenannte Karolingische Minuskel, das Vorbild der heute fast durchgehend verwendeten Antiqua-Schriften, brachten die stilisierten gesellschaftlichen Herrschaftsformen im hohen Mittelalter auch eine eigene feierliche Schriftform hervor, die Textur. Wie in der gotischen, himmelwärts strebenden und noch jede Einzelheit betonenden Architektur wurde auch in der Textur die vertikale Linie hervorgehoben und das zierende Element besonders ausgestaltet. So herrscht ein gitterartiger (lat.: *textura* = Gewebe) Gesamteindruck vor, dadurch noch verstärkt, daß die Buchstaben stark zusammengezogen wurden.

Dieses Bild eines Gitters entsteht vor allem, weil man die einzelnen Buchstaben durch am Kopf oder Fuß hervorspringende Spitzen miteinander verband. Eben dieses charakteristische Verfahren versuchte man beim Bibeldruck nachzuahmen. Während jedoch in der Handschrift das geübte Auge des Schreibers die Vertikalen der Buchstaben möglichst im gleichen Abstand aneinandersetzte, um auf diese Weise störende weiße Zwischenräume zu vermeiden, stand beim Buchdruck der starre Letternkörper einem solchen Verfahren im Wege. Wenn zwei Buchstaben im Text aufeinandertrafen, von denen bei einem eine Spitze nach rechts, bei dem anderen eine Spitze nach links herausragte, wäre zwischen den beiden Buchstaben möglicherweise eine auffällige Lücke entstanden, und auch der Abstand zwischen den Vertikalen wäre zu groß erschienen. Daher ersann man die Anschlußbuchstaben, denen man im Unterschied zu den gewöhnlichen Lettern die hervorspringenden Spitzen auf ihrer linken Seite abfeilte und die man zudem eng an den linken Rand des Kegels, des Typenkörpers, rückte. Auf diese Weise hatte man auch mit den Mitteln des Buchdrucks erreicht, daß sich die Buchstaben wie in der Handschrift eng aneinander anschließen konnten. Die Vertikalen behielten gleichen Abstand, und die Buchstaben griffen doch wie gewünscht ineinander über. So war jedoch das System des Satzes außerordentlich kompliziert worden, wenn die Setzer bei nahezu jedem Buchstaben auch dessen Anschlußform zu beachten hatten.

1. Hauptformen
2. Seitlich abgefeilte Anschlußbuchstaben
3. Im Grundstrich oben angeschrägte Anschlußbuchstaben
4. Abkürzungszeichen für zwei oder drei Buchstaben
5. Doppelbuchstaben auf einer Type (Ligaturen)
6. Nach rechts ausgreifende Buchstaben
7. Buchstaben mit Abkürzungszeichen
8. Wortkürzungs- und Satzzeichen

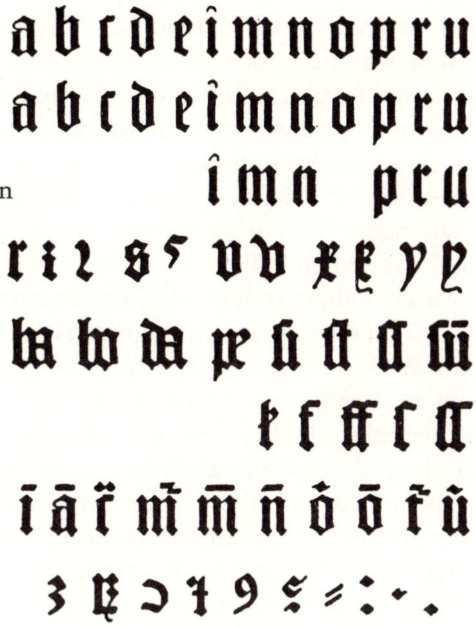

Diese Aufreihung der wichtigsten für den »Mainzer Psalter« verwendeten Typenformen verdeutlicht anschaulich die Feinheiten wie Schwierigkeiten des »Gutenbergschen Schriftsystems«.

Gleichwohl führte dieses komplizierte System zu einem äußerst harmonischen Satzbild. Noch jedesmal ruft dies in der Beschreibung der »Gutenberg-Bibel« hymnische Lobpreisungen hervor, unter denen hier eine besonders formidable angeführt sei, bezogen allerdings auf die Wiegendrucke insgesamt und gesprochen von einem Alfred Hagelstange auf einem Festvortrag im Jahre 1907: »Sie werden es gerade dann auf das lebhafteste empfinden, daß die Druckerkunst im Augenblicke der Erfindung, einem frisch gestochenen Quell vergleichbar, brausend in die Höhe gesprudelt ist; zu einer solchen Höhe, wie man sie später kaum jemals wieder erreicht hat. Sehen Sie sich doch einmal eine gutgesetzte Seite einer alten Inkunabel an: was ist das für ein markiges, mannhaftes Geschlecht von Buchstaben, das da einherschreitet: kernig, fest, sehnig, mit beiden Beinen auf der Erde stehend. Und dann die einzelnen Zeilen: sie kommen daher wie eine eng geschlossene Phalanx sturmbewährter Krieger, und rote Initialen stehen dazwischen wie schmucke Offiziere in der Kolonne. Und wenn Sie dann daneben eine Durchschnittsseite unseres heutigen Buchdrucks halten: was für ein saft- und kraftloses Geschlecht! Wie blutleer, dürr und ausgehungert sehen diese Buchstaben aus. Man möchte ihnen gar nicht zutrauen, daß sie sich allein auf den Beinen halten, noch viel weniger aber zu engen, festgefügten Gruppen aneinanderschließen könnten.«[12]

Wenn diese wunderbar konservativen Worte eines Bibliothekars aus Wilhelminischer Zeit für eine vergangene, vorgeblich nie wieder zu erreichende Höhe der Druckkunst schwärmen, so muß die umgekehrte Sichtweise dahin lauten, daß mit dem Druck der »Gutenberg-Bibel« typographisch durchaus nichts Neues geschaffen war. Im Gegenteil war nur die feierliche mittelalterliche Missalschrift bis zu ihrer theoretischen Perfektion getrieben worden, wie dies durch die unstete menschliche Handführung beim Schreiben nie möglich gewesen wäre. Daher mußte die Bewunderung für den Druck der zweiundvierzigzeiligen Bibel schon bei Gutenbergs Zeitgenossen absolut sein, wie sich dies ja in den Worten des Enea Silvio Piccolomini ausdrückt, der die Schrift »sauber, äußerst korrekt und an keiner Stelle fehlerhaft« fand, oder wie sich dies wissenschaftlich in den Worten Gottfried Zedlers widerspiegelt: »Überhaupt ist die Übertragung der Missaleschreibschrift in die Druckschrift, wie Gutenberg sie vorgenommen hat, ihrem Aussehen und ihrer Wirkung nur zustatten gekommen. Die von den Schreibern für jeden einzelnen Buchstaben immer von neuem zu erstrebende Gleichmäßigkeit der einzelnen Schriftzüge und der Verteilung der senkrechten Grundstriche in gleichen Zwischenräumen innerhalb des Wortbildes erreichte in der Gutenbergischen Druckschrift ohne weiteres das Höchstmaß der Vollendung.«[13]

Angesichts einer derart ins Absolute getriebenen Schriftgestaltung wird auch Painters Ausspruch der »triumphierenden Donquichotterie« verständlich, des Kampfes mit einem System, das zwar »fehlerlos«, aber in sich ein Fehler war. Man führe sich nur die mühsame Prozedur des »Ablegens« vor Augen, wenn ein Satz nach dem Druck aufgelöst und dazu die einzelnen Lettern wieder in den Setzkasten eingeordnet werden mußten! Daher war auf dem neu begangenen Feld der Typographie nach der Erfindung des Mobilletterndrucks notwendig ein gänzlich anderer Weg einzuschlagen, ein Weg, wie ihn die italienische Renaissance eröffnen sollte.

Wenn sich eindeutig feststellen läßt, daß die zweiundvierzigzeilige Bibel der handschriftlichen Tradition ihrer Zeit verpflichtet war, so haben diese Feststellung und die damit einhergehende Frage, wie es um das Verhältnis von Hand- und Druckschrift bestellt ist, die Gutenberg-Forschung von ihrem »wissenschaftlichen« Beginn an umgetrieben. Wenn – wie auch hier – immer einmal wieder ketzerisch behauptet wird, der Bibeldruck deute auf nichts anderes als den Versuch hin, dem Handschriftensystem des Spätmittelalters möglichst nahezukommen oder sogar dieses nachzuahmen, so wird die Auseinandersetzung eigentlich um das Bild »Gutenberg« geführt. Den hehren »Künstler« wollte man doch nicht – vereinfacht ausgedrückt – auf die Stufe eines bloßen Imitators herabgesetzt sehen. So hat man in einer dogmatischen Weise, wie sie unter den »Gutenbergianern« oft zu beobachten ist, den Buchdruck-Erfinder als unabhängigen, von allen Einflüssen quasi losgelösten und folglich genialen Geist porträtiert, der mit seiner Erfindung des Mobilletterndrucks die Kunst der Typographie gleich miterfunden habe. So heißt es bei Ruppel in Berufung auf einen seiner Forscherkollegen: »Gutenberg war eben (um ein neueres Wort Gottfried Zedlers zu gebrauchen) ›nicht nur ein technisches Genie, sondern auch ein hervorragender Schriftkünstler‹.«[14] Die verblüffende Ähnlichkeit zwischen der Druckschrift der Bibel und der entsprechend gebrauchten damaligen Buchschrift, der Textur, wird etwa als »Anlehnung an den Duktus der Handschrift der Zeit« bezeichnet, und diese Anlehnung »war ein nicht zuletzt durch ökonomische Überlegungen bestimmtes Zugeständnis an den Zeitgeschmack, der wegen der Gewöhnung an das Bild der Handschriften für völlig abstrakte Formen nicht empfänglich gewesen wäre.«[15]

Die Feststellung, daß die Art und Weise der Bibelherstellung von »ökonomischen Überlegungen« bestimmt war, läßt sich noch krasser formulieren. Nach dem bisher Dargestellten muß Gutenberg eindeutig als ein Geschäftsmann gesehen werden, als ein gewitzter und durchaus durchtriebener, der wie mit seiner Straßburger Spiegel-Produktion auch mit seiner Buchdruck-Erfindung nach Möglichkeiten suchte, Einzelstücke in Serie nachzubilden. Wenn sich dieser Geschäftsmann Gutenberg einmal auf die serienmäßige Nachbildung des »Buches der Bücher«, der sakrosankten Bibel, eingelassen hatte, so muß ihm daran gelegen gewesen sein, den Einzelstücken der Schreiber möglichst nahezukommen, um einen entsprechend hohen Preis zu erzielen. Und es zeigt eben die Aufnahme der ersten Buchdruck-Bibel in den Kirchen und besonders den Klöstern, daß Gutenberg tatsächlich sein Ziel erreicht hatte, daß man nämlich seine Bibeln als den Handschriften gleichwertig ansah und entsprechend behandelte, sie also oft kostbar illuminierte und einband.

Die Auseinandersetzung darum, ob und wie der erste der Buchdruckermeister die Handschrift seiner Zeit nachgebildet habe, ließe sich jedenfalls nach dem »Künstler« oder dem »Imitator« Gutenberg gewichten, wobei die Gutenberg-Forschung mit all ihrem Gewicht meist auf die »Künstler«-Waagschale gedrückt hat. Wer trotzdem seinen Blick nicht vom Bild des »gottbegnadeten Künstlers«[16] Gutenberg lösen und die Umgebung wahrnehmen konnte, in dem mußten wenigstens leise Zweifel aufsteigen, wie denn der geschäftsfreudige Junker Gutenberg, der sein Streben auf handwerkliche Tätigkeiten gesetzt hatte, die subtile Kunst der Kalligraphie erlernt haben sollte. Denn von dieser Kunst, von deren Beherrschung spricht die zweiundvierzigzeilige Bibel wahrlich Bände. Zwar wird der adelige Geschlechtersohn mit Sicherheit eine eingehende und vielleicht »weiterführende« schulische Ausbildung erhalten haben, so daß er mit dem Federkiel geschickt umzugehen wußte. Das Schriftsystem der sogenannten »Gutenberg-Bibel«, das sogenannte »Gutenbergsche Schriftsystem«, zeugt hingegen von einem derart geschulten Auge beim Entwerfen der Druckbuchstaben, daß man Gutenberg nur dann diese Fertigkeiten zutrauen kann, wenn man einen Geniekult an dem Meister zelebriert. »Genies« aber gehören in eine moderne Geschichtsepoche, in der sich die Individualität des Menschen Raum schaffen konnte, in eine Ge-

Diese nur als Faksimile erhaltene Handschrift von 1449 zeigt Peter Schöffers meisterliche kalligraphische Ausbildung.

schichtsepoche, wie sie zwar schon im fünfzehnten Jahrhundert südlich der Alpen zur Blüte gekommen, wie sie jedoch nördlich davon erst noch am Keimen war. Gutenberg ist eher vor dem Hintergrund kollektiver Lebensgestaltungen zu sehen. Wenn man seine Erfindung daher schon nicht als prinzipiell individuelle betrachten kann, stößt man, im Allgemeinen wieder das Konkrete betrachtend, auf die Person, die neben Johannes Fust untrennbar zu seiner Biographie gehört und die entscheidend für die weitere Ausformung seiner Kunst verantwortlich gewesen zu sein scheint: auf den erwähnten Peter Schöffer.

Nur wenige Daten sind zum Leben des Peter Schöffer überliefert, die zusammengefaßt folgendes Bild ergeben: In den dreißiger Jahren zu einem unbekannten Zeitpunkt in dem zu Mainz gehörenden, rechtsrheinischen Städtchen Gernsheim geboren, studierte er bis zum Jahre 1448 an der Erfurter Universität, ehe er sich an die »ruhmreiche Universität von Paris« begab, wie er in einer Prachtschrift schrieb, die er dort als Schönschreiber im Jahre 1449 verfaßte.

Irgendwann darauf nach Mainz zurückgekehrt, arbeitete er beim Fust-Gutenbergschen Bibeldruckunternehmen mit. Nach dessen Abschluß wurde er schließlich Fusts Teilhaber, der ihn als Stiefsohn angenommen hatte. Als Fust im Jahre 1466 in Paris der Pest zum Opfer fiel, führte Schöffer das »Werk der Bücher« erfolgreich fort, ehe er selbst im Winter auf das Jahr 1503 starb und daraufhin sein Sohn Johannes in seine Fußstapfen trat.

Allein der typographische Vergleich läßt einen besonderen Einfluß Schöffers auf die Gestaltung der Drucktypen erkennen, der von der Forschung allerdings zwischen einem Ausspruch Ruppels, Schöffer sei nur »ein ausführender Geselle Gutenbergs« gewesen, »der das genial hergestellte Material nach den Anweisungen seines Meisters benutzte«[17], und einer explizit vorgetragenen Feststellung George Duncan Painters angesiedelt ist, der die Bibeltypen als »im wesentlich von der Handschrift inspiriert« erklärt, als »überhaupt nicht richtig typographisch, vielmehr kalligraphisch«[18]. Schon die räumliche, »gesetzmäßige« Aufteilung der Bibelseiten zeugt von einer intimen Kenntnis mittelalterlicher Schreibergewohnheiten, die von einem Gutenberg als »Erfinder«, »Handwerker« und »Geschäftsmann« nur schwerlich zu erwarten ist. Mithin kommt Painter allein über die Analyse der Druckschrift zu dem Schluß, daß die Druckbuchstaben nur von einem ausgebildeten Schreiber geschaffen sein können, »von einem Schreiber mit besonderer Begabung und den notwendigen Jahren der Ausbildung und der Arbeitspraxis in einem erstklassigen Skriptorium, wofür in Gutenbergs Werdegang und seiner geistigen Ausrichtung als Metallarbeiter kein Platz ist«[19]. Darüber hinaus ist in drei verschiedenen Überlieferungen davon die Rede, daß Schöffer zwar später mit dem Drucken begonnen, dann jedoch Fust und Gutenberg in dieser Kunst übertroffen habe[20], daß *»die wunderbare kunst der Trückerey«* zwar von *»dem kunstreichen Johan Güttenbergk«* erfunden, danach aber *»mit vleyss, kost und arbeyt Johan Fausten und Peter Schoeffers zu Mentz gebesserth und bestendig gemacht«*[21] worden sei. Schöffer habe im Jahre 1452, dem mutmaßlichen Beginn des Bibeldrucks, »eine leichtere Art des Typengusses« erdacht, und er habe die Kunst, »wie sie heute ist«, vollendet[22]. Diese Form der Überlieferung weist also Peter Schöffer sogar eine aktive Rolle im Prozeß der Erfindung des Mobilletterndrucks zu. Nun heißt es, entweder wegen »charakterlicher Mängel«[23] an seiner Persönlichkeit und vor allem Glaubwürdigkeit zu zweifeln; denn er habe sich nicht eindeutig für Gutenberg als Erfinder der Buchdruckerkunst ausgesprochen, und in seiner Familie sei nach seinem Tode dafür gesorgt worden, Peter Schöffer einen überragenden Einfluß bei der Buchdruck-Erfindung zuzuschreiben und Gutenberg seiner Erfinderehre zu berauben – oder aber es heißt, Abstriche an Gutenbergs Genius zu machen und Schöffer schon beim Bibeldruck den Einfluß zuzugestehen, den er augenscheinlich ausübte. Ohne daß dabei auf einzelne Beweisführungen eingegangen werden kann (wie sie etwa ein Gottfried Zedler führte, der in der zweiundvierzigzeiligen Bibel den Entwurf jeder einzelnen Type entweder Gutenberg oder Schöffer zuordnete[24]), gebietet es allein Schöffers unzweifelhafte Rolle bei der Gestaltung und Handhabung der Bibelschrift, endlich vom Begriff des »Gutenbergschen Schriftsystems« abzukommen, das ja als das wesentlich Künstlerische der »Gutenberg-Bibel« angesehen wird.

Muß schon im Vergleich mit einem Peter Schöffer das Bild eines dominierenden Typographen Gutenberg erheblich verblassen, so wurde auf dieses Bild des »Künstlers« Gutenberg im Jahre 1982 einer der entscheidendsten »Anschläge« verübt, als in den USA der Bibliograph William Burton Todd »Neues Beweismaterial zum Erstdruck« der »Gutenberg-Bibel« vorlegte[25]. In dem bestimmten Tonfall eines sich seiner Sache Sicheren gibt Todd seine Erkenntnisse zum besten, die er an Hand des von ihm untersuchten »Texas-Exemplars« gewonnen hatte. Nach seiner Aussage habe man bis dahin im Grunde »unaufhörlich über die glänzende Entfaltung der pechschwarzen Druckfarbe auf dem weißen Papier, über die bizarren, häufig goldgehöhten Miniaturen, über den anderen Buchschmuck in jeder denkbaren Farbe« geschwärmt. Zwar hätten diese Hinweise zu Recht dazu beigetragen, »ein bereits hochgeschätztes Buch auf einen noch höheren Altar zu stellen; keine aber, selbst nicht die wiedergekäuten Beschreibungen, befassen sich mit dem, was bibliographisch gesehen ein sensationelles Merkmal des Texas-exemplars ist.«[26] Dieses »sensationelle Merkmal« besteht darin, daß auf einer Seite der Bibel zwei Zeilen vertauscht sind. Dies konnte auch im späteren Buchdruck immer wieder passieren, wenn verschiedene, im Winkelhaken gesetzte Zeilen beim Einpassen in den Drucksatz verwechselt wurden. Eigentlich wäre dieser Fehler (der rechtzeitig bemerkt wurde, da er sich einzig in dem Texas-Exemplar nachweisen läßt) nicht weiter bemerkenswert, weil er sich aus dem technischen System der Buchdruck-Erfindung ergab. Allerdings zeigt sich, daß auf der entsprechenden Bibelseite nicht nur in der linken Spalte zwei Zeilen vertauscht sind, sondern auch in der rechten Spalte, und zwar genau die gegenüberliegenden Zeilen.

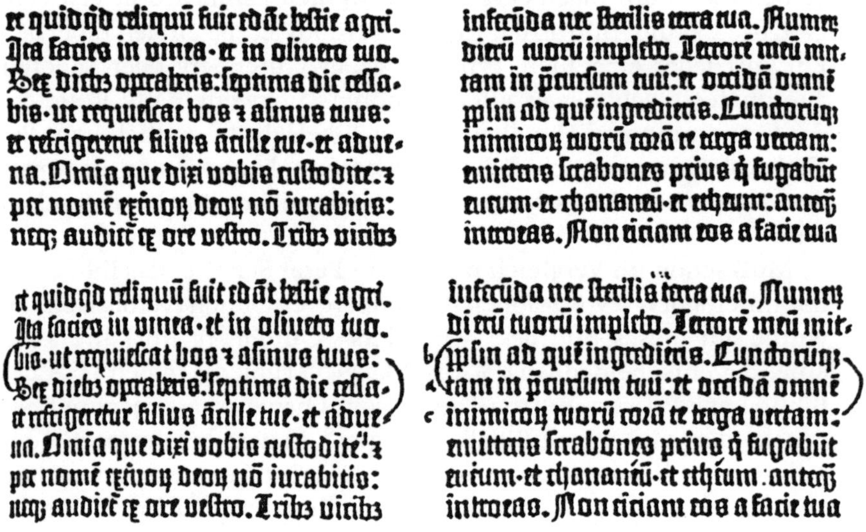
et quidqd reliquū fuit comedāt bestie agri.
Ita facies in vinea · et in oliueto tuo.
Sex diebȝ operaberis: septima die cessa·
bis · ut requiescat bos ⁊ asinus tuus:
et refrigeretur filius ancille tue · et aduē·
na. Omīa que dixi vobis custodite: ⁊
per nomē externoꝝ deoꝝ nō iurabitis:
neqꝫ audietur ex ore vestro. Tribȝ vicibȝ

infecūda nec sterilis terra tua. Numeꝝ
dierū tuorū implebo. Terrorē meū mit·
tam in precursum tuū: et occidā omnē
ppl'm ad quē ingredieris. Cunctorūqꝫ
inimicoꝝ tuorū corā te terga vertam:
emittens scrabones prius q̄ fugabūt
eueum · et chananeū · et ethꝫum: anteqꝫ
introeas. Non eiciam eos a facie tua

Der Vergleich mit jeder anderen Kopie der »Gutenberg-Bibel« läßt den Fehler im »Texas-Exemplar« erkennen, wo in beiden Spalten die dritte und vierte Zeile vertauscht ist.

Wie Todd argumentiert, könne der Satz der Bibel daher nicht zeilenweise in *einer* Spalte aufgebaut worden sein, sondern »doppelspaltenweise«. Dazu sei mit Hilfe von nichtdruckendem Blindmaterial nach dem Ende einer Zeile in der ersten Spalte sogleich die gegenüberliegende Zeile der zweiten Spalte gesetzt worden. Die notwendige Schlußfolgerung aus dieser Erkenntnis macht das wahrhaft Revolutionäre in Todds Untersuchung aus. Der Setzer dieser Bibelseite hätte unmöglich quer über die Seite setzen können, wenn er »*nicht* einer bereits vorhandenen Vorlage« gefolgt wäre und somit »ein typographisches Faksimile der für den Druck speziell ausgewählten Handschrift«[27] hergestellt hätte. Mit dieser Hypothese, die sich so augenfällig am Beispiel des Zeilentausches untermauern läßt, müßte das Bild des genialen »Künstlers« Gutenberg endgültig ins Archiv verbracht werden, um an seiner Stelle das des weniger glänzenden »Kopie-isten« der Öffentlichkeit zu präsentieren.

Wenn Todd seinen Artikel mit der selbstbewußten Feststellung enden läßt, »Die Zukunft wird entscheiden, ob dieser Versuch gelungen ist«, der Versuch nämlich, »ein selbstverständlich wirkendes Verfahren zu finden, das keiner weiteren Beweisgründe mehr bedarf«[28], so hat sein Landsmann Paul Needham schon ein Jahr später Todds hochmütig vorgetragene Theorie zu Fall gebracht[29]. Nüchtern und sachlich argumentierend und seine »Überprüfung« *(review)* mit einer Vielzahl handfester Gegenbeweise untermauernd, weist Needham nicht nur nach, daß Todds »Faksimiletheorie« nicht zu halten ist, sondern er gibt auch eine alternative Erklärung für das »sensationelle Merkmal« des Zeilentausches. Da seine Beweisgänge eine intime Kenntnis der Komposition der zweiundvierzigzeiligen Bibel verlangen, sei nur ein einziger, der plausibelste seiner Einwände erklärt. Needham schreibt dazu: »Nach Todds Hypothese muß jede Lücke im Text der ›B-42‹, die wegen ihrer Größe den Zeilenschluß beeinflußt, bereits in der Vorlage bestanden haben. Eine solche Lücke hätte nicht durch einen setzerischen Fehler hervorgerufen werden können; denn hätte ein Setzer Wörter ausgelassen, hätte sein Zeilenende nicht mit dem in der Vorlage übereingestimmt; und vermutlich hätte er auf dieses Signal reagiert und den Satz korrigiert, noch ehe er in Druck gegangen wäre. Außerdem impliziert diese Theorie, daß die ›B-42‹-Vorlage einen völlig sauberen Text aufgewiesen haben muß, das heißt einen nie am Rand oder zwischen den Zeilen korrigierten Text, den die ›B-42‹-Setzer nämlich nicht in ihre starre ›Doppelspalten-Setzweise‹ hätten einpassen können.«[30] Tatsächlich lassen sich aber inhaltliche Lücken im Text ausmachen, die sich nur als Setzfehler erklären lassen, weil sie sich in jenen Teilen der Bibel finden, die zur Auflagenerhöhung neu gesetzt wurden – verbessert um den entsprechenden Setzfehler. Man kann ja schwerlich annehmen, daß schon die Vorlage einen entsprechenden Schreibfehler enthalten habe, der dann beim zweiten Satz, nicht aber schon beim ersten korrigiert worden wäre. Nach Todds Theorie, über die linke Spalte hinaus zur rechten zu setzen, hätte jedoch ein solcher Fehler nicht auftreten können, da sonst der Zeilenschluß nicht mehr gestimmt hätte.

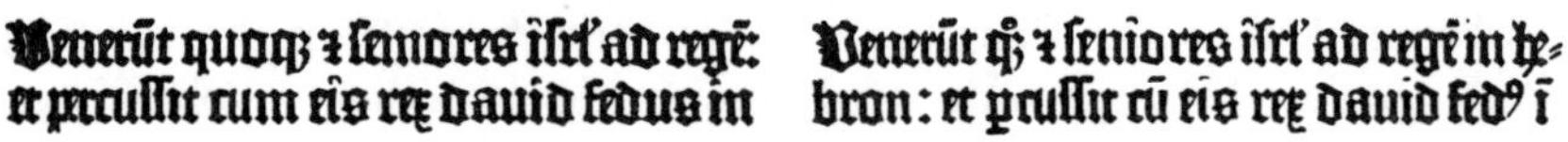
Venerūt quoq; ⁊ seniores isrl' ad regē: et percussit cum eis rex david fedus in
Venerūt q̄; ⁊ seniores isrl' ad regē in he- bron: et pcussit cū eis rex david fed⁹ ī

Vergleicht man den ersten mit dem zweiten Satz der zweiundvierigzeiligen Bibel, stößt man auf inhaltliche Korrekturen und entsprechende Änderungen des Zeilenumbruchs, so in diesem Beispiel das hinzugefügte *»in hebron«*.

Zum Abschluß seiner fundamentalen Untersuchung bietet Needham eine andere Erklärung an, wie es zum Zeilentausch im Texas-Exemplar hätte kommen können, eine Erklärung, wie dieser »Amtsleiter gedruckter Bücher und Bucheinbände an der Pierpont-Morgan-Bibliothek« schreibt, der beinahe jeder Glanz fehle, die hingegen »der Beweisführung zur Setzweise der ›B-42‹ keine Gewalt antut«[31]. Danach muß es zum Vertauschen der beiden Zeilen vor dem Druck, jedoch erst nach dem – spaltenweisen – Setzen und dem Einpassen in die Satzform gekommen sein. Da man nachweisen kann, daß die beiden Spalten der Bibel nicht durch irgendwelche Stege getrennt wurden, sondern durch Reihen von nichtdruckendem Blindmaterial, bildeten somit beide Spalten auch in der Satzform »im wesentlichen breite, ununterbrochene Zeilen«. Wenn es nun einmal zur Korrektur ganzer Wörter im Satz kommen mußte, so sei es »wenigstens vorstellbar, daß man die gesamte zweispaltige Zeilenbreite herausgehoben habe. Die übrigen breiten Zeilen konnten dann zeitweise zusammengeschlossen werden, wobei es weniger wahrscheinlich zu einem Zusammenwerfen des Satzes kommen konnte, als wenn eine ungestützte spaltenbreite Lücke offengelassen worden wäre.«[32] Soweit also die Deutung des Zeilentausches durch Paul Needham, die er zwar nur als Möglichkeit der Erklärung anbietet, die aber der einen absolut gesetzten Interpretation des William Burton Todd vollends den Wind aus den Segeln nimmt.

Die Art und Weise, wie Needham mit typischem angelsächsischem Understatement die »Todd-These« im Grunde in der Luft zerreißen kann, zeugt zugleich von deren logischer Schwäche. Denn Todd will ja tatsächlich darauf hinaus, daß sich *jeder* Fehler in der gedruckten Bibel bereits in der Vorlage befunden haben müsse, was die Setzer zu mechanisierten Sklavendiensten verurteilen und sie zugleich zu fehlerlos kopierenden Robotern erklären heißt. Gleichwohl sollte Todds Hypothese nicht gänzlich verworfen werden, wie dies die Gutenberg-Forschung nach Needhams profunder »Gegendarstellung« getan hat; nur sollte ihr die Spitze genommen werden, daß nämlich die zweiundvierzigzeilige Bibel angeblich ein genaues Faksimile der Vorlage darstellt. Der Gedanke jedoch, wonach der Buchdrucker Gutenberg seine Vorlage möglichst getreu zu kopieren suchte, erscheint durchaus plausibel. Denn der Geschäftsmann Gutenberg muß schon während der Planung des ganzen Unternehmens »Bibeldruck« erkannt haben, um wieviel leichter es sich ausnehmen mußte, eine Vorlage so weit wie möglich zu imitieren, als diese völlig neu zu gestalten. Ganz geschäftsmäßig mußte sich so besser kalkulieren lassen, wenn man schon zu Beginn relativ genau berechnen konnte, wie viele Lagen des teuren Papiers oder Pergaments benötigt würden, oder wenn man während der Arbeit den Satz für eine gänzlich verunglückte Seite nicht neu gestalten, sondern einfach nur das entsprechende Blatt der Vorlage erneut – so weit wie möglich – kopieren mußte. Da zudem am einfachsten Korrektur gelesen werden konnte, wenn nicht in der lauten Offizin jemand brütend über dem Text saß und diesen nach seinem inhaltlichen Verständnis überprüfte, sondern wenn er einen synoptischen Vergleich mit der Vorlage herstellte, so konnte dies am einfachsten geschehen, wenn er nur die Seite der Vorlage mit der Druckseite querlesen mußte. Dabei hatte er natürlich durchaus die Freiheit, bei entdeckten Fehlern den Satz typographisch leicht umzugestalten;

so wie auch die Setzer von vornherein relativ frei über das Auflösen von Abkürzungen oder den Zeilenschluß entscheiden konnten, solange sie möglichst nicht über das Ende des Satzspiegels hinaus und in die nächste Seite hinein setzten.

Wenn auch der hochmütige Todd in seiner Beweisführung einem Irrtum unterlegen ist, so hat er gleichwohl an einer weiteren jener brüchigen Konstruktionen zu rütteln gewagt, wie sie die Gutenberg-Forschung errichtet hatte. Im Vergleich der verschiedenen Bibelexemplare untereinander kann man nämlich leicht feststellen, daß die ersten Seiten am Anfang und auch einige Seiten inmitten des ersten Bandes mit nur vierzig Zeilen und die jeweils darauffolgende Seite mit einundvierzig Zeilen gesetzt wurden. Nun kann man aus dieser Feststellung zunächst ableiten, daß der Satz der Bibel gleichzeitig von verschiedenen Setzern an verschiedenen Stellen begonnen wurde. So genau lassen sich im nachhinein die Setzerabschnitte bestimmen, daß man nicht nur von der Zahl der Setzer weiß – zunächst vier, später sechs –, sondern sogar von der Leistung der Setzer (und natürlich auch von der Qualität ihrer Arbeit), deren strebsamster insgesamt zweihundertachtzig Seiten oder fünfhundertsechzig Spalten setzte. Da es aber auch einige Bände gibt, die schon zu Beginn den zweiundvierzigzeiligen Satz der Bibel aufweisen, kann man weiter herleiten, daß man irgendwann am Beginn der Arbeit entschieden haben muß, die Auflage zu erhöhen, und zwar um etwa ein Viertel[33]. (Es lassen sich wenigstens drei, nur schwer zu gewichtende Gründe anführen, die für die Auflagenerhöhung bestimmend gewesen sein mochten: Eine zu geringe Auflage hätte die Produktionskosten nicht gedeckt, wobei diese Annahme jedoch dem – aller Wahrscheinlichkeit nach – äußerst lohnenden Absatz der Bibel widerspricht; durch Einsparungen an anderer Stelle, etwa der Aufgabe des Rotdrucks, stand überschüssige Arbeitskraft zur Verfügung[34]; oder die Aussicht auf einen guten Verkauf der Bände war von Beginn an so günstig, daß man schon frühzeitig eine Auflagenerhöhung beschloß.)

Des weiteren lassen sich ganz eigene Erkenntnisse aus der Frage gewinnen, warum die Bibel zu Beginn in nur vierzig Zeilen gesetzt wurde, wie dies noch jüngst Albert Kapr beschrieben hat: »Das beste Zeugnis für die Arbeitsweise an der Bibel ist diese selbst. Wenn man in der Bibel blättert und bereits etwas von deren Herstellung weiß, dann schaut man zuerst einmal auf die Seiten neun, zehn und elf und zählt zum wiederholten Male die Zeilen und findet bestätigt, was andere schon lange vorher entdeckt haben, daß auf Seite eins bis neun, ebenso auf Blatt 129 bis 132 nur vierzig Zeilen, auf Seite zehn 41 Zeilen und auf allen übrigen Blättern aller zwei Bände 42 Zeilen auf einer Seite untergebracht sind. Beim schnellen Betrachten wird dies übersehen. Warum hatten sich die Setzer mitten in der Arbeit korrigiert und die Zahl der Zeilen auf jeder Seite erhöht? Der entscheidende Grund konnte nur die Einsparung von Pergament und Papier um etwa 5 % gewesen sein. Das Zusammenrücken der Zeilen verbesserte ferner das ästhetische Bild der Seiten, und es ist kennzeichnend, daß Gutenberg noch während der Arbeit nach ästhetischen Verbesserungen suchte.«[35]

Wenn sich bei Kapr als Begründung für die unterschiedliche Zeilenzahl die Feststellung findet, man habe objektiv Platz sparen und subjektiv die Ästhetik der Seitengestaltung erhöhen wollen, so kann man zur Durchführung dieses Verfahrens bis auf einen der Klassiker der Gutenberg-Forschung zurückgehen, auf Paul Schwenke, der im Jahre 1900 schrieb: »Für das Mass der Reduktion bestimmend war gewiss die Absicht, wieder genau dieselbe Kolumnenhöhe zu füllen wie vorher. Er ging nun, so viel wir sehen können, so vor, dass er die Schrift in grösserer Menge zusammenschloss und sie am Kopfende um 0,3 mm abhobelte oder -schliff, eine Arbeit, die dem früheren Steinepolierer gewiss keine Schwierigkeiten machte. [...] Es stellte sich aber heraus, dass die 41 Zeilen die frühere Kolumnenhöhe noch nicht füllten, zur 42sten Zeile aber der Raum zu knapp war. Gutenberg setzte also das Abschleifen noch um 1/20 mm fort.«[36] Man muß sich eingehend vor Augen führen, was da die Forschung – bis heute – glaubhaft zu vertreten sucht. Um bei einer Kalkulation von Abertausenden von Papier- und Pergamentbögen ganze zweieinhalb Prozent an Material und Kosten einzusparen, habe sich Gutenberg entschieden, statt vierzig Zeilen eine Zeile mehr zu drucken. Nun habe er jedoch nicht einfach eine weitere Zeile in den Satz einfügen können, da er sonst den Satzspiegel vergrößert und somit das Auge des mittelalterlichen Lesers beleidigt hätte. Daher habe er alle Typen – schon zu Beginn des Unternehmens müssen es weit über zehntausend gewesen sein, da pro gesetzte Seite etwa zweitausendsechshundert Buchstaben benötigt wurden[37] – um einen drittel Millimeter abfeilen lassen. Mit den derart verkleinerten Typen habe er erneut zwei Seiten gesetzt und dann feststellen müssen, daß seinen Ansprüchen an die Gestaltung der Seite noch nicht Genüge getan war. Also sei die ganze Prozedur wiederholt worden, bis am Ende zweiundvierzig Zeilen tatsächlich den einmal festgelegten Satzspiegel füllten. Dieser irrwitzigen Annahme, Gutenberg hätte wegen minimaler Platzeinsparung gleich zweimal an der Unmenge seines »büroklammergroßen« Typenmaterials jeweils einen winzigen Teil exakt abfeilen lassen, hält Todd seine von Needham als falsch überführte »Faksimilevoraussetzung« entgegen.

Da Todd seine Hypothese derart zugespitzt hat, können natürlich auch seine Feststellungen zu diesem Phänomen des Zeilenwechsels leicht abgetan werden. Gleichwohl kann das Prinzip seiner Erklärung – das im Grunde überaus *straight* gedacht ist, wie man wohl in seinem Land sagen würde – aufrechterhalten werden, wonach schon Gutenbergs handschriftliche Vorlage entsprechend abgefaßt worden war. Die Schreiber hatten demnach ihre Arbeit in vierzigzeiligen Spalten begonnen und waren bald darauf zu zweiundvierzigzeiligen Spalten übergegangen. Eine Seite mit jeweils einundvierzig Zeilen hatten sie eingefügt, um den Übergang für das Auge weniger störend zu gestalten. Gutenberg aber hing von dieser Vorlage ab. Hätte er in die Zeilenaufteilung grundlegend eingegriffen, hätte er jede weitere Seite selbständig gestalten müssen, was allerdings eine besondere typographische Anstrengung erfordert hätte. (Dieser Art des Vorgehens widerspricht durchaus nicht die Tatsache, daß man später beim Neusatz sehr wohl eine zweiundvierzigzeilige Spaltenaufteilung wählte. Denn die Setzer beherrschten zu diesem Zeitpunkt ihr Handwerk weit besser als zu Beginn und konnten daher eine Seite leichter typographisch umgestalten. Außerdem zeigt sich die Abhängigkeit von der Vorlage *gerade* beim Neusatz, bei dem das jeweils erste und letzte Wort der bereits gedruckten, vierzigzeiligen Seiten möglichst gleichblieb, wozu man den neuen, zweiundvierzigzeiligen Satz ziemlich »strecken« mußte.) Zur Methode des Zeilenwechsels nimmt Todd im übrigen plausibel an, daß der Buchdruck-Erfinder auf den ersten Seiten die (vierzig) Zeilen »durchschossen« habe; er habe also dünne Pergamentstreifen[38] zwischen die Zeilen gelegt und so deren Abstand leicht vergrößert, da doch die Drucktypen für einen Satzspiegel von zweiundvierzig Zeilen gegossen worden seien[39].

Mithin hielt sich Gutenberg oder, besser, hielten sich seine Setzer von vornherein an die benutzte Vorlage. Dies läßt nach Todd fernerhin die Tatsache erkennen, daß an einigen Stellen der Bibel offenkundig unbedruckter Raum verblieben ist, der nach den strengen ökonomischen Maßstäben der Platzersparnis unbedingt hätte ausgefüllt werden müssen[40]. Allerdings setzt Todd wiederum zu seiner falschen Erklärung an, daß sich dieses Phänomen nur aus den Eigentümlichkeiten der Setzweise erklären lasse. Danach hätte der Setzer den Raum nicht ausfüllen können, da er sonst bei seiner »doppelspaltigen« Art des Setzens alle weiteren Seiten seiner Vorlage typographisch hätte neu gestalten müssen. Nach der zuvor beschriebenen Hypothese ließe sich jedoch der entsprechend leergebliebene Raum ebenfalls als Indiz dafür werten, daß der Aufbau jeder einzelnen Seite der Vorlage *prinzipiell* nicht verändert werden durfte, um nicht die folgenden Druckseiten setzerisch völlig verändern zu müssen. So sei provozierend das Argument wiederholt, daß der »Typograph« Gutenberg zwar nicht als »Faksimilist«, wohl aber als bloßer »Imitator« gesehen werden muß.

Mit dem Bild des »Imitators« Gutenberg läßt sich eine weitere, letzte wichtige Hypothese verknüpfen, wie sie in ihrer Brisanz der Frühdruck-Forscher Hellmut Lehmann-Haupt im Jahre 1966 formuliert hat[41]. Lehmann-Haupt stieß auf die auffällige Übereinstimmung zwischen gewissen Motiven in den Spielkarten des unbekannten mittelalterlichen »Meisters der Spielkarten« und in den Illuminierungen einiger meist handgeschriebener Bibeln jener Zeit (darunter auch einer zweiundvierzigzeiligen Bibel).

Da der Spielkartenmeister dem räumlichen und zeitlichen Wirken des Johannes Gutenberg zugeordnet werden kann, bringt Leh-

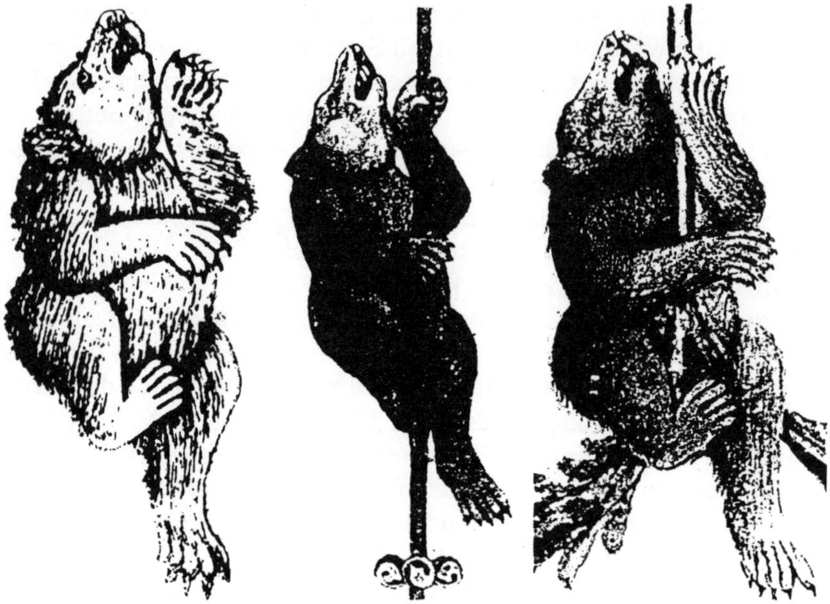

Der Vergleich dieser drei kletternden Bären (die aus den gravierten Spielkarten, der handgeschriebenen Mainzer Riesenbibel und der gedruckten, zweiundvierzigzeiligen »Scheide-Bibel« stammen) läßt klar erkennen, daß jeweils dasselbe Motiv als Vorlage benutzt wurde.

mann-Haupt beide Persönlichkeiten in einen ursächlichen Zusammenhang. Danach habe Gutenberg sogar die Illuminationen der handgeschriebenen Bücher mechanisch vervielfältigen wollen, wozu er sich der Arbeit des Spielkartenmeisters bedient habe. Durch den Bruch seiner Gemeinschaft mit Fust habe Gutenberg dann sein Vorhaben nicht mehr in die Tat umsetzen können, so daß der Spielkartenmeister seine in Kupfer gestochenen Motive anderweitig benutzt habe, so zur Herstellung der überaus begehrten Kartenspiele. (Wer wollte, könnte eine Begegnung der beiden erfinderischen Herren bereits für Straßburg konstruieren, da man sich den angehenden Buchdruck-Erfinder gewiß als jemanden vorzustellen hat, der in den »Cafés« jener Zeit und jenes Ortes, den »Trinkstuben«, kartenspielenderweise soziale Kontakte pflegte.[42]) In jedem Fall wäre der

Mainzer Patrizier mit dieser Hypothese auch in die Nähe des Kupferstichs gebracht, dieses neben dem Buchdruck zweiten umwälzenden Druckverfahrens, das »von Unbekannt« ausgerechnet zu Gutenbergs Zeiten ersonnen worden war. Wenn auch diese Hypothese in sich geschlossen wirkt, so läßt sie sich doch an keiner Stelle an irgendeinem Faktum zu Gutenbergs Leben festmachen, so daß sich selbst das Anhören der *altera pars* erübrigt, da auch alle Gegenargumente wiederum nur als Hypothesen ins Feld geführt werden können.[43]

Festzuhalten bleibt, daß die Betrachtung und auch die Wertschätzung der »Gutenberg-Bibel« nicht absolut gesetzt werden dürfen. So soll es immerhin der Sinn des hier Dargestellten sein, die Waagschale des »Künstlers« Gutenberg um einiges Gewicht zu erleichtern und Gutenberg nicht vor dem Hintergrund der historischen Folgen seiner Erfindung, sondern *seiner* Zeit und *seines* persönlichen Antriebs zu betrachten. Vor dem Hintergrund *seiner* Zeit kann nämlich Gutenberg nur schwerlich als »Künstler« im modernen, individuellen Sinne angesehen werden. Wenn er also weit eher als »Imitator« porträtiert wird, so kann diese Art Vorgehen der historischen Betrachtung seiner Person nicht schaden. Denn damit wäre der »geniale« Buchdruck-Erfinder auf das Maß reduziert, wie es einem jeglichen Menschen zukommt, und zwar auf ein menschliches, ein Maß, das gleichwohl manche Zeitgenossen so weit fassen, daß sie Außerordentliches vollbringen, wobei sie ihre Ziele vielleicht nur weiter stecken als andere. Gutenbergs Ziel bestand sicher nicht darin, seinem Zeitalter durch den Buchdruck das Licht der Erkenntnis darzubringen oder auch nur »das Wort Gottes« zu vervielfältigen, »damit es in allen Häusern und bei allen Menschen sei«[44], und es bestand nicht einmal darin, den Buchdruck *per se* auf eine künstlerische Höhe zu führen. Sein Ziel bestand vielmehr in der massenhaften Fertigung eines bis dahin nur einzeln zu denkenden Produkts. Auf *diese* geniale Weise wollte er sich eine sprudelnde Einkommensquelle verschaffen. Daß der Prozeß der Buchdruck-Erfindung seine eigene Dynamik hervorbrachte, handwerklich möglichst perfekt arbeiten zu müssen, um sogar das weite Ziel zu erreichen, das monumentale Werk der Bibel in Dutzenden von

Exemplaren herzustellen, die gleichwohl in ihrer Individualität von den potentiellen Kunden angenommen würden – diesen Prozeß notwendig sich entwickelnder Buchdruckregeln wird allerdings niemand bezweifeln wollen. Gutenbergs ursprünglicher Antrieb jedoch, Produkte in vielfacher Form herzustellen, muß auch der Beurteilung eines Werks wie der zweiundvierzigzeiligen Bibel zugrunde gelegt werden, das daher nie als originär künstlerisches Werk angesehen werden kann, sondern als die möglichst glaubhafte Nachbildung einer einzelnen (ihrerseits einzeln nachgebildeten) Handschrift in vielfacher Form. Polemisch formuliert, ließe sich behaupten, daß Gutenberg, so wenig wie er bei der fabrikmäßigen Herstellung von Heilsspiegeln *a priori* von religiösen oder weltanschaulichen Zielvorstellungen geleitet war (im Gefolge seines Tuns können sich diese natürlich sehr wohl entwickelt haben), so wenig beabsichtigte er eine *künstlerische* Umsetzung der Handschrift in den Buchdruck. Es verhält sich auch mit seiner grandiosen Erfindung schlichtweg so, daß der Einsatz anderer Mittel andere Ergebnisse hervorbringt.

Als Buchdrucker etabliert

Nach dem Mainzer Prozeß hat Gutenberg nicht nur nicht als verarmt zu gelten, sondern im Gegenteil als durch das gemeinschaftliche Unternehmen mit Fust bereichert. Wie sich gezeigt hat, verfügte der Buchdruck-Erfinder durchaus nicht über den noblen und honorigen Charakter, den die »Jünger Gutenbergs« seit Jahrhunderten auf ihn übertragen sehen wollen. In finanziellen Geschäften suchte er sich rücksichtslos seinen Vorteil zu sichern, wie dies etwa die Verhaftung des Mainzer Stadtschreibers in Straßburg zeigt, das Abschmettern der Dritzehenschen Forderungen oder die Gleichgültigkeit gegenüber den berechtigten finanziellen Ansprüchen eines Johannes Fust in Mainz. Vor diesem Hintergrund seiner eigensinnigen, auf das eigene – finanzielle – Wohl bedachten Persönlichkeit muß auch ein weiterer Vorgang betrachtet werden, der in der einschlägigen Literatur insbesondere dazu gedient hat, den Mainzer Junker als an seinem Lebensende gescheitert, bankrott und – von Fust – betrogen darzustellen.

In den Rechnungsbüchern des Sankt-Thomas-Stifts von Straßburg ist jährlich bis zu dem Abrechnungszeitraum »1457/1458« der Vermerk notiert, *»Item Johan Güttenberg dat iiij libras«*[1]. Gutenberg hatte also jeweils die vier Denare Zinsen bezahlt, die von ihm für jenes im Jahre 1442 aufgenommene Darlehen über achtzig Denare aufzuwenden waren. Nachdem schon für das Rechnungsjahr 1457 die fälligen Zinsen wohl nicht pünktlich bezahlt worden waren, verzeichnen die Rechnungsbücher für die darauf folgenden Jahre stets die Notiz, *»Item Johan Güttenberg und Martin Brechter tenentur iiij libras«*[2], wonach also die jährlichen Zinszahlungen

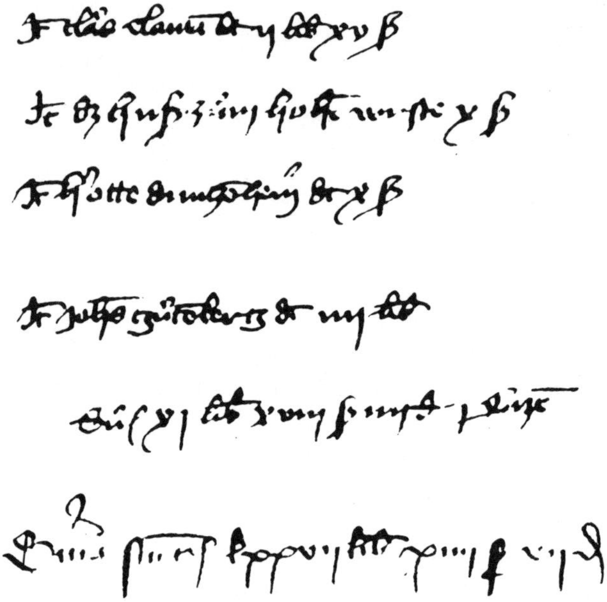

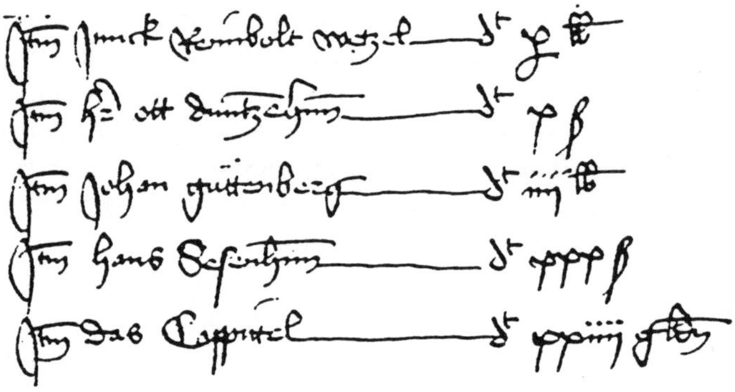
Item Jungk Rembolt Metzel — dt x lb
Item her ott dintzenheim — dt x ß
Item Johan guttenberg — dt iiij lb
Item Hans Sesenheim — dt xxx ß
Item das Cappitel — dt xxiiij gulden

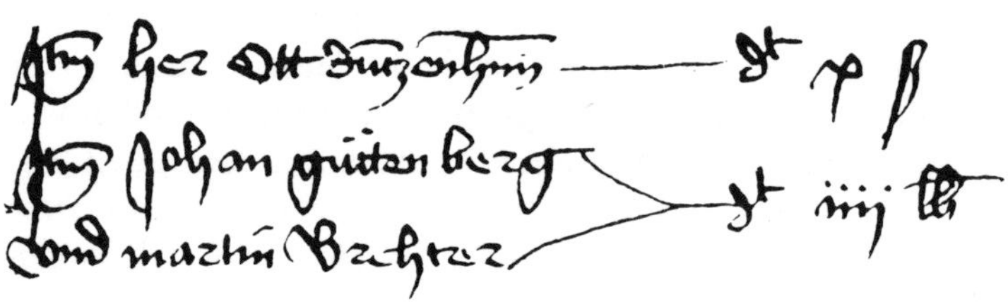
Item her Ott Dintzenheim — dt x ß
Item Johan guttenberg
und martin Brechter — dt iiij lb

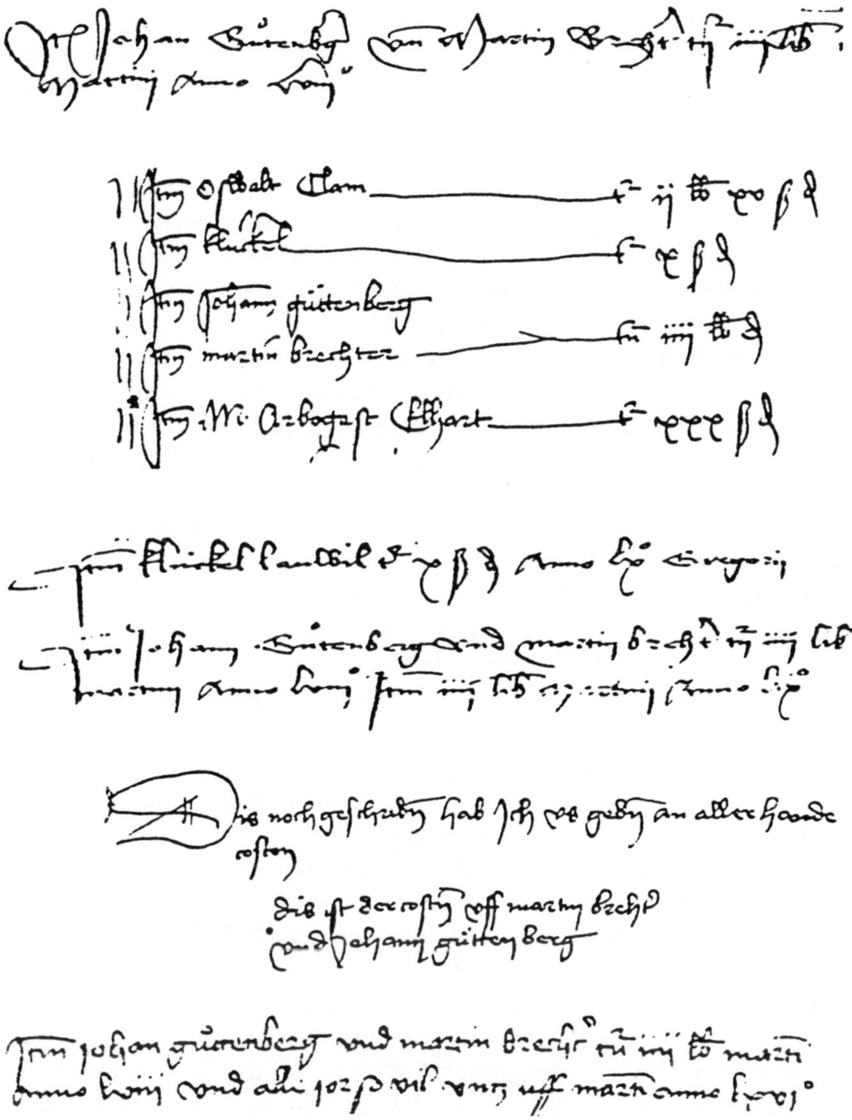

Wie diese Zusammenstellung zeigt, wurde der Schuldner Gutenberg in schöner Regelmäßigkeit in das Rechnungsbuch des Sankt-Thomas-Stifts eingetragen.

von Gutenberg und seinem Straßburger Bürgen Brechter offenstanden. Wie sich weiter rekonstruieren läßt, ließ deswegen das Sankt-Thomas-Stift nichts unversucht, das ausstehende Geld einzutreiben. So sandte es Gutenberg zunächst zwei Mahnbriefe nach Mainz, um ihn daraufhin, als dieser wohl keine Bereitschaft zu zahlen erkennen ließ, im Jahre 1461 beim kaiserlichen Hofgericht in Rottweil zu verklagen. Nachdem man trotz aller juristischen Bemühungen – die Verhängung der Acht eingeschlossen – den Schuldner Gutenberg als Mainzer Bürger nicht belangen konnte, versuchte das Sankt-Thomas-Stift, dessen Bürgen Martin Brechter zur Verantwortung zu ziehen, den man daher zweimal festnehmen ließ. Als jedoch auch diese Versuche fehlschlugen, das entliehene Guthaben zurückzuerhalten, schloß man im Jahre 1474 den Fall ab – Gutenberg war längst verstorben – und gab das Geld verloren. Unter den forschenden »Gutenbergianern« konnte dann vor dem selbstkonstruierten Hintergrund des gegen Fust gerichtlich unterlegenen, seiner Mittel beraubten Gutenberg die Schlußfolgerung nicht ausbleiben, daß die Einträge in den Rechnungsbüchern des Sankt-Thomas-Stifts auf die »wirkliche Notlage«[3] des Geschlechtersohns hinwiesen: »Damit ist wohl – entgegen völlig unbegründeten gegenteiligen Behauptungen – zur Genüge bewiesen, daß Gutenberg [...] in kläglichen Verhältnissen lebte.«[4]

Obgleich sich in der hundertjährigen ernsthaften Gutenberg-Forschung immer einmal wieder eine Stimme gegen die geltenden Lehrmeinungen erhoben hat, konnten einem solcherart Aufmerkenden bei aller Dürftigkeit der Quellen und dem oft passend gemachten Hypothesenwerk stets bestimmte »Widersprüche« entgegengehalten werden. Deren wichtigster bezieht sich im Falle des angeblich verarmten Buchdruck-Erfinders auf diese kirchlichen Rechnungseinträge: »Wenn Gutenberg in den Jahren nach dem Prozeß von 1455 ein so glänzendes Auskommen hatte, warum blieb er dann mit weit zurückliegenden Schulden an das St.-Thomas-Stift in Straßburg im Rückstand, so daß er von 1458 an (als er nicht einmal mehr die Zinsen zahlte) gemahnt werden mußte, bis er schließlich beim Kaiserlichen Hofgericht in Rottweil verklagt und in das dortige Acht-Buch eingetragen wurde?«[5] In der Tat erscheint für den Nachweis eines insolventen Prozeßverlierers diese Begründung überaus plausibel. Nur müssen dazu zwei Bedingungen stillschweigend mitgedacht werden: daß Gutenberg als honorige Person, wenn es ihm nur möglich gewesen wäre, unter allen Umständen bezahlt hätte und daß es um die Zahlungsmodalitäten und das Kreditgeschäft im Mittelalter ähnlich honorig bestellt gewesen sei. Wie sich denken läßt, kann nach dem bisher Gezeigten allein die Formulierung dieser beiden Bedingungen nur ironisch verstanden werden, kann doch selbst in der heutigen Zeit niemand ernsthaft behaupten, die moderne Geldwirtschaft gründe sich auf der Basis von Ehrlichkeit. So war es ein Severin Corsten, der jüngst engagiert die *altera pars* vertreten hat, der dabei einem »Widerspruch« wie dem genannten ebenfalls in Frageform widersprach und die Antwort – mit der nötigen wissenschaftlichen Vorsicht – sogleich anhängte: »Warum zahlte er denn in den Jahren 1454 bis 1457 seine Zinsen, wo er nach menschlichem Ermessen durch den Ausgang des Rechtsstreits am ärgsten bedrängt wurde? Wir müssen uns, so scheint es, von der Neigung der älteren Forscher freimachen, in jeder Kreditaufnahme und jedem Zahlungsverzug (bzw. jeder -einstellung) ein unumstößliches Zeugnis für die desolate Vermögenslage Gutenbergs zu sehen. Wir sollten uns vielmehr von der wirtschaftsgeschichtlichen Forschung belehren lassen, daß Handwerker und Kaufleute des ausgehenden Mittelalters mit größter Leichtigkeit Schulden machten und daß ein großer Teil aller Geschäfte überhaupt nur auf Pump getätigt werden konnte. [...] Mit der Zahlungsmoral war es – wie sollte es auch anders sein! – nicht immer gut bestellt. Wenn es sich machen ließ, stellte man die Zinszahlungen ein; von der Rückzahlung des Kredits war oft noch weniger die Rede.«[6]

Wie Corsten andeutet und wie sich dies auch im Fall eines Gutenberg voraussetzen läßt, war es dem Mainzer Meister einfach »um das schöne Geld« leid, das er Jahr für Jahr bezahlen mußte. So hatte er wohl beständig nach einer Möglichkeit gesucht, seiner Verpflichtungen aus der Straßburger Zeit endlich ledig zu sein. Und sicherlich nutzte er die erstbeste Gelegenheit aus, sich aus der kreditrechtlichen Schlinge zu ziehen. Eine solche Gelegenheit sah er möglicherweise gekommen, als sein Bürge Martin Brechter am Ende der fünfziger Jahre aus Straßburg fortzog oder als auf Grund irgendwelcher anderer Gründe, persönlicher, historischer oder rechtlicher, eine veränderte Lage eingetreten war. Jedenfalls zeigt die Überlieferung, daß der in Geldangelegenheiten so erfahrene Erfinder der letzte gewesen wäre, der nicht die Gelegenheit beim Schopfe gegriffen hätte, seine Zinszahlungen einzustellen, um die entsprechenden Geldbeträge an anderer Stelle einzusetzen.

Gegen den verarmten und seelisch gebrochenen Johannes Gutenberg spricht auch seine Nennung in einer Urkunde vom 21. Juni 1457, die ihn das letzte Mal in seiner Heimatstadt ansässig ausweist. In einem abermals von dem Notar Ulrich Helmasperger verfaßten »Instrument«, dessen Inhalt sich auf den Verkauf eines bestimmten Gutes in der Nähe von Mainz bezieht, erscheint »Johanne Gudenberg« als einer unter sechs Zeugen.[7] Auch wenn in dem Dokument nichts Konkretes über seine Person verzeichnet ist, bezeugt allein die Tatsache, *daß* er als Zeuge berufen wurde, seinen soliden bürgerlichen Stand; zumal firmiert er – im Verein mit anderen – ausdrücklich unter der Bezeichnung »ehrenvolle und vornehme Männer«[8]. In diesem Zusammenhang sei außerdem auf die Art verwiesen, wie Gutenberg in der Urkunde erwähnt wird, nämlich zusammen mit einem Henne Kern als Laie des Mainzer Sankt-Viktor-Stifts, einer der konservativen geistigen Bruderschaften der Stadt. (Auch die Mitgliedschaft in dieser Bruderschaft, die ihm im Alter wohl religiöse Sicherheit versprach, läßt sich in Umkehrung der Tatsachen wiederum dahin interpretieren, der verarmte Gutenberg möge dort gelernt haben, »über den Verlust irdischer Güter und Ehren nicht zu sehr zu trauern«[9].) Auch läßt der Umstand aufmerken, daß zwar Gutenberg ohne nähere Bezeichnung erwähnt wird, daß jedoch der mit ihm zusammen verzeichnete Henne Kern sehr wohl näher »definiert« wird, nämlich als *muratore,* als Maurer, so daß sich der Patrizier einmal mehr unter den Zünftlern eingereiht findet.

Der bescheidene Urkundeneintrag aus dem Jahre 1457 gilt als letzter Nachweis über das Fortkommen des Mainzer Meisters. Von diesem Zeitpunkt an klafft von neuem eine Lücke in seiner Biographie, und es stellt sich die Frage, wie Gutenberg sein Leben bis zum Jahr 1465 verbrachte, als er in einem überraschenden Zusammenhang erneut urkundlich erwähnt wird. Für all diese Zeit läßt sich mit Sicherheit nur konstatieren, daß der Buchdruck-Erfinder Mainz auf die eine oder andere Weise 1462 verlassen sollte, als mit der gewaltsamen Eroberung des ehemaligen Diadems des Reiches – seiner funkelnden Edelsteine mit den Jahren schamlos beraubt – die goldene Zeit seiner Heimatstadt endgültig vergangen war. Weil alle dokumentarischen Quellen für diese Zeit versiegen, ist daher besonders das Fachwissen der Inkunabelforscher gefragt.

Tatsächlich können der Zeit während und nach der Drucklegung der zweiundvierzigzeiligen Bibel etliche weitere Druckwerke zugewiesen werden, von denen fast alle in der B-36-Type gesetzt wurden, Gutenbergs »Urtype«. Daher besteht eigentlich kein Hindernis, die folgenden Jahre des Buchdruck-Erfinders schlichtweg auf die Formel zu bringen, daß der patrizische Geschäftsmann danach trachtete, bestimmte Schriftstücke zu vervielfältigen, die einen hohen Absatz versprachen. So verwundert es nicht, daß es sich bei diesen Schriftstücken ausnahmslos um Kleindrucke handelt, die gleichsam *en passant* gesetzt und ausgedruckt werden konnten. Zu diesen überlieferten Inkunabeln zählen mehrere verschiedenzeilige Donate, ein für das Jahr 1457 bestimmter »Aderlaß- und Laxierkalender« mit den für diese medizinischen Heilmethoden astrologisch »besten« Tagen, ein *»Cisianus«* zum Auswendiglernen der Kalenderdaten, ein *»Provinciale romanum«* als Verzeichnis aller Erzbistümer und Bistümer, ein »Astronomischer Kalender« und neben einer »Türkenbulle«, *»die uns unßer aller heilgister vater und herre babst calistus gesant und geben hat widder die bosen und virfluchten tyrannen die turcken«*[10], der schon erwähnte »Türkenkalender«. All diese Werke mit wenigen bedruckten Blättern zeugen davon, daß es Johannes Gutenberg um *eines* sicher nicht zu tun war, den Buchdruck als Mittel der Aufklärung einzusetzen.

Daß diese Feststellung nicht als nachträgliche, unhistorische Kritik an den Absichten des Buchdruck-Erfinders gemeint ist, versteht sich von selbst. Sie wird an dieser Stelle nur einmal mehr als

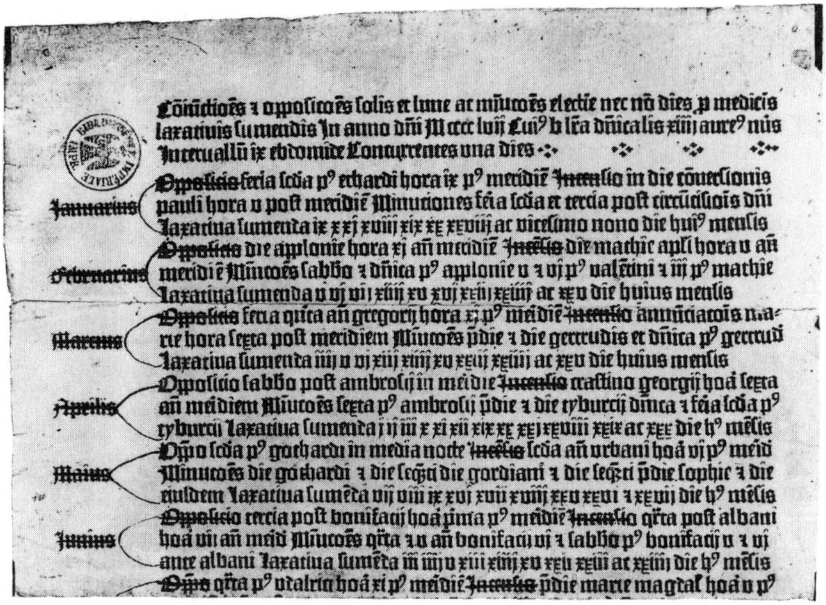
Januarius
Februarius
Marcius
Aprilis
Maius
Junius

Wie der Name sagt, enthält der »Aderlaß- und Laxierkalender« die Hinweise auf jene Tage im Jahr (1457), die man aufgrund astronomischer Berechnungen für günstig zum Aderlassen und Abführen hielt.

Reflex auf die Überlieferung eines Gutenberg-Bildes getroffen, das den erfinderischen Mainzer Geschäftsmann als denjenigen zeigt, der er *ex definitione* nie hätte sein können: ein vom Genius angehauchter Weltenerneuerer, der eher in Armut lebte, als von der Entwicklung seiner Erfindung zu lassen, einer, der alles »der großen Idee geopfert« habe[11]. Gutenberg hatte deswegen nicht von der Entwicklung seiner Erfindung gelassen, weil sie ihm das versprach, wovon besonders diese Kleindrucke künden: mit geringen Mitteln einen großen Effekt zu erzielen. Dabei konnte dieser Effekt nur heißen, seinen Geldbeutel gestrafft zu wissen. Denn keiner der Kleindrucke zeugt davon, daß diese aus einer idealistischen Gesinnung verbreitet worden wären, wenn man einmal davon absieht, daß die drucktechnische Unterstützung des Kampfes gegen die Türken zu seiner Zeit tatsächlich einen gewissen Idealismus darstellte.

Wenn sich die Biographie des Buchdruck-Erfinders für die Zeit vom Datum des Helmaspergerschen Notariatsinstruments bis zu seinem Tode im Grunde nur noch als eine einzige Kette von Hypothesen schildern läßt, kann man wenigstens aus der Art all dieser überlieferten B-36-Drucke einige bescheidene Rückschlüsse ziehen. Geht man einmal davon aus, daß etwa das einseitige Lehrblatt des *»Cisianus«* innerhalb weniger Stunden zu setzen war und daß die Druckerleistung in jeder Stunde wenigstens dreißig Folioseiten betrug[12], so konnte selbst eine einzige Person an einigen Stunden des Tages von einem solchen Werk Dutzende von Abzügen herstellen. Geht man weiter davon aus, daß sich Gutenberg nach dem Ende seiner Gemeinschaft mit Fust ganz seiner eigenen Druckerei widmete, wo mehrere Beschäftigte für ihn arbeiteten, so hat man sich diese Druckerei anhand der Vielzahl der überlieferten Kleindrucke als florierenden Betrieb vorzustellen. Produziert wurde für den schnellen Verkauf, ohne daß man auf höchste Qualität achtete. Gutenberg ist dabei gewiß als derjenige zu sehen, der die Aufträge heranschaffte, als jemand, den der Inhalt dieser Aufträge nur so weit interessierte, als er sich dadurch einen guten Absatz versprechen konnte. Der energische Erfinder muß ein Gespür für den »Markt« gehabt haben, der nach Schriften verlangte, die fast alle dem religiös verbrämten, symbolisch-mystischen, abergläubischen Denken jener Zeit entsprachen, Schriften, die zwar *formal* neu gekleidet waren, die aber *inhaltlich* den Menschen nur weiterhin die Zwangsjacke der kirchlich-feudalen Herrschaft anlegten. Das Licht der Aufklärung konnte schwerlich von einem solch ausgewiesenen Finanzmann entzündet werden, der als Patrizier zudem einem rückwärtsgewandten Gesellschaftsideal anhing.

Unter der Vielzahl dieser überlieferten Kleindrucke sollen deren zwei besonders herausgestellt werden, der »Astronomische Kalender« und der »Türkenkalender«, die am ausdrucksvollsten Kenntnis sowohl von Gutenberg und seiner Zeit wie auch von der Gutenberg-Forschung und *ihrer* Zeit geben. An der chronologischen Einordnung all dieser Kleindrucke hatte die Gutenberg-Forschung eine der härtesten Nüsse zu knacken. Allerdings hatte man sich lange Zeit mit dem zufriedengegeben, was man einmal festgestellt zu haben glaubte – und man doch nichts anderes in den Händen hielt als eine hohle Nuß.

Besonders anhand des »Astronomischen Kalenders« lassen sich die Wege und Irrwege der Wiegendruck-Wissenschaft verfolgen. Auf dieser Strecke sind als Forscher eigentlich nur zwei Personen zu benennen, der Oberbibliothekar Gottfried Zedler und der Bibliotheksdirektor Carl Wehmer. Zu Anfang des Jahrhunderts konnte Zedler aus einer alten Handschrift zwei einseitig bedruckte Pergamentblätter lösen, die zu einem auf deutsch verfaßten Schriftstück gehören und die als Fragmente die Monate Januar bis April umfassen. So beginnt etwa der Text des Monats *Januarius* folgendermaßen: »*Off der heiligen drier konige dag zwo uren vor m[ittage] ist der mane* [Mond] *nuwe. Und sint sonne und mane [in dem] xxv grade des steinbocks. Saturnus in dem xxvi grade des lewens und geet hindersich* [rückläufige Bewegung!]. *Jupiter in dem xxii grade der wagen. Mars in dem ersten grade des scorpions. Venus in dem xvii grade des wassergiessers und geht hindersich. Mercurius in dem iii grade desseleben zeichens.*«[13]

Es handelte sich augenscheinlich um eine Tafel mit astronomischen Daten, die insgesamt auf sechs Seiten ausgedruckt worden war. Da Zedler im übrigen die Schrift eindeutig als die B-36-Type definieren konnte, war damit ein weiterer der frühesten Wiegendrucke Gutenbergs entdeckt. Zwar ist auch dieser »Astronomische Kalender«, wie dieses Werk – eine Planetentafel – fälschlich von Zedler benannt wurde, nicht datiert; allerdings enthält der Text eine solche Fülle an Informationen, daß sich »mit Hülfe astronomischer Berechnungen die Datierung des Drucks mit mathematischer Gewißheit« ergebe, wie Zedler freudig vermerkte[14]. Unter der Mithilfe eines astronomisch bewanderten Gelehrten konnte es für ihn »nicht zweifelhaft sein, daß der Kalender für das Jahr 1448 bestimmt war«. Die Sensation konnte nicht ausbleiben: »Naturgemäß muß er daher schon 1447 gedruckt worden sein. Wir haben es also mit einem Druck zu tun, der sieben Jahre früher als die bisher bekannten ältesten fest datierbaren Drucke ist [?].«[15]

Diese Zeitmarke erschien deswegen so bedeutend, weil sich damit anhand des Typenvergleichs eine chronologische Übersicht

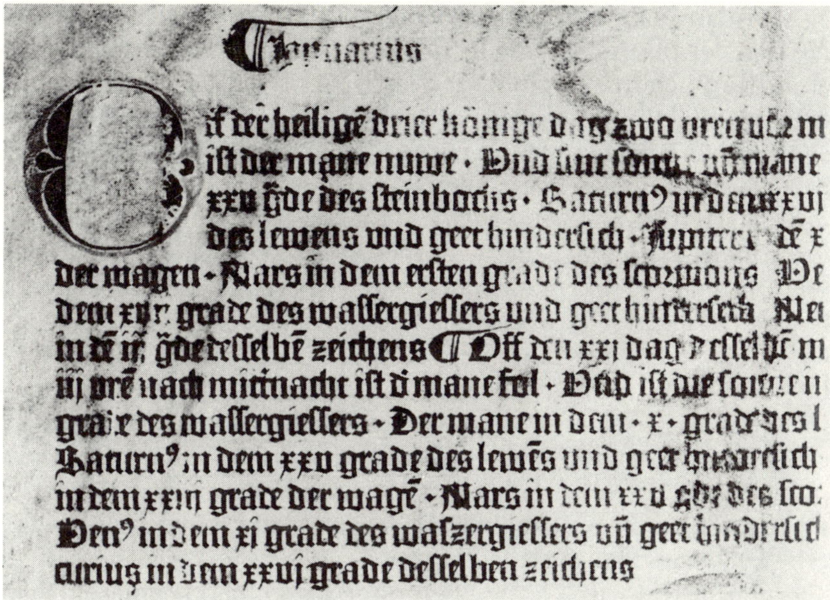

Der sogenannte »Astronomische Kalender« ist auf zwei beschnittenen Pergamentblättern überliefert, welche der Druckforscher Gottfried Zedler 1901 aus einem Codex der Wiesbadener Landesbibliothek herauslösen konnte.

über die frühesten Gutenbergschen Druckwerke erstellen ließ, die zu der Schlußfolgerung führen mußte, wie sie sich noch in dem Nachdruck von Ruppels Gutenberg-Biographie von 1967 findet: »Der Druck des astronomischen Kalenders für das Jahr 1448 kann nur aus der ersten Werkstatt Gutenbergs hervorgegangen sein; denn damals gab es ja noch keine andere Druckerei in der Welt. Dadurch wird die Anwesenheit Gutenbergs in seiner Vaterstadt, die wir urkundlich erst für das Jahr 1448 feststellten, schon für das Jahr 1447 bewiesen. Und da auch die vor diesem Kalender gedruckten Donate und das um 1445 erschienene »Fragment vom Weltgericht« ebenfalls nur aus Gutenbergs Mainzer Werkstatt hervorgegangen sein können, muß der Erfinder spätestens von 1445 ab wieder in seiner Vaterstadt Mainz gewohnt haben.«[16]

Vermeintlich hatte man wunderbar die Lücke schließen können, die von der urkundlichen Überlieferung über den eigentlichen Beginn des Buchdrucks offengelassen wird – wenn nicht doch eine merkwürdige Inkonsequenz in Zedlers Chronologie das Gewissen so mancher Forscher geplagt hätte. Denn eigentlich erwies sich die B-36-Type des »Astronomischen Kalenders« als zu gut geschnitten, um derart früh angesetzt werden zu können; oder, andersherum formuliert, erwies sich die B-36-Type gewisser anderer Kleindrucke wie etwa des »Türkenkalenders«, der eindeutig später anzusetzen ist, als schlechter geschnitten. Die Skrupel vor der Zedlerschen Chronologie blieben daher bestehen, wobei die drohende »Gefahr« offenkundig war: »Würde zwingend nachgewiesen, daß der astronomische Kalender erst in den fünfziger oder gar sechziger Jahren gedruckt wurde, so müßte das mühsam errichtete Gebäude der chronologischen Folge Gutenbergischer Drucke zusammenstürzen.«[17] Die Datierung dieses »Kalenders« erschien jedoch über alle Zweifel erhaben, nachdem ein zweifelnder Paul Schwenke dessen Inhalt abermals astrologisch hatte überprüfen lassen und bei dieser Überprüfung abermals »1448« errechnet worden war. Als Ironie des Schicksals brach dann ausgerechnet zum vorgeblich fünfhundertjährigen Jubiläum des »Astronomischen Kalenders« dieses Gebäude tatsächlich unter der Last der von Carl Wehmer erbrachten Beweise zusammen. Wehmer konnte im Jahre 1948 den zwingenden Nachweis erbringen, daß dieses Druckwerk ein ganzes Jahrzehnt später anzusetzen ist als bis dahin angenommen. Danach ist schon die Bezeichnung »Astronomischer Kalender« völlig unangebracht, weil der Druck die Planetenstellung in den Tierkreisbildern zur Zeit der jeweils vollen Mondphasen angibt.

Abgesehen von dem Pleonasmus eines Begriffes wie »astronomischer Kalender« (ein Kalender beruht notwendigerweise auf der Astronomie!) führt aber auch die Bezeichnung »astronomisch« in die Irre, weil sich der Inhalt in keiner Weise an gelehrte Kreise richtete, sondern *astrologische* Erkenntnisse vermittelte; deswegen ist er auch auf deutsch und nicht in der Sprache der Gelehrten, auf Latein, verfaßt. Sollte die Bezeichnung daher besser »Astrologische Planetentafel« lauten, so stimmt der intendierte Verwendungszweck auch mit der Aufmachung des Werks überein, das auf einem Pergamentbogen in beträchtlicher Größe ausgedruckt wurde. Anschaulich beschreibt Wehmer den Verwendungszweck: »Bürgersleute und Bauern konnten sich das Blatt in ihre Stube hängen, um es in allen schwierigen Fällen des Lebens zu Rate zu ziehen, ob das nun ein Aderlaßtermin, die Geburt eines Kindes, eine Reise, die Feldbestellung oder eine Heirat war. Aber auch volkstümliche Heilkundige und Sterndeuter, die sich zwischen Gauklern und fahrenden Leuten auf Jahrmärkten produzierten, die Krieg und Frieden, Naturkatastrophen und Hungersnöte prophezeiten, Horoskope stellten und gegen Honorare Ängstliche und Neugierige einen Blick in die Zukunft tun ließen, konnten mit dem AK [Astronomischen Kalender] ihre dunklen Künste üben.«[18]

Wenn es zur Datierung dieser astrologischen Planetentafel kommt, so trifft zwar die Feststellung zu, daß sich der Text auf die Berechnung der Planetenkonstellationen aus dem Jahre 1448 bezieht, nur läßt sich daraus keineswegs eine Datierung des Drucks »mit mathematischer Gewißheit« ableiten. Da dieses astrologische Werk zur Berechnung gewisser Schicksalstage eingesetzt werden sollte, konnte der Druck sogar *vor* den berechneten Planetenkonstellationen für das Jahr 1448 liegen. Allerdings zeigt die Praxis mittelalterlicher Horoskopberechnung, daß dazu die Geburt des Menschen einen wesentlichen Bezugspunkt bildete. Hätte man daher die Planetentafel in dem Jahr gedruckt, mit dem die astronomische Berechnung übereinstimmte, hätte das Druckwerk seine Berechtigung nur für die Horoskope Neugeborener gehabt. Ergibt dieser Schluß zwingend, daß man zum Druck auf eine frühere Planetentafel zurückgriff, um das Schicksal auch der Heranwachsenden bestimmen zu können, so bezieht sich Wehmer an diesem Punkt wieder auf die klassische Typenkunde. Er zeigt überzeugend, daß in der chronologischen Entwicklung der B-36-Type der »Astronomische Kalender« zwischen den »Türkenkalender« und die sechsunddreißigzeilige Bibel einzuordnen ist. Damit kann er den Druck auf die Jahre zwischen 1457 und 1459 einengen, was sich wiederum mit der Nutzanwendung der Planetentafel decken würde. *»Enfin Wehmer vint«*[19] nennt George Duncan Painter den Moment, als durch diese Beweisführung in der Tat das »mühsam errichtete Gebäude der chronologischen Folge Gutenbergischer Drucke« zusammenstürzte.

Wie bereits erwähnt, gelangte aber auch ein Carl Wehmer zu dem entscheidenden Fehlschluß, daß Gutenberg, der ja vorgeblich mit »großen« Arbeiten beschäftigt war, nicht der Drucker all der Donate, »Kalender« und weiteren Kleindrucke gewesen sein könne. So wurde der sogenannte »Türkenkalender« in der Forschung bekannt, weil er jenem »unbekannten Drucker« seinen Namen gab, der an-

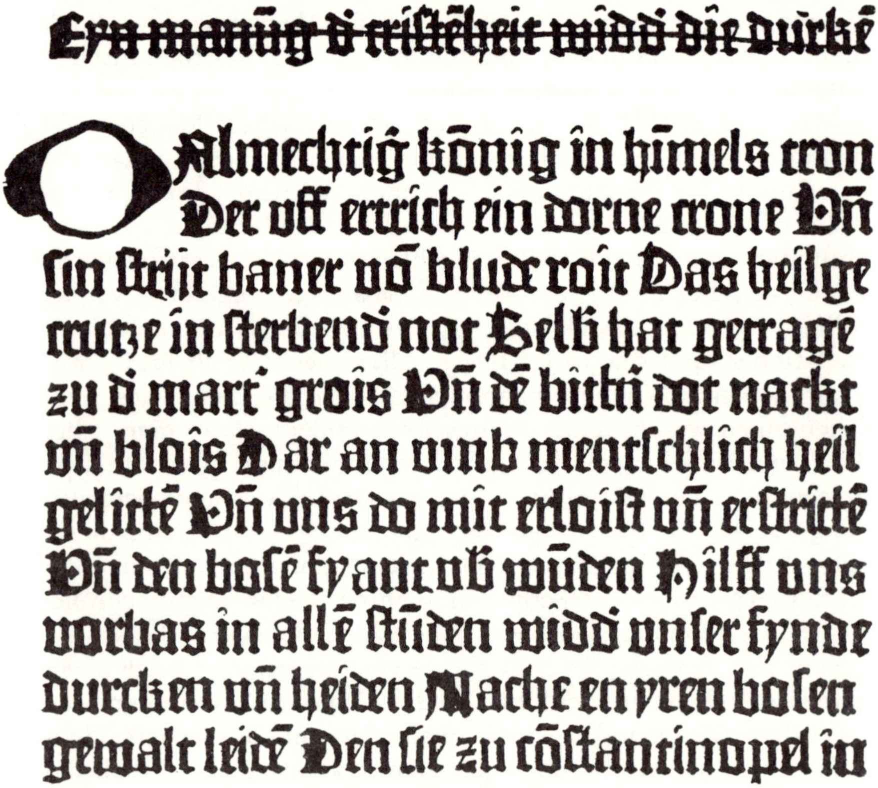
Eyn manūg d cristēheit widd die durkē

O Almechtig kōnig in himels tron
Der uff ertrich ein dornē crone Vñ
sin strijt baner vō blude roit Das heilge
cruetze in sterbend not Selb hat getragē
zu d mart grois Vñ dē bittn dot nackt
vñ blois Dar an umb menschlich heil
gelittē Vñ uns do mit erloist vñ erstrittē
Vñ den bosē fyant ubwūden Hilff uns
vorbas in allē stūden widd unser fynde
durcken vñ heiden Mache en yren bosen
gewalt leidē Den sie zu cōstantinopel in

Der aus sechs Quartblättern bestehende »Türkenkalender« (hier ein Ausschnitt), 1806 in der Augsburger Jesuitenbibliothek entdeckt, ist als vollständig erhaltenes Exemplar in hervorragendem Zustand überliefert.

geblich die »textlich durchaus minderwertigen und technisch primitiven Broschüren in der Art des Türkenkalenders«[20] herausgegeben habe.

Dieser »Türkenkalender«, der symbolisch für einen weiteren fatalen Irrweg einer voreingenommenen Forschung um Gutenberg steht, läßt sich als weiteres treffendes Beispiel herausstellen, wie durch eine analytische wissenschaftliche Methode neue Erkenntnisse zu Gutenbergs Leben erlangt werden können. Mit Hilfe des »Türkenkalenders« läßt sich eine Vielzahl an Informationen über den Geist der Zeit und damit auch über Gutenberg zusammentragen, wie dies jüngst exemplarisch ein Eckehard Simon bewiesen hat[21]. Immerhin muß dieses neunseitige, vollständig erhaltene Werk als das nach der zweiundvierzigzeiligen Bibel zweitälteste gedruckte Buch gelten oder, besser, Büchlein, läßt sich doch auf den Monat genau festlegen, wann es die Presse verlassen haben mußte. Da zum einen der »Türkenkalender« für das Jahr 1455 bestimmt war und sich im Text der Wunsch nach einem *»gut selig nuwe jar«*[22] findet, muß er vor dem ersten Weihnachtstag 1454 – dem Neujahrsbeginn zu jener Zeit – gedruckt worden sein; da sich zum anderen der Bezug auf ein bestimmtes vatikanisches Schreiben nachweisen läßt, das am 6.Dezember vor dem Frankfurter Städtetag verlesen wurde, kann der Druck dieses Büchleins damit auf drei Wochen genau bestimmt werden. Der Anlaß seines Erscheinens ist unschwer zu erkennen und war wieder einmal die Besorgnis vor dem weiteren Vordringen der Türken in Europa, ohne daß diesmal allerdings – wie bei den Ablässen und der »Türkenbulle« – die Kirche hinter der Verbreitung des Drucks auszumachen wäre. Vielmehr handelt es sich um eine besondere *»manung der cristenheit widder die durcken«*, wie der Titel besagt, so daß man anstatt von einem »Türkenkalender« eigentlich von einer »Anti-Türken-Mahnung« sprechen sollte. Gleichwohl trifft der Ausdruck »Kalender« doch in gewisser Weise den Kern, wie dies vorderhand nicht recht ersichtlich ist und wie diesdoch Eckehard Simon eindeutig zeigt. Denn zunächst erscheint der »Türkenkalender« als ein Aufruf an alle christlichen Herrscher, *»das sie nit me widder einander kriegen oder reisen, / Und underen selbes nit me machen witwen und weisen, / Sunder daz sie widder* *die turcken sich zauwen* [rüsten]«[23]. Darauf wird für jeden Monat eine andere Herrschaft angesprochen, gegen die Türken zu rüsten, so Papst Nikolaus V. für Januar, der deutsche Kaiser Friedrich III. für Februar, der (in seiner Macht völlig überschätzte) Kaiser von Trapezunt für März und so weiter. Dieser Kampfesaufruf endet allerdings jeweils in der kalendarischen Angabe, wann die Phase des Neumondes einsetzt, so daß es etwa für den Monat September heißt:

»*Germania, du edel dutsche nacion,*
Sijt du hast den koenig der romschen kron
Czu erwelenn durch die vij korfursten gut,
So sal din trefflich macht wol gemut;
Bilch [ebenso] *helffen striten mit heres crafft,*
Mit allen dinen graffen, hern, ritterschafft
Umb cristen glauben und ewig heil,
So wirt dir dz ix nuwe zu teil.
Uff dinitn [Dienstag] *vor erhebung des cruces,*
Noch mittage so es iiij gesleget [geschlagen] *gewisz.*«[24]

Die Frage nach dieser Merkwürdigkeit folgt auf dem Fuß, so wie sie Simon selbst polemisch formuliert: »Was hat der Mond mit Politik zu tun, besonders an Novilunium [Neumond], wenn er noch nicht einmal zu sehen ist? Wie kann man jemanden anstacheln, zum Kampf gegen die Türken auszuziehen, indem man ihm die genauen Neumondzeiten erzählt?«[25] Als Antwort führt Simon aus, daß zur Zeit Gutenbergs das Leben noch stark von dem Glauben an astrologische Zusammenhänge bestimmt war. Entsprechend wurde dem Mond als vorgeblich einem der sieben Planeten der größte Einfluß auf das Leben zugesprochen. Die Zeit des Neumonds hatte deswegen so große Bedeutung, weil von diesem Zeitpunkt an der Mond zunahm und seine »guten« Kräfte wieder zu wirken begannen. Im »Türkenkalender« läßt sich daher nach Ansicht Simons der (politische) Bezug auf die Neumondphasen als sublime Mahnung zum Handeln verstehen, auf daß einem das *»nuwe zu teil«* werde.

Hatten die Inkunabelforscher schon frühzeitig erkannt, daß der »Türkenkalender« sprachlich wie inhaltlich nach Straßburg verweist, und war als dessen Drucker neben Johann Mentelin oder Heinrich Eggestein, den Druckpionieren ihrer Heimatstadt, natürlich auch Johannes Gutenberg ausgemacht worden, so hat Simon in dieser Frage eine überraschende Wende herbeigeführt. Er weist nach, daß es in Straßburg zu jener Zeit sogenannte »Lunationstraktate« gab, das heißt in Verse geschmiedete politische Pamphlete, die sich astrologisch auf die Mondphasen bezogen. Als ein solcher Lunationstraktat sei auch der »Türkenkalender« anzusehen, der in Straßburg verfaßt, aber in Mainz gedruckt worden sei, unter einigen Änderungen, sei doch der Setzer (als der Gutenberg oder ein Gehilfe gelten muß) nicht wirklich vertraut mit dieser Straßburger Variante des Flugblatts gewesen. Darüber hinaus stellt Simon die Vermutung an, daß ein Gesandter der Straßburger Delegation, die im Oktober am Frankfurter Reichstag teilnahm, den Text des »Türkenkalenders« verfaßt haben könne. In diesen Zusammenhang ließe sich auch die merkwürdige Tatsache einordnen, daß der letzte »Monat« des »Türkenkalenders« im Vergleich zu den übrigen »Monaten« sehr viel mehr Verse aufweist: In der Druckerwerkstatt in Mainz habe man noch die letzten politischen Informationen in den Text aufgenommen, die man durch jenes am 6. Dezember verlesene päpstliche Schreiben erfahren habe – eine wie so oft hypothetische, aber doch in sich schlüssige Argumentation. Angesichts dieser Begründung bliebe jedenfalls Gutenberg sehr wohl der Drucker des »Türkenkalenders«, nur würde er wiederum auf das reduziert, was seiner Rolle zukam, nämlich Buchdrucker zu sein. Überdies ergäbe sich abermals nur das Bild des Geschäftsmannes, der den »Markt« aufmerksam sondierte und bereitwillig jeden Druckauftrag annahm, einerlei ob über ein Blatt zum Auswendiglernen der Kalenderdaten oder ein Verzeichnis aller Bistümer, ob eine Planetentafel für die Befriedigung des Aberglaubens im Volke oder eben einen besonderen Aufruf zum Kampf gegen die Türken, solange er sich davon einen guten Absatz versprach.[26]

Von weiteren zwei Gegebenheiten läßt sich in diesem Zusammenhang berichten, die ebenfalls eher mit der Forschung um Gutenberg als mit diesem selbst zu tun haben. Es handelt sich erneut um das

Problem, wie bestimmte Frühdrucke einzuordnen seien. Über deren Einordnung sind zwar Rückschlüsse auf Gutenbergs Lebensweg zu ziehen; jedoch hatten gewisse Forscher bezeichnenderweise die Person Gutenberg bald ganz aus den Augen verloren und war es ihnen eher um die Einordnung der Drucke *an sich* zu tun. So erhält man in der Betrachtung zweier Druckwerke, des sogenannten *»Missale speciale«* und der schon erwähnten sechsunddreißigzeiligen Bibel, einen Einblick in die drei wesentlichen Methoden der Inkunabelforschung, die alle am »Materiellen«, an den Drucktypen, am Papier oder an der Druckfarbe festzumachen sind: die erwähnte Typenkunde, die Wasserzeichenforschung und die »Zyklotron-Untersuchung«.

Als der bibliophile »Schriftkünstler« Otto Hupp im Jahre 1880 in einem Münchner Antiquariat das Exemplar eines mittelalterlichen Meßbuches erwarb, begann damit in der Wiegendruckforschung eine der entscheidendsten Auseinandersetzungen, an die manche Wissenschaftler gleichsam ihr Leben zu knüpfen schienen. Der Streit konnte trotz weiterer Funde des gleichen *Missale* (darunter auch einer »gekürzten« Fassung, des *»Missale abbreviatum«*) vor allem deswegen jahrzehntelang nicht gelöst werden, weil sich in diesem Werk – wie in fast allen der ersten Frühdrucke – kein einziger Hinweis auf die Zeit seines Entstehens findet. So wurde das *»Missale speciale«* zu einem Testfall für die Typenforschung. Die so schwierigen und mühseligen Buchstabenuntersuchungen führten die verschiedenen Wissenschaftler zu den je verschiedenen Ergebnissen, wonach dieses Werk entweder früh bis in die vierziger Jahre des fünfzehnten Jahrhunderts, gar in die Zeit vor Gutenbergs Rückkehr nach Mainz anzusiedeln oder es aber spät bis in die achtziger Jahre zu datieren sei und daher von Gutenberg gar nicht geschaffen sein könne. Die Argumentation ging von der nämlichen Feststellung aus. Danach weist die verwendete Type eine starke Ähnlichkeit mit den Kleinbuchstaben des »Mainzer Psalters« vom Jahre 1457 auf und verfügt der Druck außerdem über einige Unvollkommenheiten; insbesondere wurden die Anschlußbuchstaben des »Gutenbergschen Schriftsystems« nicht verwendet.

Entsprechend mußten die Schlußfolgerungen *das* Grunddilemma der Typenforschung widerspiegeln, ob ein unvollkommenes Satzsystem auf den »frühen« Gutenberg deute oder aber auf irgendeinen anderen Drucker, der sich in die Feinheiten des Mobilletterndrucks erst einarbeiten mußte. Obgleich etliche Hinweise – die sich vor allem auf die inhaltliche Analyse des Textes bezogen – für einen spät anzusetzenden Druck sprachen, sprach sich besonders Otto Hupp so entschieden dafür aus, das *»Missale speciale«* unbedingt mit Gutenberg, und zwar mit dessen ersten Druckwerken, in Verbindung zu bringen, daß man schließlich der Blickrichtung seines »unbestechlichen Auges«[27] folgte. Typisch drückt sich dies in den Worten selbst eines Aloys Ruppel aus, der doch sonst alle gegensätzlichen Meinungen meist zu einem »Kompromiß« vereinigte: »Deshalb besitzt die These Hupps, daß Gutenberg das *Missale speciale* als eines seiner Erstlingswerke herstellte, eine sehr große innere und äußere Wahrscheinlichkeit. Besaß Gutenberg die kleine Psaltertype schon in Straßburg, wo er sie mit Unterstützung des Goldschmiedes Hans Dünne angefertigt haben könnte? Wandte sich der Erfinder im Frühjahr 1444 zunächst rheinaufwärts, um in der Konstanzer Diözese das *Missale speciale* zu drucken? Wir wissen es nicht und möchten auch keinerlei [!] Vermutungen aussprechen. Sicher [!] ist aber auf alle Fälle, daß der Typenapparat des *Missale speciale* von Gutenberg hergestellt wurde, denn zu ihm sind dieselben Stempel benutzt worden wie zu der kleinen Type des Psalters von 1457, die ebenfalls Gutenbergs Werk ist. Somit können wir auch mit gutem Gewissen Hupp beistimmen, wenn wir es für höchst wahrscheinlich halten, daß das *Missale speciale* und das *Missale abbreviatum* Frühwerke des Erfinders der Buchdruckerkunst darstellen.«[28]

Wenn man in dieser Frage bei allem Hypothesenwerk am Ende schlichtweg der Ansicht folgte, ein Otto Hupp – selbst mit seinem subjektiven »Auge« – könne am ehesten »unbestechlich« urteilen (»Hupps Missale-Theorie, die dieser hervorragende Kenner seit 40 Jahren hartnäckig gegen alle Einwände vertreten hat, wird heute von den meisten Forschern anerkannt.«[29]), so mußte man sich in den sechziger Jahren eines Besseren belehren lassen, als zur zeitlichen Bestimmung von Druckwerken eine wahrhaft unbestechliche Methode (weiter)entwickelt wurde: die Wasserzeichenforschung. Es mag zunächst ganz unwahrscheinlich erscheinen, über das Bestimmen von Wasserzeichen eine genaue zeitliche Datierung erreichen zu können. Tatsächlich hatte man zuvor diese unterschiedlichen Papiermarkierungen – wie sie sich schon für das Ende des dreizehnten Jahrhunderts nachweisen lassen – immer nur als zusätzliche Indizien zur Altersbestimmung hinzugezogen. Mit Sicherheit konnte man anhand der Wasserzeichen immerhin den *terminus ante quem* und den *terminus post quem* eines Drucks bestimmen, wann nämlich ein bestimmtes Wasserzeichen zum ersten und wann zum letzten Mal auftaucht. Der deutsche »Vermessungsdirektor« Theo Gerardy, vor allem aber der US-amerikanische Forscher Allan Stevenson haben jedoch die Wasserzeichenforschung zu solch wissenschaftlicher Exaktheit getrieben, daß sie damit das *»Missale speciale«* nicht nur auf einen ungefähren Zeitraum, sondern auf das Jahr genau, ja nahezu auf den Monat genau datieren konnten.[30]

Um die zugrunde liegende Methode zu verstehen, muß man wissen, was es mit Wasserzeichen überhaupt auf sich hat. Diese unauslöschlichen Markierungen entstehen dadurch, daß auf die zum Papierschöpfen benutzten Siebe feine Drähte »genäht« werden, deren Form sich in jedem geschöpften Papierbogen »durchdrückt«; das Wasserzeichen besteht einfach aus relativ dünnerem Papier. Während sich beim Schöpfen der Wasserzeichendraht allmählich verformt, bleiben die Befestigungsstellen am Sieb stets unverändert. So kann man also die »Entwicklungsgeschichte« eines Wasserzeichens chronologisch verfolgen, von seinem intakten Anfang bis zu seinem abgenutzten Ende, und wenn man dann prinzipiell ein einziges gedrucktes Blatt mit einem entsprechenden Wasserzeichen historisch datieren kann, so kann man mit diesem Datum die gewonnene Chronologie in Übereinstimmung bringen. Im übrigen konnte der Einwand leicht entkräftet werden, das jeweilige Papier hätte ja zunächst lange Zeit über gelagert werden können, ehe es unter die Presse kam. Allan Stevenson hat überzeugend nachweisen können, daß Papier zu jener Zeit als viel zu wertvoll erachtet wurde, um es als gebundenes Kapital auch nur für kurze Zeit »ruhen« zu lassen.

Diese Methode der Inkunabelbestimmung erwies sich daher als äußerst zuverlässig. Ihre Anwendung auf das *»Missale speciale«* erbrachte das in seiner Stringenz überwältigende Ergebnis, daß sogar dessen Lagen in ihrer chronologischen Drucklegung bestimmt werden konnten und Stevenson den Druck dieses Meßbuches mit Sicherheit für Basel und für das Jahr 1473 ausgewiesen hat, wobei das *»Missale abbreviatum«* im Sommer und das *»Missale speciale«* im späten Herbst die Presse des Druckers (dessen Person mit hoher Wahrscheinlichkeit mit Johannes Meister gleichzusetzen ist) verlassen haben mußte. Nicht nur war damit das Problem um dieses Druckwerk endgültig gelöst, sondern es wurde auch die Inkunabelforschung – die, von deutschen Forschern dominiert, regelrecht in sich erstarrt war – ein entscheidendes Stück vorangebracht. Wer unbefangen genug dachte, konnte dieser »Entdeckung« seine Bewunderung nicht versagen: »Wenn wir ehrlich sind, müssen wir gestehen, daß der entscheidende Schlag der im angelsächsischen Raum entwickelten *analytical bibliography* gelungen ist. Unsere Aufgabe ist es nun, davon zu lernen.«[31] (Diese *analytical bibliography,* die »analytische Druckforschung«, gewinnt ihre Erkenntnisse im wesentlichen dadurch, daß der Herstellungs*prozeß* der untersuchten Wiegendrucke nachvollzogen wird.)

Wenn somit die Frage der Datierung des *»Missale speciale«* inzwischen als beantwortet gilt, so stellt die zweite für die Forschung zu knackende Nuß bis heute die Frage dar, wie die sechsunddreißigzeilige Bibel richtig einzuordnen sei. Denn ihre Type bildet ja den »entwicklungsgeschichtlichen« Abschluß in jener ganzen Reihe von Kleindrucken, wie sie mit dem Sibyllenbuch beginnen und wie sie plausibel nur Gutenberg zugeschrieben werden können. Wie die Bezeichnung dieser Bibel bereits aussagt, umfaßt ihr zweispaltiger Satzspiegel nur sechsunddreißig Zeilen, womit der Platz jeder einzelnen Seite enorm schlecht ausgenutzt ist. Im Unterschied zur zweiundvierzigzeiligen Bibel mußten anstatt etwa sechshundertfünfzig Blättern nahezu neunhundert Blätter verdruckt werden, was deren Volumen um fast vierzig Prozent erhöhte und einige Buchbinder zwang, das Werk in drei statt zwei Teile zu binden. Dieses Weniger an Zeilenzahl entspricht einem Mehr in der Größe der Druckbuchstaben, deren Ober- und Unterlängen allerdings ebensoviel Raum einnehmen wie bei der Type der »Gutenberg-Bibel«. Da also im Unterschied zur Erstdruckbibel nur deren sogenannte »n-Höhe« differiert, erscheint ihr ganzes Bild weniger harmonisch und schlichtweg »klotzig«, wie Paul Schwenke die Schrift der sechsunddreißigzeiligen Bibel lax definiert hat[32]. Kommt auch diese größere Schrift der Lesbarkeit zugute, so läßt sich doch in Druck und Satz dieser zweiten jemals gedruckten Heiligen Schrift eine weniger heilige Sorgfalt feststellen. So ist manchmal das Registerhalten – das Überdecken der Zeilen von Vor- und Rückseite – nicht gut gelungen, oder es finden sich recht viele Stellen, wo zu stark oder zu schwach abgedruckt wurde. Auch ist der rechte Zeilenschluß oft unachtsam ausgeführt, oder es tritt eine Menge Verstöße gegen das sogenannte »Gutenbergsche Schriftsystem« auf, das insgesamt nicht den Willen zur Strenge wie bei der zweiundvierzigzeiligen Bibel zeigt.[33] Es ließe sich demnach behaupten, daß bei der Herstellung entweder der geübte Blick eines wahren »Schriftkünstlers« fehlte oder daß auf einen solchen bewußt verzichtet wurde, um sich bei Satz und Druck nicht unnötig aufzuhalten.

Allerdings verweist der Druck dieser Bibel nicht auf Mainz, sondern auf die gut zweihundert Kilometer entfernte fränkische Stadt Bamberg. Wie die Wasserzeichenforschung nachweisen konnte, läßt sich keine der zehn verwendeten Papiersorten für einen Mainzer Frühdruck nachweisen, während jedoch mehrere davon in Frühdrucken aus Bamberg auszumachen sind. Ebenso wurden alle der noch erhaltenen, ursprünglichen Einbände in Bamberg hergestellt, so wie auch einige der dreizehn überlieferten Exemplare auffälligerweise in diesem bedeutenden geistigen Zentrum des Reiches, das Bamberg seit seiner Unabhängigkeit von Mainz bildete, und in dessen Umgebung gefunden wurden. Darüber hinaus muß der gesamte Apparat der B-36-Type spätestens im Jahre 1460 in den Besitz des Bambergers Albrecht Pfister übergegangen sein. In dieser Type veröffentlichte nämlich im Jahr darauf dieser nach Gutenberg, nach Fust und Schöffer und nach dem Straßburger Johann Mentelin jüngste Druckermeister den »Ackermann aus Böhmen« (das vom Tode handelnde, bedeutende Volksbuch des Johannes von Tepl), nachdem er wohl bereits zuvor selbständig Donate gedruckt hatte. Da im übrigen der Vermerk auf einem in Paris verwahrten einzelnen Blatt der sechsunddreißigzeiligen Bibel besagt, daß der Rubrikator den Abschluß seiner Arbeit mit »1461« verzeichnete, muß die Bibel spätestens im Jahr zuvor ausgedruckt gewesen sein; deren Druck kann mithin nicht nach 1459 begonnen worden sein. Zwar ist für die Zeit anschließend an das Datum vom 21. Juni 1457 für den Meister Gutenberg in Mainz kein Dokument zu seinem Leben überliefert; auch die Archive Bambergs schweigen aber zu einem möglichen Aufenthalt des Buchdruck-Erfinders in dieser frühhumanistisch ausgerichteten Stadt, so wie ja überhaupt die Spuren zu seinem Lebensweg bis ins Jahr 1465 verwischt sind. Da der Druck dieser Bibel gegenüber der zweiundvierzigzeiligen Bibel qualitativ leicht abfällt, haben einige der einflußreichsten Frühdruck-Forscher dafür plädiert, Gutenberg nach seinem *einen* Meisterwerk kein weiteres großes Druck-Erzeugnis mehr zuzusprechen. Als Begründung konnte einfach auf die Konstruktion des angeblich für Gutenberg fatalen Urteilsspruchs im Fustschen Prozeß verwiesen werden, der den erfinderischen Patrizier bankrott hinterlassen habe. Über diese Argumentation hat sich sarkastisch George Duncan Painter geäußert: »Man geht im allgemeinen davon aus, Gutenberg sei in keiner Weise in der Lage gewesen, seine Schulden zu bezahlen, und er habe daher sein gesamtes Druckgerät an Fust verloren und sei daraufhin zahlungsunfähig gewesen. Daher nimmt man an, daß Gutenberg konsequenterweise nicht der Drucker der B-36 gewesen sein könne, sei er doch bankrott gewesen; und umgekehrt, er sei bankrott gewesen, weil er nicht der B-36-Drucker gewesen sei; denn wenn er der B-36-Drucker gewesen wäre, so wäre er nicht bankrott gewesen. Ein wahrer Kreis-Beweis ist das!«[34]

Gegen solche »Kreis-Beweise«, die einer überkommenen Forschung angehören, ist schon seit einiger Zeit eine moderne »interdisziplinäre« Wissenschaft angetreten, deren Keim sowohl in dem detektivischen wie respektlosen angloamerikanischen Charakter zu liegen scheint als auch in den heutigen »modernen Zeiten«, wo selbst »geistige« Probleme »technologisch« angegangen werden. Noch einen klassischen Wiegendruck-Forscher hat man sich in einer muffigen Bibliothekskammer vorzustellen, womöglich einsam in seine Arbeit des Vergleichens von Typen versunken. Heutzutage hat man eher an technische Experten zu denken, die in klinisch reinen Räumen hochtechnisierte Apparate bedienen. Wenigstens trifft dies auf die neueste Forschungsmethode zu, die seit dem Beginn der achtziger Jahre dazu angetreten ist, die Bestimmung der Wiegendrucke abermals zu präzisieren: die *»proton milliprobe analysis«*. Unter der Leitung des Historikers Richard N. Schwab hat man sich dazu an der kalifornischen Universität von Davis eines Zyklotrons bedient, eines kernphysikalischen Teilchenbeschleunigers. In einem solchen Zyklotron beschleunigt man die Protonen von Wasserstoffatomen, bündelt sie und richtet sie parallel aus. Diesen äußerst energiereichen Protonenstrahl läßt man auf das zu untersuchende Papier (oder Pergament) treffen, in dessen Material (weniger als ein Quadratmillimeter ist be-troffen) die Elektronen auf ein höheres Energieniveau gehoben werden. Da die Elektronen jedoch sogleich in ihren ursprünglichen Zustand »zurückfallen«, strahlen sie dieses Mehr an Energie in Form von Lichtquanten ab, die dann von einem Detektor gemessen werden. Nach der Unterschiedlichkeit der ausgesandten Lichtquanten lassen sich bestimmte chemische Elemente des untersuchten Druckwerks exakt nachweisen, wobei alle Aufmerksamkeit jenem Material zukommt, das in der Druckerwerkstatt selbst hergestellt wurde, der Druckfarbe. Wenn sich dabei auch nicht deren genaue chemische Zusammensetzung bestimmen läßt, so kann man doch den Gewichtsanteil bestimmter chemisch reiner Elemente ab einer gewissen »Schwere« messen. Zur Überraschung der Forscher um Richard N. Schwab hat sich gezeigt, daß sich bis zum Ende des fünfzehnten Jahrhunderts in einigen Frühdrucken Anteile der Metalle Kupfer und Blei nachweisen lassen und daß dieser Kupfer- und Bleianteil in der zweiundvierzigzeiligen Bibel in außerordentlicher Konzentration auftritt. (Scheinbar dienten Kupfer und Blei dazu, die Druckfarbe sowohl schnell trocknen zu lassen, als auch dazu, ihr eine intensive Tönung zu verleihen.[35]) In der Tat konnte in keinem anderen der untersuchten Frühdrucke ein ähnlich hoher Anteil dieser beiden Metalle nachgewiesen werden – außer in jenem anderen Druckwerk, das ebenfalls mit Gutenberg in Verbindung gebracht wird, der sechsunddreißigzeiligen Bibel.[36]

Solange daher keine gegenteiligen Beweise erbracht werden, kann man guten Gewissens davon ausgehen, daß Gutenberg spätestens im Jahre 1459 nach Bamberg übersiedelte, um dort einen weiteren großen Bibeldruck in die Tat umzusetzen. Auch ließe sich der entsprechende Hintergrund durchaus beleuchten, immer vorausgesetzt, daß sich ein anderes Bild ergeben könnte, wenn auf unbekannte Zusammenhänge ebenfalls Licht fiele[37]: Im Jahre 1457 wäre Gutenberg von neuem ein Bibeldruck-Projekt angegangen (wie dies aus einem überlieferten Probedruck jener Zeit zu ersehen ist[38]), bei dem er auf seine ureigenen Druckbuchstaben der B-36-Type zurückgegriffen hätte. Auf der Suche nach einem Finanzier oder Geschäftspartner könnte der Notar des Fust-Prozesses, Ulrich Helmasperger, der ja als *clerick Bamberger bistoms* ausgewiesen ist und der über intime Kenntnisse des Mainzer Bibeldrucks verfügte, den Kontakt zu der fränkischen Stadt hergestellt haben. Dort hätte sich der im Glauben so strenge wie in der Kunst so feinsinnige Domherr Georg von Schaumberg für ein solches Unternehmen begeistern lassen, der spätestens als regierender Bischof von Bamberg das Werk im Jahre 1459 als Druckherr finanziert hätte. Immerhin ließen sich in diese Argumentation die Indizien einpassen, daß dieser Bischof dem Coburger Franziskanerkloster im Jahre 1463 eine auf Pergament gedruckte Bibel schenkte, daß die Rechnungsunterlagen der Domsakristei für den Dezember 1459 die beträchtliche Ausgabe von über fünfhundert Pfund verzeichnen[39] und daß vor allem jener Bamberger Erstdrucker Albrecht Pfister als Sekretär des Georg von Schaumberg ausgewiesen ist. Auch läßt sich mit der Verknüpfung von Gutenberg und Bamberg am leichtesten die Tatsache erklären, daß spätestens für das Jahr 1461 der Typenapparat des Bibeldruckwerks in Pfisters Besitz übergegangen war, dem möglicherweise in der geistig regen Stadt an der Regnitz die Rolle eines Andres Dritzehen zugekommen war (während ein Straßburger Hans Riffe und ein Fridel von Seckingen oder ein Mainzer Johannes Fust diesmal als ein Bamberger Georg von Schaumberg gedacht werden müssen). Nichts spräche gegen die Vorstellung, daß Gutenberg nach dem Mainzer

Bibeldruck von neuem eine *burse* eingegangen wäre. Diese hätte er allerdings ins »Ausland« verlegen müssen, um nicht mit einem weiteren Bibeldruck in direkte Konkurrenz zu dem Fust-Schöfferschen »Werk der Bücher« zu treten. Denn diese beiden Mainzer Druckherren bereiteten zu eben jener Zeit ebenfalls einen neuen Druck der Heiligen Schrift vor, des im Jahre 1462 erschienenen herrlichen Werks der achtundvierzigzeiligen Bibel.

Johannes Gutenberg erschiene demnach abermals als gewiefter Geschäftsmann seiner Zeit, der durch ein gesellschaftliches Unternehmen, getragen von der Finanzkraft des Bistums von Bamberg – an dem sich möglicherweise von Beginn an Albrecht Pfister und auch der im Helmaspergerschen Notariatsinstrument genannte »Gutenberg-Anhänger« Heinrich Keffer[40] beteiligten –, sein eigenes finanzielles Risiko gering hielt und doch die besten Bedingungen für sich herausschlug. Der patrizisch gesinnte Gutenberg muß allerdings nicht notwendigerweise als »Drucker« der sechsunddreißigzeiligen Bibel angesehen werden, als jemand, der sich der verhaßten *arebeit* befleißigte. Eher ist anzunehmen, daß der Meister wie auch in Straßburg – wo er jenen Andres Dritzehen Heilsspiegel pressen ließ und sich selbst anderen »Afenturen und Künsten« widmete – als »Geschäftsleiter« fungierte, der in der Hauptsache seine Gesellen, wie möglicherweise einen Heinrich Keffer, den Bibeldruck ausführen ließ. So ließe sich sogar davon ausgehen, daß Gutenberg nicht einmal nach Bamberg übergesiedelt, sondern in Mainz verblieben war, wo er ein gänzlich neues Druckprojekt zu ersinnen begonnen hatte. Angesichts der Bedeutung und Größe dieses Projekts, das mit einem »Catholicon« genannten Werk zu verbinden wäre, hätte Gutenberg daher seine Urtype in Bamberg belassen, für die in ihrer enormen Schrifthöhe in Mainz keine Verwendung mehr gewesen wäre.

Weitere, neue Wege

Befolgt man den Weg des bisher Dargestellten, wonach Gutenberg der Druck der zweiundvierzigzeiligen Bibel so viel Kapital eingebracht hatte, daß er in der Lage war, in seiner Heimatstadt eine Druckerei eigenständig zu betreiben und in einer Mainz verbundenen Stadt eine weitere Druckerei gleichsam in Lizenz zu errichten – befolgt man diesen sicher zu gehenden Weg, dann kommt man an dem Eingeständnis nicht vorbei, daß der Buchdruck-Erfinder am Ende der sechziger Jahre über genug Finanzkraft verfügt haben mußte, ein weiteres großes Werk in Angriff zu nehmen. Blickt man sich auf dem für diese Zeit noch begrenzten und leicht überschaubaren Feld der frühen Wiegendrucke um, so läßt sich nur ein einziges solch großes Werk ausmachen, das Gutenberg zugewiesen werden könnte, das »Catholicon«. Nachdem in der Gutenberg-Forschung inzwischen die schwierigsten Hürden – wie ein *»Missale speciale«* – aus dem Weg geräumt werden konnten, so daß nun wenigstens der Weg seiner Biographie nicht mehr ganz und gar in die Irre führt, liegt auf diesem Weg als größtes Hindernis gleichwohl noch immer das »›Catholicon‹-Problem«.

Das »Catholicon« geht auf den Genuesen Johannes Balbus zurück, der im Jahre 1286 ein von ihm zusammengestelltes »Wörterbuch« vollendete, das im wesentlichen dem richtigen Verständnis der Bibel diente. Wie dies der Name »Catholicon« ausdrückt, der dem griechischen Wort *»katholikós«* für »allgemein« entlehnt ist, konnten daraus die gebildeten Bürger das wesentliche Wissen ihrer Zeit entnehmen. Entsprechend umfangreich liegt dieses Wörterbuch vor, dessen Umfang den der Bibel noch übertrifft. Da man allerdings mit diesem Wörterbuch keine »heilige« Schrift zu drukken hatte, entwickelte man zu seiner mechanischen Vervielfältigung eine sogenannte Brotschrift, eine relativ kleine Drucktype für den alltäglichen Gebrauch, die wenig Platz in Anspruch nimmt. Man schnitt eine leicht lesbare, noch gotisch beeinflußte Vorform der heutigen Antiqua-Schriften, eine sogenannte Gotico-Antiqua, durch die man sechsundsechzig Zeilen zu je etwa vierzig Buchstaben in einer Spalte unterbringen konnte. So hatten auf einer zweispaltigen Seite über fünftausend Buchstaben Platz, während etwa eine Seite der zweiundvierzigzeiligen Bibel weniger als dreitausend, eine Seite der sechsunddreißigzeiligen Bibel gar weniger als zweitausend Buchstaben aufnehmen konnte. Gleichwohl mußten für jedes Exemplar noch immer fast siebenhundertfünfzig Seiten verdruckt werden. Deshalb hat man für die Herstellung dieses enzyklopädischen Werks von einem Finanzbedarf auszugehen, der in der Größenordnung des ersten Bibeldrucks anzusiedeln ist.

Wie bei der sechsunddreißigzeiligen Bibel besteht bis heute bei diesem riesigen doktrinär-mittelalterlichen Wissenskompendium unter den Gutenberg-Forschern keine Einmütigkeit, wem dieses Druckwerk zugesprochen werden könnte oder welchem Drucker es überhaupt zuzutrauen wäre. Abermals ließe sich auf viele der altbekannten Argumente verweisen, die sich oft genug auf das Argument vom »qualitätsbewußten« Gutenberg stützen, der hinter die typographische Meisterleistung der zweiundvierzigzeiligen Bibel nicht zurückgegangen wäre (die »Catholicon«-Type ist in ihrer Funktion und Größe im übrigen durchaus »künstlerisch« gelungen), oder auf die Annahme, nach dem Fust-Prozeß hätte Gutenberg sein restliches Leben in Armut verbracht.

Aber gerade der Faktor des Finanziellen scheint für Gutenberg als den Druckherrn des in Mainz erschienenen »Catholicon« zu sprechen. Wenn auch am Ende der fünfziger Jahre bereits etliche Zeitgenossen durch ihre Mitarbeit in den Druckerwerkstätten von Gutenberg, Fust und Schöffer als Buchdrucker ausgebildet waren, so kann keiner dieser Zuarbeiter, die sich auf dieses neue Gewerbe ja nicht aus ideellen Gründen eingelassen hatten, in Mainz über erkleckliche Kapitalmengen verfügt haben. An den Druck des so umfangrei-

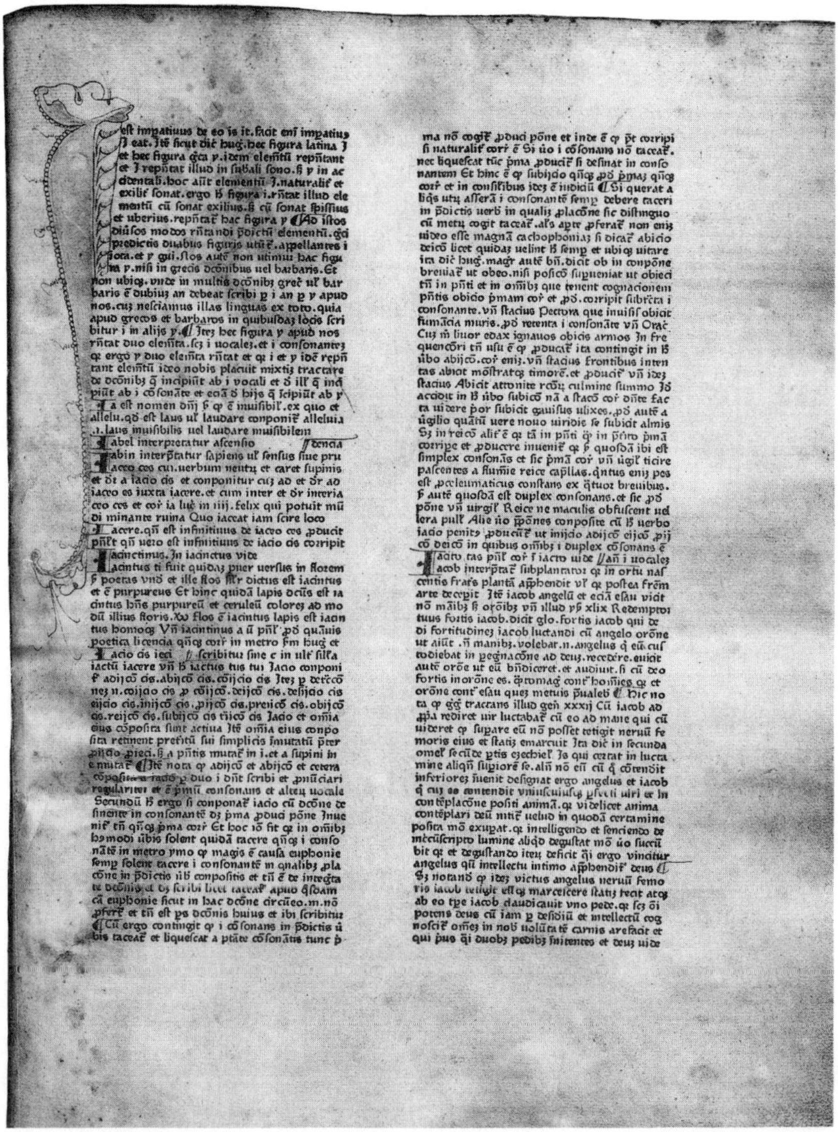

Das »Catholicon« weist die bis dahin kleinsten Drucktypen auf, damit dessen vergleichsweise riesiger Inhalt auf sechsundsechzig Zeilen platzsparend ausgedruckt werden konnte.

chen »Catholicon« konnte sich nur wagen, wer als Geschäftsmann in ein solches Werk Beträge investieren konnte, die denen des Drucks der zweiundvierzigzeiligen Bibel nicht nachstanden. Wie finanziell lohnend sich der Druck des »Catholicon« im übrigen ausgenommen haben muß, der die bis dahin erschienenen Auflagen dreier verschiedener Buchdruck-Bibeln in idealer Weise »ergänzen« mußte, spricht aus der Tatsache, daß fast achtzig Exemplare dieses Werks die Zeiten überdauert haben. Dies läßt auf eine Gesamtauflage von einigen hundert Exemplaren schließen, nach Gottfried Zedler etwa von zweihundertvierzig Papier- und dreißig Pergamentexemplaren[1]. (Wie begehrt diese »katholische« Enzyklopädie gewesen sein muß, läßt sich auch daran ablesen, daß bis zum Jahre 1500 vierundzwanzig verschiedene Ausgaben des »Catholicon« erschienen.) Diese Auflagenhöhe vorausgesetzt, äußert sich Ferdinand Geldner zum Verkauf des »Catholicon« (des »Mainzer ›Catholicon‹«, um genau zu sein): »Legen wir diese Zahlen unserer Rechnung zugrunde und nehmen wir für ein Papierexemplar einen Durchschnittspreis von nur 40 Gulden [...] und für ein Pergamentexemplar einen Preis von (nur) 55 Gulden an, so ergibt sich ein Gesamtverkaufswert von 11250 Gulden – eine für die damalige Zeit außerordentlich hohe Summe«, wobei Geldner noch anfügt, im ehrwürdigen Ton des *Pluralis modestiae* fortfahrend, »so hoch, daß sie uns fast etwas an der Richtigkeit unserer Annahmen zweifeln läßt«[2]. (Tatsächlich sollten sich die Zweifel am Druck des »Catholicon«, wie im weiteren zu sehen, bald mannigfach verstärkt haben.)

Im Grunde lassen sich als Druckherren dieses mittelalterlichen Wörterbuches nur Gutenberg oder Fust und Schöffer annehmen, die zu jener Zeit einzig über die finanziellen, technischen und »verkaufsstrategischen« Möglichkeiten verfügten, die Herstellung eines solch großen Werks in die Tat umzusetzen. Da aber Fust und Schöffer in ihrer Offizin noch bis zum Oktober 1459 den *»Durandus«* druckten, das *»Rationale divinorum officiorum«* des Kanonikers Wilhelm von Duranti des Älteren, der im dreizehnten Jahrhundert diese wichtigste Darstellung der mittelalterlichen Liturgie verfaßt hatte, da sie für diesen *»Durandus«* extra eine neue, entsprechend kleine Gotico-Antiqua-Schrift geschnitten hatten und daher wohl nicht noch eine zweite dieser kleinen Brotschriften entworfen hätten, da sich diese beiden künstlerisch so hervorragenden Druckermeister auf die Herausgabe einer weiteren aufwendig gestalteten (achtundvierzigzeiligen) Bibel vorbereiteten und da sie sich im Kolophon des »Catholicon«, in dessen Druckernachweis, nicht namentlich genannt und auch noch nicht einmal ihr bis dahin übliches Verlagssignet angeführt haben, sprechen kurzum all diese Indizien gegen Fust und Schöffer als Druckherren dieses Siebenhundertfünfzigseiten-Werks. Als Drucker des »Catholicon« verbliebe demnach – »wie es heute der *communis opinio* entspricht«[3] – nur der Buchdruck-Erfinder selbst.

Der Text des Kolophons zählt im übrigen zu einem der bekanntesten Zitate in der Gutenberg-Literatur, und so soll seine Wiedergabe auch hier nicht fehlen. In einer »gotisch« verschnörkelten Ausdrucksweise, die in der folgenden Übersetzung aus dem Lateinischen getreu ins Deutsche übernommen worden ist, heißt es darin: »Unter dem Schutz des Allerhöchsten, durch dessen Willen die Zungen der Unmündigen beredt werden und der oft den Kleinen enthüllt, was er den Weisen verbirgt, ist dieses hervorragende Buch ›Catholicon‹ im Jahre 1460 der Fleischwerdung des Herrn in der ehrwürdigen Stadt Mainz der ruhmreichen deutschen Nation, die Gottes Milde durch eine so erhabene Erleuchtung des Geistes und durch sein Gnadengeschenk den übrigen Nationen der Erde vorzuziehen und zu verherrlichen geruht hat, nicht mit Hilfe des Schreibrohrs, des Griffels oder der Feder, sondern durch das wunderbare Übereinstimmen, die Maßgerechtigkeit und Formeneinheit der Patronen [Patrizen] und Formen [Drucktypen] gedruckt und vollendet worden. Deshalb werde Dir, heiliger Vater, mit dem Sohne und dem Heiligen Geiste, dem dreifaltigen und einen Gott, Lob und Ehre erwiesen. Den Ruhm der Kirche, Catholicon, verherrliche durch dieses Buch. Werde niemals müde, die hochselige Maria zu preisen. Gott sei gedankt.«[4]

Es ist spannend genug, sich die Gedankengänge so mancher der »Gutenberg-Jünger« vor Augen zu führen, die in ihrer Bewunderung für den Buchdruck-Erfinder gar nicht anders konnten, als zu argumentieren, wie etwa Gottfried Zedler es tat: »Das Genie schafft, nicht weil es von sich zeugen will, sondern weil es sich schöpferisch betätigen muß. Wie ist es denkbar, daß ein Anderer als der Erfinder in dieser Schlußschrift zu uns spricht?«[5] Auch wenn die Schlußworte des »Catholicon« von einer intensiven Bibelkenntnis sprechen, wie sie nur ein gelehrter Gottesmann besessen haben dürfte (in Matthäus 10, 25 heißt es etwa: »Ich preise dich, Vater und Herr des Himmels und der Erde, daß du solches den Weisen und Klugen verborgen hast und hast es den Unmündigen offenbart.«), so liege es auch nach der abwägenden Meinung eines Ferdinand Geldner »durchaus im Bereich des Möglichen, daß Gutenberg so viele Latein- und Bibelkenntnisse besaß, um diese fromm-demütigen, aber auch von einem starken Sendungsbewußtsein erfüllten Verse formulieren zu können«[6].

Diese vorbestimmte Meinung über den auch literarisch versierten Gutenberg führte einige Forscher gar dahin, die Schlußschrift auf die zweiundvierzigzeilige Bibel bezogen zu sehen, wo sie jedoch aus diesen oder jenen Gründen nicht aufgenommen worden sei. Zu einer solchen Fixation auf etwas, was im eigenen Kopf, nicht jedoch in der Wirklichkeit besteht – was sich dort wenigstens nicht nachweisen läßt –, hat sich der zum »Catholicon-Spezialisten« avancierte Paul Needham folgendermaßen geäußert: »Dieses Argumentationsprinzip hat etwas mit der unauslöschlichen Auffassung gemein, daß solch edle Werke wie die unter dem Namen Shakespeares in Wahrheit zu einer solch edlen Persönlichkeit wie Francis Bacon gehören müssen.«[7] Wenn nun die Einschätzung des Johannes Gutenberg als einer gegenwarts- und ichbezogenen Persönlichkeit zutiefst den gottesgründelnden Worten des »Catholicon«-Kolophons widerspricht, so hat auch ein modern-soziologisch begründender Wissenschaftler noch schreiben können, Gutenberg selbst habe »im Druckvermerk zum ›Catholicon‹ von 1460 erstmals versucht, die Druckkunst als Autor werkgeschichtlich zu erfassen. Dementsprechend hatte der Druckvermerk einen kunst- oder gewerbsmäßigen und einen biographischen Bezug. In ihm wurde frühzeitig »[...] ein erstes literarisches Zeugnis für Selbstbewußtsein und Selbstverständnis des kunsthandwerkenden Unternehmers abgelegt«[8]. Ausgerechnet für das Kolophon des »Catholicon« trifft nun diese Feststellung überhaupt nicht zu, im Gegenteil, kündet doch dessen Schlußschrift von einer noch ganz »mittelalterlichen«, religiös bestimmten Lebenseinstellung, wonach der Mensch nur im Dienste Gottes wirkte, er sich über diesen »Gottesdienst« in seiner Arbeit – seiner »Kunst« – definierte und dieser Mensch entsprechend hinter seinem eigenen Werk zurücktrat, er daher seinen Namen als nicht erwähnenswert erachtete.

Als Verfasser des Kolophons hat man sich mithin eine geistlich ausgebildete Persönlichkeit vorzustellen, wie es etwa *»der ersame her Henrich Guntherij, etwan pfarrer zu sant Cristoforus czu Mencz«*[9] gewesen sein könnte, der im Helmaspergerschen Notariatsinstrument als Zeuge Gutenbergs erwähnt wird. Tatsächlich muß als »erstes literarisches Zeugnis für Selbstbewußtsein und Selbstverständnis des kunsthandwerkenden Unternehmers« die Schlußschrift jenes »Mainzer Psalters« von Fust und Schöffer angeführt werden, des zweiten großen Druckwerks der (europäischen)

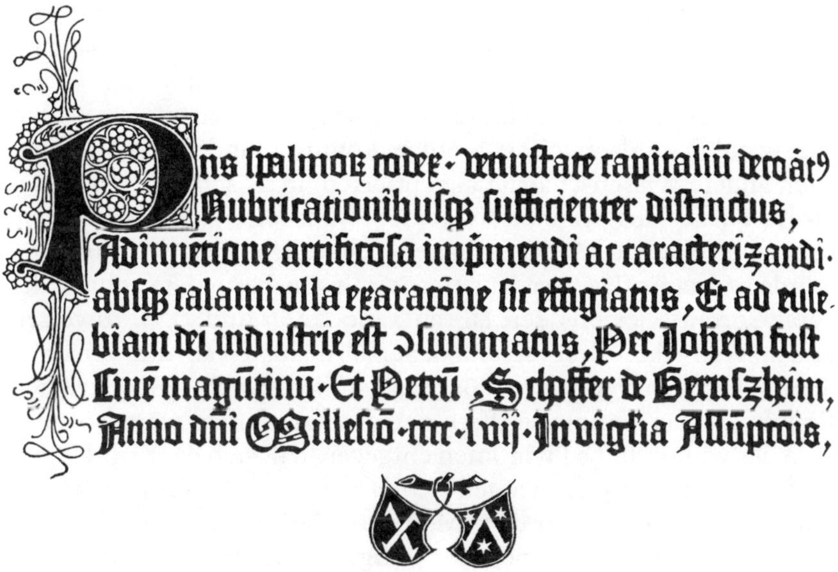
Presens spalmorum codex venustate capitalium decoratus
Rubricationibusque sufficienter distinctus,
Adinventione artificiosa imprimendi ac caracterizandi
absque calami ulla exaracione sic effigiatus, Et ad euse-
biam dei industrie est consummatus, Per Johannem fust
Civem maguntinum Et Petrum Schöffer de Gernszheim,
Anno domini Millesimo cccc lvii In vigilia Assumpcionis,

Nur in dem Wiener Exemplar des »Mainzer Psalters« findet sich unter dem Kolophon zum ersten Mal das berühmte Druckerzeichen von Fust und Schöffer.

Geschichte. Dort heißt es in ganz diesseits ausgerichteten Worten, mit deutlicher Nennung der stolzen Druckherren: »Vorliegendes Psalmenbuch, mit ehrwürdigen Großbuchstaben geschmückt und auch mit Rubricierungen in angemessener Weise ausgezeichnet, wurde durch die kunstvolle Erfindung des Druckens und Buchstabenformens ohne jede Anwendung eines Schreibrohrs so gestaltet und zum Preise Gottes mit aller Sorgfalt fertiggestellt durch Johannes Fust, Bürger aus Mainz, und Peter Schöffer aus Gernsheim, im Jahre des Herrn 1457, am Vortag von Mariä Himmelfahrt [14. August].«[10]

In jedem Fall hat sich das zuvor recht problemlos einzuschätzende »Catholicon« für die letzte Generation der Wiegendruck-Forscher zu *dem* Problem um das Wirken Gutenbergs entwickelt. Seit dem Beginn der siebziger Jahre verkündete der Papierforscher Theo Gerardy eindringlich[11], daß der Druck des »Catholicon« erst nach dem Tode Gutenbergs anzusetzen sei, da die Wasserzeichenforschung das Papier vieler Exemplare erst weit nach »1460« nachweisen könne. Trotz der in Falten gelegten Stirn und des abweisenden Blicks vieler Forscherkollegen beharrte Gerardy auf seiner These, die mit weiterem Beweismaterial sowohl gestützt wie aber auch abgewandelt und erweitert werden konnte[12] und die schließlich auch andere Wissenschaftler akzeptierten. Inzwischen hat sich Gerardys These – abgewandelt – vollauf bewahrheitet, und als Tatsache läßt sich folgende Merkwürdigkeit feststellen: Das »Catholicon« wurde in drei Auflagen gedruckt, die sich – insbesondere anhand der Papiersorten – jeweils den Jahren 1460, 1469 und 1472 zuweisen lassen. Wenn diese drei verschiedenen Druckdaten auf drei verschiedene Ausgaben verweisen könnten, wobei jeweils mit derselben Drucktype das komplette Werk neu gesetzt worden wäre, so steht dem das wunderliche Phänomen entgegen, daß sich der Satz der drei Auflagen, von einigen wenigen Zeilen abgesehen, völlig gleicht. (Im übrigen bestehen neben dem Mainzer »Catholicon« zwei »Probedrucke« in derselben Type, zwei religiöse Traktate von Matthäus von Krakau und Thomas von Aquin, für die ebenfalls diese Merkwürdigkeit eines anscheinend um Jahre verschobenen, identischen Neudrucks gilt.)

Um dieses Phänomen zu deuten, sind seitdem verschiedene Erklärungsmodelle konstruiert worden, von denen heute nur noch zwei mit Entschiedenheit verteidigt werden. Es ist dies einmal der Standpunkt, daß alle drei verschiedenen »Catholicon«-Ausgaben gleichzeitig die Presse verließen, wie dies engagiert vor allem die Druckforscherin Lotte Hellinga vertritt[13], die sich die Satzgleichheit der verschiedenen »Catholicon«-Ausgaben in folgender Weise erklärt: Danach sei das Mainzer »Catholicon« gleichzeitig in demselben Jahr, nämlich 1469, auf drei verschiedenen Pressen gedruckt worden, welche man jeweils mit drei verschiedenen Papiersorten bestückt habe; der Satz für jeden einzelnen Druckbogen sei in *jede* der drei Pressen eingespannt worden, so daß die fertig ausgedruckten Bücher jeweils nur eine einzige Papiersorte aufweisen. Als Begründung für ein solch merkwürdiges Vorgehen stellt Hellinga die Hypothese einer Dreiergemeinschaft von Investoren auf, die sowohl die Papiervorräte als auch die Pressen einzeln für sich besessen und die auch die Drucker jeweils einzeln bezahlt hätten. Nun ergeben sich durch Lotte Hellingas Hypothese einige Ungereimtheiten, warum etwa das Papier der ersten Ausgabe über Jahre hinweg gelagert worden war, inwiefern sich die beiden angenommenen Druckdaten 1469 und 1472 wirklich »harmonisieren« lassen oder wie im sogenannten »Gotha-Exemplar« des »Catholicon« das Kaufdatum vom 9. Juni 1465 erklärt werden muß.

Auf solche Ungereimtheiten kann hier nur beispielhaft anhand einer der wichtigsten Fragen eingegangen werden, wie sich nämlich die Datumsangabe des Kolophons erklären lasse, die sich scheinbar eindeutig auf das Jahr 1460 bezieht. Nachdem erst einmal festgestellt war, daß sich alle Ausgaben des Mainzer »Catholicon« nur schwerlich auf das angegebene Druckjahr beziehen konnten, so mußte eben dieses Druckjahr »1460« obendrein verwirren. Tatsächlich ist im Text von *»annis Mcccclx«* die Rede, steht das Substantiv »Jahr« also im Plural. Von der These abgesehen, daß es sich bei der Jahreszahl sowieso um einen Fehldruck handeln könnte und es möglicherweise »1470« heißen müßte, deutet Hellinga die Datumsangabe als bestimmte grammatikalische Phrase, die »in den Jahren nach 1460« bedeute. Der erwähnte Paul Needham hat daraufhin eine ganze Auflistung von mittellateinischen Zitaten angeführt, die zeigen, daß die Pluralform durchaus gebraucht wurde, um nicht einen Ablauf von Jahren, sondern um *ein* bestimmtes Jahr auszuweisen, wie er dies, hörbar schwer durchatmend, in den Sätzen zusammengefaßt hat: »Kurz, es zeigen sich im Singular wie im Plural eindeutig Parallelkonstruktionen: *annis – sub annis – in annis und anno – sub anno – in anno.* Es zeigt sich, daß beide Formen, im Singular wie im Plural, sehr oft mit einem eindeutigen Hinweis auf den Tag der Fertigstellung verbunden sind. Es zeigen sich Beispiele, wo derselbe Schreiber oder Drucker, unterschiedslos, in kurzer Zeit sowohl den Singular als auch den Plural von *annus* verwendet hat.«[14]

Der umfangreichen Erläuterung Needhams zu der haarspalterisch anmutenden und doch entscheidenden Frage nach der Interpretation des Druckdatums des »Catholicon« liegt natürlich ein besonderes Interesse zugrunde. So ist es nun eben dieser US-Forscher Paul Needham, der seit dem Jahre 1982, lange vor Hellingas Ausformung ihrer Theorie, vehement den Standpunkt vertritt[15], daß die weiteren Auflagen des »Catholicon« von sogenannten Klischees oder Stereotypen (das griechische *stereós* heißt »fest«) gedruckt worden seien, von festen, starren, vom Originalsatz abgegossenen Druckformen. Diese Behauptung mußte seinerzeit die Fachwelt erst recht in erregten Gemütszustand versetzen, da doch die Stereotypie – nachdem in der Folgezeit immer wieder damit experimentiert worden war – erst weitere zweieinhalb Jahrhunderte nach Gutenberg »offiziell« erfunden wurde, im Jahre 1725, als der Schotte William Ged ein Verfahren entwickelte, »vom Typensatz eine Gipsform abzunehmen und diese mit Metall auszugießen«[16]. Jedoch hat Needham seine Hypothese weiter stützen können, die von den Druckforschern zunehmend akzeptiert worden ist. Überzeugend hat er seine Version dargestellt, daß die beiden weiteren Ausgaben des »Catholicon« nicht mit mobilen Lettern gedruckt worden seien, sondern mit doppelzeiligen Druckformen, welche man von dem gewöhnlichen Drucksatz abgegossen habe. Über Jahre hinweg seien diese Druckformen gelagert worden, ehe man von ihnen nach etwa neun und zwölf Jahren erneut gedruckt habe. Diese

Hypothese bedeutet, daß alle Verschiebungen im Satz, wie man sie in jedem Druckwerk nachweisen kann, nie anhand einzelner Buchstaben nachgewiesen werden dürften, sondern daß sich alle nachweisbaren Verschiebungen stets nur auf jeweils zwei Zeilen des »Catholicon« beziehen müßten; auch jede typographische Änderung im Drucksatz dürfe sich nie nur an einem einzelnen Buchstaben zeigen lassen, sondern stets müßten zwei Zeilen davon betroffen sein. In der Tat hat Needham Hunderte von Hinweisen erbracht, die alle darauf hindeuten, daß bei *irgendeiner* Art von Verschiebung im Drucksatz stets eine Doppelzeile betroffen ist.

Wollte man nun dem alten Geniekult um Gutenberg anhängen, so ließe sich mit den Erkenntnissen eines Paul Needham dessen Denkmal noch weiter erhöhen, wäre er doch seiner Zeit gar um Jahrhunderte voraus gewesen. Führt man sich aber wiederum vor Augen, daß der Mainzer Buchdruck-Erfinder als typisches Kind seiner Zeit gesehen werden muß, der schlichtweg nach technischen Möglichkeiten suchte, die individuell-mechanische Arbeitsweise zu »industrialisieren«, so mußten sich seine erfinderischen Gedanken schon seit der »Fabrikation« der zweiundvierzigzeiligen Bibel um die Frage gedreht haben, wie sich bei einem Neudruck Kapital und Arbeitskräfte einsparen ließen. Wie sehr mußte es bei den vorangegangenen Bibeldrucken den geschäftstüchtigen Gutenberg verdrossen haben, wenn nach der Entscheidung, die Druckauflage zu erhöhen, alle bis dahin gesetzten und wieder »abgelegten« Drucksätze erneut komponiert werden mußten!

Gutenberg war Erfinder ebenso wie geschäftsmäßiger Vertreter des Mobilletterndrucks; »Künstler« ebenso wie »Arbeiter« war er wohl erst in zweiter Linie. So wird er wie in dem abseitigen Sankt Arbogast, wo er über Zeit und Muße verfügt hatte, auch in Mainz beständig seine Erfindungen vorangetrieben haben, Erfindungen, die dann unter den Händen seiner Gesellen in die Praxis umgesetzt wurden. Angesichts eines solchermaßen schaffend-schöpferischen Gutenberg müßte seine mögliche Erfindung der »Stereotypie« unter einem ganz materialistischen Blickwinkel betrachtet werden, wonach ihn sein erfinderisch-geschäftsmäßiger Geist nicht nur in *eine* Richtung getrieben haben mußte. Wenn außerdem die Entwicklung dieses Verfahrens schon zu den Zeiten des Wiegendrucks in der Luft lag – Techniken zum Abguß und Erhalt von Originalformen waren durchaus bekannt[17] –, so kam es entscheidend darauf an, ob sich dieses Verfahren als *zeitgemäß* erweisen würde. Ohne daß man neue Geheimnisse um den »Verlust« dieser Erfindung zu konstruieren bräuchte, könnte man davon ausgehen, daß die Stereotypie dem Buchdruck im ausgehenden Mittelalter und in der beginnenden Neuzeit noch nicht entsprochen haben kann, da sich die langjährige Lagerung des kompletten Drucksatzes für ein umfangreiches Buch noch als relativ zu kostspielig und risikoreich erweisen mußte. Im übrigen sprächen die ökonomischen Voraussetzungen des ausgehenden fünfzehnten Jahrhunderts eher *gegen* den »Stereotypisten« Johannes Gutenberg – dafür spräche jedoch seine eigene Persönlichkeit, ließ doch der Mainzer Patrizier sicher nichts unversucht, seine Erfindung weiter zu rationalisieren.

Von diesen Erwägungen abgesehen, hat als Vertreterin der *altera pars* Lotte Hellinga – Trägerin des Gutenberg-Preises 1989 – in jüngster Zeit weitere gewichtige, empirisch untermauerte Argumente vorgelegt. Auch diese engagierte Druckforscherin hat das Phänomen der doppelzeiligen Verschiebungen erkennen müssen und in ihren Erklärungsrahmen eingespannt. Ganz in Übereinstimmung mit ihrer Theorie von einem durch drei verschiedene Pressen wandernden Satz bietet sie jedoch für dieses Denkmodell die passende Erklärung an, daß je zwei Zeilen des Drucksatzes von dünnem Draht zusammengehalten worden seien. Auf diese Weise habe man sichergestellt, daß der Drucksatz, der dreimal in eine Presse habe eingespannt werden müssen, nicht auseinanderfallen konnte. Wenn sich nach Paul Needhams Beweisführung alle nachweisbaren Verschiebungen stets nur auf jeweils zwei Zeilen des »Catholicon« beziehen dürften, so kann Hellinga auf einen gegenteiligen Fall verweisen[18]. In einem »Catholicon«-Exemplar der Trierer Stadtbibliothek findet sich auf dem Blatt »[N] 1 Verso« das Beispiel eines an seinem Ende zusammengefallenen Satzes, wo eine Druckzeile für sich allein steht. Darüber hinaus führt Hellinga Beispiele herausgefallener Druckbuchstaben an, was ebenfalls nach Needhams Theorie nicht vorkommen dürfte.

In diesem bibliographischen Kräftemessen scheint Lotte Hellinga inzwischen sogar die Oberhand gewonnen zu haben, da sie jüngst auch eine überzeugende Antwort zur Frage der »Catholicon«-Datierung vorlegen konnte[19]. Dazu hat sie zwei verschiedene Ausgaben des erwähnten Thomas-von-Aquin-Traktats *(»Summa de articulis fidei«)* herangezogen, das Mainzer Exemplar, das als »Probedruck« für das »Catholicon« angesehen werden muß, und das wohl aus der Bechtermünze-Druckerei stammende Eltviller Exemplar. Da diese beiden Ausgaben – wie dies die Druckforscher allgemein bestätigen – dem Druck des »Catholicon« unmittelbar vorausgingen, überprüfte Hellinga deren Erscheinen und konnte über eine Art Syllogismus folgern: Weil die Eltviller Thomas-von-Aquin-Ausgabe etwa im Juni 1469 aus der Presse kam und weil die Mainzer nach der Eltviller Ausgabe, aber vor dem »Catholicon« gedruckt wurde, muß das Druckdatum des »Catholicon« lauten: »nicht vor dem Jahr 1469«.

Damit hinge die Frage nach dem Drucker des »Catholicon« wieder völlig in der Luft, starb doch Gutenberg bereits im Februar 1468. Noch aber wird zu prüfen sein, ob sich Hellingas Argumente in der Wiegendruck-Forschung durchgängig als stichhaltig erweisen. Jedenfalls scheinen wieder einmal zwei Wissenschaftler in der Beantwortung einer wissenschaftlichen Frage ihre Bestimmung gefunden zu haben – mit all den Konsequenzen des verzweifelten Forschen-Müssens –, und so kann man nur gespannt sein, wie Lotte Hellinga und Paul Needham im Falle des »Catholicon« ihre Hypothesenbauten weiter stützen oder deren Fundamente gegenseitig untergraben werden.

Das Bild des erfinderischen Johannes Gutenberg spiegelt sich auch in einem Druck wider, durch den einer seiner weiteren Versuche, das Schreiberhandwerk zu »industrialisieren«, in die Tat umgesetzt wurde, im »Mainzer Psalter« oder, gelehrt ausgedrückt, im *»Psalterium moguntinum«*. Schon beim Druck der zweiundvierzigzeiligen Bibel hatte man ja versucht, den Rubrikator zu ersetzen, und hatte auf den ersten Seiten die Überschriften und Kapitelzählungen rot eingedruckt. Dieses Verfahren war wohl auch deswegen bald wieder aufgegeben worden, weil der Rotdruck erst nach dem eigentlichen

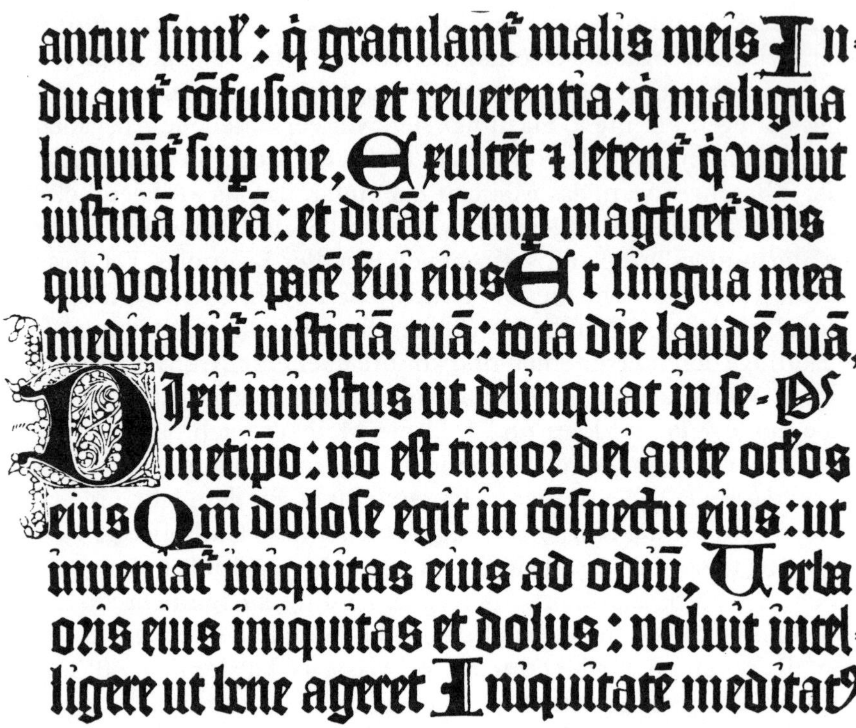

antur simul: q gratulant malis meis I n-
duant cõfusione et reuerentia: q maligna
loquūt sup me. Exultēt et letent q volūt
iusticiā meā: et dicāt semp magficet dns
qui volunt pacē sui eius Et lingua mea
meditabit iusticiā tuā: tota die laudē tuā.
Dixit iniustus ut delinquat in se- Ps
metipo: nō est timor dei ante oclos
eius Qm dolose egit in cōspectu eius: ut
inueniat iniquitas eius ad odiū. Verba
oris eius iniquitas et dolus: noluit intel-
ligere ut bene ageret Iniquitatē meditat9

Die Arbeit am »Mainzer Psalter« wurde so genau kontrolliert (hier ein Ausschnitt), daß der Satz noch während des Drucks ständig verbessert wurde und somit von beiden Ausgaben alle erhaltenen fünf Exemplare untereinander verschieden sind.

Druck der Bögen, also in diesem Sinne erst nach dem »Schwarzdruck«, erfolgte und sich daher sowohl der Arbeitsaufwand wie etwa für das exakte Einpassen der Rubriken als auch der Zeitaufwand, etwa für das Trocknenlassen der Druckfarbe, relativ nicht lohnte. Daß man gleichwohl dieses Prinzip in die Tat umzusetzen suchte, zeigt sich dann im Nachfolgedruck der »Gutenberg-Bibel«, in jenem »Mainzer Psalter«, wie er mit seiner stolzen Schlußschrift am 14. August 1457 von Fust und Schöffer veröffentlicht wurde.

Dieser Psalter – im wesentlichen eine gängige Sammlung der alttestamentlichen Psalmen – wurde gar in drei verschiedenen Farben gedruckt, eine unerhörte Leistung, die über lange Zeit nicht wieder nachgeahmt werden sollte. Nicht nur hat man selbst die Majuskeln im Text rot eingedruckt, sondern auch die Initialen sind drucktechnisch wiedergegeben, und sogar der obligate Buchschmuck ist im Druck gestaltet. Somit stellt der »Mainzer Psalter« die konsequente Weiterführung des »Gutenbergschen« Gedankens dar, die Handschriften der Zeit möglichst getreu zu imitieren. Dazu schnitt man (oder schlug man vielleicht mit einem Prägestempel) die Druckformen in einzelne Metallblöcke, die dann, in den Satz eingepaßt, vor dem Drucken herausgezogen und, je nachdem, entweder blau oder rot eingefärbt wurden. Es liegt auf der Hand, welch penible Genauigkeit des Arbeitens bei einem solchen Dreifarbendruck verlangt war, wenn die Druckformen mit ihren oft filigranen Linienzügen geschaffen wurden, der Satz präzise komponiert werden mußte und beim Einfärben und Drucken schließlich keine der Farben flau decken oder verwischen durfte. Wohl aus diesem Grund des beträchtlichen Arbeitsaufwands blieb – von dem nur vierundzwanzigseitigen *»Canon missae«* abgesehen – der Dreifarbendruck des »Mainzer Psalters« für die Inkunabelzeit einzigartig. So zeigt sich auch an diesem Beispiel, welche Möglichkeiten der Buchdruck schon zu Beginn in sich barg und wie zunächst austariert werden mußte, welches Herstellungsverfahren dem neuen Handwerk am besten entspreche. Auf jeden Fall war es nicht Gutenberg selbst, der in seinem weiteren Leben das Gelände des Mobilletterndrucks in seinen ästhetischen oder, wie man will, imitatorischen Grenzen sondierte, sondern seine zu Unrecht bis heute meist diskreditierten »Schüler« Johannes Fust und Peter Schöffer.

Aber auch von der Einzigartigkeit des Dreifarbendrucks abgesehen, führte der ausschließlich auf Pergament gedruckte »Mainzer Psalter« die Buchdruckerkunst nach der zweiundvierzigzeiligen Bibel auf einen neuen Höhepunkt. So waren, um den Grundtext und den Text für die Mensuralnoten deutlich voneinander zu trennen, zwei neue Schriften geschnitten worden, die sogenannte kleine und große Psaltertype, die jeweils wieder eigene Großbuchstaben verlangten. Rechnet man die ebenfalls neu geschaffenen Initialen zu den Druckbuchstaben hinzu, so hatte der Setzer insgesamt fünf verschiedene Schriften zu handhaben, die sich alle durch Schönheit, Klarheit und Kultiviertheit auszeichnen. Mithin besticht der »Mainzer Psalter« durch eine überragende technische wie künstlerische Perfektion, wie dies schon vor mehr als zweihundert Jahren ein Georg Wilhelm Zapf hymnisch beschreibt: »Das Werk selbst aber ist der Phönix unter allen Büchern, die jemals gedruckt worden, die alleräußerste Seltenheit und das unvergleichlichste Meisterstück der kaum erfundenen Buchdruckerkunst, das nicht mit Gold aufzuwägen ist [...] Man sollte glauben, wenn man dieses Meisterstück recht genau betrachtet, das menschliche Genie [...] habe sich dabei erschöpft. Und doch war es damals nur ein Versuch, aber ein Versuch, der alles übertrifft und beinahe menschliche Kräfte übersteigt.«[20]

Angesichts der technischen und künstlerischen Meisterschaft des »Mainzer Psalters« haben die »Gutenbergianer« bis heute dieses Druckwerk ursächlich mit ihrem Lieblingskind in Verbindung bringen wollen, so daß es etwa bei einem der Nestoren der Gutenberg-Forschung, Ferdinand Geldner, heißt: »Am 14. August 1457 wurde das in drei Farben gedruckte Psalterium Moguntinum, bei dem jede Rubrizierung und Illuminierung überflüssig war, vollendet. Sein Impressum, das älteste des europäischen Buchdrucks, verkündet stolz die Namen seiner Hersteller: Fust und Schöffer. Trotzdem ist man heute der Anschauung, daß der großartige und kostspielige Typenapparat auf die Initiative Gutenbergs zurückgeht und großenteils noch geschaffen wurde, als er die Gesellschaftsdruckerei leitete.«[21]

En passant sei in diesem Zusammenhang auf eine gleichsam festgeschriebene Meinung der Druckforscher verwiesen, wonach der »Mainzer Psalter« (der in der Fust-Schöfferschen Druckerwerkstatt im übrigen in einer veränderten Edition im Jahre 1459 erneut erschien) zwar stereotyp als »wunderbar schön«[22], als »eines der schönsten Bücher der Welt«[23] gepriesen wird, man aber meist im selben Atemzug hinzufügt, er könne »in seiner künstlerischen Leistung der Gutenbergbibel zur Seite gestellt werden«[24] oder er behaupte »seinen Platz unmittelbar neben der 42zeiligen Bibel Gutenbergs«[25]. Diese Klassifizierung läßt den Gedanken aufkommen, bei der Unsicherheit, Gutenberg mit dem »Mainzer Psalter« in Verbindung bringen zu können, wolle man gleichsam als Axiom jenes *eine* Werk als unerreicht ausweisen, das mit Sicherheit untrennbar mit dem ersten Mainzer Druckermeister verbunden bleibt, die »Gutenberg-Bibel«. Dabei ließe sich im Gegenteil, wenn man dies wollte, vom »künstlerischen« Standpunkt dafür plädieren, den Lorbeerkranz für das »schönste aller jemals gedruckten Bücher« für den »Mainzer Psalter« zu winden.

Die Begründung, Gutenberg mit diesem Druckwerk in Verbindung zu bringen, fußt insbesondere auf dem Helmaspergerschen Notariatsinstrument, wie sich dies exemplarisch bei Aloys Ruppel liest: »Der endgültige Bruch zwischen Gutenberg und Fust geschah durch den am 6. November 1455 geleisteten Eid des Fust. Erst von diesem Zeitpunkt an konnte Fust als aus der Teilhaberschaft mit Gutenberg gelöst gelten und als Besitzer der Druckerei erscheinen, die am 14. August 1457 den Psalter herausbrachte. Die Druckerei des Fust, deren technische Leitung Peter Schöffer anvertraut war, kann gar nichts anderes gewesen sein als die Fortsetzung der Werkstatt, die vorher von Gutenberg und Fust gemeinsam betrieben wurde. Denn in der kurzen Zeit von etwa 20 Monaten konnte die gewaltige Arbeit an der Psalterausgabe von dem ersten Entwurf der Typen bis zum Ausdrucken des letzten Bogens unmöglich bewältigt werden. Somit muß an dem Psalter schon vor dem Bruch zwischen Gutenberg und Fust gearbeitet worden sein. Insbesondere muß die langwierige Herstellung des kostbaren Typenapparates des Psalters in die Zeit fallen, als Fust noch mit Gutenberg verbunden war.«[26]

Außerdem ist zur Stützung dieser Beweisführung, »daß man den Psalter, zu einem Teil wenigstens, noch als ein Werk von Gutenberg bezeichnen kann«[27], wie dies noch jüngst Albert Kapr formuliert hat, auch stets das Argument vorgebracht worden, abgewandelt in der einen oder anderen Weise, daß *wegen* der technischen Perfektion des »Mainzer Psalters« Johannes Gutenberg *notwendigerweise* für den Druck verantwortlich gewesen sein müsse. Betrachtet man allerdings mit dem nötigen Abstand die Persönlichkeit des Buchdruck-Erfinders und dazu die Erkenntnisse aus dem Helmaspergerschen Notariatsinstrument, so erscheint selbst jede Art von »Mitarbeit« Gutenbergs an dem prächtigen Psalmenverzeichnis nicht recht vorstellbar. Zunächst muß man sich die »Humbrecht-Hof-Druckerei« als ein – im modernen Sinne – »Enterprise-Unternehmen« denken, wo zunächst alle Aufmerksamkeit dem Ausdruck der zweiundvierzigzeiligen Bibel galt, die ihre Verkäuflichkeit ja erst zu beweisen hatte. In einem solchen Handwerksbetrieb, betriebsam zwar und maximal ausgelastet, aber finanziell noch längst nicht standhaft, wäre man die Planung eines neuen umfangreichen Druckwerks sicher erst angegangen, nachdem sich der Erfolg des ersten Projekts abgezeichnet hätte. Als es dann in der Tat zu diesem Erfolg kam, dem Verkaufserfolg der mechanisch produzierten Bibel nämlich, war es zwischen den beiden Hauptgesellschaftern Fust und Gutenberg jedoch längst zum Streit gekommen, einem Streit, der wohl nur wenig fruchtbaren Boden für das Entstehen eines neuen gemeinsamen Werks geboten haben dürfte. (Zumal auch der Gesellschaftsvertrag nur auf das *eine* Projekt des Bibeldrucks abzielte.) Darüber hinaus muß ja stark bezweifelt werden, ob Gutenberg für den Entwurf der Druckschriften verantwortlich war und ob er überhaupt das nach ihm benannte Schriftsystem schuf.

Vor diesem Hintergrund entbehrt zumal die zeitliche Berechnung jeder Grundlage. Wenn die zweiundvierzigzeilige Bibel auf jeden Fall bis zum Herbst 1454 ausgedruckt war, so verblieben nahezu drei Jahre, um den »Mainzer Psalter« fertigzustellen, drei Jahre, die sehr wohl hingereicht haben dürften, um von ausgebildeten, seit einer Vielzahl von Monaten beschäftigten Buchdruckern und Stempelschneidern, die bis dahin ihr Handwerk zweifellos beherrschten, den Satz und Druck eines zwar technisch anspruchsvollen, dafür aber bei weitem nicht so seitenstarken Buches wie der »Gutenberg-Bibel« verlangen zu können. (Der »Mainzer Psalter« enthält etwa dreiviertel weniger Seiten.) Immerhin hatte auch der Bibeldruck nicht mehr als höchstens zwei Jahre in Anspruch genommen. Somit bleibt die Feststellung, daß man weit besser dem Kolophon des »Mainzer Psalters« Glauben schenkt, das tatsächlich nur Johannes Fust und Peter Schöffer als Herausgeber ausweist. Folgerichtig muß darauf hingewiesen werden, welches Bild in der geschichtlichen Überlieferung von Fust und Schöffer gezeichnet wurde, welches verzerrende Bild allein deswegen von diesen beiden Druckherren gezeichnet wurde, weil sie in jener zitierten Schlußschrift des Psalters nur sich selbst anführen, nicht aber den Johannes Gutenberg, dem man die Ehre habe abschneiden wollen. So stereotyp besteht dieses Bild, daß etwa ein Albert Kapr ja heute noch Peter Schöffer »charakterliche Mängel«[28] vorwerfen kann.

An der geringschätzigen Würdigung von Fust und Schöffer trägt allerdings die historische Überlieferung ihre Schuld, da bis ins achtzehnte Jahrhundert hinein der Glaube vorherrschte, Schöffer und hauptsächlich Fust seien als die Erfinder des Mobilletterndrucks anzusehen. Daher folgte nach der »Ehren-Rettung Johann Guttenbergs« durch den geschichtsforschenden Bibliothekar Johann David Köhler im Jahre 1740 die Strafe – ganz im psychologischen Sinne – auf dem Fuße. Seither sind Schöffer wie insbesondere Fust der Verachtung anheimgefallen. Tatsächlich läßt sich diese »Ehrabschneidung« Gutenbergs in ihrem Ursprung auf Peter Schöffers Sohn Johannes zurückführen[29], der im Jahre 1509 in einem Druckwerk erstmals verbreitete, Johannes Fust habe als der Erfinder der Buchdruckerkunst zu gelten. Auf diese Weise war der böse Keim gelegt von Fust als Erfinder der Buchdruckerkunst und seinem wichtigsten Gehilfen Johannes Schöffer, ein Keim, der dann gar die Frucht trieb, so kurioser- wie bezeichnenderweise »Fust« mit der Sage des »Faust« zu verknüpfen. Wenn somit die Buchdruck-Erfindung mit dem Teufel in Verbindung gebracht war, so sei angemerkt, daß die mechanische Vervielfältigung von Büchern in der Tat so Zauber-haft erscheinen mußte, daß man deswegen den ersten russischen Buchdrucker, Iwan Fedorow, als Ketzer verfolgte und seine Offizin verbrannte. Peter Schöffer selbst stellte sich zwar in gewisser Weise besonders heraus, als er im Jahre 1468 (nach dem Tode sowohl Fusts wie Gutenbergs!) in einem seiner Drucke verzeichnete, er selbst habe zwar später mit der Buchdruckerkunst begonnen, dann aber deren Erfinder darin übertroffen; jedoch nannte er als Erfinder die »beiden Johannese«[30] und erwähnte also – trotz seiner gottergebenen diesseitigen Gespreiztheit, wie sie für das Selbstbild des gelehrten Menschen im beginnenden Humanismus typisch wurde – Gutenberg als Erfinder. Wenn er dabei nicht wirklich »objektiv« urteilte und Gutenberg nicht kategorisch den Erfinder-Ruhm zusprach, so kann ein solches Verhalten in keiner Weise mit den Moralmaßstäben der heutigen Gesellschaftsordnung gemessen werden, die auf das Individuelle des Menschen abzielt, Benutzerrechte und Patentrechte kennt und selbst etwas derart Obskures wie das »geistige Eigentum« schützt. Zu einer Zeit hingegen, zu der noch die meisten Menschen ihr Dasein nicht als selbstbestimmt, sondern als gottergeben, nicht als »Ich«-, sondern als »Wir«-bezogen ansahen, wurde die geschichtliche Überlieferung durch den bestimmt, der sie »machte« und propagierte. Erst als der sich weiter entwickelnde Humanismus das diesseitige Leben betonte, konnten die auf das Individuum bezogenen Begriffe wie »Entdeckung« oder »Erfindung« überhaupt einen Sinn erhalten. In diesem Zeitalter, das noch auf dem breiten Feld einer geschichtlichen Ahnungslosigkeit wurzelte, setzte sich dann allerdings derjenige durch, der dieses Feld militärisch, ökonomisch oder eben literarisch eroberte und zu halten verstand, ein machiavellistischer, gleichwohl ganz legitimer Vorgang seiner Zeit. (Siehe die »Geschichtsfälschung« Peter Schöffers oder siehe etwa einen *Amerigo* Vespucci, der den Namen des Christoph Kolumbus »vergessen« machte!) Dem großartigen Innovator Johannes Gutenberg, wie er zwar die neuen ökonomischen Bedingungen seiner Zeit zu meistern verstand, gedanklich aber noch einem überkommenen Zeitalter anhing – diesem Junker Gutenberg hätte jedenfalls noch nicht in den Sinn kommen können, sich als »Erfinder« in der Geschichte zu verewigen, obgleich ausgerechnet er durch seine Buchdruck-Erfindung einen historischen Prozeß durchzusetzen half, der das geschriebene Wort gewaltig verbreiten sollte. Die beiden bedeutenden Druckermeister Peter Schöffer und Johannes Fust hatten, als sie ihre Namen in einem Kolophon festhielten, die Bedeutung dieses Vorgangs vielleicht bereits erahnt; erkennbar aber wird er erst einem altgewordenen Peter Schöffer gewesen sein, als zu dessen Zeit das gedruckte Wort das Geschichtsbewußtsein grundlegend umzuwälzen ermöglichte und daher so viele die Gunst der Stunde für sich zu nutzen suchten, die Geschichte nach ihrem Gusto zu schreiben. (Siehe einen Adriaen de Jonghe und dessen Coster-Propaganda!)

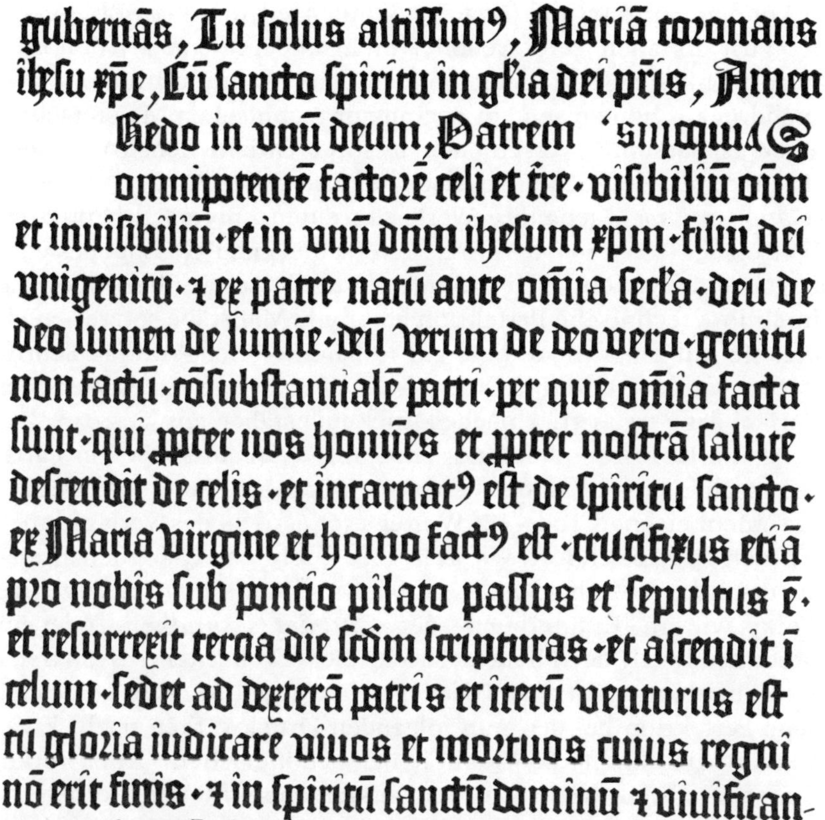
gubernās, Tu solus altissim⁹, Mariā coronans
ihesu xp̄e, Cū sancto spiritu in glia dei pris, Amen
Credo in vnū deum, Patrem Symbolus
omnipotentē factorē celi et tre· visibiliū oim
et inuisibiliū· et in vnū dnm ihesum xpm· filiū dei
vnigenitū· ꝛ ex patre natū ante oia secla· deū de
deo lumen de lumie· deū verum de deo vero· genitū
non factū· cosubstancialē patri· per quē oia facta
sunt· qui pter nos hoies et pter nostrā salutē
descendit de celis· et incarnat⁹ est de spiritu sancto·
ex Maria virgine et homo fact⁹ est· crucifixus etiā
pro nobis sub poncio pilato passus et sepultus ē·
et resurrexit tercia die scdm scripturas· et ascendit i
celum· sedet ad dexterā patris et iterū venturus est
cū gloria iudicare viuos et mortuos cuius regni
nō erit finis· ꝛ in spiritū sanctū dominū ꝛ viuifican-
tem qui ex pre filioqꝫ procedit· qui cū patre et filio
simul adorat· ꝛ conglificat· qui locutus est per pro-
phetas· et vnam sanctā katholicā et apostolicam
ecclesiā· confiteor vnum baptisma in remissionem
peccatorū· et expecto resurrectionē mortuorꝫ· ꝛ vitam
venturi seculi, Amen,

Wie der »Mainzer Psalter« wurde auch der nur vierundzwanzigseitige *»Canon missae«* dreifarbig in einem Abzug ausgedruckt, worauf das auf dieser Seite einzig rote, kopfstehende Wort *»Symbolus«* hinweist.

Vor dem Hintergrund *ihrer* Zeit können jedenfalls sowohl Johannes Fust als auch Peter Schöffer nicht anders denn als honorige Persönlichkeiten betrachtet werden, die kräftig mithalfen, den Buchdruck schon zu seinem Beginn zur technischen Meisterschaft reifen zu lassen. So erschienen in ihrer Offizin neben etlichem »Kleinkram« weitere künstlerisch herausragende Bücher, wie jenes *»Canon missae«* genannte Werk, das einen universell benutzten Textteil des (sonst in jeder Diözese verschiedenen) Meßbuches wiedergab, eine weitere, die erwähnte achtundvierzigzeilige Bibel, die durch ihre technische Perfektion abermals Maßstäbe setzte – auch weil sie mit einer modernen, gut lesbaren Gotico-Antiqua-Schrift gesetzt wurde –, und mit Ciceros *»De officiis«* ein erstes Werk der Antike, das bereits griechische Druckbuchstaben aufwies.

Als im Jahre 1466 Johannes Fust, auf »Geschäftsreise« in Paris, überraschend (wohl an der Pest) verstarb, führte Peter Schöffer bis zu seinem eigenen Tod – im Winter 1502/1503 – das Verlagsunternehmen erfolgreich fort, wo weiterhin kirchliche Gebrauchsliteratur erschien, aber bald auch profane und erste deutschsprachige Werke, wie ein »Kräuterbuch«, der *»Gart der Gesundheit«*, oder ein Geschichtswerk der Niedersachsen, die *»Cronecken der Sassen«* des Konrad Bote. Mit dem Tode Fusts ließ auffälligerweise die peinliche Perfektion bei den nun folgenden Druckwerken nach. Zwar mindert dies nicht die Qualität der Schöfferschen Druckwerke, kann aber als ein wichtiges Indiz ausgerechnet für den »künstlerischen« Einfluß des Johannes Fust gelten, der in der Literatur stets nur als Geschäftsmann, als gewinnsüchtiger, gehandelt und abgehandelt wird.[31] So zeigt sich besonders im Falle des Johannes Fust, daß alles »künstlerische« Wollen im frühen Buchdruck seinen Antrieb ursächlich in der Dynamik des Geldverkehrs fand, daß der Blick auf das schnöde Geld das Schöngedruckte hervorbrachte. In diesem Sinne entwickelte sich der technische Grad der Buchgestaltung dahin, ob man, wie Fust in den weiteren Druckwerken, den Buchdruck aus Gründen vorantrieb, die Bücher oder, besser, die ausgedruckten Bögen möglichst perfekt zu gestalten, oder ob man, wie möglicherweise Gutenberg im »Catholicon«, den Buchdruck vorantrieb, um die Druckbögen möglichst noch billiger herzustellen.

Das Ende

Eine Ironie der Geschichte wollte es, daß erst der Tod des Erzbischofs Dietrich I., der zu seiner Herrschaftszeit vergeblich versucht hatte, die fatale Lage der Stadt Mainz auszunutzen und seine alten Souveränitätsrechte durchzusetzen – daß erst der Tod dieses rückwärts gewandten Erzbischofs den Verlust aller städtischen Freiheiten nach sich ziehen sollte. Als mit dem Tod Dietrichs I. im Mai 1459 die Wahl eines neuen Erzbischofs anstand, begann eine politische Auseinandersetzung, die zwar auf einen lokalen Bereich beschränkt war, aber dennoch das Kräfteringen im Heiligen Römischen Reich exemplarisch widerspiegelt. Denn seit der Überwindung des Abendländischen Schismas, als die selbsternannten Stellvertreter Christi auf Erden in Päpste und Gegenpäpste gespalten waren, seit dem Ende des Basler Konzils, auf dem ergebnislos eine Reform der Kirche angegangen worden war, und schließlich seit dem Amtsantritt des opportunistischen Strategen Enea Silvio Piccolomini zum Papst Pius II., der sich vom Anhänger der Reformpartei zum entschiedenen Vertreter der »Papalpartei« gewandelt hatte, bildete das Papsttum wieder einen bedeutenden Machtfaktor. Rom suchte seinen Einfluß auf die Politik des Reiches auszuweiten.

Da man in den deutschen Landen bemüht war, die politische Einflußnahme des Papstes zurückzudrängen, wählte das Mainzer Domkapitel am 18. Juni 1459 als demonstrativen Ausdruck dieses Bemühens den Grafen Diether von Isenburg zum neuen Erzbischof, einen ausgewiesenen Gegner des päpstlichen Absolutheitsanspruchs. Dieser Diether von Isenburg bezog nach seinem Amtsantritt entschieden gegen Piccolomini Stellung, der wiederum von Beginn an nichts unversucht ließ, gegen den neuen Erzbischof zu intrigieren. So war dem Isenburger zunächst auferlegt worden, gegen den Kurfürsten Friedrich von der Pfalz mit kriegerischen Mitteln vorzugehen. Zwar ging diese Verpflichtung noch auf die Politik seines Vorgängers zurück, des konservativen Dietrich I., jedoch lag es durchaus im päpstlichen Kalkül, den Elan und die Kräfte des neuen Erzbischofs auf abseitige Ziele zu lenken. So fielen seine Truppen ins gegnerische Land ein, wo sie *»plunderten, raubten und brandten, was sie konnten«*[1], und wurden doch am Ende der kriegerischen Auseinandersetzungen im Juli 1460 vom Heer des Pfälzer Kurfürsten entscheidend aufs Haupt geschlagen. Als Ausdruck all dieser taktischen Manöver des herrschenden Adels und des Klerus kam es aber bald nach der Niederlage des neuen Erzbischofs nicht nur zu einem Friedensschluß zwischen den beiden verfeindeten Parteien, sondern die beiden ehemaligen Gegner schlossen sich gar politisch zusammen. In der Zwischenzeit hatte sich der Isenburger nämlich vollständig mit dem Papst überworfen, und es mußte ihm unbedingt darum zu tun sein, sich in seinem eigenen Land den Rücken freizuhalten.

Im Zusammenhang mit der Fehde zwischen den beiden fürstlichen Herren fällt im übrigen auch ein diffuses Licht auf Johannes Gutenberg. Da im Verlauf des Krieges zwischen Friedrich von der Pfalz und Diether von Isenburg das Kloster Neuhausen bei Worms zerstört worden war, hatte die Geistlichkeit dieser im Mittelalter machtvollen Reichsstadt vom Papst einen Ablaß erwirkt, um Mittel zum Wiederaufbau des Klosters zu erlangen. Und dieser Neuhauser Ablaß ist im jungen Buchdruck vervielfältigt worden. Wie beim Zyprischen Ablaßbrief läßt sich von neuem das Phänomen feststellen, daß zwei verschiedene Formen auch dieses kleinen Druckstücks vorliegen. Während eine Form des Ablasses in der *»Durandus«*-Type gedruckt wurde, wie sie erwiesenermaßen die Offizin von Fust und Schöffer verwendete, ist die andere – inhaltlich nahezu identische – Form des Ablasses in der »Catholicon«-Type überliefert, wie sie womöglich in Gutenbergs »Urdruckerei« benutzt wurde. Jedenfalls weisen auch die Neuhauser Ablaßbriefe deutlich darauf hin, daß in Mainz zwei Druckereien betrieben wurden, die untereinander konkurrierten und in ihrer geschäftsmäßigen Konkurrenz um jeden »tagespolitischen« Druckauftrag wetteiferten.

Dieser »politische« Einfluß des Buchdrucks sollte sich als besonders aktuell erweisen, als sich der Konflikt zwischen dem zum Erzbischof gewählten Diether von Isenburg und dem Oberhaupt der römischen Kirche enorm zugespitzt hatte und es zum offenen Machtkampf gekommen war. In Rom hatte Enea Silvio Piccolomini als Papst Pius II. die Mainzer Gesandtschaft, die um die offizielle Anerkennung ihres neugewählten Erzbischofs gebeten hatte, mit harschen Forderungen für diese Anerkennung konfrontiert. Von der Forderung ganz abgesehen, den in der Mainzer Diözese eingezogenen Zehnten dem Papst zum Kampf gegen die Türken auszuzahlen, sollte Diether von seinem Recht Abstand nehmen, Fürstentage einzuberufen und insbesondere ein weiteres, gefürchtetes Konzil auszubedingen. Einer zweiten nach Rom geschickten Gesandtschaft wurde dann zwar die Bestätigung der Erzbischofswahl zugesagt, dies unter der üblichen Bedingung, die dafür erhobene Gebühr zu bezahlen. Diese Gebühr (Palliengeld) war jedoch zwischenzeitlich verdoppelt worden und sollte über zwanzigtausend Gulden betragen. Konsequent weigerte sich daraufhin Diether von Isenburg zu zahlen. Damit war der Streit ganz offiziell vom Zaun gebrochen, und es scheint fast, als hätten beide Parteien die Konfrontation gesucht. Es würde nunmehr darum gehen, wer seine Position im Reich am besten vertreten könne. Obgleich der Isenburger dabei durchaus geschickt vorging, einen Fürstentag einberief und gar ein Konzil ankündigte, um dort über seine inzwischen erfolgte Exkommunikation entscheiden zu lassen, stand ihm mit Pius II. ein geschulter Taktiker entgegen. Der Papst verstand zunächst Diethers Verbündete nach und nach von diesem abzuziehen, um den so Isolierten dann – im August 1461 – für abgesetzt zu erklären (er sei wie ein krankes Vieh und eine verpestete Bestie zu meiden[2]) und sogleich einen Nachfolger zu präsentieren, Adolf von Nassau, der wenig mehr als ein Jahr später den Fall von Mainz betreiben sollte.

Dieses »zünftig« regierte Mainz fand sich nun plötzlich in den Mittelpunkt europäischer Großmachtpolitik gerückt, als zwei erzbischöfliche Bewerber, Diether von Isenburg und Adolf von Nassau, um seine Gunst buhlten. Nur schienen die Mainzer Zunftgenossen diese Gunst der Stunde völlig zu verkennen. Zwar schlugen sie sich schließlich auf die Seite des Isenburgers, waren dann jedoch nicht bereit, diesen in seiner Not zu unterstützen.

Der Mainzer Rat hatte sich jedenfalls in all seiner Unentschlossenheit und seinem Taktieren hinter den rechtmäßig gewählten Erzbischof gestellt, der die Zünftler insbesondere deswegen für sich einnehmen konnte, weil er die Aufhebung der verhaßten Pfaffenrachtung von 1435 versprach; dieses Vertragswerk, das dem Klerus unter anderem Steuerfreiheit garantierte, wurde ja als eine der wesentlichen Ursachen für die finanzielle Misere der Stadt angesehen. Aber als der Isenburger in der Folge tatsächlich daran ging, die Pfaffenrachtung für ungültig zu erklären und endlich auch die »Pfaffheit« steuerlich zu belangen (»[...] *sollent die geistlichen nü furbaßermehr in der stat Menntze zu ewigen tagen ungelt geben als eyn iglicher inngesessener burger daselbst* [...]«[3]), als er dazu auch nicht davor zurückschreckte, die Geistlichen gewaltsam zur Zahlung der Steuern zu zwingen, ließ es der Rat an der nötigen Unterstützung fehlen. Auch im weiteren versuchte sich die Stadt aus dem politischen Streit zwischen Diether von Isenburg und Adolf von Nassau, zwischen Aufbegehren und Anpassen, herauszuhalten, einem Streit, der längst zu einem militärischen geworden war. Weder genehmigte der Rat eine substantielle Kriegshilfe für ihren Erzbischof, noch öffnete man wenigstens den durchziehenden Dietherschen Truppen die Stadtmauern. Selbst als nach einer siegreichen Schlacht im Juni 1462 einige hundert Soldaten zum Schutz der Stadt abgestellt werden sollten, sperrte man sich gegen deren Aufnahme. Obgleich man sich eindeutig für eine Partei entschieden hatte, wollte man die andere Partei nicht gänzlich vor den Kopf stoßen, und überhaupt wollte man seine Freiheit gegen alle und jeden bewahren. Dieser Drahtseilakt mußte sich bitter rächen, wobei man tiefer nicht fallen konnte.

Übrigens erhellt in dieser Angelegenheit abermals einiges zum erwähnten Einfluß des jungen Buchdrucks. Über die Vorgänge im Kampf um die Besetzung des Mainzer Erzbistums sind einige Flugblätter überliefert, die als leicht zu verbreitende Propagandamittel zum ersten Mal von der revolutionären Sprengkraft der Buchdruck-Erfindung künden. Sowohl Adolf von Nassau als auch sein Kontrahent Diether von Isenburg gaben in Mainz den Druck von Manifesten in Auftrag, die der Verteidigung ihrer unterschiedlichen (rechtlichen) Positionen dienten; zunächst der Nassauer, der insbesondere die offiziellen Schreiben des Papstes verbreiten ließ, und in Reaktion darauf der Isenburger, der seine Verteidigung zuerst noch handschriftlich verbreiten ließ, dann jedoch das Mittel des Buchdrucks für sich entdeckte; er gab ein eloquentes Manifest zur mechanischen Vervielfältigung in Auftrag, das er den Fürstentümern, den freien Reichsstädten und auch vielen städtischen Zunftverbänden zukommen ließ. Zum ersten Mal erscheint damit der Buchdruck als Mittel, als Propagandamittel, um Informationen rasch und gezielt zu verbreiten. Der Mainzer Stiftsstreit nahm damit eine Entwicklung voraus, wie sie erst zwei Generationen später dem Buchdruck seine Brisanz verleihen sollte, als mit der Reformation das Wort, das gedruckte, zur Waffe wurde, die leicht in jeden abgelegenen Ort getragen werden konnte.

Alle Einblattdrucke des Mainzer Stiftsstreits waren mit Typen aus der Fust-Schöfferschen Offizin gedruckt worden, eine immerhin bemerkenswerte Feststellung, die gleichwohl von der Gutenberg-Forschung bisher kaum beachtet worden ist. Formuliert man diese Feststellung einmal umgekehrt, so läßt sich Gutenbergs angenommener Druckerei *keines* dieser Manifeste zuweisen. Diese Tatsache muß einigermaßen verblüffen, da sich der Buchdruck-Erfinder noch einige Zeit zuvor seinen Anteil am Druck der Neuhauser Ablaßbriefe gesichert hatte, da er sich als klassenbewußter Patrizier aus dem Stiftsstreit wohl nicht abseits gehalten hätte und da er sich als Geschäftsmann einen solchen Auftrag schwerlich hätte entgehen lassen. Die – hier nicht anzustellenden – Spekulationen könnten immerhin von einem gesellschaftlichen Kampf inzwischen abgeneigten bis zu einem in Mainz abwesenden Gutenberg reichen.

Sicheren Halt gibt jedenfalls die geschichtliche Überlieferung über den Fall der Stadt Mainz am 27. Oktober 1462. Da die Truppen des exkommunizierten Erzbischofs Diether von Isenburg noch im

Sommer einen entscheidenden Sieg davongetragen hatten, ein neues Heer des päpstlich eingesetzten Erzbischofs Adolf von Nassau nicht auszumachen war und sich im übrigen der kriegslähmende Winter ankündigte, hatte man hinter den starken Mainzer Stadtmauern die Sicherheitsmaßnahmen auf das nötigste reduziert. In dem Bestreben, den Haushalt der Stadt seiner Schulden zu entheben, hatte man insbesondere den Wach- und Militärdienst eingeschränkt; Mainz bot sich gleichsam an, durch einen taktischen Anschlag eingenommen zu werden. Und der Plan für einen solchen Anschlag lag bis zum Morgen des 27. Oktober 1462 detailliert vor. Bis dahin hatten Adolf von Nassau und der mit ihm verbündete Herzog Ludwig von Veldenz bereits vor der Eroberung der Stadt schriftlich festgehalten, wie die Beute unter ihnen aufzuteilen sei, wenn »*mit hilff des almechtigen solicher anslaig geriete und die stait zu iren hannden erobert und gewonnen würde*« – ein makaberes Dokument, dessen Regelung bis in die Einzelheiten geht und sich wie folgt liest: »*Item zum ersten sall alle provyande, korne, weyßs, speltze, haberen, alle und igliche fruchte zumaill keine ußgnomen, auch wyne und was vonn fleysche und anderer essener spyse daran zumaille nüst ußgnomen, auch buchssen pulver, salpeter, swebel, phyle, alles und iglichs was zu der wehre gehoret, ußgescheiden alleyne hantbuchssen, die man ane anslagk inn der hant schießen sall, arnbruste, kocher und die phyle darinne sint, zuvoruß alleyn der herren sin und die beyde herren ire iglichem das halbe daran werden und gefallen […]*«[4]

Wenn demnach die Bärenhaut schon verkauft wurde, noch ehe der Bär gestochen war, so konnte man derart dreist vorgehen, weil der Bär, um in diesem Bild zu bleiben, krank daniederlag und sich gleichwohl in Sicherheit wiegte. Noch in der Dunkelheit des frühen Morgens erkletterte am 27. Oktober ein geschickter »Steiger« die Stadtmauer im Bereich der Gaupforte, die weit vom Zentrum entfernt lag. Nachdem dieser Kletterkünstler einige Steigseile befestigt hatte und weitere Mannen die Stadtmauer erklommen hatten, waren rasch die wenigen überraschten Wachen überwältigt, und der erste Stoßtrupp des Nassauers fiel in die Stadt ein. Als Zeichen für den Hauptteil des über zweitausendfünfhundert Mann starken Heeres, daß die Überraschungsaktion geglückt war und der eigentliche Angriff erfolgen konnte, wurde auf dem auswärts gelegenen jüdischen Friedhof das *Judenhäußlein* in Brand gesteckt. Inzwischen läutete in der Stadt die Sturmglocke; die Bürger begriffen endlich, daß es ihre Stadt zu verteidigen galt, legten ihren Harnisch an und versuchten sich zu formieren. Immerhin gelang es, vom Dietmarkt her, dem heutigen Schillerplatz, die Angreifer zur Gaupforte zurückzutreiben, wobei man auch, ohne rechten Erfolg jedoch, zwei Karrenbüchsen einsetzte: »*Der Büchsenmeister solte gegen die feindt schiessen, aber er war ein schalk, wie man meint, undt schoß oben uber undt thett ihnen kein schaden.*«[5] Obgleich die Mainzer bald hoffnungslos in die Defensive gerieten, hing ihr Mut jedoch an dem Versprechen des entflohenen Diether von Isenburg, der die Entsendung von Entsatztruppen versprochen hatte. In der Tat rückten gegen Mittag dreihundertfünfzig Mann zu Fuß und zu Pferd an, mit deren Hilfe die Nassauer noch einmal bis zur Gaupforte zurückgedrängt werden konnten. Dann allerdings gab es gegen die Übermacht des Gegners kein Halten mehr. Zu Dutzenden sanken die verzweifelt kämpfenden Bürger tödlich getroffen in den Staub der Mainzer Gassen, darunter auch ein weiterer der Bürgermeister, Jakob Fust, Bruder des Gutenberg-Finanziers Johannes Fust. Das anschließende Plündern dauerte bis in die frühen Morgenstunden, gespenstisch illuminiert durch die gleißenden Flammen von etwa hundertfünfzig in Brand gesteckten Häusern.

Am nächsten Tag ritt der siegreiche neue Erzbischof triumphierend in die Stadt ein. Zwar überreichte man ihm beschwichtigend das übliche Willkommensgeschenk, Wein und Fisch, nur ließ sich der Nassauer dadurch in keiner Weise dazu verleiten, Gnade zu zeigen. Hofften die überlebenden männlichen Einwohner noch auf Schonung, als sie am Morgen auf den Dietmarkt befohlen wurden, darauf, daß sie dem neuen Erzbischof den Treueeid zu leisten hatten, so fanden sie sich plötzlich von den fremden Truppen Adolfs von Nassau umzingelt. Unter den Hohnrufen der Nassauischen Soldaten vertrieb man sie aus ihrer Heimatstadt. Wie zuvor schriftlich niedergelegt, wurde alle bewegliche Habe zwischen den Siegern aufgeteilt, und nebenbei sei die kuriose Tatsache angeführt, daß zur offiziellen Beute der Eroberer auch der Mist gerechnet wurde, welchen ein Junker Henn von Hohenweissel günstig erstand und auf seine Güter verbringen ließ: »*Er gab ihnen aber nur ein gerings davor, nemlich dritthalben gülden.*«[6] (So kann man sich noch einmal trefflich den hygienischen Zustand der mittelalterlichen Städte vor Augen führen, wo bei vielen Einwohnern noch immer das agrarische Moment zum Leben gehörte und man daher Kühe und Ziegen, wenigstens aber eine Sau hinter oder auch vor dem Hause hielt.) Traurig hat ein Mainzer Bürger später die rigorose Maßnahme der Vertreibung und den Tod so vieler Menschen in selbstgeschmiedeten Versen beklagt:

»*Ist daß nicht ein groser schlag,*
Daß ieder daß sein must lassen stan
Undt bloß zu der pforten ußgan?
Also seind sie kommen in daß elendt:
Gott solhes alls zum besten wendt!
Kein grössern jamer ih mehr erhort,
Undt bescheiden euch furter von dem mordt:
Uff 350, nehmet wahr,
Seindt freundt erstochen gar.
Ist es nicht ein groser mordt?
Hatt iemandt deß gleichen ie gehort,
Daß man ein solhe stadt soll gewinnen
Als gar an [ohne] *fürstlihen sinnen?*«[7]

Grundlegend wälzte der neue Erzbischof die städtischen Strukturen um, so daß aus einer freien, selbstbestimmten Gemeinde wieder das wurde, was in die Vergangenheit zurückverwies, eine wirklich erzbischöfliche Stadt, in der über das Wohl und Wehe die Geistlichkeit bestimmte. Nicht nur die Verwaltung von Mainz, sondern auch deren Bevölkerungsstruktur paßte man sich seinen Wünschen entsprechend an, wie die Ausweisung aller männlichen Bürger zeigt, ein Vorgang, der sich ein Jahr später wiederholte; abermals ließ man alle bis dahin wieder zurückgekehrten, siebenhundert männlichen Einwohner versammeln und vertrieb vierhundert unter ihnen, die nicht »gut nassauisch« waren, endgültig aus ihrer Heimatstadt.

Was in diesem Zusammenhang die Person des Johannes Gutenberg anlangt, so läßt sich sein weiteres Schicksal vor dem Hintergrund folgender Sätze der »Mainzer Chronik« vorstellen: »*Was die stadt Meinz anlangt, wardt gancz inn ein ander ordnung daselbst gebracht; deren Privilegia undt ander sachen würden hinweg an ander öhrter verschafft undt den burgern genohmen. Die stadtlihe heuser der geschlechter, deren viel zu Meinz gewessen, welhe theils in der naht, als die stadt vom schwarczen Herczogen eingenohmen, wie vermutlih* [...] *uber die mauer sich auß der stadt begeben, theils mit den andern burgern auß getrieben worden, seindt den graffen, hern undt edlen gegeben undt außgetheilt.*«[8] Gutenberg wird sich demnach entweder noch rechtzeitig aus der Stadt in Sicherheit gebracht oder händeringend in seinem Hof den Verlauf der Dinge abgewartet haben, nur um am nächsten Tag aus der Stadt vertrieben worden zu sein. In jedem Fall rächte sich am Ende seines Lebens in fataler Weise sein stolzes Eintreten für die Patrizier, ein Verhalten, das seinen Teil dazu beigetragen hatte, daß sich die gesellschaftlichen Gruppen in Mainz bis zur Selbstaufgabe aufgerieben hatten. Nunmehr wurden nicht nur die Zünftler unter die Knute des neuen Bischofs gezwungen, sondern auch den Alten wurde ihre Macht entwunden, die sich in ihrem Besitz an Grund und Boden manifestiert hatte. Ihrer Höfe beraubt, mußten die Geschlechter auch ihren politischen Einfluß verlieren, und dies war eben der Sinn der durch den neuen Bischof betriebenen Enteignungen, der damit seinerseits seine Getreuen materiell sicherstellte.

Allerdings berichtet die »Mainzer Chronik« weiterhin folgendes: »*Undt viel andere* [der Patrizier], *welhe damals noh gewessen, seindt zum theil gen Frankfort, zum theil ins Ringaw undt anderswo uff ihre guter gezogen; wenig seindt in der stadt plieben. Ettlihe seindt under den adel kommen, als die Genßfleisch von Sorgenloh, die Humbrehten, ettlihe vom Jungen, Gelthüser zur jungen Aben.*«[9] Nun ist vom 17. Januar 1465 eine Urkunde überliefert, die sich direkt auf die angeführte Aussage der »Mainzer Chronik« beziehen läßt, wonach etliche der Patrizier unter den Adel gekommen

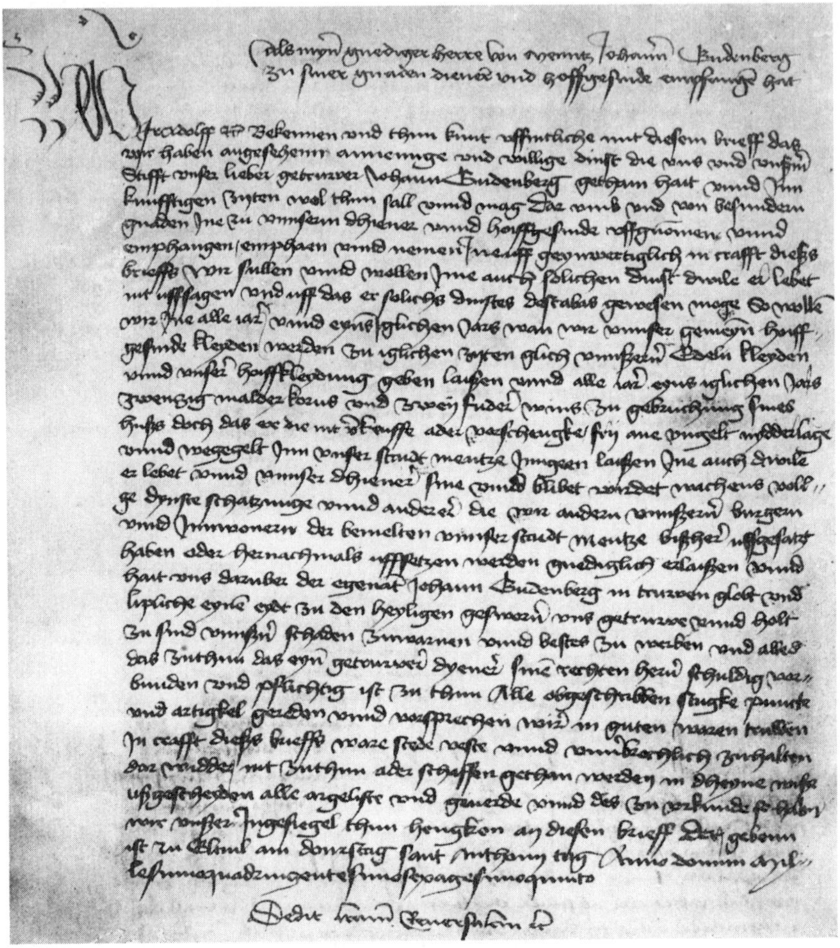

Die Urkunde über die Bestallung Gutenbergs zum Hofmann ist nur als – zeitgleiche – Abschrift des verlorenen Originaldokuments erhalten.

waren, eine Urkunde, die im Titel lautet, *»Als myn gnediger herre von Menntz Johann Gudenberg zu siner gnaden diener und hoffgesinde empfangen hat«*, und die auszugsweise folgendes besagt: Der siegreiche Erzbischof Adolf von Nassau erklärt öffentlich, daß Gutenberg zu seinem Diener bestimmt und in sein Hofgesinde aufgenommen werde; er solle einmal im Jahr die Kleidung für Edelleute erhalten, außerdem zwanzig Malter Getreide und zwei Fuder Wein, die ihm steuerfrei nach Mainz geliefert würden und die er nicht weiterverkaufen dürfe; auch sei er von jeglichen Hofdiensten befreit.

Diese sogenannte Bestallungsurkunde ist oft als individuelles Schriftstück angesehen worden, so daß man daraus bestimmte Schlußfolgerungen abgeleitet hat, wie dies etwa Helmut Presser schreibt: »Es ist oft gefragt worden, was wohl den Kurfürsten veranlaßt habe, diesen Mann zu ehren. In der Urkunde, die Adolf von Nassau Gutenberg überreichen ließ, schreibt er von ›angenehmen und willigen Diensten‹, die ihm Gutenberg getan ›und in künftigen Zeiten wohl tun soll und mag‹. Vielleicht dürfen wir in diesen Diensten die beratende Mitwirkung am Aufbau und an der Arbeit der Eltviller Werkstatt der Brüder Bechtermünze sehen.«[10] Noch Albert Kapr hat sich in dieser Weise zu Interpretationen hinreißen lassen, die wie bei Presser auf eine bestimmte, gänzlich hypothetische Aussage hinauslaufen: »Die ›*annemigen und willigen*‹ Dienste, die Gutenberg dem Erzbischof geleistet hatte, werden in der Einrichtung der Eltviller Druckerei bestanden haben.«[11] Dieser Verweis auf Eltville am Rhein und die Gebrüder Bechtermünze gründet sich auf der Tatsache, daß im Jahre 1467 in dieser Mainz benachbarten Stadt der sogenannte »*Vocabularius ex quo*« erschien, ein lateinisches Wörterbuch, das für die »armen Schüler und Studenten« bestimmt und, versehen mit deutschen Worterklärungen, einfach zu benutzen war: »*Abbas est monachorum pater, id est eyn apt.*«[12] Nun wurde dieser »*Vocabularius ex quo*«, herausgegeben von den Gebrüdern Bechtermünze in einer neugegründeten Offizin in Eltville, in der »Catholicon«-Type gedruckt, wobei sich auch typographisch und inhaltlich Beziehungen zwischen dem »studentischen« und dem »gelehrten« Wörterbuch aufzeigen lassen. Es läßt sich denken, welche Vielzahl an Hypothesen aufgestellt worden ist, um eine Verbindung zwischen dem Drucker des »Catholicon« und den Gebrüdern Bechtermünze zu belegen oder zu widerlegen, eine Verbindung zwischen Mainz und Eltville, zwischen Gutenberg oder Fust und Schöffer und den Gebrüdern Bechtermünze.

Fehlt hier einmal wieder der Raum, um all diese Hypothesen wiederzugeben – die sich alle auf kein solides Fundament stellen lassen –, so kommt eine weitere Besonderheit hinzu; in jüngster Zeit wurde ein einzelnes Exemplar eines Ablasses gefunden, der bisher nur in der von Fust und Schöffer benutzten »*Durandus*«-Type bekannt war, der nunmehr ebenfalls in der »Catholicon«-Type überliefert ist und der im Jahre 1464 ausgedruckt wurde[13]. Dieser Ablaß war von Papst Pius II. dem Oberhaupt der Trinitarier gewährt worden, Frater Radulphus, damit, dem Ziel dieses Ordens entsprechend, versklavte Christen losgekauft werden konnten, die im Kampf gegen die Ungläubigen in Gefangenschaft geraten waren. Somit läßt sich ein drittes Beispiel der frühen Wiegendruck-Zeit anführen, da ein Ablaß in zwei verschiedenen Druckereien aus der Presse kam. Und trotz aller Unsicherheit über die Zuweisung dieses Ablasses läßt sich darauf verweisen, daß einige auffällige Übereinstimmungen zwischen diesem Einblattdruck und dem Druck des »Catholicon« und etwa des einunddreißigzeiligen Ablaßbriefes bestehen[14]; diese Übereinstimmungen lassen einiges dafür sprechen, den neugefundenen »Radulphus-Ablaß« dem Buchdruck-Erfinder Gutenberg zuzusprechen. Gleichwohl kann man ausgedehnt darüber spekulieren, wie die Beziehung zwischen dem Radulphus-Ablaß in der »Catholicon«-Type und dem »*Vocabularius ex quo*«, zwischen Gutenberg und den Gebrüdern Bechtermünze, zwischen Eltville und Mainz herzustellen sei.

Abgesehen von allen Spekulationen über den in Eltville ansässigen Buchdrucker Gutenberg ist in jener Bestallungsurkunde des Adolf von Nassau ausdrücklich verzeichnet, daß sein Anteil an Wein und Getreide »*zu gebruchung sines hußs* [...] *inn unser staidt Mentze*«[15] geliefert werden solle. Eindeutiger läßt sich also nicht belegen, daß der Buchdruck-Erfinder zu Beginn des Jahres 1465 mit Sicherheit (wieder) in seiner Vaterstadt lebte. (Wenn man nur will, wie Albert Kapr, läßt sich auch dieses Zeugnis wieder entsprechend »hypothetisieren«: »Wahrscheinlich wohnte er einen Teil des Jahres in Mainz und im Sommer und Herbst in Eltville.«[16]) Bis das Gegenteil nicht eindeutig erwiesen ist, muß daher davon ausgegangen werden, daß der Buchdruck-Erfinder spätestens im Jahre 1464 wieder in Mainz zu Hause war. Dort war ihm ein neues Domizil zugesprochen worden, und dort hatte er möglicherweise wieder eine bescheidene Druckerei eingerichtet. Eine solch bescheidene Druckerei hätte es ihm ohne weiteres ermöglicht, wenigstens wieder die lukrativen Ablaßbriefe herauszugeben.

Hingegen ließe sich für die verbliebenen drei Jahre seines Lebens auch vorstellen, daß der Junker Johannes Gutenberg, der bereits im (für seine Zeit) hohen Alter von über sechzig Jahren stand, daß sich dieser alte Mann auf seiner Anstellung als Hofmann fortan »ausruhte«, die ihm einen ausgezeichneten Unterhalt, gesellschaftliches Ansehen und einen geruhsamen Lebensunterhalt garantierte. Denn einen kommoden Haushalt muß er nach wie vor geführt haben, wie die jährliche und nicht weiterzuverkaufende Lieferung von zwei Fudern Wein beweist, was umgerechnet einer Menge von zweitausend Litern entspricht. Selbst bei einem angenommenen beträchtlichen oder gar exzessiven Weinkonsum – wie er im Mittelalter durchaus üblich war – konnte eine solche Menge niemals für eine einzelne Person, sondern nur für einen Hausherrn und seine Dienerschaft bestimmt gewesen sein. (Damit war wohl wahrlich, wie Presser schreibt, »die schlimmste Not von Gutenberg genommen«[17].)

In der erzbischöflichen Bestallungsurkunde sind keine individuellen Formulierungen wiedergegeben, sondern nur formelhaft erstarrte Redewendungen, die in gepflegtem Sprachstil dazu dienten, ein rechtliches Verhältnis festzuschreiben. Daher lassen sich die »Dienste« Gutenbergs nicht im besonderen, sondern nur in einem allgemeinen, einem rechtlichen Sinne verstehen, nämlich den greisen Patrizier als Untertanen des Erzbischofs auszuweisen. Somit liegt auch der Zweck der urkundlichen Bestimmungen auf der Hand, die nicht in irgendeiner Erweisung von Gunst und Gnade des neuen Bischofs gesehen werden dürfen, sondern in dem machtpolitischen Kalkül, die gesellschaftlich stärkste Klasse, die am rigorosesten zusammenstehen und ihre Interessen verteidigen würde, an sich zu binden, von sich abhängig zu machen und damit politisch kaltzustellen. Deutlich geht dies aus den folgenden Worten der Bestallungsurkunde hervor: »*Unnd hait uns daruber der egenant Jo-*

hann Gudenberg in truwen globt und lipliche eynen eydt zu den heyligen gesworn, uns getruwe unnd holt zu sind, unnszern schaden zuwarnen unnd bestes zu werben und alles das zuthun, das eyn getruwer dyener sinem rechten hern schuldig vorbunden und pflichtig ist zu thun.«[18] Zwar hatte damit die liebe Seele ihre Ruhe und konnte der alte Junker Gutenberg einen angenehmen Lebensabend verbringen; jedoch kann ihm dieser Eid nur einen schmählichen Dienst bedeutet haben – ihm als stolzem Patrizier, der einmal »ausgezogen« war, keinen Deut seiner gesellschaftlichen Macht aufzugeben!

Zum Fall von Mainz im Jahre 1462 sei im übrigen kurz dargestellt, wie sich die Historie um den offiziell gewählten Erzbischof Diether von Isenburg und den päpstlich eingesetzten Erzbischof Adolf von Nassau weiter entwickelte, erscheint sie doch wie ein Lehrstück für die mittelalterliche Machtpolitik. Nachdem sich der Isenburger mit dem Pfalzgrafen Friedrich nicht über einen Friedensvertrag mit dem neuen Erzbischof hatte einigen können, trennte er sich kurzerhand von seinem ehemaligen Verbündeten, um selbst mit dem Nassauer Frieden zu schließen. Damit nicht genug, wurde Diether von Isenburg nach dem Tode Adolfs von Nassau erneut zum Mainzer Erzbischof gewählt, »wie berichtet wird, auf letztes Anraten des Verstorbenen selbst«[19]. Am Ende versagte auch der Papst nicht seine Zustimmung. Die Stadt Mainz dagegen erhielt ihre Freiheiten nicht wieder; im Gegenteil zog der Isenburger nach einem (letzten) Aufbegehren der Bürger im Jahre 1476 die Zügel an und unterstellte die Stadt der persönlichen Herrschaft des Erzbischofs, nachdem bis dahin wenigstens noch das vielköpfige Domkapitel regiert hatte.

Immerhin »löste« man das Schuldenproblem; dazu wurden einfach alle Schuldverschreibungen für ungültig erklärt. Damit hatte man allerdings auch jeden Kredit im wahrsten Wortsinne verspielt, und die einstige Rhein-Metropole mußte allen Einfluß fortan ihrer noch heute so mächtigen Nachbarstadt überlassen, Frankfurt am Main.

Wenn sich auch nicht beweisen läßt, ob der seiner Güter beraubte Junker Johannes Gutenberg nach dem Fall der Stadt Mainz noch

Über zweihundert Jahre nach dem Fall von Mainz zeigt dieser Kupferstich von 1696 das verhärmte Antlitz Adolfs von Nassau, der »an statt Diethers von Isenburg von dem Papst Pio II. eingesetzet« worden war.

einmal eine Druckerei eingerichtet hatte – ob in seiner Heimatstadt oder in Eltville am Rhein –, so läßt sich mit Gewißheit feststellen, daß der Buchdruck-Erfinder nach dem Jahre 1464 kein umfangreicheres Druckprojekt mehr anging. Auch gab wohl Gutenberg in seinen letzten Lebensjahren keinen Kleindruck mehr heraus. Nach dem Radulphus-Ablaß vom Dezember anno 1464 ist nicht *ein* weiteres Zeugnis überliefert, das mit einer möglichen Druckerwerkstätte Gutenbergs in Verbindung zu bringen wäre. Man wird daher annehmen müssen, daß der adelige Hofmann entweder resigniert hatte oder daß er sich, wie man will, mit der »bequemen Pension des Erzbischofs versorgte«[20], wie dies George Duncan Painter formulierte. In jedem Fall traf Gutenberg am Ende seines Lebens Sorge, fromm und lauter vor seinen Herrgott zu treten, wie dies seine Aufnahme in die Bruderschaft des Sankt-Viktor-Stifts zeigt. Damit war nicht nur für sein Seelenheil gesorgt (jeder Priester der Bruderschaft mußte für jeden Verstorbenen bestimmte Messen zelebrieren), sondern schon vor dem Tode war eine Abkehr von den Eitelkeiten des Lebens eingeleitet, eines Lebens, wie es in der religiös-weltverneinenden Sicht seiner Zeit zynisch und zügellos »der Tod« in Johannes von Tepls »Der Ackermann aus Böhmen« beschreibt: *»Ein mensche wirt in sunden empfangen, mit unreinem, ungenantem unflat in muterlichem leibe generet, nakket geboren und ist ein besmiret binstock, ein ganzer unlust, ein unreiner mit, ein kotfaß, ein wurmspeise, ein stankhaus, ein unlustiger spulzuber, ein faules as, ein schimelkaste, ein bodenloser sack, ein locherete tasche, ein blasebalk, ein geitiger* [gieriger] *slunt, ein stinkender leimtigel, ein ubelriechender harnkrug, ein ubelsmeckender eimer, ein betriegender tockenschein [tocke =* Puppe*], ein leimen* [lehmiges] *raubhaus, ein unsetig* [unersättlicher] *leschtrog und ein gemalte begrebnuß.«*[21] So alltäglich lebte »der Tod« in seinem banalen Schrecken unter den Menschen des Mittelalters, so gnadenlos und willkürlich überzog er als Pest das Land, daß er zumal im Zeitalter Gutenbergs unzählige Male porträtiert

Das Lyoner Totentanz-Buch erschien zur Wende des sechzehnten Jahrhunderts und wurde wahrscheinlich von Matthias Huß veröffentlicht.

und personifiziert wurde. Nichts erscheint so bezeichnend wie die Tatsache, daß die älteste erhaltene Darstellung einer Druckerwerkstatt ausgerechnet aus einer der gängigen Abbildungen eines »Totentanzes« stammt, wenn sich »der Tod« sein Opfer greift und tanzend mit sich hinfortführt.

Als Zeit einer »bequemen Pension« können die letzten Lebensjahre im Spätmittelalter keineswegs gedacht werden, auch wenn das materielle Auskommen gesichert war. Man hat sich eher eine Vorbereitung vorzustellen, die irdische Lebenslast abzuwerfen, eine *Ars moriendi,* eine »Sterbekunst«, wie sich die Erbauungsbüchlein nannten, in denen das rechte Sterben erklärt wurde. Das Alter hatte nichts mit einem beschaulichen Ausruhen gemein, nichts mit einem *»edel hort«*, wie dies einmal wieder treffend »der Tod« bei Johannes von Tepl ausdrückt, der quasi die »offizielle« Sichtweise über das Alter beschreibt: *»Nein, es ist suchtig* [siech], *arbeitsam* [mühsam], *ungestalt, kalt und allen leuten ubel gefallend; es taug nicht und ist zu allen sachen entwicht* [unnütz]*: zeitig epfel fallen gern in das kot; reifende biren fallen gern in die pfutzen.«*[22] Immerhin hatte der »zeitige Apfel« Gutenberg Vorsorge getroffen, nicht in den Kot zu fallen, als er am 3. Februar 1468 mit dem Leben abschloß. Zwar verzeichnete die Sankt-Viktor-Bruderschaft die Tatsache seines Ablebens; doch sein genauer Todestag ist nur durch einen Zufall überliefert, durch eine handschriftliche Notiz, die sich in einem Buch aus der Offizin des Peter Schöffer findet:

»Anno Domini Mcccclxyiij uff sant blasius tag starp der ersam meinster Henne Ginßfleiß, dem got gnade.«[23]

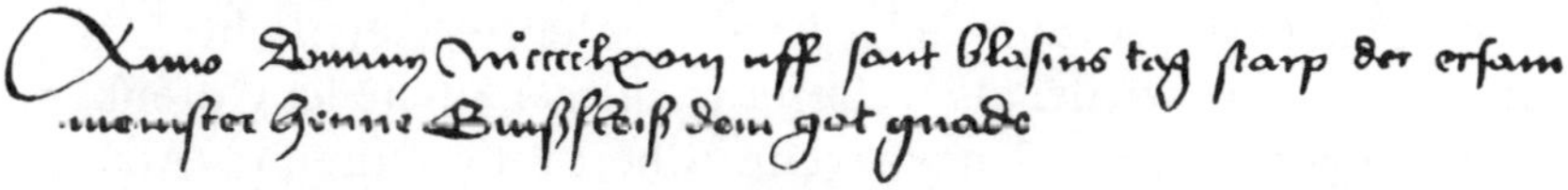

Zudem ist eine Urkunde überliefert, die bestimmte Teile seiner Hinterlassenschaft aufführt, mechanische Teile, die sein Leben bestimmt hatten. In einem Revers vom 26. Februar 1468, das den Titel führt, *»eynen verphlichtunges brieff doctor Homerij«*, heißt es folgendermaßen: *»Ich Conradt Homerij doctor bekennen mit diesem brieff: So als der hochwirdige furste, myn gnediger lieber her, her Adolff ertzbischoff zu Mentz, mir ettliche formen, buchstaben, in-*

strument, gezauwe [Geräte] *und anders zu dem truckwerck gehorende, dasz Johann Gutemberg nach sinem tode gelaiszen hait und myn gewest und noch ist, gnediglich folgen layszen hait, dasz ich dargegen synen gnaden zu eren und zu gefallen mich verphlichtiget han und verphlichtigen mit diesem brieff also: weres dasz ich soliche formen und gezuge zu trucken gebruchen worde nu ader hernach, dasz thun will und sall bynnen der stat Mentz und nyrgent anderswoe, deszglichen ob ich sie verkeuffen und myr eyn burger davor sovil geben wolte, als eyn fromder, so will und sall ich dasz dem ingesesszen burger zu Mentz vor allen fromden gonnen und folgen layszen, und han des alles zu urkunde myn secret zu ende dieser schrifft getruckt, der* [die!] *geben ist des jars, als man schrieyb nach der geburt Cristi unsers hern Mcccc und lxvij jare uff frijtag nach sant Mathijy dag.*«[24] Es erscheint also jener Conrat Humery plötzlich wieder, der entschieden auf der Seite der Zünftler gestanden hatte und nunmehr in Beziehung zum neuen Erzbischof erwähnt wird. Ein solcher für alle Zeiten typischer »Seitenwechsel« war besonders im Mittelalter mit seinen oftmals jäh wechselnden Machtkonstellationen gang und gäbe. Humery wurde jedenfalls mit diesem Revers sein Eigentum am Nachlaß des verstorbenen Gutenberg – nämlich dessen gesamtes Druckwerkzeug – von dem neuen Mainzer Oberhaupt rechtlich zuerkannt: Sollte er allerdings damit zu drucken beabsichtigen, so dürfe dies nur in der Stadt Mainz geschehen, und sollte er das Druckwerkzeug verkaufen wollen, so müsse – bei gleichem Gebot – einem Mainzer Bürger der Zuschlag vor einem Fremden gegeben werden.

Wegen dieses Aktenstücks ist der gelehrte Geistliche Doktor Humery immer wieder als weiterer wichtiger Finanzier Gutenbergs ins Spiel gebracht worden, so wenn Albert Kapr schreibt: »Aus diesem Dokument geht einwandfrei hervor, daß Gutenberg nach dem Zwist mit Fust im Jahre 1455 eine Druckerei betrieben hatte, die von Humery finanziert worden war.«[25] Tatsächlich ist eine solche Behauptung völlig aus der Luft gegriffen, ließe sich doch aus dieser Urkunde ebenso »einwandfrei« ablesen, daß sich Johannes Gutenberg nach seiner Bestallung zum Hofmann auf dieser erzbischöflichen Anstellung ausgeruht hätte und auch seine Druckkünste hätte ruhen lassen. Immerhin schreibt Humery in seiner Nachlaßbestätigung ausdrücklich, daß ihm der Erzbischof jene *»formen, buchstaben, instrument, gezauwe und anders«* überlassen habe, die *»zu dem truckwerck«* gehörten. Gutenberg hatte also keine vollständige Druckerwerkstatt hinterlassen, sondern nur die zum *Setzen* benötigten Utensilien. Wenn dabei abermals die typische Geschäftspraxis des Buchdruck-Erfinders deutlich wird, Darlehen aufzunehmen und dafür seine Gerätschaft zu verpfänden, so könnte sich diese Verpfändung ebensowohl auf den kläglichen Rest seiner einstigen Druckerwerkstatt oder auf deren bescheidenen Neuaufbau bezogen haben, die allenfalls zur Herstellung von Einblattdrucken ausgereicht hätte.

Darüber hinaus hat es die Forschung seit je gereizt, die in dem »Verpflichtungsbrief« erwähnten drucktechnischen Hinterlassenschaften zu deuten. Alle Interpretationen drehen sich im Grunde um die Frage, ob Gutenberg mit dem Druck des Mainzer »Catholicon« in Verbindung gebracht werden könne oder nicht. Geht man davon aus daß Gutenberg nicht der »Catholicon«-Drucker gewesen ist, verbliebe der Verweis auf die Type der zweiundvierzigzeiligen Bibel, die bezeichnenderweise erst wieder nach Gutenbergs Tod verwendet wurde, und zwar von Peter Schöffer. So wie Schöffer nach Gutenbergs Tod im übrigen auch das »Catholicon« in seinem überlieferten »Verlagsprogramm« führte, so ließe sich plausibel behaupten, daß mindestens die B-42-Type zu den »Formen und Buchstaben« aus Gutenbergs Nachlaß zählte; Humery hätte diese der einzigen Mainzer Druckerei jener Zeit verkauft, der Schöfferschen.

Geht man hingegen von Gutenberg als dem Drucker des »Catholicon« aus oder wenigstens als dem »Initiator« dieses Drucks, so hätten jene *»formen, buchstaben, instrument, gezauwe und anders«* insbesondere mit dieser gelehrten Enzyklopädie zu tun. Damit erfolgt dann erneut der Hinweis auf die beiden Protagonisten im Ringen um die »Lösung« des »Catholicon«-Problems, auf Paul Needham und Lotte Hellinga, die beide ihre eigene Erklärung anbieten. Nach der Hypothese des Paul Needham[26], wonach das Mainzer »Catholicon« Jahre später von Klischees ein zweites und drittes Mal gedruckt wurde, kann seine Argumentation konsequenterweise nur in die Richtung lauten, daß es sich bei den Hinterlassenschaften des Johannes Gutenberg um diese Klischees des »Catholicon« (sowie die beiden Traktate des Matthäus von Krakau und des Thomas von Aquin) gehandelt haben müsse. Needham sieht Doktor Humery als den wichtigsten Finanzier des »Catholicon«-Drucks, der sich nach Gutenbergs Tod mit Peter Schöffer zusammengetan und den Gewinn entsprechend aufgeteilt habe. Lotte Hellinga als Vertreterin der verschiedenen *altera pars*[27] sieht nach Gutenbergs Tod Doktor Humery *wegen* seiner Rolle als Finanzier in die Lage gedrängt, aus seinen Investitionen endlich das erhoffte Kapital zu schlagen. Denn Gutenberg, »von hohem Alter geplagt«[28], habe wegen Geldschwierigkeiten und anderer Gründe die Pläne nicht mehr in die Tat umsetzen können, die ihn in seinen letzten Lebensjahren umgetrieben hätten. Da nach seinem Tod allerdings alles benötigte und bis dahin unbenutzte Druckmaterial bereitgestanden habe, sei Humery selbst den Druck des »Catholicon« angegangen. Da im übrigen Humery möglicherweise nicht als einziger finanzielle Ansprüche an Gutenberg gehabt habe, sondern etwa auch einige der ehemaligen Schüler des Druckermeisters wie Peter Schöffer, Heinrich Keffer oder Ulrich Zell, habe man sich zu jenem genossenschaftlichen Konsortium zusammengefunden, das Hellinga als Erklärung für die unterschiedlichen Drucklagen des »Catholicon« annimmt. Und da entgegen dem Willen des Erzbischofs, der den Gebrauch der Druckformen nur *»bynnen der stat Mentz und nyrgent anderswoe«* erlaubt hatte, der Druck des »Catholicon« doch über die Mainzer Stadtmauern hinausgeführt habe, würde dessen Kolophon diese Tatsache verbergen. Auf diesen unerschlossenen Pfaden der Spekulation kommt Hellinga am Ende wieder auf eine ihrer Ausgangsfragen zurück, die sie selbst rhetorisch fragend zu beantworten sucht: »Könnte es sein, daß das Kolophon, das zwar im traditionellen Wortlaut Mainz als Druckort lobt, in dichterisch beseelter Form absichtlich die Umstände und sogar das Datum seiner Produktion verschleiert?«[29] Es zeigt sich jedenfalls von neuem, daß die definitive »Lösung« des »Catholicon«-Problems einen der Schlüssel böte, um Gutenbergs letzte Lebensjahre im besonderen und sein Wollen und Schaffen im allgemeinen zu verstehen.

Als weitere »problematische« Frage hat man im übrigen auch nach der sterblichen Hülle des verehrten Mainzer Meisters geforscht. Obgleich die Antwort schlichtweg lautet, Gutenbergs Grabmal habe die Zeiten nicht überdauert, führte Aloys Ruppel, der jahrzehntelange Direktor des Mainzer Gutenberg-Museums, die »Heldenverehrung« für sein geistiges Lieblingskind so weit, daß er sich daran machte, ernsthaft das Grab oder die Gebeine des vor Jahrhunderten Verstorbenen aufzufinden. Nicht nur betrieb er dazu intensive städtebauliche Studien über die Lage und Bauweise und über alle Besonderheiten der im achtzehnten Jahrhundert abgebrochenen Franziskanerkirche, Gutenbergs Begräbnisort, sondern er führte in der Tat Grabungen durch, die sogar etliche Knochen zutage förderten.[30] Gutenbergs Grab allerdings, seine sterbliche Hülle oder ein Rest davon ließ sich nicht auffinden. Nur führte dies Ruppel in seinem Verehrungskult zu dem grotesken Vorschlag, man möge dann eben »das gesamte Erdreich zwischen den gewaltigen Mauern des Kirchenschiffes« ausheben. Auf diese Weise sei sichergestellt, daß sich unter den aufgefundenen menschlichen Knochenresten auch die Gebeine des Johannes Gutenberg befänden; könne man diese nicht gesondert identifizieren, sollten alle sterblichen Überreste zusammengeworfen und in einem großen Sarkophag vereint werden, auf welchem die Aufschrift anzubringen sei: »Hier ruht unter seinen Mitbürgern der Erfinder der Buchdruckerkunst Johannes Gensfleisch zum Gutenberg.« Für diesen Sarkophag könne man dann eine Gruft in den zuvor ausgehobenen Fundamenten der Franziskanerkirche errichten, um somit endlich das erwünschte Ziel erreicht zu haben: »Und über die Jahrhunderte hinaus würde dieses Grab Wallfahrtsziel werden für Millionen dankbarer Menschen aus der ganzen Welt.«[31] Wenn man auch in Mainz diesen skurrilen Vorschlag nicht in die Tat umgesetzt hat, so wurde gleichwohl eine Alternative gefunden, den Buchdruck-Erfinder zu verehren, nämlich sowohl in dessen angenommener Taufkirche, der Sankt-Christoph-Kirche, als auch an seinem angenommenen Sterbehaus, dem Algesheimer Hof, eine »Gutenberg-Gedenkstätte« zu errichten. Von der Masse aller übrigen existierenden Denkmäler, Ehrentafeln und Gedenksteine sei hier erst gar nicht die Rede.

Jedoch soll abschließend noch einmal das »Bildnis« des Johannes Gutenberg porträtiert werden. Was Gutenbergs *äußere* Gestalt angeht, so existiert kein zu seinen Lebzeiten gefertigtes, lebensechtes Bildnis seiner Person. So wie sich erst das humanistische Gedankengut auf deutschem Boden durchsetzen mußte, um ein Interesse am menschlichen Individuum wachzurufen, so lassen sich die ersten Gutenberg-Porträts erst der Blütezeit dieses Humanismus in Deutschland zuordnen, dem sechzehnten Jahrhundert. Dabei muß insbesondere Gutenberg als ein Mensch gesehen werden, als ein spätmittelalterlicher, der noch stark hinter sein Werk zurücktrat, der wohl auch deswegen kein Druckersignet hinterließ und der also selbst nie ein Porträt von sich hätte malen lassen. Trotz gegenteiliger Deutungsversuche[32] müssen daher alle überlieferten Bildnisse als idealtypisch angesehen werden, dem Geist ihrer Zeit entsprechend. Allein die Tatsache, daß der Buchdruck-Erfinder bis ins zwanzigste Jahrhundert stets mit einem mehr oder weniger stark gewachsenen Vollbart dargestellt wurde, spricht schon gegen jegliche Authentizität, zeigten sich doch die Patrizier des fünfzehnten Jahrhunderts durchweg bartlos, zumal wenn sie wie Johannes Gutenberg standesbewußt dachten.

So wie Gutenbergs Aussehen ganz und gar ungewiß bleiben muß, so wenig Gewißheit herrscht über seine innere Gestalt. Immerhin sollte aber deutlich geworden sein, daß auch der Erfinder des Buchdrucks, des Mobilletterndrucks – wie im Grunde alle Erfindergestalten – im Lichte *seiner* Geschichtsepoche gesehen werden muß, einer Geschichtsepoche, die ihre innovativen Zeitgenossen mehr und mehr mit materiellem Wohlstand lockte. Der Mainzer Geschlechtersohn hatte ganz gewiß nicht im Sinn, seine Zeit aufklärerisch voranzubringen. Unvoreingenommen betrachtet, lassen die wenigen zu seinem Leben überlieferten Dokumente auf einen stets rechnenden Geschäftsmann schließen, der nicht für eine Idee gelebt hatte, sondern sich in Bereichen umtat, in vielen Bereichen, die ihm finanziell lohnend erscheinen mußten – die Gründe, daß er seinen gesellschaftlichen Stand zu halten oder zu erhöhen versuchte, daß er als Patrizier anerkannt sein oder daß er ein Manko in seiner Abkunft kompensieren wollte, seien dahingestellt. Ihn trieb die Spe-

IEAN GVTTEMBERG

Wie alle Bildnisse des Buchdruck-Erfinders kann auch das bekannte »Thevet-Porträt« nicht als authentisch gelten, das Gutenberg – mit Schriftstempel und Letternbox als Insignien seiner Kunst – in der Mode des sechzehnten Jahrhunderts zeigt.

kulation auf »materiellen Gewinn«, war doch dies nach Friedrich Adolf Schmidt-Künsemüller, einem der Senioren der modernen Gutenberg-Forschung, »der Impetus zu seinem Tun, nicht der Gedanke an eine bildungspolitische Mission, obwohl ihm auch diese Konsequenz nicht verborgen geblieben sein kann«[33]. In der Tat läßt sich selbst gegen eine solche Aussage ohne weiteres behaupten, daß Gutenberg die »zivilisatorischen« Möglichkeiten seiner Erfindung wohl kaum erahnt hatte, da er sich zeitlebens darauf beschränkte, in die von ihm entdeckte, neue Form den alten, überlieferten Inhalt zu gießen. Gutenberg wandelte nicht als Genie auf Erden, sondern als technischer Erfinder schritt er konsequent auf bestimmte Ziele aus, die er durch höchst innovative Schritte zu erreichen suchte. Ein Neuerer in der Form, blieb er im Inhaltlichen ein Nachahmer. Wenn man darüber hinaus den Buchdruck absolut setzt, so kann dieses Handwerk nicht *per definitionem* als »segensreich«, »fortschrittlich« – oder wie die Vielzahl der damit verbundenen Attribute lauten mag – angesehen werden. Der Buchdruck an sich stellt nur ein Werkzeug dar, dessen Gebrauch allerdings ganz eigene Kräfte entfaltet. Vor diesem Hintergrund ist die Schilderung über den Gebrauch dieses Werkzeugs, die Fortführung von Gutenbergs Erfindung und die Bewahrung seines Andenkens wahrlich ein Kapitel für sich.

Und die Folgen?

Rückschauend betrachtet, brach die Erfindung des Mobilletterndrucks durch Johannes Gutenberg einen vielbeschworenen Damm an zurückgehaltenem Wissen. Im Vergleich zu den Zeiten des Handschriftbetriebs wurde Europa regelrecht mit Büchern überschwemmt, die nunmehr so billig wie nie zuvor und in überaus großer Zahl produziert werden konnten. Noch im Todesjahr Gutenbergs 1468 druckte man bereits in neun verschiedenen Städten, nämlich in Mainz, Bamberg, Straßburg und Köln, auch schon in Subiaco bei Rom und in Rom selbst, in Eltville am Rhein, Augsburg und Basel. Nach nur weiteren zehn Jahren gab es in Europa im Grunde keine bedeutende Stadt mehr, die nicht wenigstens eine Druckerei in ihren Mauern beherbergt hätte. Bis zum Jahre 1500, dieser so willkürlich festgesetzten Begrenzungsmarke der Wiegendruck-Zeit, ist die Karte Europas bereits mit über zweihundertfünfzig Druckorten gesprenkelt. Die Zahl der offiziell registrierten Wiegendrucke reicht an dreißigtausend verschiedene Titel heran, die in jeweils Hunderten, wenn nicht Tausenden von Exemplaren aufgelegt wurden.

Vor dem Hintergrund einer solch flutartigen Wissensverbreitung erscheint dann ein Ausspruch Goethes nur zu verständlich: »Die Buchdruckerkunst ist ein Faktum, von welchem ein zweiter Teil der Welt- und Kunstgeschichte datiert, welcher von dem ersten ganz verschieden ist.« Am Buchdruck führte fortan kein Weg mehr vorbei, weder in politischer, religiöser oder allgemein gesellschaftlicher noch gar in stilbildender Hinsicht. Allein an der Rezeption der zweiundvierzigzeiligen Bibel zeigt sich der enorme Erfolg des

Buchdrucks, deren Text als Vorlage für nahezu jede einzelne der in den nächsten Jahrzehnten verlegten Bibeln diente.[1]

Betrachtet man die Verhältnisse noch ein wenig genauer, so ist am Ende des fünfzehnten Jahrhunderts zwar in über fünfzig deutschen Städten gedruckt worden, jedoch in achtzig Städten in Italien, wobei dieses Bild unter einem abermals erweiterten Blick erkennen läßt, wo in Europa die Buchdruck-Erfindung auf fruchtbarsten Boden gefallen war. Allein aus Venedig ist für die Jahrhundertwende der Betrieb von über hundertfünfzig Druckereien bezeugt, die bis dahin nahezu fünftausend verschiedene Titel ausgeliefert hatten. Das ökonomisch am weitesten entwickelte Italien brachte demnach den Buchdruck auch am weitesten voran. So kann nicht überraschen, daß sich die Entwicklungsgeschichte der heutigen Form des gedruckten Wortes auf die Renaissancegefilde südlich der Alpen bezieht.

Da sich Gutenbergs Erfindung des Mobilletterndrucks sogleich in ihren Anfängen als technisch überaus ausgereift zeigt und Veränderungen bis ins neunzehnte Jahrhundert hinein stets nur graduell, aber nicht mehr prinzipiell erfolgen sollten, mußte dessen Weiterentwicklung insbesondere der Gestaltung des gedruckten Buches gelten. Die ersten gedruckten Bücher lehnten sich überaus stark an das Vorbild der Handschriften an, was die Gestaltung der Seite, deren spätere Illuminierung und vor allem die gewählte Druckschrift betrifft. So mußte es in der weiteren Entwicklung darum gehen, nicht – wie im Falle des »Gutenbergschen Schriftsystems« – das neue Medium der bestehenden Schrift anzupassen, sondern die Schrift dem neuen Medium. So kam es zu einer Entwicklung, die sich verhängnisvoll aufspalten und auf deutschem Boden in einen fatalen Irrweg führen sollte.

Im Sinne der später von dem Künstler Vasari eingeführten Bezeichnung »Gotik« für jenen Stil, der die Linien brach und sie miteinander verschlingen ließ und der daher der von der Renaissance angestrebten Klarheit und Offenheit fundamental widersprach, ein künstlerischer Stil, den Vasari daher als barbarisch, als »gotisch« eben, titulierte – in diesem Sinne hatte man sich schon im Italien des vierzehnten Jahrhunderts von der gotischen Schriftform zu lösen begonnen. Auf der Suche nach einer klar lesbaren Schrift griff man auf die geschichtlichen Vorbilder zurück, auf die Antike, wie man meinte, und schuf die *littera antiqua,* Vorbild aller heute gebrauchten Schriften. In der Verehrung der antiken Kultur, deren als Original angesehene literarische Werke meist aus dem frühen Mittelalter stammten, bezog man sich auf die Schrift dieser Werke und damit auf die aus dem altrömischen Beispiel entwickelte karolingische Minuskel. Niccolò Niccoli hieß der bekannteste unter den Gelehrten, die sich um die Entwicklung der humanistischen Schrift verdient machten. Nicolaus Jenson und Aldus Manutius lauten schließlich die Namen jener beiden Druckerpersönlichkeiten, die

Quare multarum quoq; gentium patrem diuina oracula futurũ:ac in
ipſo benedicẽdas oẽs gentes hoc uidelic& ipſum quod iam nos uideũs
aperte prædictum eſt:cuius ille iuſtitiæ perfectioẽm non moſaica lege
ſed fide cõſecutus eſt:qui poſt multas dei uiſiones legittimum genuit
filium:quem primum omnium diuino pſuaſus oraculo circũcidit:&
cæteris qui ab eo naſcerẽtur tradidit:uel ad manifeſtum multitudinis
eorum futuræ ſignum:uel ut hoc quaſi paternæ uirtutis iſigne filii re-
tinẽtes maiores ſuos imitari conaret̃:aut qbuſcũq; aliis de cauſis. Non
enim id ſcrutãdum nobis modo eſt. Poſt Habraam filius eius Iſaac in
pietate ſucceſſit:fœlice hac hæreditate a parẽtibus accæpta:q uni uxori
coniunctus quum geminos genuiſſet caſtitatis amore ab uxore poſtea
dicitur abſtinuiſſe. Ab iſto natus ẽ Iacob qui ꝓpter cumulatũ uirtutis
prouẽtum Iſrael etiam appellatus eſt duobus noĩbus ꝓpter duplicem
uirtutis uſũ. Iacob eĩm athletã & exercẽtem ſe latine dicere poſſumus:
quam appellationẽ primũ habuit:quũ practicis operatioĩbus multos
pro pietate labores ferebat. Quum autẽ iam uictor luctando euaſit:&
ſpeculationis fruebat̃ bonis:tũc Iſraelem ipſe deus appellauit æterna
premia beatitudinẽq; ultimam quæ in uiſione dei conſiſtit ei largiens:
hominem enim qui deum uideat Iſrael nomen ſignificat. Ab hoc.xii.

Mit dieser klar lesbaren Schrift (aus Eusebius' *»De praeparatione evangelica«*) schuf der in Venedig tätige französische Buchdrucker Nicolaus Jenson ein Urbild für die heute weltweit verwendete Antiqua.

in Venedig für immer diese humanistische Schrift vorbildlich in die Form des Buchdrucks überführten.

Während bis zum Ende des sechzehnten Jahrhunderts alle wichtigen (west-)europäischen Länder die Antiqua übernommen hatten und ihr bedeutende Variationen gaben – darunter Frankreich an erster Stelle –, sollte die Schriftentwicklung in Deutschland ihren gotischen Ursprung nicht abstreifen können. So bildete sich eine eigene nationale Tradition heraus, die sich nicht von der gebrochenen Schriftlinie zu lösen vermochte und die über die Form der Schwabacher zur Fraktur führte, eine Tradition, die sich an eine vermeintlich »deutsche« Schrift klammerte. Obgleich immer wieder Stimmen zu vernehmen waren, die sich gegen die Fraktur aussprachen, so etwa Jacob Grimm, nach dem diese Schrift »nicht nur die schriftzüge möglichst verhunzt, sondern auch den kindern das schreiben, dem leser das lesen erschwert und längst schon hätte aufgegeben werden sollen«[2] – die Fraktur behielt ihre Stellung als »deutsche Schrift« bei. Das Schicksal der Fraktur sollte sich am Ende in gräßlicher Ironie besiegeln, als die Herren des »Tausendjährigen Reiches« diese Schrift als »arteigen« propagierten, sie nach ihrer Machtergreifung obligatorisch machten, ehe man auf ihren vermeintlich »jüdischen« Ursprung stieß und die Fraktur im Jahre 1941 als »Schwabacher Judenlettern« verbot. Erst auf diese groteske Weise sollte Deutschland auf eben den Schriftweg gebracht werden, den das übrige Europa bereits seit Jahrhunderten eingeschlagen hatte.

Allein die Kürze der Zeit, noch vor dem Ende des fünfzehnten Jahrhunderts, in der die wichtigsten Antiqua-Schriften geschaffen wurden, zeugt von der überragenden Bedeutung, die der Buchdruck bis dahin eingenommen hatte. So lassen sich noch aus dem fünfzehnten Jahrhundert seitenweise Lobeshymnen auf diese neue Kunst aufreihen. Stellvertretend für viele ähnliche Lobpreisungen heißt es etwa bei dem humanistischen Historiker Polydorus Vergilius – wie er um das Jahr 1500 anläßlich einer Bibliotheksgründung schrieb –, daß zwar die Gründung jener Bibliothek ein großes Geschenk für die Menschen sei, jedoch in keiner Weise an das Geschenk heranreiche, das seine Generation erhalten habe: »die neue Art zu schreiben«. Emphatisch fährt Vergilius fort: »Wird doch an

gen würde, fand ich ſo viele Widerreden keineswegs ver-
drießlich; aber daran hatte ich nicht gedacht, daß mir durch
teilnehmende wohlwollende Seelen eine unleidliche Qual
bereitet ſei; denn anſtatt daß mir jemand über mein Büch-
lein, wie es lag, etwas Verbindliches geſagt hätte, ſo wollten
ſie ſämtlich ein für allemal wiſſen, was denn eigentlich an
der Sache wahr ſei? worüber ich denn ſehr ärgerlich wurde,
und mich meiſtens höchſt unartig dagegen äußerte. Denn
dieſe Frage zu beantworten, hätte ich mein Werkchen, an
dem ich ſo lange geſonnen, um ſo manchen Elementen eine
poetiſche Einheit zu geben, wieder zerrupfen und die Form
zerſtören müſſen, wodurch ja die wahrhaften Beſtandteile

gen würde, fand ich ſo viele Widerreden keineswegs verdrieß-
lich; aber daran hatte ich nicht gedacht, daß mir durch teilneh-
mende wohlwollende Seelen eine unleidliche Qual bereitet ſei;
denn anſtatt daß mir jemand über mein Büchlein, wie es lag,
etwas Verbindliches geſagt hätte, ſo wollten ſie ſämtlich ein für
allemal wiſſen, was denn eigentlich an der Sache wahr ſei?
worüber ich denn ſehr ärgerlich wurde, und mich meiſtens höchſt
unartig dagegen äußerte. Denn dieſe Frage zu beantworten,
hätte ich mein Werkchen, an dem ich ſo lange geſonnen, um ſo
manchen Elementen eine poetiſche Einheit zu geben, wieder zer-
rupfen und die Form zerſtören müſſen, wodurch ja die wahr-
haften Beſtandteile ſelbſt, wo nicht vernichtet, wenigſtens zer-

Dieser Vergleich zwischen einer Antiqua- und Frakturschrift sollte eigentlich als *ein* Argument für die Überlegenheit der »deutschen Schrift« dienen, die kürzer laufe und in diesem Beispiel daher eine Zeile Text mehr ergibt.

einem Tag von einem Menschen so viel Schriftliches gedruckt, wie kaum in einem Jahr mehrere schreiben könnten. Zufolgedessen ist eine so große Menge Bücher aller Wissensgebiete auf uns eingeströmt, daß es kein bedeutenderes Werk mehr geben wird, das ein Mensch, und wäre er mit dem Geld noch so knapp dran, vermissen müßte. Hinzu kommt noch, daß die Erfindung des Buchdrucks sehr viele griechische wie lateinische Autoren für alle Zukunft vor der Gefahr des Untergangs bewahrt hat.«[3] Es finden sich in dieser Passage jene vier Motive zusammengefaßt, die von den Zeitgenossen der (mit dem Mobilletterndruck) beginnenden Neuzeit stets aufs neue vorgebracht wurden, nämlich die außerordentliche Geschwindigkeit in der Herstellung von Büchern, deren damit einhergehende Verbilligung, der folglich wesentlich erleichterte Zugang zu Literatur und die zukünftige Sicherung des geschriebenen Menschheitserbes. Wenn an einem Tag von einem Menschen so viel Schriftliches gedruckt wurde, wie kaum in einem Jahr mehrere schreiben könnten, so spiegelt die Aussage des Vergilius die Tatsache wider, daß ein einzelner Kopist in einem Jahr etwa die ganze Bibel abschreiben konnte, daß hingegen eine Handvoll Drucker und Setzer schon die erste gedruckte Bibel in höchstens drei Jahren in weit über hundert Exemplaren herzustellen in der Lage war. So wie ein Kopist am Tag etwa acht Seiten (Folio) abschreiben konnte[4], sollte bereits im ausgehenden fünfzehnten Jahrhundert ein Setzer am Tag wenigstens zwei Drucksätze fertiggestellt haben[5]. Noch zur Inkunabelzeit konnte dann ein einzelner Drucker am Tag mehrere hundert, gar bis zu tausendzweihundert Seiten durch die Presse gehen lassen.[6]

Wenn sich daher nach den Worten des Vergilius jemand auch dann ein Buch hätte verschaffen können, wäre er mit dem Geld noch so knapp dran gewesen, so sind diese Worte zwar stark übertrieben, da auch in den folgenden Jahrzehnten, ja Jahrhunderten das gedruckte Buch durchaus seinen Preis hatte, der auch einem Gelehrten ein gewissensschweres, vielfaches Pfennigdrehen abverlangen konnte; doch wird sich dieser Verfasser einer der ersten neuzeitlichen Enzyklopädien schlichtweg vor Augen geführt haben, welcher enorme Preisverfall für Bücher durch die Erfindung Gutenbergs eingesetzt hatte. So berichtet ein italienischer Bischof schon drei Jahre nach der Einführung des Buchdrucks in seinem Heimatland, daß der Kaufpreis der Bücher nunmehr weniger betrage, als man dereinst allein für das Binden habe ausgeben müssen[7]. Später fielen die Preise so stark, daß nicht nur die Kopisten an erster Stelle brotlos wurden, sondern auch viele der ersten Drucker selbst. Durch die massenhafte Produktion des Artikels Buch mußte das ganze bis dahin bestehende Preisgefüge ins Wanken geraten, ein Preisgefüge, an dem sich ja auch die ersten Drucker orientierten, ohne zu ahnen, wie schnell sie untereinander in Konkurrenz treten würden. So bezahlte etwa das Bamberger Domkapitel für ein Catholicon des Augsburger Druckers Günther Zainer im Jahre 1469 noch siebenundvierzig Gulden, den Gegenwert von dreizehn Ochsen oder das Jahreseinkommen eines fürstlichen Leibarztes. Etwa dreißig Jahre später kostete das gleiche Druckwerk die Bamberger Franziskaner sechzehn Gulden, also nur noch ein Drittel des ursprünglichen Preises. Als sich bis zur Jahrhundertwende der »Buchmarkt« etabliert hatte, läßt sich »im großen gesehen« feststellen, daß nunmehr »der Preis für einen Folioband je nach Umfang nur noch 1–3 Gulden betrug, gleichgültig, ob es sich um einen ausländischen Druckort handelte oder um einen Druckort des deutschen Sprachgebietes«[8].

Die Konkurrenz unter den Druckern, wie sie sich etwa in Venedig in der Vielzahl von allein eineinhalb Hundert Druckerwerkstätten äußerte, mußte wiederum dazu führen, daß nahezu jede Nachfrage befriedigt werden sollte, wenn sie nur eine genügend hohe Auflage garantierte. Für die Durchsetzung humanistischer Ideen bewahrheitete sich daher der Ausspruch des Polydorus Vergilius, daß die Erfindung des Buchdrucks sehr viele griechische wie lateinische Autoren für alle Zukunft vor der Gefahr des Untergangs bewahrt habe. Mit der Einführung des Buchdrucks mußte kein literarisches, philosophisches oder naturwissenschaftliches Werk der Antike mehr in irgendeinem Winkel einer Bibliothek unbeachtet und damit unbekannt bleiben, da der Druck dieser Werke allemal einen guten Gewinn versprach. So hatte Vergilius prinzipiell recht, daß es kein bedeutenderes Werk mehr gegeben habe, das ein Mensch hätte vermissen müssen.

War somit in Europa ein nicht mehr zu löschendes Licht des Geistes entzündet, so hat es – wie das Aufkommen einer revolutionären technischen Neuerung notwendig die Kritik der um des Konservativen besorgten Zeitgenossen mit sich bringen muß – auch nicht an kritischen Stimmen gefehlt, die sich gegen den Buchdruck aussprachen. Wie etwa heute bei einigen Autoren eine geradezu irrationale Angst vor dem Gebrauch des Computers als Schreibwerkzeug besteht, welcher angeblich das Schreiben »mechanisiere«, »maschinisiere« oder wie dergleichen Vorwürfe lauten, so suchte der mittelalterliche Mensch zunächst das seit Jahrhunderten bestehende System des Kopierens zu verteidigen, des Kopierens von Büchern als *ars artificialiter scribendi.* Daher weigerten sich etliche Persönlichkeiten noch über einige Zeit, in ihre Bibliotheken andere als handgeschriebene Bücher aufzunehmen.

Daß eine solche ablehnende Haltung im Grunde entweder nur der Unwissenheit über das neue Handwerk oder einer moralischen Versteifung auf das Althergebrachte entsprang, zeigt das Beispiel des Abtes Johannes Trithemius. Noch im Jahre 1494 veröffentlichte dieser bibliophile Mönch einen Traktat »Zum Lobe der Schreiber« *(»De laude scriptorum«),* worin er äußerst luftige Argumente gegen den als »papierene Angelegenheit« abqualifizierten Buchdruck sammelte, so vor allem gegen die Vergänglichkeit des in den Druckerwerkstätten meist verwendeten Papiers. (Wie die Ironie will, sollte in der heutigen Zeit dieses Problem in der Tat besorgniserregend akut werden, da inzwischen wegen langer Zeit verwendeter minderer Papiersorten ganze Bücherwände zu Staub zu zerfallen drohen.) Insgesamt erscheint sein Traktat wie eine verzweifelte Apologie auf die untergehende Arbeitswelt des mittelalterlichen Kopisten: »Ein von seinem Tun erfüllter Schreiber aber wird immer eine Aufgabe finden, durch deren Erledigung er sich Verdienst erwirbt. Er läßt nicht zu, daß er, in seiner Tätigkeit gelähmt, unter dem Drucker steht. Er ist ein freier Mann, und er wird sich freuen, seinen Dienst in Freiheit zu tun. Denn er ist nicht weniger als ein Drucker, daß er gar seine Beschäftigung aufgeben müßte – nur weil jener druckt.«[9] Derselbe Abt Trithemius sollte jedoch später zu den Apologeten des Buchdrucks zählen, als er nämlich mit dieser »wunderbaren Kunst« Bekanntschaft geschlossen hatte und mithin seine Angst vor dem neuen Handwerk in eine zeittypische, gleichsam religiöse Verehrung umschlagen mußte.

Wurzelte also eine Ablehnung des Buchdrucks, bezogen auf das Handwerk des Kopierens, in der Angst vor dem Verfall des Bestehenden und Bewährten, so spiegelt sich diese Angst auch im Ideellen, im Ideologischen wider. Einmal mehr läßt sich ein weiterer, entscheidender Kritikpunkt, wie er in seiner Bedeutung heute meist gar nicht wahrgenommen wird, im »Narrenschiff« des Sebastian Brant nachlesen. Dort beginnt gleich das erste Kapitel, das bezeichnenderweise »*Von unnutzen buchern*« überschrieben ist, mit den Worten:

»*Das jch sytz vornan jn dem schyff,*
Das hat worlich eyn sundren gryff [Kunstgriff, Kniff];
On ursach ist das nit gethan.
Uff myn libry [Bibliothek] *ich mych verlan.*
Von buechern hab ich grossen hort,
Verstand doch drynn gar wenig wort,
Und halt sie dennacht yn den eren,
das ich jnn wil der fliegen weren.«[10]

Brants Kritik geht also dahin, daß sich jemand zwar einen großen Besitz an Büchern verschafft, daß er aber deren Sinn nicht wirklich verstehen kann, ja daß er sich mit Büchern nur schmückt und von ihnen einzig die Fliegen verscheucht. Brant als der moralisierende Verteidiger der zerbrechenden feudalherrschaftlichen Gesellschaftsordnung mußte die Ausbreitung des Buchdrucks mit besonderer Skepsis beobachten, da doch nun das Wissen immer breiteren Volksschichten offenstand. Das Wissen im allgemeinen und das Herrschaftswissen im besonderen konnten nicht mehr in den Händen einiger weniger verbleiben, so daß der Buchdruck die bestehende Ordnung prinzipiell in Frage stellte. In diesem Sinne zielt Brants Kritik auf all die als Narren angesehenen Ungelehrten, die das Wissen zwar durch Bücher erwerben können, es jedoch nicht wirklich einzuordnen, anzuwenden oder umzusetzen wissen: »*Wer vil stu-*

Der Holzschnitt zum ersten Kapitel von Sebastian Brants »Narrenschiff« zeigt am Lesepult den gelehrten Narren, der mit seinem Wedel von den ihn umgebenden Büchern nur »der Fliegen wehrt«.

diert, würt ein fantast«[11], heißt es im selben Kapitel. (In der Tat lassen sich seine Einwände ausgerechnet auf jenen Mann und seine Tat beziehen, der nur vier Jahrzehnte nach der Erfindung des Mobilletterndrucks ausfuhr, um an den Hof des Großkhans von China zu gelangen und dabei »Amerika entdeckte«: Christoph Kolumbus. Dieser Sohn eines einfachen Wollwebers entspricht nämlich genau dem Typus des Brantschen Büchernarren, den das laienhaft studierte Wissen zum Phantasten machen muß. Denn Kolumbus hatte sich sein »Wissen« um den Westweg nach »Indien« im Grunde als büchergläubiger Autodidakt angeeignet, so daß seine Vorstellung von der Welt und seine Berechnungen von deren Größe von keinem Gelehrten überprüft und korrigiert worden waren. Nur durch Gutenbergs Erfindung war es einem einfachen Menschen wie Kolumbus überhaupt möglich geworden, gewissermaßen ein unkontrolliertes Selbststudium zu betreiben und so am Ende den Westweg von Europa nach China auf eine Ausdehnung von nur fünftausend Kilometern zu berechnen – während die Strecke doch in Wirklichkeit viermal so lang wäre, läge nicht der amerikanische Kontinent dazwischen. Sebastian Brant hätte Kolumbus in seinem Narrenschiff jedenfalls ganz vorn mitfahren lassen.) Der Buchdruck stellte die traditionelle Wissensübermittlung in Frage, wie sie vor allem in den Händen der Universitäten, der Klöster und Schulen lag. Mit dem Buch in der Hand konnte sich jeder Zeitgenosse seine eigene Meinung von dem Grund der Dinge machen, oder er konnte durch den Inhalt bestimmter Bücher zu einem anderen als dem offiziellen Bild der Dinge kommen. So überrascht es nicht, daß der Erfindung des Buchdrucks die Buchzensur auf dem Fuße folgte.

»Denn wer wird den Laien und ungelehrten Menschen und dem weiblichen Geschlecht, in deren Hände die Bücher der heiligen Wissenschaft fallen, das Verständnis leihen, den wahren Sinn herauszufinden?«[12], heißt es ganz im Sinne Sebastian Brants in einem Mandat des Erzbischofs von Mainz vom 22. März 1485. Bei diesem Schreiben handelt es sich allerdings um keine moralische Handreichung oder Ähnliches zum Umgang mit Büchern, sondern um ein handfestes Zensuredikt, eines der ersten in einer Kette folgender. Bezeichnenderweise beschränkte sich das Zensuredikt des Mainzer

Erzbischofs nur auf die Verbreitung und den Erwerb von Werken, »welche Wissenschaft Kunst oder Erkenntnis sie auch immer betreffen«[13], die ins Deutsche übersetzt wurden. Deutlich ist damit nicht nur die geistige, sondern auch die soziale Sprengkraft des gedruckten Buches dokumentiert, die alsbald in umfangreichem Maßstab durch weitere Zensurerlasse entschärft werden sollte. Im Jahre 1487 erging im Vatikan ein erstes Bücherverbot (in der Bulle »*Inter multiplices*«), gefolgt von weiteren Erlassen (so vor allem der Bulle »*Inter sollicitudines*« von 1515, wo ebenfalls die Übersetzung in die Volkssprache mit Strafe bedroht wird), die schließlich in den »*Index librorum prohibitorum*« aus dem Jahre 1559 mündeten, in das »Verzeichnis der verbotenen Bücher«, das erst in den siebziger Jahren dieses Jahrhunderts offiziell abgeschafft wurde. Die weltliche Macht schritt mit diesen Zensurmaßnahmen einher, und noch vor dem Ende des fünfzehnten Jahrhunderts setzte Kaiser Maximilian I. einen »Generalsuperintendenten des Bücherwesens« ein, womit die bis heute fortdauernde Geschichte staatlicher Zensurmaßnahmen beginnen sollte. (Eine Geschichte, die wohl allein durch die Kraft des Faktischen Historie werden wird, da doch die moderne Informationsvermittlung eine Zensur praktisch unmöglich macht.)

Wenn im übrigen eine der Begründungen für das Zensuredikt des Mainzer Erzbischofs lautete, »daß gewisse Menschen, verführt durch die Gier nach eitlem Ruhm oder Geld, die Kunst mißbrauchen und daß das, was den Menschen zur Kultivierung des Lebens geschenkt wurde, auf die Bahn des Verderbens und der Verfälschung gelenkt wird«[14], wenn demnach die Begründung für die Buchzensur unter anderem auf das Gewinnstreben »gewisser Menschen« geschoben wird, so mag man diesen Einlaß als rhetorische Finte abtun. Gleichwohl entbehrt der Hinweis auf »die Gier nach eitlem Ruhm oder Geld« nicht einer Grundlage. Denn bereits bei der Erfindung des Buchdrucks ging es ja um die einzigartige Ambivalenz des Mediums Buch, nämlich sowohl einen materiellen als auch einen ideellen Wert in sich zu vereinen, den Verkaufstisch sowohl als Ware wie auch als Ideenträger zu beschweren. Daher muß bei aller Preisung der Buchdruckerkunst nicht ausdrücklich ausgeführt werden, daß wie auch heute eine Vielzahl von Zeitgenossen mit ihrem

Geschäft anderes im Sinn hatten als aufzuklären. In seiner Ambivalenz von ideellem und materiellem Wert betrachteten sie das Buch weit eher unter letzterem Blickwinkel, so wie auch der Buchdruck-Erfinder schlicht unter dem Motiv, dem durchaus verständlichen, angetreten war, eine sprudelnde Einkommensquelle zu entdecken: »Nicht alle Drucker und Verleger des 15. Jahrhunderts waren gebildet genug oder verfügten über die nötigen gelehrten Beziehungen, um die Textvorlagen für ihre Arbeiten selbst beurteilen und von anderen prüfen lassen zu können, und viele von ihnen durften sich getroffen fühlen, als Sebastian Brant spottete: *die drucken alles, was man bringt.* Diese Sorglosigkeit führte gelegentlich zu besonders peinlichen Mißgriffen. So druckte man z. B. nach einem unvollständigen Manuskript, obwohl der Defekt aus der Vorrede zu sehen gewesen wäre, oder nach einer verhefteten Vorlage, oder nach Handschriften, denen die Illustration fehlte, auf die der Text verwies; konfuse Kollegheften, Sammelhandschriften, Texte mit sinnlosen Anhängen oder verkannten Nachträgen wurden ebenso kritiklos reproduziert wie etwa eine Mystifikation oder ein Autorkonzept, das denselben Text in verschiedenen Entwürfen zweimal hintereinander bot.«[15] Selbst ein Gutenberg zeigte ja, daß er in den meisten seiner Kleindrucke ignorant von einer Vorlage kopierte oder kopieren ließ, so wie auch die sechsunddreißigzeilige Bibel voller Satzfehler steckt, wenn etwa an einer Stelle der Setzer (und selbst ein möglicher Korrektor) inhaltlich den Schluß eines Satzes als solchen nicht erkannte. In der Tat tritt wieder einmal Sebastian Brant als Kronzeuge dieser Anklagen auf, bei dem sich in seinem notorisch moralisierenden »Narrenschiff« die Zeilen finden:

»*Falsch glouben und vil falscher ler*
Wachsen von tag zuo tag ye mer;
Dar zuo duont drucker yetz guot stür [steuern],
Wann man vil buocher würff jnns für,
Man brannt vil unrecht, falsch dar jnn.
Vil trachten alleyn uff gewynn;
Von aller erd sie buecher suochen,
Der correctur etlich wenig ruochen [kümmern].

Und die Folgen?

Uff groß beschisß vil ytz studyeren,
Vil drucken, wenig corrigyeren.
Sie luogen übel zuo den sachen,
So sie mennlin umb mennlin machen [identisch nachdrucken].
Sie duont jnn selber schad und schand.
Mancher der druckt sich uß dem land;
Die mag das schiff dann nym [nicht mehr] *getragen,*
Sie muessen an den narren wagen,
Das eyner tueg [tue] *den andern jagen.*«[16]

Mit der Erfindung des Mobilletterndrucks, mit dieser maschinengerechten Zerlegung von Sprache in ihre kleinsten Einheiten, den als Lettern verfertigten Buchstaben, wurde auch das Phänomen geboren, daß zur Wiedergabe von Geschriebenem *prinzipiell* keine Kenntnis dieses Geschriebenem mehr nötig war. Wie dies Sebastian Brant kritisierte, mußte ein ausschließlich auf den Gewinn trachtender Drucker dem Inhaltlichen keine große Aufmerksamkeit schenken, solange er nur fleißig »Männlein um Männlein machte«, also die Vorlage nur ihrer Form nach ein zweites oder ein weiteres Mal setzte. Durch diese Trennung von Form und Inhalt eines Buches, wie dies auch einem übermüdeten Kopisten kaum möglich gewesen wäre, konnte somit leicht jeder in den wissenschaftlichen Künsten Unbewanderte zum Verleger werden, wenn er nur erst die Technik korrekt beherrschte. Jedenfalls lag Brant mit seiner (natürlich vergeblichen) Kritik an aller »Dekadenz« seiner Zeit durchaus richtig. Die leichte Produktion und der leichte Zugang zu Geschriebenem mußten die mittelalterlich überkommenen Strukturen, sowohl gesellschaftlicher wie kommunikativer Art, verstärkt erschüttern.

Nur überblicksweise läßt sich im weiteren auf die Fragen eingehen, wie der Buchdruck das gesellschaftliche Leben in Europa beeinflußte.[17] Die Konsequenzen für den Lehrbetrieb insbesondere an den Universitäten lassen sich leicht erahnen, wenn doch das Medium Buch über einige Strecken die erstarrten Rezitationen der Gelehrten überflüssig machte. »Warum sollen alte Leute den Jüngeren vorgezogen werden, da es diesen doch nun durch fleißiges Studieren möglich ist, sich das gleiche Wissen zu verschaffen?«[18], heißt es entsprechend in einem Text des fünfzehnten Jahrhunderts. Selbst durch verschlossene Klostertore blies die Buchdruck-Erfindung einen frischen Wind. Allein durch die Tatsache, daß viele Abteien entweder selbst eine Druckerei einrichteten oder bald zu den wichtigsten Kunden von Druckerwerkstätten zählten, waren die Mönche in eine verstärkte Kommunikation mit der »Welt« gezwungen, deren Handel und Kommerz in der einen oder anderen Form auf sie zurückwirkte. Selbst Bereiche, die dem Buchdruck völlig fern zu stehen scheinen, erhielten Impulse, wenigstens wirtschaftlicher Art. So sei nur am Rande auf die Frage verwiesen, wie sich wohl allein die Bestellung jener Tausende Pergamentbögen, auf denen ja ein Teil der »Gutenberg-Bibel« gedruckt wurde, auf die Landwirtschaft bemerkbar gemacht haben mußte, wenn man bedenkt, daß aus der Haut eines Kalbes höchstens vier Bögen verfertigt werden konnten; oder wie wohl die Papiermühlen betroffen waren, die immer größere Mengen Hadern zur Papierherstellung benötigten, Hadern, welche ja doch von verschlissenen Kleidungsstücken stammten?

Vor allem die durch den Buchdruck erfolgte Normierung fast jeglicher gesellschaftlicher Bereiche ist ein noch kaum erforschtes Thema, eine Standardisierung, wie sie etwa, direkt bezogen auf das gedruckte Buch, folgendermaßen erlebt wurde: Als im Jahre 1485 das Regensburger Meßbuch zum ersten Mal auf der Buchdruckerpresse hergestellt wurde und die Geistlichen wie gewohnt die einzelnen Lagen mit der handschriftlichen Vorlage verglichen, »ergab es sich wie durch ein Wunder Gottes, daß in den Buchstaben, Silben, Wörtern, Sätzen, Punkten, Abschnitten und anderem, was dazu gehört, der Druck bei allen Exemplaren und in jeder Hinsicht mit den Vorlagen [...] unseres Domes übereinstimmte. Dafür danken wir Gott.«[19] Zu einer Zeit, da noch jeglicher Gegenstand im Grunde für sich angefertigt wurde und gewissermaßen Individualität besaß, kam ausgerechnet das Handwerk der Schriftvervielfältigung als eines der ersten daher, das eine absolute Identität der produzierten Ware gewährleisten konnte. Dieser von den Regensburger Mönchen so wundersam empfundene Vorgang bezieht sich allerdings nur auf das reproduzierte Buch in seiner materiellen Beschaffenheit. Insbesondere die Normierung der durch den Buchdruck vermittelten Informationen sollte jedoch die weitere Entwicklung bestimmen. Denn wer vermag auszumessen, wie etwa Verhaltens-, Denk- und Sprechweisen einander angeglichen wurden, wenn fortan in immer neuen Auflagen Wörterbücher, Modebücher, Gesundheitsbücher, Architekturbücher, Schriftbücher und Bücher zu allen nur denkbaren Themen veröffentlicht wurden, wie etwa allein Luthers Bibelübersetzung die deutsche Einheitssprache förderte? (Es versteht sich, daß durch die identische Produktion von Texten auch leicht Fehler absolut gesetzt werden konnten, wenn nämlich die Setzer und ebenso die Korrektoren in den Druckerwerkstätten unaufmerksam waren oder sowieso nur »Männlein« machten. So heißt es tatsächlich bei den zehn Geboten in einer englischen Bibelausgabe, der sogenannten »verruchten Bibel«: »Du sollst ehebrechen.«[20])

Andererseits mußte dadurch, daß Gelehrte in Disputationen ihre Erkenntnisse voranbrachten, der Wissensaustausch weniger häufig »zu Fuß« erfolgen. Bücher konnten nun in bisher unbekanntem Ausmaß die Stelle des Gesprächspartners ersetzen, und *diese* »Gesprächspartner« konnte man sich in großer Menge in seine eigenen vier Wände bestellen. Durch das folglich sehr erleichterte »Querlesen« eines Aristoteles, eines Averroes oder eines Wilhelm von Ockham, durch diesen Abgleich verschiedener Ideen mußten damit eine Korrektur und ein Fortschritt der Erkenntnisprozesse einhergehen, aller Normierung zum Trotz. Und trotz solch positiver Effekte auf den Wissens- und Erkenntniszuwachs führte der Buchdruck auch zu Entwicklungen, die dem »Fortschritt« eher hinderlich waren. So läßt sich neben aller aufklärerischen Literatur auch die zunehmende Verbreitung esoterischer Schriften feststellen, die überkommenes »mittelalterliches« Gedankengut wie den Horoskopglauben eines »Astronomischen Kalenders«, wie die Säftelehre der antiken Humoralpathologie und nicht zuletzt wie die fatale Menschen-, das heißt Frauenverachtung eines »Hexenhammers« erst recht verbreiten halfen. Die Erfindung des Mobilletterndrucks *ist* nicht der Beginn der Neuzeit, den er gleichwohl markiert. Die Durchsetzung neuer Ideen, neuen Wissens und neuer Kommunikationsstrukturen läßt sich nicht losgelöst betrachten. Das Zeitalter des fünfzehnten Jahrhunderts war gesellschaftlich noch viel zu sehr »mittelalterlich« bestimmt, als daß der Buchdruck diese Welt hätte überwinden können. Das Bewußtsein läßt sich eben nur vom Sein bestimmen, obgleich es diesem manchmal entscheidend auf die Sprünge zu helfen vermag, wie dies wohl unvergleichlich im Fall der Buchdruck-Erfindung geschah.

In diesem Sinne ist es nur zu bezeichnend, daß der Buchdruck *eine* Auseinandersetzung katalysierte, die das ausgehende Mittelalter entscheidend bestimmte, die religiöse Auseinandersetzung um den christlichen Alleinvertretungsanspruch auf Erden, wie er sich im Papsttum manifestierte. Nur durch die Verbreitung des Buchdrucks ist die rasante Verbreitung der reformatorischen Ideen zu erklären. (Dabei fand eine Entwicklung im Vorfeld der Reformation, nämlich die massenhafte Verbreitung von Ablaßbriefen, die für Luther am deutlichsten die moralische Verkommenheit der Papisten ausdrückten – fand selbst eine solche Entwicklung wiederum nur in der Buchdruck-Erfindung ihren Antrieb.) Gleichwohl darf auch vor diesem Hintergrund nicht vergessen werden, daß so, wie die Reformation den Buchdruck für sich benutzte, auch die katholische Kirche ihre Propaganda in großen Massen drucken ließ. So kam es durch Gutenbergs Erfindung zunächst einmal zu einer immensen Verbreitung religiöser Informationen, wodurch alles andere als geholfen war, die Neuzeit einzuleiten.

Abgesehen von allen offensichtlich gesellschaftlichen Veränderungen im Gefolge der Buchdruck-Erfindung betrifft eine entscheidende Veränderung das schwer greifbare Phänomen des Kognitiven im menschlichen Denken und Handeln. Mit der Einführung des Buchdrucks mußte sich etwa das Gedächtnisvermögen des Menschen komplett wandeln. Es galt nicht mehr notwendigerweise, »Wissen« im Kopf parat zu haben, sondern zu wissen, wo – in welchem Buch – man es sich verschaffen konnte; ja, es läßt sich gar ein Wandel vom »Ohr« zum »Auge« feststellen, von einer auditiven Informationsvermittlung hin zu einer visuellen. Diese Entwicklung wurde noch verstärkt durch die Erfindung des Holzschnittdrucks und insbesondere des – mit der Erfindung des Mobilletterndrucks einhergehenden – Kupferstichs, als das kommentierte »Bilderbuch« zum entscheidenden Informationsträger avancierte, mit allen seinen Folgen einer nur imaginierten Welt. Und was nun solche Prozesse angeht, da man die Umwelt verstärkt durch den Zerrspiegel des Buches betrachten konnte, so lassen sich dazu Parallelen zur so gänzlich verschiedenen heutigen Zeit ziehen. So wie sich die Kommunikationsstrukturen der Menschen grundlegend änderten, als sich zunächst die Sprache entwickelt hatte, als dann die Sprache in der Form von Schrift dauerhaft fixiert und diese Schrift in Europa gar auf wenige Lauteinheiten reduziert werden konnte und als schließlich durch Gutenbergs Erfindung die maschinelle Verbreitung der Schrift möglich wurde, so sehr vollzieht sich an der Wende zum dritten Jahrtausend eine Umwälzung der traditionellen kommunikativen und kognitiven Prozesse. Im Gefolge der Entwicklungen auf dem Gebiet der Mikroelektronik entsteht eine neue Situation, da nicht nur wahrlich gigantische Datenmengen jederzeit »griffbereit« zur Verfügung stehen, sondern die mikroelektronische Steuerung dieser Datenmengen neue Welten gebiert. Was werden der Blick in einen Karteikasten und der anschließende Gang zu einem Regal voller Aktenordner bedeuten gegen die sprachliche Verständigung mit einer computergestützten Datenbank! Was wird die Suche nach Informationen über psychologische Probleme der Vereinsamung bedeuten, was das Blättern in Fachbüchern und das Wälzen solcher Schinken gegen den Aufruf aller notwendigen Informationen am Heimmonitor! Was wird das Lesen eines Romans bedeuten, verbunden mit der Provokation eigener Phantasien, gegen das zukünftige Eintreten in so künstliche wie virtuell-reale Cyberspace-Welten, verbunden mit der Schaffung einer elektronischen, seh-, hör- und fühlbaren Wirklichkeit!

Die Einführung einer Schrift (und deren massenhafte Verbreitung durch den Buchdruck) verändert die kommunikativen Prozesse unter den Menschen so grundlegend, daß etwa der Sprachwissenschaftler Tzvetan Todorov so weit geht, die Eroberung Amerikas durch einige Haufen Spanier aus deren »Überlegenheit« in der zwischenmenschlichen Kommunikation zu erklären. Die Indianer hätten in zyklischen Zeitbegriffen gedacht und gelebt, einhergehend mit einer regelrechten Überdeterminierung ihrer Gesellschaft, während die Europäer auf der Basis einer zeitlich linearen Denkweise handelten, die ihnen eine rasche, rationale Interpretation der sie umgebenden Welt ermöglicht habe. Wenn mithin Todorov die europäische Eroberung Amerikas daraus erklärt, »daß sich die westliche Zivilisation unter anderem dank ihrer Überlegenheit im Bereich der menschlichen Kommunikation durchgesetzt hat«[21], so führt ihn diese Erkenntnis zu der Schlußfolgerung, »daß es eine Evolution in der ›Technologie‹ der Symbolik gibt; diese Evolution kann man der Einfachheit halber auf das Auftreten der Schrift reduzieren«[22]. Wenn man dabei Todorovs Erklärungsweg zur Conquista Amerikas auch nicht zu Ende mitgehen muß, so bleibt doch die Behauptung bestehen, daß der Entwicklungsstand von Kommunikationsstrukturen in der Tat über Wohl und Wehe des Menschen entscheiden kann.

Angesichts solcher Prozesse (die ja Gutenbergs Erfindung ursächlich beeinflußte) mag man nun trefflich darüber spekulieren, welche revolutionären Änderungen im zwischenmenschlichen Verhalten heraufbeschworen werden, wenn nicht nur in der Kommunikation von Mensch zu Buch, sondern auch von Mensch zu Mensch an letzter Stelle eine digitalisierte Maschine tritt. Die Gefahren einer solchen Entwicklung liegen auf der Hand. Es soll allerdings nicht moralisierend auf einen heutigen Kulturverfall verwiesen werden, da sich die ethischen Normen des menschlichen Zusammenlebens nicht absolut setzen lassen. Wenn man sich gleichwohl wenigstens auf das Axiom versteigen möchte, daß die Freiheit des Menschen nur in der Freiheit seiner Individualität begründet liegen kann, dann allerdings birgt die Entwicklung der Computertechnologie etliche Gefahren, in Richtung auf Normierung, Überwachung und Manipulation des einzelnen. Bücher jedenfalls, deren Bedeutung aus der Weitergabe von Informationen herrührt, wie diese verstärkt auf anderen, elektronischen Wegen vermittelt werden, Bücher noch dazu, die in der Tradition Gutenbergs stehen, werden in der zukünftigen, absolut informationsgesättigten Gesellschaft mehr und mehr zu einem Anachronismus verkommen.

Name und Bedeutung des Johannes Gutenberg werden gleichwohl bleiben, ist seine Person doch längst zum Synonym für *den* Buchdruck geworden. Ein solches Bild hatte durchaus erst geschaffen werden müssen, nachdem schon einige Dutzend Jahre nach dem Ableben des Meisters nicht mehr nur »Gutenberg« als Buchdruck-Erfinder galt. Für das fünfzehnte Jahrhundert allerdings lassen sich noch klare Aussagen verschiedener Zeitgenossen anführen, die in Gutenberg den Urheber jener so rühmenswerten Buchdruckerkunst sahen. So schrieb im Jahre 1472 das erste und entscheidende Loblied auf den Buchdruck-Erfinder Johannes Gutenberg der Pariser Rhetorik-Professor Guillaume Fichet: »Ich spreche von der Wiederbelebung der humanistischen Studien! Ein großes Licht, das – wie aus den Flanken des Trojanischen Pferdes – nach allen Richtungen ausstrahlt, wird diese Studien wiederbeleben, dank der neuen Buchhersteller aus Deutschland. Es wird erzählt, daß in der Nähe der Stadt Mainz ein gewisser Johannes, mit dem Beinamen *Bonemontanus* [Gutenberg], lebte, der als Allererster die Kunst des Buchdrucks erfunden hat, die es ermöglicht, Bücher nicht mit dem Schreibrohr (wie es die Alten taten) und nicht mit der Feder (wie wir es tun), sondern mit Metallbuchstaben schnell, korrekt und schön herzustellen [...] Dieser *Bonemontanus* hat etwas Göttliches erfunden, denn mit seinen in Erz gegossenen Lettern kann alles, was man denkt und sagen will, sofort geschrieben, abgeschrieben und der Nachwelt überliefert werden.«[23] Zwar erscheint der Vergleich mit dem Trojanischen Pferd etwas unpassend, da ja der Buchdruck nicht zur heimlichen Überrumpelung erfunden wurde; aber auf jeden Fall nennt Fichet deutlich und allein Johannes Gutenberg als den Erfinder des Buchdrucks, Fichet, der die ersten deutschen Drucker nach Frankreich berufen hatte und der sicherlich die zu seiner Zeit »gültige« Version über jene »göttliche« Erfindung vernommen hatte.

Im sechzehnten Jahrhundert war bereits große Verwirrung um den Urheber der Erfindung eingetreten, hervorgerufen nicht nur durch die »dreisten Lügen«[24] des Johannes Schöffer über seinen Vater als den Buchdruck-Erfinder. Auch andere Personen hatten ihren Teil dazu beigetragen, daß Bedeutung und Name Gutenbergs regelrecht verwaschen wurden, darunter ursächlich Jakob Wimpfeling.

Dieser so bedeutende Humanist schrieb im Jahre 1508 – nachdem er drei Jahre zuvor von dem Buchdruck-Erfinder Gutenberg als einem Straßburger ausgegangen war –, daß in Mainz ein von ihm nicht benannter Straßburger und ein gewisser Gensfleisch im Hause eines Gutenberg den Buchdruck zur Vollendung geführt hätten, womit die Verwirrung um einen Gensfleisch, Gutenberg, Schöffer und Fust oder gar Faust vollkommen war. Gleichwohl ging man bis ins achtzehnte Jahrhundert hinein meist davon aus, Johannes Fust habe den Buchdruck erfunden. So sah noch Johann Christoph Gottsched auf der Säkularfeier im Jahre 1740 Fust als den Erfinder des Mobilletterndrucks an, während Gutenberg nur dessen Geselle gewesen sei. Selbst noch einhundert Jahre später verfaßte Franz Grillparzer die Verszeilen: »Du lichte schwarze Kunst, / Ob Gutenbergs, ob Fausts, / War man mit Recht im Zweifel, / Denn halb stammst du von Gott / Und halb hat dich der Teufel«[25], worin er die Faust-Sage noch immer mit der Buchdruck-Erfindung vermengte, und dies zu einer Zeit, als Johann David Köhler seine »Ehren-Rettung Johann Guttenbergs« längst veröffentlicht hatte.

Mit dem Beginn der seriösen Wiegendruck-Forschung am Ende des neunzehnten Jahrhunderts sollte auch der erbitterte Streit um den Anteil Gutenbergs an der Buchdruck-Erfindung beginnen, ein Streit, wie er sich vor allem an der »Coster-Legende« entzündete. Je entschiedener man in dieser Auseinandersetzung seine Argumente in die Waagschale warf, desto mehr Gewicht mußte Gutenbergs Persönlichkeit zukommen, über den sich mithin jeder kritische Blick gleichsam verbot. Da der Name »Gutenberg« im Zeitalter des nationalen Imperialismus außerdem als Ausweis für Deutschlands kulturelle Bedeutung herhalten mußte, wurde Gutenberg obendrein in seiner »deutschen Größe« herausgestellt – herausgestellt als Vertreter und Verbreiter von Kultur natürlich erst recht in der Herrschaftszeit der schlimmsten deutschen Menschen- und Kulturschlächter, die Bücher nicht nur verboten, sondern sogleich vernichteten und ihre Verfasser möglichst dazu, dies unter den teilnahmslosen Blicken und mit gar helfenden Griffen so vieler Gutenberg-Verehrer, die ihren verehrten Meister gleichwohl unbeschadet als deutsches Genie bis in die Gegenwart gerettet haben.

Nachwort

Gutenberg ein vorwärtsgewandter, moderner Mensch, jemand, der dem Geist der Aufklärung ein Lichtlein entzünden wollte, der nur das Große, Schöne zu schaffen beabsichtigte? Mitnichten. Was immer man als Antriebe gelten läßt, idealistische, nationalistische: Das Bild des hehren Geistesmenschen Gutenberg ist erst Jahrhunderte nach seinem Tod geschaffen worden; und es ist – mehr oder weniger intakt – bis heute bewahrt geblieben.

Daß die Persönlichkeit des Buchdruck-Erfinders als so makellos, rein und tugendhaft porträtiert werden konnte, liegt sicher an der unbefriedigenden Quellenlage zu seinem Leben. Derart lückenhaft ist seine Biographie überliefert, daß manchmal aus einem einzigen dokumentierten Beleg (wie *»yezunt nit inlendig«* zu sein) auf ganze Lebensabschnitte geschlossen werden muß. Dies erklärt jedoch nicht, warum noch heute dieses bestimmte Bild von Gutenberg besteht, das des Geniemenschen, der – nur dem Ideellen zugewandt und den schnöden Mammon verachtend – alles für seine Erfindung gegeben habe, um doch am Ende so schnöde betrogen zu sein. Dieses Bild entstand erst in den Köpfen all jener, die das »Segensreiche« des Buchdrucks notwendig auf dessen Erfinder übertragen sehen wollten. Wahre »Kombinationskünstler« haben dabei das Kunststück fertiggebracht, die Biographie des verehrten Meisters nicht nur zu entstellen, sondern in ihr Gegenteil zu verkehren.

Denn das Gegenteil eines Idealisten war Gutenberg. Der Mainzer hat als verschlagener Geschäftsmann zu gelten, der sich stets, wenn nötig rücksichtslos, seinen materiellen Vorteil zu verschaffen suchte. Geschäftliches in großem Maßstab bestimmte sein Leben. In diesem Sinne gab er sich zwar Neuem hin, blieb jedoch gesellschaftlich dem Alten verhaftet. Als adeliges Kind der Zeit zählte er zu den Streitsüchtigsten seiner Klasse, so unversöhnlich, daß er sich in der Auseinandersetzung zwischen Patriziern und Zünftlern möglicherweise mit seinem eigenen Bruder überwarf – und er durch diesen Streit schließlich die Freiheit seiner Heimatstadt hinzugeben half. Selbst im (modernen) Hinblick auf seinen Charakter ist Gutenberg in keiner Weise geeignet, positiv herausgestellt zu werden. Immerhin verhaftete er eigenmächtig und eigenhändig den Mainzer Stadtschreiber Nicolaus von Werstad und gab ihn erst nach gerichtlicher Aufforderung wieder frei, überzog er den ehrsamen Schottenlawel öffentlich mit schlimmsten Schmähworten, brach er der Adeligen Ennel von der Iserin Türe das Eheversprechen. Hitzköpfig, lärmend und rabiat muß er aufgetreten sein. Vorbild einer tugendhaften Persönlichkeit war Gutenberg gewiß nicht.

Was schließlich die mit seinem Namen verbundenen Druckwerke angeht, insbesondere die »Gutenberg-Bibel«, so können auch diese in der Einschätzung nicht absolut gesetzt werden: Aus der Schönheit der ersten Mainzer Wiegendrucke hat man ja wieder auf Gutenbergs Schönheitssinn geschlossen und umgekehrt. Dabei hat man sich in seinem Urteil derart verstiegen, daß in der Forschung wegen etlicher »minderwertiger« Drucke gar ein »unbekannter Drucker« erfunden wurde: und man als Resultat dieser Betrachtungsweise im übrigen ein verheerendes Bild von seinen Partnern Fust und Schöffer entworfen hat. Trotz (oder wegen) seiner umwälzenden Erfindung blieb Gutenberg in »künstlerischen« Dingen ein Nachahmer, wie er ja auch in allen übrigen Dingen dem Überkommenen verhaftet war.

So bleibt als Fazit der Verweis auf den Beginn dieser Darstellung, auf die Vorbemerkung und den dort erwähnten Vergleich zwischen Gutenberg und Kolumbus, diesen beiden historisch so heroisch herausgehobenen Persönlichkeiten. Wenn ebenfalls auf Kolumbus stets jener sinngemäße Ausspruch übertragen wurde, wie ihn Ruppel auf Gutenberg bezogen hat, er habe die Welt aus ihren verrosteten Angeln heben wollen, so lassen sich die beiden Heroen in dieser Hinsicht tatsächlich miteinander vergleichen, daß nämlich, ins Gegenteil gewendet, beide *nichts* dergleichen im Sinn hatten. Wie Kolumbus wollte auch Gutenberg nicht ein modernes Zeitalter einleiten, sondern ein altes, sein eigenes Zeitalter auf seine Art vorantreiben. Beiden Entdeckern fehlte eben die Eigenschaft, die ihnen später immer wieder angehängt wurde: das geniale Vorausschauen in Zeiten, die sie angeblich einzuleiten beitragen wollten. Gutenberg hatte weder bedacht, wie die Konsequenzen seiner Erfindung aussähen, noch suchte er seine Erfindung in einem modernen Sinne umzusetzen. Er blieb den überkommenen Anschauungen seines Zeitalters verhaftet – nicht nur, weil er etwa als Patrizier für überholte gesellschaftliche Rechte kämpfte, sondern auch, weil er trotz seiner revolutionären Erfindung deren Potenz nicht zu erkennen vermochte, er lediglich überkommene Inhalte massenhaft verbreitete und dem Vorbild der überlieferten Handschriftentechnik verhaftet blieb. Auch der Erfinder des Mobilletterndrucks half eher, ein Zeitalter abzuschließen als ein neues zu eröffnen.

Gutenberg-Vita: Die gesicherten Lebensstationen

1399–1405 (1408)	Gutenberg wird als Mainzer geboren.
– 1430	Hält sich auf jeden Fall 1420 und 1427/28 in Mainz auf.
1430	Ist aus Mainz »ausgefahren«.
1434–1444	Lebt in (der Nähe von) Straßburg und leitet verschiedene Geschäftsgemeinschaften, die auch mit dem »Drucken« zu tun haben.
1448–1457	Lebt in Mainz, hat eine Geschäftsgemeinschaft gegründet und druckt die Bibel.
1465	Der Mainzer Erzbischof sichert sein Auskommen.
1468	Gutenberg wird nach seinem Tod in Mainz beigesetzt.

Anmerkungen

Abkürzungen der wichtigsten zitierten Werke:

Hegel 17 = Carl Hegel: Die Chroniken der Mittelrheinischen Städte; Mainz. Bd. 17. Leipzig 1881

Hegel 18, 1 = Carl Hegel: Die Chroniken der Mittelrheinischen Städte; Mainz. Bd. 18. 1. Abt. Leipzig 1882

Hegel 18, 2 = Carl Hegel: Die Chroniken der Mittelrheinischen Städte; Mainz. Bd. 18. 2. Abt. Leipzig 1882

Kapr = Albert Kapr: Johannes Gutenberg; Persönlichkeit und Leistung. Leipzig 1986

Ruppel = Aloys Ruppel: Johannes Gutenberg; Sein Leben und sein Werk. Nieuwkoop 1967 [unveränderter Neudruck der Ausgabe von 1947]

Schenk = Gustav Freiherr Schenk zu Schweinsberg: Genealogie des Mainzer Geschlechtes Gänsfleisch. In: Otto Hartwig (Hrsg.): Festschrift zum fünfhundertjährigen Geburtstag von Johann Gutenberg. Mainz 1900. S. 80–162

Schorbach = Karl Schorbach: Die urkundlichen Nachrichten über Johann Gutenberg. In: Otto Hartwig (Hrsg.): Festschrift zum fünfhundertjährigen Geburtstag von Johann Gutenberg. Mainz 1900. S. 163–319

Widmann = Hans Widmann (Hrsg.): Der gegenwärtige Stand der Gutenberg-Forschung. Stuttgart 1972

Abkürzungen zitierter Periodika:

A = Aus dem Antiquariat
AGB = Archiv für Geschichte des Buchwesens
GJ = Gutenberg-Jahrbuch
PBSA = *The Papers of the Bibliographical Society of America*
WNB = Wolfenbüttler Notizen zur Buchgeschichte
ZB = Zentralblatt für Bibliothekswesen

Vorbemerkung

1 Andreas Venzke: Der »Entdecker Amerikas«; Aufstieg und Fall des Christoph Kolumbus. Zürich 1991
2 Aloys Ruppel: Johannes Gutenberg und Christoph Columbus; Die Väter der Neuzeit. Mainz 1964. S. 5
3 Aloys Ruppel: [A. a. O.] S. 5
4 Siehe etwa: Aloys Ruppel: Johannes Gutenberg und sein Werk. Mainz 1940. S. 7. – Ders.: Die Erfindung der Buchdruckerkunst und die Entdekkung Amerikas. Mainz 1948. S. 3. – Ders.: Wer war der wirkliche Erfinder der Buchdruckerkunst? Mainz 1964. S. 11
5 Ruppel. S. 10
6 Sebastian Brant: Das Narrenschiff. Tübingen 1968. S. 311

Einleitendes und Grundsätzliches

1 Aloys Ruppel: Johannes Gutenberg und sein Werk. Mainz 1940. S. 9
2 Christian Heinrich Kleukens: Die Kunst Gutenbergs. Mainz 1951. S. 7/8
3 Ruppel. S. 11
4 Gustav Milchsack: Gutenberg, sein Leben und seine Erfindung. Wolfenbüttel 1900. S. 5
5 Friedrich Adolf Schmidt-Künsemüller: Gutenbergs Schritt in die Technik. In: Widmann (Hrsg.). S. 122
6 Kapr
7 Siehe: Ludwig Falck: Archivalische Quellen zu Leben und Werk Gutenbergs im Stadtarchiv Mainz. In: GJ 1983. S. 16–18
8 Kapr. S. 78. Im Original lautet der Satz: »*Und soll Gutenberg fürbas* [weiterhin!] *von desz wercks und gemeinschafft wegen mit Andres Dryzehen all nützit* [überhaupt nichts] *zu tun noch zu schaffen haben.*« (Schorbach. S. 209)

Eine unbekannte Kindheit und Jugend in Mainz

1 Ludwig Falck: Mainz im frühen und hohen Mittelalter. Düsseldorf 1972. S. 119
2 Enea Silvio Piccolomini: Deutschland; Der Brieftraktat an Martin Mayer. Köln 1962. S. 93
3 Zitat aus: Ludwig Falck: [A. a. O.]. S. 160
4 Zur Ahnenfolge siehe: Schenk
5 »*frilo dict rafit ciwes de magucia*«. Schenk. S. 83
6 »*frilo dci zv dem eselwerk*«. Schenk. S. 87
7 Albert Haemmerle: Das Rätsel um das Wappen Johannes Gutenbergs. In: GJ 1971. S. 31–35
8 Hellmut Rosenfeld: Gutenbergs Wappen, seine Entstehung und die angeblichen jüdischen Ahnen Gutenbergs – zugleich ein Beitrag zur Namen- und Kulturgeschichte des ausgehenden Mittelalters. In: GJ 1974. S. 35–46
9 Heinz F. Friederichs: Der »Schotte« in Gutenbergs Wappen und der aztekische Pochteca als Analogon. In: GJ 1973. S. 100–104
10 Heinz F. Friederichs: [A. a. O.]. S. 103
11 Heinz F. Friederichs: [A. a. O.]. S. 104
12 Hellmut Rosenfeld: [A. a. O.]. S. 39
13 Schenk. S. 91/92
14 Schorbach. S. 166
15 Schorbach. S. 175
16 Siehe: Heinz F. Friederichs: Gutenbergs Herkunft. In: Widmann (Hrsg.). S. 69/70
17 Siehe: »Der Hof zu Gutenberg«. In: Schenk. S. 138–140
18 Schenk. S. 92
19 Ruppel. S. 29
20 Schorbach. S. 182/183
21 Ruppel. S. 29
22 Siehe: Helmut Häuser: Zur Berechnung von Gutenbergs frühestmöglichem Geburtsjahr. In: GJ 1968. S. 66/67
23 Siehe: Joachim Fischer: Frankfurt und die Bürgerunruhen in Mainz (1332–1462). Mainz 1958. S. 14
24 Severin Corsten: Wann wurde Gutenberg geboren? In: GJ 1966. S. 71
25 Schorbach. S. 166
26 Der Ehemann der Patze starb bereits 1403. (Schenk. S. 94)
27 Ruppel. S. 29
28 Severin Corsten. [A. a. O.]. S. 71
29 »Es spricht daher alles dafür, daß in Mainz die Mündigkeit mit 14 oder 15 Jahren eintrat.« (Severin Corsten. [A. a. O.]. S. 71)
30 Dies soll seinen Ursprung in der »Kölner Chronik« haben, wonach die Buchdruckerkunst »*bi den jairen*

uns heren anno dni. 1440« erfunden worden sei.

31 Severin Corsten. [A. a. O.]. S. 73

Als Patrizier stolz und kämpferisch

1 Johann Wetter: Kritische Geschichte der Erfindung der Buchdruckerkunst durch Johann Gutenberg zu Mainz. Mainz 1836. S. 35. Fußnote

2 Schenk. S. 96/97

3 Hegel 17. S. 312

4 Die Matrikeln sind veröffentlicht in: Hermann Weissenborn: Acten der Erfurter Universität. Bd. 1. Halle 1881

5 Ferdinand Geldner: Der junge Johannes Gutenberg. In: GJ 1976. S. 73

6 Albert Kapr: Hat Johannes Gutenberg an der Erfurter Universität studiert? In: GJ 1980. S. 25

7 Hellmut Rosenfeld: Hat Gutenberg sein Erfurter Studium 1418 für ein Jahr unterbrochen? In: GJ 1982. S. 106

8 Siehe auch: Severin Corsten: Hat Gutenberg an der Erfurter Universität studiert? In: GJ 1983. S. 159–162

9 Severin Corsten: [A. a. O.]. S. 161

10 Schorbach. S. 167/168

11 Siehe: Hegel 18, 2: S. 109

12 Johann Baptist Seidenberger: Die Kämpfe der Mainzer Zünfte gegen Geistlichkeit und Geschlechter im 15. Jahrhundert. In: Historisches Jahrbuch. Bd. 9. München 1888. S. 2

13 Schenk. S. 91

14 Hegel 17. S. 312

15 Schenk. S. 92

16 Rochus von Liliencron (Hrsg.): Die historischen Volkslieder der Deutschen vom 13. bis 16. Jahrhundert. Leipzig 1865. S. 311

17 Joachim Fischer: Frankfurt und die Bürgerunruhen in Mainz (1332–1462). Mainz 1958. S. 30

18 Schorbach. S. 170/171

Ausfahrt in die freie Reichsstadt Straßburg

1 Schorbach. S. 179

2 Schenk. S. 96

3 Schorbach. S. 179

4 Ruppel. S. 32

5 Kapr. S. 63

6 Kapr. S. 54–56

7 Schenk. S. 95

8 Schorbach. S. 182/183

9 Schorbach. S. 249–252

10 Schenk. S. 95

11 Schenk. S. 159

12 Kapr. S. 54–60

13 Kapr. S. 54

14 Kapr. S. 55

15 Kapr. S. 56

16 Kapr. S. 56

17 Kapr. S. 58

18 Kapr. S. 58

19 Kapr. S. 59

20 Kapr. S. 60

21 Kapr. S. 60

22 Schorbach. S. 170

23 Schorbach. S. 170

24 Schorbach. S. 170

25 Schenk. S. 104

26 Willy Andreas: Deutschland vor der Reformation. Stuttgart 1959. S. 376

27 Siehe: Martin Alioth: Gruppen an der Macht. Basel 1988. S. 163

28 Karl Schorbach: Straßburgs Anteil an der Erfindung der Buchdruckerkunst. In: Zeitschrift für die Geschichte des Oberrheins 1892. S. 583. Fußnote 2

29 In: Emil von Borries: Geschichte der Stadt Straßburg. Straßburg 1909. S. 74

Eigenmächtigkeit und Adelsstolz

1 Schorbach. S. 180
2 Der verwendete Begriff *»raten«* konnte »in starker Bedeutung« auch »befehlen« meinen. Siehe: Jacob und Wilhelm Grimm: Deutsches Wörterbuch. Leipzig 1854–1954
3 Schorbach. S. 182
4 Ruppel. S. 36
5 Helmut Presser: Johannes Gutenberg. Reinbek 1967. S. 30/31
6 Kapr. S. 63
7 Siehe: Matthias Lexer: Mittelhochdeutsches Wörterbuch. Leipzig 1872
8 Jacob und Wilhelm Grimm: [A. a. O.]
9 Karl Georg Bockenheimer: Gutenberg. In: Festschrift zur Gutenbergfeier in Mainz 1900. Mainz 1900. S. 26. Diese Feststellung Bockenheimers und seine weitere Beweisführung, wonach das Rechtssystem im fünfzehnten Jahrhundert eigenmächtige Handlungen im Stil Gutenbergs nicht mehr duldete, führte ihn allerdings zu der Schlußfolgerung, daß das entsprechende Dokument gefälscht sein müsse: »Es hieße Gutenberg mit den Stegreifrittern auf eine Stufe stellen, wollte man der Straßburger Urkunde von 1434 Glauben schenken.« (S. 33)
10 Es gibt keinen Grund zu der Annahme, Gutenberg habe auf die Auszahlung des geforderten Geldes verzichtet, wie dies in einschlägiger Literatur oft behauptet wird. Er entließ Nicolaus von Werstad lediglich aus der *persönlichen* Haftung, die er diesem aufgenötigt hatte.
11 Vgl. die bekannte Aussage des Hans Dünne im Dritzehen-Prozeß, *»das er vor dryen joren oder dobij Gutemberg bij den hundert guldin abe verdienet habe, alleine das zu dem trucken gehöret«*. (Schorbach. S. 204)
12 Schorbach. S. 185–188
13 Schorbach. S. 186/187. (Schorbach brachte sogar die Rentenüberschreibung von 1434 mit der Festsetzung des Mainzer Stadtschreibers in Verbindung: »[...] ist möglich, aber keine notwendige Annahme.« S. 184)
14 Karl Schorbach: Neue Straßburger Gutenbergfunde. In: GJ 1926. S. 14–31
15 Dies ergibt sich aus einer Auflistung von Straßburger »Gerichts-Händeln«. Siehe: Karl Schorbach: [A. a. O.]. S. 21/22
16 Karl Schorbach: [A. a. O.]. S. 19
17 Sebastian Brant: Das Narrenschiff. Tübingen 1968. S. 82.
18 Siehe: Michael Schröter: Wo zwei zusammenkommen in rechter Ehe... 1982. (Dissertation). S. 211 ff.
19 Michael Schröter: [A. a. O.]. S. 167
20 Shulamith Shahar: Die Frau im Mittelalter. Königstein/Ts. 1981. S. 160
21 Günther Birkenfeld: Johann Gutenberg, sein Leben und seine Erfindung. München und Berlin 1939. S. 19
22 Karl Schorbach: [A. a. O.]. S. 30
23 Karl Schorbach: [A. a. O.]. S. 25
24 Karl Schorbach: [A. a. O.]. S. 25/26
25 Karl Schorbach: [A. a. O.]. S. 30
26 Ruppel. S. 40
27 Gustav Milchsack: Gutenberg, sein Leben und seine Erfindung. Wolfenbüttel 1900. S. 16
28 Schorbach. S. 189
29 Schorbach. S. 189
30 Siehe die Dokumente zum Dritzehen-Prozeß, wonach Andres Dritzehen und Andres Heilman oft bei Gutenberg zum Essen waren; als Gegenleistung machten sie ihm Wein zum Geschenk. (Schorbach. S. 203)
31 Schorbach. S. 188
32 Siehe: Martin Alioth: Gruppen an der Macht. Basel 1988. S. 166 ff.
33 Siehe: Schorbach. S. 188. Fußnote 2
34 Dies geht deutlich aus den Unterlagen zum Dritzehen-Prozeß hervor,

wo es in der Namensliste der Zeugen heißt: »*Item Lorentz, Gutenbergs kneht, und sin fröwe.*« (Schorbach. S. 205)
35 Schorbach. S. 207
36 Enea Silvio Piccolomini: Deutschland; Der Brieftraktat an Martin Mayer. Köln 1962. S. 94/95
37 Enea Silvio Piccolomini: [A. a. O.]. S. 94/95

Der Prozeß der Brüder Dritzehen vor dem Straßburger Rat

1 Die Unterlagen zum »Dritzehen-Prozeß«, die während der Kulturschändungen in der Folge der Französischen Revolution und während der fatalen deutschen Beschießung Straßburgs 1871 im Original vernichtet wurden, sind bisher einzig von Karl Schorbach in einer kritischen (und längst ungenügenden) Ausgabe veröffentlicht worden: Schorbach. Insbesondere fehlt noch immer eine wissenschaftlich fundierte Übertragung in die heutige deutsche Sprache.
2 Schorbach. S. 206
3 Vor Gericht angetreten sind allerdings nur dreiunddreißig Zeugen, da sieben unter ihnen zu beiden Parteien zählten.
4 »[...] *vor dryen joren oder dobij* [...]
5 »Für das Jahr 1440 ist überliefert, daß auf dem Katschhof ein überfülltes Haus einstürzte und dabei 100 Menschen schwer verletzt wurden und 17 starben.« (Dieter Wynands: Geschichte der Wallfahrten im Bistum Aachen. Aachen 1986. S. 74)
6 Aus: Rudolf Kriss: Wallfahrtsorte Europas. München 1950. S. 73/74
7 Siehe dazu die bedeutenden Untersuchungen von Kurt Köster über das »Aachenspiegel-Unternehmen und die unbekannte ›afentur und kunst‹«: Gutenberg in Straßburg. Eltville am Rhein 1973
8 »[...] *und sich daruff gerüstent und bereit mit ir kunst.*« (Schorbach. S. 207)
9 Schorbach. S. 202
10 Schorbach. S. 198
11 Schorbach. S. 207
12 Schorbach. S. 208
13 Schorbach. S. 195/196
14 Schorbach. S. 200
15 Schorbach. S. 200
16 Schorbach. S. 197
17 Schorbach. S. 197/198
18 Schorbach. S. 203
19 Schorbach. S. 203
20 Schorbach. S. 196. 197. 199. 203
21 Schorbach. S. 203
22 Schorbach. S. 197
23 Schorbach. S. 224. Fußnote 1
24 Rudolf Kriss: [A. a. O.]. S. 74
25 Schorbach. S. 198
26 Schorbach. S. 208
27 Schorbach. S. 208
28 Siehe insbesondere die Aussagen der Zeugen Berbel von Zabern, Hans Schultheis, Peter Eckhart und Reimbolt von Ehenheim. Schorbach. S. 195–199
29 Siehe die Untersuchungen von Wolfgang von Stromer über »Hans Friedel von Seckingen, der Bankier der Straßburger Gutenberg-Gesellschaften«: GJ 1983. S. 45–48
30 Siehe die Aussagen von Wernher Smalriem und Thoman Steinbach. Schorbach. S. 197 und 199
31 Schorbach. S. 201
32 Schorbach. S. 209
33 Schorbach. S. 209

Die geheime Gemeinschaft

1 Gerhard Funke: Gutenberg im Zeitalter der großen Wende. Mainz 1968. S. 9
2 Kurt Köster: Gutenberg in Straßburg. Eltville am Rhein 1973
3 Alfred Świerk: Johannes Gutenberg als Erfinder in Zeugnissen seiner Zeit. In: Widmann (Hrsg.). S. 89
4 Ruppel. S. 95
5 Schorbach. S. 194. (Allerdings ergibt sich nicht zwingend der inhaltliche Bezug zwischen der Aussage Hans Dünnes über das *»trucken«* und der übrigen Zeugen über die *»presse«*. Gleichwohl wurde eine »Presse« zum »Drucken« verwendet.)
6 Schorbach. S. 203
7 Schorbach. S. 196
8 Schorbach. S. 199
9 Schorbach. S. 197
10 Schorbach. S. 206 und S. 208
11 Schorbach. S. 224. Fußnote 1. (Auch dieser inhaltliche Bezug zwischen der – im Nachlaß des Andres Dritzehen gefundenen – *»presse und anders«* und dem *»snytzel gezug«* ergibt sich nicht notwendigerweise, ist aber als wahrscheinlich anzunehmen.)
12 Schorbach. S. 199
13 Dies geht deutlich aus der Aussage des Anthonie Heilman hervor: *»So habe ouch Andres Dritzehen kein burse mit uns geleit und nye kein gelt usgeben do usse für essen und trincken, so sú do usse dotent.«* (Schorbach. S. 203)
14 Claus W. Gerhardt: Was erfand Gutenberg in Straßburg? In: GJ 1970. S. 56
15 Ruppel. S. 94
16 »Ich vermute eher, daß die beiden Schrauben einen Schließrahmen mit sehr kleinen Kolumnen Satz festhielten, ein Abecedarium vielleicht, und beim Lösen der Schrauben der Satz in Einzelbuchstaben hätte auseinanderfallen müssen. Die Presse wäre demnach eine Druckpresse gewesen, und in einer solchen würde wahrscheinlich doch eine Satzform gestanden haben. Obwohl diese Auffassung die vorherrschende Meinung der Gutenbergforschung ist, bleibt sie nur eine These.« (Kapr. S. 82)
17 Ruppel. S. 93/94. Fußnote 3
18 Kapr. S. 83
19 Schorbach. S. 196
20 Schorbach. S. 203
21 Schorbach. S. 200
22 Schorbach. S. 207
23 Friedrich Adolf Schmidt-Künsemüller: Die Erfindung des Buchdrucks als technisches Phänomen. Mainz 1951. S. 57
24 Ferdinand Geldner: Die ersten typographischen Drucke. In: Widmann (Hrsg.): S. 152
25 Wolfgang von Stromer: Zur »ars artificialiter scribendi« und weiteren »künsten« der Waldfoghel aus Prag und Girard Ferroses aus Trier, Nürnberg 1433/34 und Avignon 1444–46. In: Technikgeschichte 1982. S. 282
26 Kapr. S. 80
27 Schorbach. S. 207
28 Schorbach. S. 207
29 Schorbach. S. 208
30 Siehe: Wolfgang von Stromer: Hans Friedel von Seckingen, der Bankier der Straßburger Gutenberg-Gesellschaften. In: GJ 1983. S. 48
31 Schorbach. S. 229
32 Schorbach. S. 235
33 Schorbach. S. 240
34 Schorbach. S. 240. Fußnote 1
35 Alfred Börckel: Gutenberg. In: Festschrift zur Gutenberg-Feier in Mainz 1900. Mainz 1900
36 Alfred Börckel. [A. o. O.] S. 19
37 Alfred Börckel. [A. o. O.] S. 19
38 Siehe: Johann Wetter: Kritische Geschichte der Erfindung der Buch-

druckerkunst durch Johann Gutenberg zu Mainz. Mainz 1836. S. 82–98
39 Gottfried Zedler: Gutenberg-Forschungen. Leipzig 1901. S. 1–26
40 Schorbach. S. 225
41 Otto Hupp: Der Neudruck des Canon missae und der Sandguß. In: GJ 1942/43. S. 68
42 Rudolf Thiel: Kritische Gutenbergstudien. In: GJ 1939. S. 66
43 Friedrich Adolf Schmidt-Künsemüller: [A. a. O.] S. 61
44 Victor Scholderer: Johann Gutenberg. London 1963. S. 12
45 Kapr. S. 82
46 Claus W. Gerhardt: [A. a. O.]. S. 63
47 Claus W. Gerhardt: [A. a. O.]. S. 59
48 Friedrich Adolf Schmidt-Künsemüller: Gutenbergs Schritt in die Technik. In: Widmann (Hrsg.). S. 129
49 Ferdinand Geldner: Alte und neue Wege der Gutenberg-Forschung. In: GJ 1988. S. 16
50 Gottfried Zedler: Die neuere Gutenbergforschung und die Lösung der Costerfrage. Frankfurt am Main 1923. S. 17
51 Edward Schröder. In: Veröffentlichungen der Gutenberg-Gesellschaft. Mainz 1904. S. 2
52 Heinrich Wallau. In: Veröffentlichungen der Gutenberg-Gesellschaft. Mainz 1904. S. 2
53 Kapr. S. 92
54 Kapr. S. 94/95
55 Siehe: Richard Schwab: *The History of the Book and the Proton Milliprobe: An Application of the PIXE Technique of Analysis.* In: *Library Trends* 1987. S. 73/74
56 Alfred Świerk: [A. a. O.]. S. 83/86/89
57 Alfred Świerk: [A. a. O.]. S. 88
58 »*Il devait se contenter d'imprimer en deux ou trois exemplaires, pour lui, ses associés ou ses amis, [...]*« (François Ritter: *Histoire de l'imprimerie alsacienne aux XV*[e] et XVIe siècles. Strasbourg-Paris 1955. S. 16)

Die brisante Vier-Jahres-Lücke

1 Heinrich Witte: Die Armagnaken im Elsaß. In: Beiträge zur Landes- und Volkskunde von Elsaß-Lothringen. Dritter Band. Straßburg 1889
2 Heinrich Witte: [A. a. O.]. S. 11/12
3 Aeneas Silvius: Die Geschichte Kaiser Friedrichs III. (Erste Hälfte.) Leipzig 1889. S. 147/148
4 Schorbach. S. 243
5 Martin Alioth: Gruppen an der Macht, Basel 1988. S. 302
6 Schorbach. S. 244
7 Schorbach. S. 244. (In dem Register werden im übrigen sowohl Gutenberg wie Heilman ohne Berufsbezeichnung geführt, während dies wenigstens für die folgenden Personen zutrifft. Dabei sind sowohl ein Johansz Roeibel wie auch ein Johansz Slimpbecher als *sriber* [Schreiber!] aufgelistet, die also zu Gutenbergs vermuteten Buchdruckversuchen in Beziehung gestanden haben könnten.)
8 Schorbach. S. 241
9 Schorbach. S. 246/247
10 Schorbach. S. 248
11 Schorbach. S. 245
12 In: Karl Georg Bockenheimer: Johann Brito aus Brügge, der angebliche Erfinder der Buchdruckerkunst. Mainz 1898. S. 8
13 In: Karl Georg Bockenheimer: [A. a. O.]. S. 45
14 Zitiert aus: Gottfried Zedler: Von Coster zu Gutenberg. Leipzig 1921. S. 131–135
15 Siehe: Carl Hegel (Hrsg.): Die Chroniken der niederrheinischen Städte (Cöln). Bd. 2 + 3. Leipzig 1876/77
16 Nach Jacob und Wilhelm Grimms »Deutschem Wörterbuch« (Leipzig 1854–1954) sind für den Begriff »*fürbildung*«, der im Sinne von »Vorbild«, »Vorstellung«, »Darstellung« zu verstehen ist, »die bedeutungen

nicht immer zu scheiden, sondern gehen in einander über«.

17 In: Alfred Świerk: Johannes Gutenberg als Erfinder in Zeugnissen seiner Zeit. In: Widmann (Hrsg.). S. 86/87

18 Antonius van der Linde: Gutenberg; Geschichte und Erdichtung. Stuttgart 1878. S. 558

19 Siehe etwa: Claus W. Gerhardt: Geschichte der Druckverfahren. Teil II. Stuttgart 1975. S. 31/32

20 »[...] *that none of the early typographic pieces once known as ›Costeriana‹ can be assigned positively to a date earlier than the mid-1460s.*« (Janet Ing: *Johann Gutenberg and his Bible.* New York 1988. S. 39)

21 Siehe: Ferdinand Geldner: Neue Aspekte des Berichts der Kölner Chronik von 1499 über die Erfindung der Buchdruckerkunst und das Coster-Problem. In: AGB 1975. S. 435–468

22 Zu den überlieferten Dokumenten siehe in: Pierre Pansier: *Histoire de Livre et de l'Imprimerie à Avignon du XIVme au XVIme siècle.* Avignon 1922. Band 3. S. 23–37

23 Wolfgang von Stromer: Zur »ars artificialiter scribendi« und weiteren »künsten« der Waldfoghel aus Prag und Girard Ferroses aus Trier, Nürnberg 1433/34 und Avignon 1444–46. In: Technikgeschichte 1982. S. 286

24 In: Widmann (Hrsg.). S. 243–250

25 Widmann (Hrsg.). S. 248

26 Gustav Pirchan: Prokop Waldvogel; Ein Prager Goldschmied als Schreibkünstler in Avignon. In: Zeitschrift für sudetendeutsche Geschichte 1941/42. S. 131–150

27 Noch heute heißt es auf seinem Denkmal in Feltre: »Dem edlen Entdecker der beweglichen Drucklettern, Panfilo Castaldi, entrichtet Italien verspätet seinen ehrenhaften Tribut.« *(»A / Panfilo Castaldi / scopritore generoso / dei carattere mobili / per la stampa / tributo / di onore tardissimo / Italia porge.«)*

Die Rückkehr nach Mainz und der Beginn des Buchdrucks

1 Siehe: Thomas Francis Carter: *The Invention of Printing in China.* New York 1925. S. 39–46

2 Siehe: Luther Carrington Goodrich: *Two New Discoveries of Early Block Prints.* In: Widmann (Hrsg.). S. 214–216

3 Siehe: Thomas Francis Carter: [A. a. O.]. S. 160

4 »*If one were to print only two or three copies, this method would be neither convenient nor quick. But for printing hundreds or thousands of copies, it was marvellously [lit. ›divenely‹) quick.*« (Thomas Francis Carter: [A. a. O.]. S. 160)

5 »*For each character there were several type, and for certain common characters there were twenty or more type each, in order to be prepared for the repetition of characters on the same page. When the characters were not in use, he had them arranged with paper labels* [...] *and thus kept them in wooden cases. If any rare character appeared that had not been prepared in advance, it was cut as needed and baked with [a fire of] straw. In a moment it was finished.*« (Thomas Francis Carter: [A. a. O.]. S. 160/161)

6 Zu allen Angaben siehe: Steven Seokho Chweh: *In Search of the Origin of Metal Type Printing.* In: GJ 1985. S. 15–18

7 Thomas Francis Carter: [A. a. O.]. S. 25

8 »*Hence there must have been more than thirty-seven million separate*

notes printed each year.« (Thomas Francis Carter: [A. a. O.]. S. 76)

9 »*The great mass of printed literature found in Central Asia continuing up to the time of the Mongol Conquest is almost exclusively religious [...]*« (Thomas Francis Carter: [A. a. O.]. S. 17)

10 »*[...] the technique of metal type printing spread to China. The techniques of Chinese papermaking were transmitted to the Arabian countries in the eighth century, and finally, from these Arabian countries in the twelfth century, the technique of metal type printing reached Europe.«* (Steven Seokho Chweh: [A. a. O.]. S. 17)

11 In: Liu Guojun und Zheng Rusi: Die Geschichte des chinesischen Buches. Beijing 1988. S. 101

12 Siehe: Kapr. S. 113–120

13 Sebastian Brant: Das Narrenschiff. Tübingen 1968. S. 52

14 »*When Pi Sheng died, his font of type passed into the possession of my followers, and up to this time it has been kept as a precious possession.«* (Thomas Francis Carter: [A. a. O.]. S. 161)

15 Wieland Schmidt: Kleine Schriften. Wiesbaden 1969. S. 153

16 Siehe: Hegel 18, 2. S. 128/129

17 (15 633½ Pfund im Vergleich zu 18 282 Pfund.) Siehe: Hegel 18, 2. S. 104

18 Siehe: Hegel 18, 2. S. 79

19 Johann Wetter: Kritische Geschichte der Erfindung der Buchdruckerkunst durch Johann Gutenberg zu Mainz. Mainz 1836. S. 47

20 Hegel 17. S. 315

21 Siehe: Hegel 18, 2. S. 65

22 Schorbach. S. 251/252

23 Ruppel. S. 95

24 Siehe: Schwenk. S. 148

25 Ruppel. S. 63

Der Prozeß des Johannes Fust vor dem Mainzer Rat

1 Schorbach. S. 260

2 Siehe: Rudolf Blum: Der Prozeß Fust gegen Gutenberg. Wiesbaden 1954. S. 5–7

3 Schorbach. S. 256/257

4 Eduard Born und Günter Richter (Hrsg.): Gutenberg-Gesellschaft; Mainz 1901–1976. Mainz 1976. S. 10

5 Siehe: Albert Kapr: Was war das »Werk der Bücher«? In: GJ 1981. S. 126–129

6 »*Omnis artis prima inventio difficilis.«* (In: Severin Corsten: Die Drucklegung der zweiundvierzigzeiligen Bibel. In: Kommentarband zur Faksimile-Ausgabe der 42zeiligen Bibel nach dem Exemplar der Staatsbibliothek Preußischer Kulturbesitz Berlin. München 1979. S. 57)

7 Siehe: Severin Corsten: [A. a. O.]. S. 57/58

8 In: Alfred Świerk: Johannes Gutenberg als Erfinder in Zeugnissen seiner Zeit. In: Widmann (Hrsg.). S. 86

9 Karl Dziatzko: Gutenbergs früheste Druckerpraxis. Berlin 1890

10 Justus Franz Wittkop: Der Ahnherr der »Schwarzen Kunst«. In: Damals 1984. S. 509

11 Eduard Born und Helmut Presser (Hrsg.): Chronik des Gutenberg-Jahres 1968. Mainz 1969. S. 82

12 Helmut Presser: Johannes Gutenberg. Reinbek 1967. S. 68–74

13 Der Interpretation des Begriffspaars »*innemen und ußgeben*« kommt entscheidende Bedeutung zu. Entgegen der Ansicht einer Vielzahl der Forscher sind unter »*innemen*« nicht die »Einnahmen« des Betriebes zu verstehen, also ein möglicher Gewinn, der sich nur aus dem Verkauf der Bibel ergeben haben könnte, sondern die Einlagen in die Gesell-

schaft, also die Zahlungen Fusts an Gutenberg. Siehe: Rudolf Blum: [A. a. O.]. S. 29–42

14 Schorbach. S. 259

15 Rudolf Thiel: Kritische Gutenberg-studien. In: GJ 1939. S. 70

16 Ferdinand Geldner: Das Helmaspergersche Notariatsinstrument in seiner Bedeutung für die Geschichte des ältesten Mainzer Buchdrucks. In: Widmann (Hrsg.). S. 118

17 Siehe insbesondere: Rudolf Thiel: [A. a. O.]. – Rudolf Blum: [A. a. O.]

18 Ruppel. S. 145

19 Helmut Presser: [A. a. O.]. S. 51

20 Ferdinand Geldner: [A. a. O.]. S. 121

21 Severin Corsten: [A. a. O.]. S. 56

22 Ruppel. S. 145

23 Severin Corsten: [A. a. O.]. S. 56

24 Übersetzung: Meinrad Wolf; Rottweil. Lateinischer Originaltext in: Erich Meuthen: Ein neues frühes Quellenzeugnis (zu Oktober 1454?) für den ältesten Bibeldruck. In: GJ 1982. S. 110

25 »Im Hinblick auf den angestrebten Kardinalshut, den Piccolomini am 18. 12. 1456 erhielt, lag es im Interesse Piccolominis, wenn irgend möglich, Carvajals Wünschen zu entsprechen.« (Leonhard Hoffmann: Gutenberg, Fust und der erste Bibeldruck. Teil 3. In: ZB 1986. S. 544)

26 Gegen die Mythenbildung im Falle Fust hat sich in jüngster Zeit deutlich Eberhard König ausgesprochen: Für Johannes Fust. In: *Ars Impressoria.* (Festschrift für Severin Corsten.) München, New York, London, Paris 1986. S. 285–313

27 Martin Luther: Vermahnung an die Geistlichen, versammelt auf dem Reichstag zu Augsburg 1530. In: Luthers Werke in Auswahl. Bd. IV. Berlin 1950. S. 111

28 Siehe: Ferdinand Geldner: Die ersten typographischen Drucke. In: Widmann (Hrsg.). S. 171

29 George Duncan Painter: *Gutenberg and the B 36 Group, a Re-Consideration.* In: *Studies in Fifteenth-Century Printing.* London 1984. S. 1–31

30 Paul Schwenke: Gutenberg und die Type des Türkenkalenders. In: ZB 1901. S. 295

31 Otto Hupp: Gutenberg und die Nacherfinder. In: GJ 1929. S. 87/88

32 Carl Wehmer: Mainzer Probedrucke in der Type des sogenannten Astronomischen Kalenders für 1448. München 1948. S. 43

33 Friedrich Adolf Schmidt-Künsemüller: Die Erfindung des Buchdrucks als technisches Phänomen. Mainz 1951. S. 81

34 »*Where do we learn that it was impossible or improbable for one and the same printer to use two types of similar design but different quality? – to produce concurrently or consecutively major works with great care and ephemeral minor pieces with little care? – to use his better type for his best work and his worse type for the rest?*« (George Duncan Painter: [A. a. O.]. S. 3)

35 Siehe: Kapr. S. 180. – Painter. [A. a. O.]. S. 20

36 Kapr. S. 181

Das »Werk der Bücher«

1 Ferdinand Geldner: Das Helmaspergersche Notariatsinstrument in seiner Bedeutung für die Geschichte des ältesten Mainzer Buchdrucks. In: Widmann (Hrsg.). S. 105

2 Siehe: Severin Corsten: Die Drucklegung der zweiundvierzigzeiligen Bibel. In: Kommentarband zur Faksimile-Ausgabe der 42zeiligen Bibel nach dem Exemplar der Staatsbibliothek Preußischer Kulturbesitz Berlin. München 1979. S. 60

3 In: Alfred Świerk: Johannes Guten-

berg als Erfinder in Zeugnissen seiner Zeit. In: Widmann (Hrsg.). S. 86

4 Ferdinand Geldner: Neue Aspekte des Berichts der Kölner Chronik von 1499 über die Erfindung der Buchdruckerkunst und das Coster-Problem. In: AGB 1975. S. 465

5 Eduard Born und Helmut Presser (Hrsg.): Chronik des Gutenberg-Jahres 1968. Mainz 1969. S. 76

6 Aloys Ruppel: Johannes Gutenberg und sein Werk. Mainz 1940. S. 11

7 Während noch Widmann in seinem 1972 veröffentlichten »Versuch eines Umblicks« von »der würfelspielartigen Buntheit« zu den verschiedenen Schätzungen der Auflagenhöhe schreibt (Widmann [Hrsg.]: S. 27), hat sich diese Frage inzwischen durch den jüngst entdeckten Brief des Enea Silvio Piccolomini geklärt. Danach erscheint Piccolominis Angabe von insgesamt hundertachtzig Exemplaren absolut glaubhaft.

8 Angaben aus: Joachim Kirchner (Hrsg.): Lexikon des Buchwesens. Stuttgart 1952. Bd. 1. S. 76

9 Gottfried Zedler: Die sogenannte Gutenbergbibel sowie die mit der 42zeiligen Bibeltype ausgeführten kleineren Drucke. Mainz 1929. S. 60

10 Ilona Hubay: Die bekannten Exemplare der zweiundvierzigzeiligen Bibel und ihre Besitzer. In: Wieland Schmidt und Friedrich Adolf Schmidt-Künsemüller: Johannes Gutenbergs zweiundvierzigzeilige Bibel; Kommentarband. München 1979. S. 130

11 »*It is a triumphant quixoticism, an immaculate error!*« (George Duncan Painter: *Gutenberg and the B36 Group, a Re-Consideration.* In: *Studies in Fifteenth-Century Printing.* London 1984. S. 16)

12 Alfred Hagelstange: Gutenbergs Erbe und die Pflichten der Gegenwart ihm gegenüber. In: Sechster Jahresbericht der Gutenberg-Gesellschaft. Mainz 1907. S. 29

13 Gottfried Zedler: Gutenbergs älteste Type und die mit ihr hergestellten Drucke. Mainz 1934. S. 5

14 Ruppel. S. 112

15 Friedrich Adolf Schmidt-Künsemüller: Gutenbergs Schritt in die Technik. In: Widmann (Hrsg.). S. 132

16 Hans Volz: Bibel und Bibeldruck in Deutschland. Mainz 1960. S. 6

17 Ruppel. S. 138

18 »[...] *essentially scribal in inspiration* [...] *not properly typographic at all, but calligraphic.*« (George Duncan Painter: [A. a. O.]. S. 15)

19 »[...] *by a scribe with individual genius and the necessary years of training and practice in a high-quality sciptorium, for which there is no place in the career of Gutenberg an the metal-working trend of his mind.*« (George Duncan Painter: [A. a. O.]. S. 15)

20 Alfred Świerk: [A. a. O.]. S. 80/81

21 Alfred Świerk: [A. a. O.]. S. 88

22 In: Ferdinand Geldner: Die Glaubwürdigkeit des Johannes Trithemius in seinem Bericht über die Erfindung des Buchdrucks. AGB 1958. S. 372

23 Kapr. S. 200

24 Gottfried Zedler: Die sogenannte Gutenbergbibel sowie die mit der 42zeiligen Bibeltype ausgeführten kleineren Drucke. Mainz 1929. S. 61–68

25 William Burton Todd: Die Gutenbergbibel: Neues Beweismaterial zum Erstdruck. In: A 1982. S. A 325–A 337

26 William Burton Todd: [A. a. O.]. S. A 326

27 William Burton Todd: [A. a. O.]. S. A 329

28 William Burton Todd: [A. a. O.]. S. A 336

29 Paul Needham: *The Compositor's Hand in the Gutenberg Bible: A Re-*

view of the Todd Thesis. In: PBSA 1983. S. 341–371.

30 »*By Todd's hypothesis, any textual omissions in B42, if extensive enough to affect line-endings, must already have existed in the exemplar. They could not have been created by compositorial error, for if a compositor left out words, his line would not end evenly with that of the copy; and presumably he would respond to this signal and correct his setting before it ever got to the press. Implicit also in this theory is that the B42 exemplar must have presented a perfectly clean text, which is to say, one that was never corrected with marginal or interlineal additions, which the B42 compositors would not have been able to fit into their rigid a-to-b system of composition.*« (Paul Needham: [A. a. O.]. S. 351)

31 »*This is an explanation almost entirely devoid of glamour; but it does no violence to the evidence for how B42 was put into type.*« (Paul Needham: [A. a. O.]. S. 371)

32 »[...] *once their pages were imposed the two columns were joined to form, essentially, undivided wide lines. Once this happened, if any act of correction were extensive enough to make the removal of whole words from the chase desirable, it is at least conceivable that the entire wide line, of two columns, would be pulled. The remaining wide lines could then be temporarily closed up, with less chance of pieing than if an unsupported column-width gap had to be left in the page.*« (Paul Needham: [A. a. O.]. S. 371)

33 Siehe: Severin Corsten: [A. a. O.]. S. 54

34 Siehe: Leonhard Hoffmann: Gutenberg, Fust und der erste Bibeldruck. Teil 2. In: ZB 1984. S. 535

35 Kapr. S. 161

36 Paul Schwenke: Untersuchungen zur Geschichte des ersten Buchdrucks. Berlin 1900. S. 33

37 Ruppel. S. 139

38 Needham weist darauf hin, daß bereits 1921 der Buchforscher Gustav Mori diese »Durchschuß-Theorie« aufgestellt hat, der allerdings papierene Streifen verwendet sehen will. (Gustav Mori: Was hat Gutenberg erfunden? In: Beilage zum 19. Jahresbericht der Gutenberg-Gesellschaft. Mainz 1921. S. 30)

39 Der auch von Needham angeführte, auf Schwenke zurückgehende Ausweis »abgefeilter« Drucktypen wirkt nur wenig überzeugend, da nur schwer einzusehen ist, warum sich dieser »Abschliff« nur an so wenigen Schriftzeichen zeigen lassen sollte.

40 Siehe Todds Verweis auf drei Bibelseiten, wo jeweils nach einem Textende das folgende Kapitel erst auf der nächsten Seite beginnt, obgleich noch genug Raum zum Anschluß vorhanden ist. William Burton Todd: [A. a. O.]. S. A332–A333

41 Hellmut Lehmann-Haupt: Gutenberg und der Meister der Spielkarten. In: GJ 1962. S. 360–379. Ders.: *Gutenberg and the Master of the Playing Cards.* New Haven, London 1966

42 Als um 1380 in Straßburg das Kartenspiel aufgekommen sei, hätten es die Edlen unermüdlich auf ihren Trinkstuben betrieben: »In den Stuben hielten sich die Patrizier wohl die meiste Zeit auf, dort waren sie erreichbar, dorthin ließen Patrizier sich untereinander Meldungen zukommen, einem englischen Club des 19. Jahrhunderts vergleichbar.« (Martin Alioth: Gruppen an der Macht. Basel 1988. S. 211)

43 Siehe insbesondere: Friedrich Adolf Schmidt-Künsemüller: [A. a. O.].

S. 141–147. – George Duncan Painter: [A. a. O.]. S. 50–52
44 Helmut Presser: Johannes Gutenberg. Reinbek 1967. S. 47

Als Buchdrucker etabliert

1 Schorbach. S. 246/247
2 Schorbach. S. 282
3 Schorbach. S. 283
4 Ferdinand Geldner: Die deutschen Inkunabeldrucker. Erster Band. Stuttgart 1968. S. 28
5 Hans Widmann: Gutenbergs Wirken – Versuch eines Umblicks. In: Widmann (Hrsg.). S. 33
6 Severin Corsten: Die Drucklegung der zweiundvierzigzeiligen Bibel. In: Kommentarband zur Faksimile-Ausgabe der 42zeiligen Bibel nach dem Exemplar der Staatsbibliothek Preußischer Kulturbesitz Berlin. München 1979. S. 62
7 Schorbach. S. 279–281
8 »[...] *honorabilibus et discretis viris* [...]« (Schorbach. S. 279)
9 Helmut Presser: Johannes Gutenberg. Reinbek 1967. S. 74
10 Paul Schwenke: Die Türkenbulle Pabst Calixtus III. Berlin 1911. S. 11
11 Christian Heinrich Kleukens: Die Kunst Gutenbergs. Mainz 1951. S. 7
12 Siehe: Leonhard Hoffmann: Gutenberg, Fust und der erste Bibeldruck. Teil 4. In: ZB 1987. S. 53–59
13 Carl Wehmer: Mainzer Probedrucke in der Type des sogenannten Astronomischen Kalenders für 1448. München 1948. S. 53
14 Gottfried Zedler: Die älteste Gutenberg-Type. Mainz 1902. S. 4
15 Gottfried Zedler: [A. a. O.]. S. 7
16 Ruppel. S. 122
17 Ruppel. S. 122/123
18 Carl Wehmer: [A. a. O.]. S. 37
19 George Duncan Painter: *Gutenberg and the B 36 Group, a Re-Consideration.* In: *Studies in Fifteenth-Century Printing.* London 1984. S. 2
20 Carl Wehmer: [A. a. O.]. S. 42
21 Eckehard Simon: *The Türkenkalender Attributed to Gutenberg as a Strasbourg Lunation Tract.* In: Daphnis 1986. S. 343–356
22 Türkenkalender 1454. (Faksimileband). Wiesbaden 1975. Neunte bedruckte Seite
23 Türkenkalender 1454. [A. a. O.]. Zweite bedruckte Seite
24 Türkenkalender 1454. [A. a. O.]. Sechste bedruckte Seite
25 »*What does the moon have to do with politics, especially at ›novilunium‹ when one cannot even see it? How could anyone be incited to go and fight the Turks by being told the exact time instants of the new moon?*« (Simon. [A. a. O.]. S. 346)
26 Ohne daß Paul Schwenke den folgenden Satz auf Gutenberg bezogen hätte, kommt er in seiner Untersuchung der »Türkenbulle« zu dem Schluß: »Als ein reines Privatunternehmen, anknüpfend an die Ereignisse des Tages, erzeugt in der Absicht, die vorhandene Erregung der Geister geschäftlich auszunutzen, so haben wir, wie den Türkenkalender, auch unsere Bulle einzuschätzen.« (Paul Schwenke: [A. a. O.]. S. 31)
27 Friedrich Adolf Schmidt-Künsemüller: Der Streit um das *Missale speciale.* In: Festschrift für Rudolf Juchhoff. Köln 1961. S. 82: »Das unbestechliche Auge und Feingefühl Otto Hupps sollte uns warnen, uns voreilig mit dem Erreichten zufrieden zu geben.«
28 Ruppel. S. 158/160
29 Friedrich Adolf Schmidt-Künsemüller: Die Erfindung des Buchdrucks als technisches Phänomen. Mainz 1951. S. 83
30 Allan Stevenson: *Paper evidence and the Missale speciale.* In: GJ

1962. S. 94–105. – Ders.: *The Problem of the Missale speciale.* London 1967. – Theo Gerardy: Zur Datierung des mit Gutenbergs kleiner Psaltertype gedruckten Missale speciale. In: AGB 1964. S. 399–416

31 Severin Corsten: Das *Missale speciale.* In: Widmann (Hrsg.). S. 199

32 Paul Schwenke: Festschrift zur Gutenbergfeier; Untersuchungen zur Geschichte des ersten Buchdrucks. Berlin 1900. S. 86

33 Siehe: Heinrich Schneider: Der Text der 36zeiligen Bibel und des Probedrucks von circa 1457. In: GJ 1955. S. 67–68

34 »*It is generally assumed that Gutenberg was entirely unable to pay, and hence forfeited his entire equipment to Fust and remained insolvent. Consequently, it is supposed, Gutenberg cannot have been the B 36 printer because he was bankrupt; and conversely, he was bankrupt because he was not the B 36 printer, for if he had been the B 36 printer, he would not have been bankrupt. A truly circular argument, this!*« (George Duncan Painter: [A. a. O.]. S. 18)

35 Siehe: Richard N. Schwab – Thomas A. Cahill – Bruce H. Kusko – Daniel L. Wick: *Cyclotron Analysis of the Ink in the 42-Line Bibel.* In: PBSA 1983. S. 302

36 »*Only the ink of the single 36-line Bible leaf we have examined is comparable to the 42-line Bible ink in the absolute amounts of copper and lead it contains and in the ratio of copper to lead.*« (Richard N. Schwab: [A. a. O.]. S. 310)

37 Siehe etwa die Ausführungen von Emil Herold: Die Coburger Gutenbergfunde und ihre Bedeutung für die Gutenberg-Forschung. In: GJ 1941. S. 52–58 (Darin: S. 56/57)

38 Siehe Carl Wehmer: [A. a. O.]. Bei all diesen Erwägungen bleiben stets einige Ungewißheiten, wie etwa die Frage, warum Gutenberg nicht schon beim Probedruck in Mainz oder beim Druckbeginn in Bamberg die Vorlage der zweiundvierzigzeilige Bibel benutzt hätte. Die in der Inkunabelforschung bisher recht vernachlässigte sechsunddreißigzeilige Bibel wird sicher etliche ihrer Geheimnisse preisgeben, wenn sie einmal in bewährter »analytischer Druckforschung« angegangen wird. Genug Informationen im Umfeld liegen gewiß vor.

39 Ferdinand Geldner: Hat Heinrich Keffer aus Mainz die sechsunddreißigzeilige Bibel gedruckt? In: GJ 1950. S. 108

40 Siehe: Ferdinand Geldner: Hat Heinrich Keffer aus Mainz die sechsunddreißigzeilige Bibel gedruckt? In: GJ 1950. S. 108–110

Weitere, neue Wege

1 Gottfried Zedler: Das Mainzer Catholicon von 1460. In: ZB 1942. S. 470

2 Ferdinand Geldner: Das »Catholicon« des Johannes Balbus im ältesten Buchdruck. In: Festschrift für Rudolf Juchhoff. Köln 1961. S. 93

3 Hans Widmann: Gutenbergs Wirken – Versuch eines Umblicks. In: Widmann (Hrsg.). S. 38

4 Übersetzung in: Ferdinand Geldner: Die deutschen Inkunabeldrucker. Erster Band. Stuttgart 1968. S. 29

5 Gottfried Zedler: Die neuere Gutenbergforschung und die Lösung der Costerfrage. Frankfurt am Main 1923. S. 20

6 Ferdinand Geldner: Die deutschen Inkunabeldrucker. Erster Band. Stuttgart 1968. S. 28/29

7 »*This principle of reasoning* [...] *has something in common with the pe-*

rennial idea that such noble writings as those in the name of Shakespeare must truly belong to so noble a figure as Francis Bacon.« (Paul Needham: *The Catholicon Press of Johann Gutenberg: A Hidden Chapter in the Invention of Printing.* In: WNB 1988. S. 200)

8 Rolf Engelsing: Anfänge der Firmengeschichte im Buchgewerbe. In: AGB 1967. S. 1333

9 Schorbach. S. 257

10 Hans Widmann: Der Mainzer Psalter von 1457. In: A 1969. S. 86/6

11 Theo Gerardy: Gallizianimarke, Krone und Turm als Wasserzeichen in großformatigen Frühdrucken. In: GJ 1971. S. 11–23. – Ders.: Wann wurde das Catholicon mit der Schlußschrift von 1450 (GW 3182) wirklich gedruckt? In: GJ 1973. S. 105–125. – Ders.: Datierung dreier Drucke in der Catholicontype. In: IPH-Information 1978. S. 56–62. – Ders.: Die Datierung zweier Drucke in der Catholicontype (H 1525 und 5803). In: GJ 1980. S. 30–37

12 Eva Ziesche und Dierk Schnitger: Elektroradiographische Untersuchungen der Wasserzeichen des Mainzer Catholicon von 1460. In: AGB 1980. S. 1303–1360

13 Lotte Hellinga: *Analytical Bibliography and the Study of Early Printed Books with a Case-Study of the Mainz Catholicon.* In: GJ 1989. S. 47–96

14 »*In short, we find precisely parallel constructions in singular and plural:* annis – sub annis – in annis and anno – sub anno – in anno. *We find both series, singular and plural, very often joined with a precise identification of the day of completion. We find instances where the same scribe or same printer has, within short time, used both the singular and the plural of annus, indifferently.*« (Paul Needham: *Further Notes on the Catholicon Press.* In: GJ 1990. S. 113)

15 Paul Needham: *Johann Gutenberg and the Catholicon Press.* In: PBSA 1982. S. 395–456. – Ders.: *The Compositor's Hand in the Gutenberg Bible: A Review of the Todd Thesis.* In: PBSA 1983. S. 341–371. – Ders.: *The Type-Setting of the Mainz Catholicon: A Reply to W. J. Partridge.* In: *The Book Collector* 1986. S. 293–304. – Ders.: *The Catholicon Press of Johann Gutenberg. A Hidden Chapter in the Invention of Printing.* In: WNB 1988. S. 199–230. – Ders.: *Corrective Notes on the Date of the Catholicon Press.* In: GJ 1990. S. 46–64. – Ders.: *Further Corrective Notes on the Date of the Catholicon Press.* In: GJ 1991. S. 101–126

16 Claus W. Gerhardt: Geschichte der Druckverfahren. Teil III. Stuttgart 1978. S. 121

17 Siehe: Claus W. Gerhardt: Der Doppelzeilendruck des »Catholicon«-Druckers von 1460. In: WNB 1988. S. 179/180

18 Lotte Hellinga: *Slipped Lines and Fallen Type in the Mainz Catholicon.* In: GJ 1992. S. 35–40

19 Lotte Hellinga: *Proof for the Date of Printing of the Mainz Catholicon.* In: *Bulletin du Bibliophile 1991.* S. 143–147 – Dies.: *Eltville and Mainz. A Tale of Two Compositors.* In: *The Book Collector 1992 (Spring).* S. 28–54

20 Georg Wilhelm Zapf: Älteste Buchdruckergeschichte von Mainz. Darin: Annalen der ältesten Buchdruckergeschichte von Mainz. Ulm 1790. S. 7

21 Ferdinand Geldner: Die deutschen Inkunabeldrucker. Erster Band. Stuttgart 1968. S. 30

22 Ruppel. S. 163

23 Kapr. S. 200

24 Kapr. S. 200

25 Ruppel. S. 163
26 Ruppel. S. 155
27 Kapr. S. 201
28 Kapr. S. 200
29 Siehe: Hans Widmann: Gutenberg im Urteil der Nachwelt. In: Widmann (Hrsg.). S. 250–272
30 Siehe: Alfred Świerk: Johannes Gutenberg als Erfinder in Zeugnissen seiner Zeit. In: Widmann (Hrsg.). S. 84/85
31 Man beachte allerdings die entschiedene Widerrede des agilen Kunsthistorikers Eberhard König, der Fust in dessen Leistung würdigt, stets ästhetisch wertvolle, »gebrauchsfertige« Bücher geliefert haben zu wollen. Deswegen habe er möglicherweise auch einen eigenen Illuminator beschäftigt, den »Fust-Maler«. (Eberhard König: Für Johannes Fust. In: Ars impressoria: Entstehung und Entwicklung des Buchdrucks. [Festschrift für Severin Corsten.]. München, New York, London, Paris 1986. 285–313)

Das Ende

1 Hegel 18, 1. S. 15
2 Christian von Heusinger: Die Einblattdrucke Adolfs von Nassau zur Mainzer Stiftsfehde. In: GJ 1964. S. 350
3 Hegel 18, 2. S. 206
4 Hegel 18, 2. S. 209
5 Hegel 18, 1. S. 53
6 Hegel 18, 1. S. 58
7 Hegel 18, 1. S. 79
8 Hegel 18, 1. S. 73
9 Hegel 18, 1. S. 74
10 Helmut Presser: Johannes Gutenberg. Reinbek 1967. S. 80
11 Kapr. S. 260
12 Hans Widmann: Mainzer Catholicon (GW 3182) und Eltviller *Vocabularii.* In: GJ 1975. S. 41
13 Siehe: Leonhard Hoffmann: Ist Gutenberg der Drucker des Catholicon? ZB 1979. S. 202. (Der darin angekündigte Beitrag eines Jörg-Ulrich Fechner über diesen Ablaßbrief ist allerdings nicht erschienen.)
15 Siehe: Leonhard Hoffmann: [A. a. O.] S. 202
15 Schorbach. S. 291
16 Kapr. S. 260
17 Helmut Presser: [A. a. O.]. S. 83
18 Schorbach. S. 291
19 Hegel 18, 2. S. 186
20 »*[...] he fixed himself up with a cushy pension from the Archbishop [...]*« (George Duncan Painter: *Gutenberg Quincentenary.* In: *Studies in Fifteenth-Century Printing.* London 1954. S. 47)
21 Johannes von Tepl: Der Ackermann und der Tod. Stuttgart 1984. S. 44
22 Johannes von Tepl: [A. a. O.]. S. 36
23 Ruppel. S. 70
24 Schorbach. S. 302
25 Kapr. S. 263
26 Siehe: Paul Needham: *Johann Gutenberg and the Catholicon Press.* In: PBSA 1982. S. 432–434
27 Lotte Hellinga: *Analytical Bibliography and the Study of Early Printed Books with a Case-Study of the Mainz Catholicon.* In: GJ 1989. S. 82–85
28 »*[...] plagued by old age [...]*« (Lotte Hellinga: [A. a. O.]. S. 83)
29 »*Could it be that the colophon, while praising Mainz as the place of printing in the traditional formula, is, in an inspired form, deliberately concealing the circumstances and even the date of production?*« (Lotte Hellinga: [A. a. O.]. S. 85)
30 Aloys Ruppel: Auf der Suche nach dem Grabe Gutenbergs. In: GJ 1931. S. 345–349
31 Siehe: Aloys Ruppel: Gutenbergs Tod und Begräbnis. Mainz 1968. S. 24
32 George Duncan Painter hat den Ver-

such unternommen, das sogenannte »Thevet-Porträt« als ein möglicherweise realistisches Bildnis Gutenbergs zu deuten. Seine Interpretation steht und fällt allerdings mit der Annahme, der Kosmograph André Thevet habe nicht gewußt, um was es sich bei einer Punze (einem Schriftstempel) und der zugehörigen Aufbewahrungsdose handelte. (George Duncan Painter: *The True Portrait of Johann Gutenberg.* S. 32–38. In: *Studies in Fifteenth-Century Printing.* London 1984)

33 Friedrich Adolf Schmidt-Künsemüller: Gutenbergs Schritt in die Technik. In: Widmann (Hrsg.). S. 136

Und die Folgen?

1 Siehe: Heinrich Schneider: Der Text der Gutenbergbibel. Bonn 1954. S. 109–115

2 Zitat aus: Horst Heiderhoff: Antiqua oder Fraktur? Zur Problemgeschichte eines Streits. Frankfurt am Main 1971. S. 24/25

3 In: Hans Widmann: Vom Nutzen und Nachteil der Erfindung des Buchdrucks – aus der Sicht der Zeitgenossen des Erfinders. Mainz 1973. S. 39

4 Leonhard Hoffmann: Gutenberg, Fust und der erste Bibeldruck. Teil 3. In: ZB 1986. S. 546

5 Leonhard Hoffmann: [A. a. O.]. S. 540

6 Leonhard Hoffmann: Gutenberg, Fust und der erste Bibeldruck. Teil 4. In: ZB 1987. S. 58

7 Hans Widmann: [A. a. O.]. S. 14/15

8 Hellmut Rosenfeld: Bücherpreis, Antiquariatspreis und Einbandpreis im 16. und 17. Jahrhundert. In: GJ 1958. S. 358–363

9 Hans Widmann: [A. a. O.]. S. 42

10 Sebastian Brant: Das Narrenschiff. Tübingen 1968. S. 7

11 Sebastian Brant: [A. a. O.]. S. 8

12 Hans Widmann: [A. a. O.]. S. 45

13 Hans Widmann: [A. a. O.]. S. 45

14 Hans Widmann: [A. a. O.]. S. 44

15 Ernst Schulz: Ein Korrekturexemplar einer unterdrückten liturgischen Inkunabel. In: Beiträge zur Inkunabelkunde. Leipzig 1935. S. 38

16 Sebastian Brant: [A. a. O.]. S. 275/276

17 Dieser bislang wenig beachteten Forschung haben sich zwei Wissenschaftler angenommen: Elizabeth L. Eisenstein: *The Printing Revolution in Early Modern Europe.* Cambridge 1983 – Michael Giesecke: Der Buchdruck in der frühen Neuzeit. Frankfurt/Main 1991

18 »*Why should old men be preferred to their juniors now that it is possible for the young by diligent study to acquire the same knowledge?*« (In: Elizabeth L. Eisenstein: [A. a. O.]. S. 34)

19 In: Hans Widmann: [A. a. O.]. S. 15/16

20 »*Thou shalt commit adultery.*« (In: Elizabeth L. Eisenstein: [A. a. O.]. S. 51)

21 Tzvetan Todorov: Die Eroberung Amerikas (Das Problem des Anderen). Frankfurt am Main. 1985. S. 296

22 Tzvetan Todorov: [A. a. O.]. S. 297/298

23 Übersetzung aus: Ilona Hubay: Die bekannten Exemplare der zweiundvierzigzeiligen Bibel und ihre Besitzer. In: Wieland Schmidt und Friedrich Adolf Schmidt-Künsemüller: Johannes Gutenbergs zweiundvierzigzeilige Bibel; Kommentarband. München 1979. S. 129

24 Helmut Presser: Johannes Gutenberg. Reinbek 1967. S. 116

25 Zitat aus: Hans Widmann: Gutenberg im Urteil der Nachwelt. In: Widmann (Hrsg.). S. 262

Liste aller zitierter Literatur

Alioth, Martin: Gruppen an der Macht. Basel 1988

Andreas, Willy: Deutschland vor der Reformation. Stuttgart 1959

Birkenfeld, Günther: Johann Gutenberg, sein Leben und seine Erfindung. München und Berlin 1939

Blum, Rudolf: Der Prozeß Fust gegen Gutenberg. Wiesbaden 1954

Bockenheimer, Karl Georg: Johann Brito aus Brügge, der angebliche Erfinder der Buchdruckerkunst. Mainz 1898

Bockenheimer, Karl Georg: Gutenberg. In: Festschrift zur Gutenbergfeier in Mainz 1900. Mainz 1900

Börckel, Alfred: Gutenberg. In: Festschrift zur Gutenberg-Feier in Mainz 1900. Mainz 1900

Born, Eduard und Presser, Helmut (Hrsg.): Chronik des Gutenberg-Jahres 1968. Mainz 1969

Born, Eduard und Richter, Günter (Hrsg.): Gutenberg-Gesellschaft; Mainz 1901–1976. Mainz 1976

Borries, Emil von: Geschichte der Stadt Straßburg. Straßburg 1909

Brant, Sebastian: Das Narrenschiff. Tübingen 1968

Carter, Thomas Francis: *The Invention of Printing in China.* New York 1925

Chweh, Steven Seokho: *In Search of the Origin of Metal Type Printing.* In: GJ 1985

Corsten, Severin: Wann wurde Gutenberg geboren? In: GJ 1966

Corsten, Severin: *Das Missale speciale.* In: Widmann (Hrsg.)

Corsten, Severin: Die Drucklegung der zweiundvierzigzeiligen Bibel. In: Kommentarband zur Faksimile-Ausgabe der 42-zeiligen Bibel nach dem Exemplar der Staatsbibliothek Preußischer Kulturbesitz Berlin. München 1979

Corsten, Severin: Hat Gutenberg an der Erfurter Universität studiert? In: GJ 1983

Dziatzko, Karl: Gutenbergs früheste Druckerpraxis. Berlin 1890

Eisenstein, Elizabeth L.: *The Printing Revolution in Early Modern Europe.* Cambridge 1983

Engelsing, Rolf: Anfänge der Firmengeschichte im Buchgewerbe. In: AGB 1967

Falck, Ludwig: Mainz im frühen und hohen Mittelalter. Düsseldorf 1972

Falck, Ludwig: Archivalische Quellen zu Leben und Werk Gutenbergs im Stadtarchiv Mainz. In: GJ 1983

Fischer, Joachim: Frankfurt und die Bürgerunruhen in Mainz (1332–1462). Mainz 1958

Friederichs, Heinz F.: Gutenbergs Herkunft. In: Widmann (Hrsg.)

Friederichs, Heinz F.: Der »Schotte« in Gutenbergs Wappen und der aztekische Pochteca als Analogon. In: GJ 1973

Funke, Gerhard: Gutenberg im Zeitalter der großen Wende. Mainz 1968

Geldner, Ferdinand: Hat Heinrich Keffer aus Mainz die sechsunddreißigzeilige Bibel gedruckt? In: GJ 1950

Geldner, Ferdinand: Die Glaubwürdigkeit des Johannes Trithemius in seinem Bericht über die Erfindung des Buchdrucks. AGB 1958

Geldner, Ferdinand: Das »Catholicon« des Johannes Balbus im ältesten Buchdruck. In: Festschrift für Rudolf Juchhoff. Köln 1961

Geldner, Ferdinand: Die deutschen Inkunabeldrucker. Erster Band. Stuttgart 1968

Geldner, Ferdinand: Das Helmaspergersche Notariatsinstrument in seiner Bedeutung für die Geschichte des ältesten Mainzer Buchdrucks. In: Widmann (Hrsg.)

Geldner, Ferdinand: Die ersten typographischen Drucke. In: Widmann (Hrsg.)

Geldner, Ferdinand: Der junge Johannes Gutenberg. In: GJ 1976

Geldner, Ferdinand: Neue Aspekte des Berichts der Kölner Chronik von 1499 über die Erfindung der Buchdruckerkunst und das Coster-Problem. In: AGB 1975

Geldner, Ferdinand: Alte und neue Wege der Gutenberg-Forschung. In: GJ 1988

Gerardy, Theo: Zur Datierung des mit Gutenbergs kleiner Psaltertype gedruckten Missale speciale. In: AGB 1964

Gerardy, Theo: Gallizianimarke, Krone und Turm als Wasserzeichen in großformatigen Frühdrucken. In: GJ 1971

Gerardy, Theo: Wann wurde das Catholicon mit der Schlußschrift von 1450 (GW 3182) wirklich gedruckt? In: GJ 1973

Gerardy, Theo: Datierung dreier Drucke in der Catholicontype. In: IPH-Information 1978

Gerardy, Theo: Die Datierung zweier Drucke in der Catholicontype (H 1525 und 5803). In: GJ 1980

Gerhardt, Claus W.: Was erfand Gutenberg in Straßburg? In: GJ 1970

Gerhardt, Claus W.: Geschichte der Druckverfahren. Teil II. Stuttgart 1975

Gerhardt, Claus W.: Geschichte der Druckverfahren. Teil III. Stuttgart 1978

Gerhardt, Claus W.: Der Doppelzeilendruck des »Catholicon«-Druckers von 1460. In: WNB 1988

Giesecke, Michael: Der Buchdruck in der frühen Neuzeit. Frankfurt/Main 1991

Goodrich, Luther Carrington: *Two New Discoveries of Early Block Prints.* In: Widmann (Hrsg.)

Grimm, Jacob und Wilhelm: Deutsches Wörterbuch. Leipzig 1854–1954

Guojun, Liu und Rusi, Zheng: Die Geschichte des chinesischen Buches. Beijing 1988

Haemmerle, Albert: Das Rätsel um das Wappen Johannes Gutenbergs. In: GJ 1971

Hagelstange, Alfred: Gutenbergs Erbe und die Pflichten der Gegenwart ihm gegenüber. In: Sechster Jahresbericht der Gutenberg-Gesellschaft. Mainz 1907

Häuser, Helmut: Zur Berechnung von Gutenbergs frühestmöglichem Geburtsjahr. In: GJ 1968

Hegel, Carl (Hrsg.): Die Chroniken der niederrheinischen Städte (Cöln). Bd. 2. Leipzig 1876

Hegel, Carl (Hrsg.): Die Chroniken der niederrheinischen Städte (Cöln). Bd. 3. Leipzig 1877

Hegel, Carl: Die Chroniken der Mittelrheinischen Städte; Mainz. Bd. 17. Leipzig 1881

Hegel, Carl: Die Chroniken der Mittelrheinischen Städte; Mainz. Bd. 18. 1. Abt. Leipzig 1882

Hegel, Carl: Die Chroniken der Mittelrheinischen Städte; Mainz. Bd. 18. 2. Abt. Leipzig 1882

Heiderhoff, Horst: Antiqua oder Fraktur? Zur Problemgeschichte eines Streits. Frankfurt am Main 1971

Hellinga, Lotte: *Analytical Bibliography and the Study of Early Printed Books with a Case-Study of the Mainz Catholicon.* In: GJ 1989

Hellinga, Lotte: *Proof for the Date of Printing of the Mainz Catholicon.* In: *Bulletin du Bibliophile* 1991

Hellinga, Lotte: *Eltville and Mainz. A Tale of Two Compositors.* In: The Book Collector *1992 (Spring)*

Hellinga, Lotte: *Slipped Lines and Fallen Type in the Mainz Catholicon.* In: GJ 1992

Heusinger, Christian von: Die Einblattdrucke Adolfs von Nassau zur Mainzer Stiftsfehde. In: GJ 1964

Hoffmann, Leonhard: Ist Gutenberg der Drucker des Catholicon? ZB 1979

Hoffmann, Leonhard: Gutenberg, Fust und der erste Bibeldruck. Teil 2. In: ZB 1984

Hoffmann, Leonhard: Gutenberg, Fust und der erste Bibeldruck. Teil 3. In: ZB 1986

Hoffmann, Leonhard: Gutenberg, Fust und der erste Bibeldruck. Teil 4. In: ZB 1987

Hubay, Ilona: Die bekannten Exemplare der zweiundvierzigzeiligen Bibel und ihre Besitzer. In: Wieland Schmidt und Friedrich Adolf Schmidt-Künsemüller: Johannes Gutenbergs zweiundvierzigzeilige Bibel; Kommentarband. München 1979

Hupp, Otto: Gutenberg und die Nacherfinder. In: GJ 1929

Hupp, Otto: Der Neudruck des Canon missae und der Sandguß. In: GJ 1942/43

Ing, Janet: *Johann Gutenberg and his Bible.* New York 1988

Kapr, Albert: Hat Johannes Gutenberg an der Erfurter Universität studiert? In: GJ 1980

Kapr, Albert: Was war das »Werk der Bücher«? In: GJ 1981

Kapr, Albert: Johannes Gutenberg; Persönlichkeit und Leistung. Leipzig 1986

Kirchner, Joachim (Hrsg.): Lexikon des Buchwesens. Stuttgart 1952. Bd. 1

Kleukens, Christian Heinrich: Die Kunst Gutenbergs. Mainz 1951

König, Eberhard: Für Johannes Fust. In: *Ars impressoria.* (Festschrift für Severin Corsten.). München, New York, London, Paris 1986

Köster, Kurt: Gutenberg in Straßburg. Eltville am Rhein 1973

Kriss, Rudolf: Wallfahrtsorte Europas. München 1950

Lehmann-Haupt, Hellmut: Gutenberg und der Meister der Spielkarten. In: GJ 1962

Lehmann-Haupt, Hellmut: *Gutenberg and the Master of the Playing Cards.* New Haven, London 1966

Lexer, Matthias: Mittelhochdeutsches Wörterbuch. Leipzig 1872

Liliencron, Rochus von (Hrsg.): Die historischen Volkslieder der Deutschen vom 13. bis 16. Jahrhundert. Leipzig 1865

Linde, Antonius van der: Gutenberg; Geschichte und Erdichtung. Stuttgart 1878

Luther, Martin: Vermahnung an die Geistlichen, versammelt auf dem Reichstag zu Augsburg 1530. In: Luthers Werke in Auswahl. Bd. IV. Berlin 1950

Meuthen, Erich: Ein neues frühes Quellenzeugnis (zu Oktober 1454?) für den ältesten Bibeldruck. In: GJ 1982

Milchsack, Gustav: Gutenberg, sein Leben und seine Erfindung. Wolfenbüttel 1900

Mori, Gustav: Was hat Gutenberg erfunden? In: Beilage zum 19. Jahresbericht der Gutenberg-Gesellschaft. Mainz 1921

Needham, Paul: *Johann Gutenberg and the Catholicon Press.* In: PBSA 1982

Needham, Paul: *The Compositor's Hand in the Gutenberg Bible: A Review of the Todd Thesis.* In: PBSA 1983

Needham, Paul: *The Type-Setting of the Mainz Catholicon: A Reply to W. J. Partridge.* In: *The Book Collector 1986*

Needham, Paul: *The Catholicon Press of Johann Gutenberg: A Hidden Chapter in the Invention of Printing.* In: WNB 1988

Needham, Paul: *Corrective Notes on the Date of the Catholicon Press.* In: GJ 1990

Needham, Paul: *Further Corrective Notes on the Date of the Catholicon Press.* In: GJ 1991

Painter, George Duncan: *Gutenberg and the B36 Group, a Re-Consideration.* In: *Studies in Fifteenth-Century Printing.* London 1984

Painter, George Duncan: *Gutenberg Quincentenary.* In: *Studies in Fifteenth-Century Printing.* London 1984

Painter, George Duncan: *The True Portrait of Johann Gutenberg.* S. 32–38. In: *Studies in Fifteenth-Century Printing.* London 1984

Pansier, Pierre: *Histoire de Livre et de l'Imprimerie à Avignon du XIVme au XVIme siècle.* Band 3 Avignon 1922.

Piccolomini, Enea Silvio: Deutschland; Der Brieftraktat an Martin Mayer. Köln 1962

Pirchan, Gustav: Prokop Waldvogel; Ein Prager Goldschmied als Schreibkünstler in Avignon. In: Zeitschrift für sudetendeutsche Geschichte 1941/42

Presser, Helmut: Johannes Gutenberg. Reinbek 1967

Ritter, François: *Histoire de l'imprimerie alsacienne aux XVe et XVIe siècles.* Strasbourg-Paris 1955

Rosenfeld, Hellmut: Bücherpreis, Antiquariatspreis und Einbandpreis im 16. und 17. Jahrhundert. S. 358–363. In: GJ 1958

Rosenfeld, Hellmut: Gutenbergs Wappen, seine Entstehung und die angeblichen jüdischen Ahnen Gutenbergs – zugleich ein Beitrag zur Namen- und Kulturgeschichte des ausgehenden Mittelalters. In: GJ 1974

Rosenfeld, Hellmut: Hat Gutenberg sein Erfurter Studium 1418 für ein Jahr unterbrochen? In: GJ 1982

Ruppel, Aloys: Auf der Suche nach dem Grabe Gutenbergs. In: GJ 1931

Ruppel, Aloys: Johannes Gutenberg und sein Werk. Mainz 1940

Ruppel, Aloys: Johannes Gutenberg; Sein Leben und sein Werk. Nieuwkoop 1967 [Unveränderter Neudruck der Ausgabe von 1947]

Ruppel, Aloys: Die Erfindung der Buchdruckerkunst und die Entdeckung Amerikas. Mainz 1948

Ruppel, Aloys: Johannes Gutenberg und Christoph Columbus; Die Väter der Neuzeit. Mainz 1964

Ruppel, Aloys: Wer war der wirkliche Erfinder der Buchdruckerkunst? Mainz 1964

Ruppel, Aloys: Gutenbergs Tod und Begräbnis. Mainz 1968

Schenk zu Schweinsberg, Gustav Freiherr: Genealogie des Mainzer Geschlechtes Gänsfleisch. In: Otto Hartwig (Hrsg.): Festschrift zum fünfhundertjährigen Geburtstag von Johann Gutenberg. Mainz 1900. S. 80–162

Schmidt, Wieland: Kleine Schriften. Wiesbaden 1969

Schmidt-Künsemüller, Friedrich Adolf: Der Streit um das *Missale speciale.* In: Festschrift für Rudolf Juchhoff. Köln 1961

Schmidt-Künsemüller, Friedrich Adolf: Die Erfindung des Buchdrucks als technisches Phänomen. Mainz 1951

Schmidt-Künsemüller, Friedrich Adolf: Gutenbergs Schritt in die Technik. In: Widmann (Hrsg.)

Schneider, Heinrich: Der Text der Gutenbergbibel. Bonn 1954

Schneider, Heinrich: Der Text der 36zeiligen Bibel und des Probedrucks von circa 1457. In: GJ 1955

Scholderer, Victor: Johann Gutenberg. London 1963

Schorbach, Karl: Straßburgs Anteil an der Erfindung der Buchdruckerkunst. In: Zeitschrift für die Geschichte des Oberrheins 1892.

Schorbach, Karl: Die urkundlichen Nachrichten über Johann Gutenberg. In: Otto Hartwig (Hrsg.): Festschrift zum fünfhundertjährigen Geburtstag von Johann Gutenberg. Mainz 1900. S. 163–319

Schorbach, Karl: Neue Straßburger Gutenbergfunde. In: GJ 1926

Schröder, Edward. In: Veröffentlichungen der Gutenberg-Gesellschaft. Mainz 1904

Schröter, Michael: Wo zwei zusammenkommen in rechter Ehe... 1982. (Dissertation)

Schulz, Ernst: Ein Korrekturexemplar einer unterdrückten liturgischen Inkunabel. In: Beiträge zur Inkunabelkunde. Leipzig 1935

Schwab, Richard N. – Cahill, Thomas A. – Kusko, Bruce H. – Wick, Daniel L.: *Cyclotron Analysis of the Ink in the 42-Line Bibel.* In: PBSA 1983

Schwab, Richard: *The History of the Book and the Proton Milliprobe: An Application of the PIXE Technique of Analysis.* In: *Library Trends 1987*

Schwenke, Paul: Festschrift zur Gutenbergfeier; Untersuchungen zur Geschichte des ersten Buchdrucks. Berlin 1900

Schwenke, Paul: Untersuchungen zur Geschichte des ersten Buchdrucks. Berlin 1900

Schwenke, Paul: Gutenberg und die Type des Türkenkalenders. In: ZB 1901

Schwenke, Paul: Die Türkenbulle Pabst Calixtus III. Berlin 1911

Seidenberger, Johann Baptist: Die Kämpfe der Mainzer Zünfte gegen Geistlichkeit und Geschlechter im 15. Jahrhundert. In: Historisches Jahrbuch. Bd. 9. München 1888

Shahar, Shulamith: Die Frau im Mittelalter. Königstein/Ts. 1981

Silvius, Aeneas [Enea Silvio Piccolomini]: Die Geschichte Kaiser Friedrichs III. (Erste Hälfte.) Leipzig 1889

Simon, Eckehard: *The Türkenkalender Attributed to Gutenberg as a Strasbourg Lunation Tract.* In: Daphnis 1986

Stevenson, Allan: *Paper evidence and the Missale speciale.* In: GJ 1962

Stevenson, Allan: *The Problem of the Missale speciale.* London 1967

Stromer, Wolfgang von: Hans Friedel von Seckingen, der Bankier der Straßburger Gutenberg-Gesellschaften. In: GJ 1983

Stromer, Wolfgang von: Zur »ars artificialiter scribendi« und weiteren »künsten«. In: Technikgeschichte 1982

Stromer, Wolfgang von: Zur »ars artificialiter scribendi« und weiteren »künsten« der Waldfoghel aus Prag und Girard Ferroses aus Trier, Nürnberg 1433–34 und Avignon 1444–46. In: Technik geschichte 1982

Świerk, Alfred: Johannes Gutenberg als Erfinder in Zeugnissen seiner Zeit. In: Widmann (Hrsg.)

Tepl, Johannes von: Der Ackermann und der Tod. Stuttgart 1984

Thiel, Rudolf: Kritische Gutenbergstudien. In: GJ 1939

Todd, William Burton: Die Gutenbergbibel: Neues Beweismaterial zum Erstdruck. In: A 1982

Todorov, Tzvetan: Die Eroberung Amerikas (Das Problem des Anderen). Frankfurt am Main. 1985

Türkenkalender 1454. (Faksimileband). Wiesbaden 1975

Venzke, Andreas: Der »Entdecker Amerikas«; Aufstieg und Fall des Christoph Kolumbus. Zürich 1991

Volz, Hans: Bibel und Bibeldruck in Deutschland. Mainz 1960

Wallau, Heinrich. In: Veröffentlichungen der Gutenberg-Gesellschaft. Mainz 1904

Wehmer, Carl: Mainzer Probedrucke in der Type des sogenannten Astronomischen Kalenders für 1448. München 1948

Weissenborn, Hermann: Acten der Erfurter Universität. Bd. 1. Halle 1881

Wetter, Johann: Kritische Geschichte der Erfindung der Buchdruckerkunst durch Johann Gutenberg zu Mainz. Mainz 1836

Widmann, Hans: Der Mainzer Psalter von 1457. In: A 1969

Widmann, Hans (Hrsg.): Der gegenwärtige Stand der Gutenberg-Forschung. Stuttgart 1972

Widmann, Hans: Gutenberg im Urteil der Nachwelt. In: Widmann (Hrsg.)

Widmann, Hans: Gutenbergs Wirken – Versuch eines Umblicks. In: Widmann (Hrsg.)

Widmann, Hans: Vom Nutzen und Nachteil der Erfindung des Buchdrucks – aus der Sicht der Zeitgenossen des Erfinders.
Mainz 1973

Widmann, Hans: Mainzer Catholicon (GW 3182) und Eltviller *Vocabularii.* In: GJ 1975

Witte, Heinrich: Die Armagnaken im Elsaß. In: Beiträge zur Landes- und Volkskunde von Elsaß-Lothringen. Dritter Band. Straßburg 1889

Wittkop, Justus Franz: Der Ahnherr der »Schwarzen Kunst«. In: Damals 1984

Wynands, Dieter: Geschichte der Wallfahrten im Bistum Aachen. Aachen 1986

Zapf, Georg Wilhelm: Älteste Buchdruckergeschichte von Mainz. Darin: Annalen der ältesten Buchdruckergeschichte von Mainz. Ulm 1790

Zedler, Gottfried: Gutenberg-Forschungen. Leipzig 1901

Zedler, Gottfried: Die älteste Gutenberg-Type. Mainz 1902

Zedler, Gottfried: Von Coster zu Gutenberg. Leipzig 1921

Zedler, Gottfried: Die neuere Gutenbergforschung und die Lösung der Costerfrage. Frankfurt am Main 1923

Zedler, Gottfried: Die sogenannte Gutenbergbibel sowie die mit der 42zeiligen Bibeltype ausgeführten kleineren Drucke. Mainz 1929

Zedler, Gottfried: Gutenbergs älteste Type und die mit ihr hergestellten Drucke. Mainz 1934

Zedler, Gottfried: Das Mainzer Catholicon von 1460. In: ZB 1942

Ziesche, Eva und Schnitger, Dierk: Elektroradiographische Untersuchungen der Wasserzeichen des Mainzer Catholicon von 1460. In: AGB 1980

Abbildungsnachweis

S. 9 »Narrenschiff«-Titelbild – Sebastian Brant: Das Narrenschiff. Basel 1506
S. 18 Meyntzischer Almanach von 1565 – Konrad F. Bauer: Aventur und Kunst. Frankfurt/M. 1940
S. 21 Gutenberg-Wappen – Gutenberg-Jahrbuch 1971
S. 47 Mainzer Rachtung von 1430 – Otto Hartwig (Hrsg.): Festschrift zum fünfhundertjährigen Geburtstag von Johann Gutenberg (Tafeln). Mainz 1900
S. 61 Straßburg-Ansicht von 1493 – Emil von Borries: Geschichte der Stadt Straßburg. Straßburg 1909
S. 70 Mainzer Stadtrechnung von 1436 – Otto Hartwig (Hrsg.): Festschrift zum fünfhundertjährigen Geburtstag von Johann Gutenberg (Tafeln). Mainz 1900
S. 87 Aachener Fernzeigung von 1622 – Copyright Domkapitel Aachen
S. 89 Pilgerzeichen auf dem Hut eines Heiligen – Copyright Germanisches Nationalmuseum Nürnberg
S. 110 Handgießinstrument – Philip Gaskell: *A New Introduction to Bibliography*. Oxford 1972
S. 112 Planeten-Blockbuch – W. L. Schreiber: Handbuch der Holz- und Metallschnitte des XV. Jahrhunderts. Band XI. Stuttgart 1976

Farbtafeln

Vergil: Äneis – *Enciclopedia Virgiliana*. Rom 1984 – 1991

Alkuin: Genesiskommentar – *Bibliotheca Palatina*. (Katalog zur Ausstellung 1986 in Heidelberg. Bildband.) Heidelberg 1986

Donat-Handschrift – *Bibliotheca Palatina*. (Katalog zur Ausstellung 1986 in Heidelberg. Bildband.) Heidelberg 1986

»Gutenberg-Bibel« – Johannes Gutenbers zweiundvierzigzeilige Bibel. Faksimilie-Ausgabe. Hrsg. von Paul Schwenke. Leipzig 1913

S. 118/119 »Fragment vom Weltgericht« – Veröffentlichungen der Gutenberg-Gesellschaft: Das Mainzer Fragment vom Weltgericht; Der Canon Missae vom Jahre 1458. Mainz 1904
S. 122 Siebenundzwanzigzeiliger Donat – Gottfried Zedler: Die älteste Gutenberg-Type. Mainz 1902
S. 130 Luzerner Miniatur von 1513 – Historische und Antiquarische Gesellschaft zu Basel: Gedenkbuch zur Fünfhundertjahrfeier der Schlacht bei St. Jakob an der Birs. Basel 1944
S. 133 Berner Miniatur von 1478 – Historische und Antiquarische Gesellschaft zu Basel: Gedenkbuch zur Fünfhundertjahrfeier der Schlacht bei St. Jakob an der Birs. Basel 1944
S. 136 Straßburger Armagnaken-Akten – Otto Hartwig (Hrsg.): Festschrift zum fünfhundertjährigen Geburtstag von Johann Gutenberg (Tafeln). Mainz 1900

S. 152 Diamant-Sutra – Thomas Francis Carter: *The Invention of Printing in China.* New York 1925
S. 155 Buch aus der Sung-Dynastie – Thomas Francis Carter: *The Invention of Printing in China.* New York 1925
S. 162 Titelliste Diebolt Loubers – Hans Widmann (Hrsg.): Der deutsche Buchhandel in Urkunden und Quellen. Hamburg 1965
S. 172 Helmaspergersches Notariatsinstrument – Otto Hartwig (Hrsg.): Festschrift zum fünfhundertjährigen Geburtstag von Johann Gutenberg (Tafeln). Mainz 1900
S. 180 Satzbeispiel: Setzerfehler – Janet Ing: *Johann Gutenberg and his Bible.* New York 1988
S. 194/195 B–42-Ablaß und B–36-Ablaß – Gottfried Zedler: Die Mainzer Ablaßbriefe der Jahre 1454 und 1455 (Tafeln). Mainz 1913

Farbtafeln

Mainzer Psalter – Konrad F. Bauer: Aventur und Kunst. Frankfurt/M. 1940

Canon missae – Irvine Masson: *The Mainz Psalters and Canon Missae* 1457 – 1459. London 1954

48zeilige Bibel – Erich Zimmermann und Kurt Hans Staub: Buchkunst des Mittelalters. Wiesbaden 1980

Augustinus: *De civitate Dei – Bibliotheca Palatina.* (Katalog zur Ausstellung 1986 in Heidelberg. Bildband.) Heidelberg 1986

S. 211 Satzspiegel-Prinzip – Albert Kapr: Johannes Gutenberg. Leipzig 1986
S. 215 »Gutenbergsches Schriftsystem« – Gutenberg-Jahrbuch 1939
S. 219 Kalligraphie Peter Schöffers – Antonius van der Linde: Geschichte der Erfindung der Buchdruckerkunst. Berlin 1886
S. 222 Fehler im »Texas-Exemplar« – Aus dem Antiquariat. 1982
S. 224 Satzvergleich – *The Papers of the Bibliographical Society of America.* 1983
S. 230 Drei kletternde Bären – Hellmut Lehmann-Haupt: *Gutenberg and the Master of the Playing Cards.* New Haven und London 1966
S. 234/235 Rechnungsbücher Sankt-Thomas-Stift – Otto Hartwig (Hrsg.): Festschrift zum fünfhundertjährigen Geburtstag von Johann Gutenberg (Tafeln). Mainz 1900
S. 240 »Aderlaß- und Laxierkalender« – Gottfried Zedler: Die älteste Gutenberg-Type. Mainz 1902
S. 243 »Astronomischer Kalender« – Carl Wehmer: Mainzer Probedrucke in der Type des sog. Astronomischen Kalenders für 1448. München 1948
S. 246 »Türkenkalender« – Konrad F. Bauer: Aventur und Kunst. Frankfurt/M. 1940
S. 261 Mainzer »Catholicon« – Gottfried Zedler: Das Mainzer Catholicon. Mainz 1905
S. 265 Wiener Kolophon – Gutenberg-Jahrbuch 1950
S. 272 »Mainzer Psalter« – Aloys Ruppel: Johannes Gutenberg; Sein Leben und sein Werk. Nieuwkoop 1967
S. 279 »*Canon missae*« – Veröffentlichungen der Gutenberg-Gesellschaft: Das Mainzer Fragment vom Weltgericht; Der Canon Missae vom Jahre 1458. Mainz 1904
S. 290 Bestallungsurkunde – Otto Hartwig (Hrsg.): Festschrift zum fünfhundertjährigen Geburtstag von Johann Gutenberg (Tafeln). Mainz 1900
S. 295 Kupferstich: Adolf von Nassau – Helmut Presser: Gutenberg, Eltville und die Schwarze Kunst. Eltville a. R. 1966
S. 296 Lyoner Totentanz-Buch – Gustav Adolf Erich Bogeng: Geschichte der Buchdruckerkunst; Der Frühdruck. Hellerau bei Dresden 1930
S. 297 Todesnotiz zu Gutenberg – Aloys Ruppel: Gutenbergs Tod und Begräbnis. Mainz 1968

S. 303 Thevet-Porträt – Gustav Adolf Erich Bogeng: Geschichte der Buchdruckerkunst; Der Frühdruck. Hellerau bei Dresden 1930

S. 307 Jenson-Schrift – František Muzika: Die schöne Schrift. 2. Band. Hanau/Main 1965

S. 309 Schriftenvergleich: Antiqua und Fraktur – Karl Klingspor: Über Schönheit von Schrift und Druck. Frankfurt/M. 1949

S. 314 »Narrenschiff«-Büchernarr – Sebastian Brant: Das Narrenschiff. Basel 1506

Register

Praesens vitae opus, venustate capitalium decoratus Rubricationibusque sufficienter distinctus, Adinventione artificiosa plane imprimendi ac sine materia caracterizandi, absque patronarum et formarum ulla exeracione sic effigiatus et ad eusebiam spiritus humani industrie est consummatus per fabrica imprimendi Chemnitzer Verlag und Druck GmbH, Zwickau, *et fabrica caracterizandi* Utesch-Satztechnik GmbH, Hamburg, *Anno domini MCMLXXXXIII, octogesimo die post natalem auctoris.*